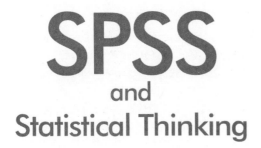

# SPSS实战与统计思维

武松 编著

清华大学出版社
北京

## 内 容 简 介

本书从统计学思维开始，由浅入深，全面系统地讲解了SPSS实战应用。本书涉及面广，从软件基本操作到高级统计分析技术，涉及SPSS目前绝大部分的应用范畴。本书涵盖SPSS概述、数据管理、统计描述分析、基本统计分析的报表制作、$t$检验、方差分析、Logistic回归、中介效应与调节效应分析以及大量的专项统计方法。本书以案例式教学为特色，书中提供了大量的应用案例，供读者实战演练。

本书不仅适合有一定统计基础的人员阅读，也适合SPSS初学者。通信、金融、制造、医药、教育科研、市场调研、连锁零售和电子商务等行业的数据分析人员，可将本书作为一本易学易练的案头参考书。信息技术、心理学、经济管理等专业的大中专院校的学生和教师，可将本书作为一本教材使用。

本书封面贴有清华大学出版社防伪标签，无标签者不得销售。

版权所有，侵权必究。举报：010-62782989，beiqinquan@tup.tsinghua.edu.cn。

图书在版编目(CIP)数据

SPSS实战与统计思维 / 武松编著. — 北京：清华大学出版社，2019（2024.11重印）
（新时代·技术新未来）
ISBN 978-7-302-51322-3

Ⅰ.①S… Ⅱ.①武… Ⅲ.①统计分析—统计程序 Ⅳ.①C819

中国版本图书馆 CIP 数据核字(2018)第 227132 号

责任编辑：刘　洋
封面设计：徐　超
版式设计：方加青
责任校对：宋玉莲
责任印制：刘海龙

出版发行：清华大学出版社
　　　网　　址：https://www.tup.com.cn，https://www.wqxuetang.com
　　　地　　址：北京清华大学学研大厦A座　　　邮　　编：100084
　　　社　总　机：010-83470000　　　邮　　购：010-62786544
　　　投稿与读者服务：010-62776969，c-service@tup.tsinghua.edu.cn
　　　质　量　反　馈：010-62772015，zhiliang@tup.tsinghua.edu.cn
印　装　者：三河市铭诚印务有限公司
经　　销：全国新华书店
开　　本：187mm×235mm　　　印　张：26.5　　　字　数：510千字
版　　次：2019年1月第1版　　　印　次：2024年11月第16次印刷
定　　价：99.00元

产品编号：079974-01

# 作者简介

武松（松哥统计），安徽中医药大学副教授，中国疾病预防控制中心流行病与卫生统计学博士，世界中联临床科研统计学会理事，国家高级统计分析师，SPSS 高级数据分析师，微信公众号精鼎统计（data973）创始人。擅长 SPSS、SPSS-Modeler、SAS、Stata、Revman 等多种统计软件，国内多家杂志统计专业审稿人员，目前主持课题 8 项，协作子课题 11 项，出版 SPSS 专著 1 部，另外以副主编的身份参与编写了 8 部图书，参与过"十一五""十二五""国家自然基金""卫生部专项基金"等百余项课题数据分析。在国家级刊物以第一作者或通讯作者发表文章 40 余篇，其中 SCI/Medline 收录 5 篇，获得国家发明专利 1 项，获得上海市出入境检验检疫局科技兴检三等奖 1 项。近年致力于数据分析与挖掘技术的研究与推广，举办 SPSS 数据培训近百场，培训风格幽默风趣，化复杂难懂的统计于举例与比喻之中，是业界最受欢迎的 SPSS 统计讲师之一。主编的《SPSS 统计分析大全》一书累计印刷 15 次，销量 4 万多册，雄踞多个图书销售网站统计软件类图书榜首。

# 前言

终于鼓起勇气,准备独自撰写一本 SPSS 实用教程。教书 18 载,看见太多的学生、教师及相关科研工作者为统计分析而发愁。我也经常纳闷,咱们本科生、研究生及博士生阶段都学习了统计,为什么一到用时就惊慌失措呢?这其中必然有教师和学生两方面的原因,教师应付教学,学生应付考试,但归根结底还是统计老师的原因。

虽然古人告诉我们"不仅要知其然,还要知其所以然",但是松哥对此表示不同意,在科技发展如此迅猛的今天,我们能够知其然已属不易,知其所以然已不可能。比如手机已经成为我们生活的一部分,咱们会用就可以了,何必追究其工作原理,除非通信就是你的研究专业。对于统计学习,松哥一直提倡实战主义,因为需要数据分析的绝大多数用户都是非统计专业人士,过多的学习和掌握统计学的公式推导,就已将非统计专业人士的精力消耗殆尽,面对后续分析的学习,已经没有继续的勇气。所以对于初学者,如果能用简明形象的语言传授其统计的思想,然后以实际案例进行分析与解读,其效果将远胜于前者。正所谓:为伊消得人憔悴,一用就错学不会;舍得应付换应用,案例实战真英雄。

鉴于此,松哥立意写一本没有统计公式的统计分析与 SPSS 实战教程,一些统计思想与理论尽量用一些白话方式进行表达。思想阐明以后,就以实际案例进行案例分析,SPSS 实战操作与结果的详细解读。其实松哥在 2014 年曾出过一本《SPSS 统计分析大全》,销量很好,出版社已经多次加印,但回头看还有很多地方不太完善,甚至今天松哥对当时的写作思路都开始否定。于是决定,重新撰写一本《SPSS 实战与统计思维》,这是一个疯狂的、自虐式的决定,松哥给自己一年的时间,将自己的经验与心得呈现在读者的面前,松哥相信这会是一本值得收藏的好书!

本书分为六个篇章进行讲述,第一篇:统计思维;第二篇:SPSS 数据库构建与数据管理;第三篇:初级统计说一说(描述性统计);第四篇:中级统计比一比(差异性分析);

第五篇：高级找关系（统计模型）；第六篇：专项统计。本书定位是一本初学者的入门宝典，中级用户的提升指南，高级用户的拓展手册。本书发行后会继续征集读者意见，修订完善，最终成为一本SPSS学习的红宝书！

本书得到安徽省教育厅重点研究项目（2015jyxm186）、安徽中医药大学教学研究课题（NO.YB201012）和（2013xjzc012）资助，特此感谢。

写书是无比艰辛的，给自己一个目标，在岁月的河流中，留下活过的印记！立字为据！

松哥统计  
2017年5月21日  
于安徽合肥

# 目录

## 第一篇 统计思维

### 第1章 核心统计概念 ··· 002
- 1.1 总体与样本（population and sample） ··· 002
  - 1.1.1 总体 ··· 002
  - 1.1.2 样本 ··· 002
- 1.2 参数与统计量（parameter and statistics） ··· 002
- 1.3 概率与频率（probability and frequency） ··· 003
  - 1.3.1 概率 ··· 003
  - 1.3.2 频率 ··· 004
- 1.4 误差（error） ··· 004
- 1.5 同质与变异（homogeneity and variation） ··· 006
  - 1.5.1 同质 ··· 006
  - 1.5.2 变异 ··· 006
- 1.6 随机化原则（random principle） ··· 006
- 1.7 因素与水平（factor and level） ··· 007
  - 1.7.1 因素 ··· 007
  - 1.7.2 水平 ··· 007
- 1.8 变量（variable） ··· 007
  - 1.8.1 计量变量 ··· 008
  - 1.8.2 计数变量 ··· 008
  - 1.8.3 等级变量 ··· 008

1.8.4　变量之间相互转换 ················································································ 008

## 第 2 章　常见统计设计 ················································································ 009
2.1　成组设计 ································································································ 009
2.2　配比设计 ································································································ 009
  2.2.1　配对设计 ······················································································ 010
  2.2.2　配伍组设计 ·················································································· 010
2.3　析因设计 ································································································ 010
2.4　重复测量设计 ························································································· 011
2.5　其他设计 ································································································ 012

## 第 3 章　统计思想 ························································································ 013
3.1　抽样的思想 ···························································································· 013
3.2　总体推断思想 ························································································· 013
3.3　反证法思想 ···························································································· 014
3.4　小概率思想 ···························································································· 014
3.5　误差控制思想 ························································································· 015

# 第二篇　SPSS 数据库构建与数据管理

## 第 4 章　SPSS 简介与数据库构建 ································································ 018
4.1　SPSS 简介 ······························································································ 018
4.2　SPSS 24.0 安装 ······················································································ 018
  4.2.1　确定计算机系统 ·········································································· 019
  4.2.2　安装步骤 ······················································································ 019
4.3　SPSS 启动与退出 ··················································································· 022
4.4　SPSS 24.0 窗口简介 ··············································································· 022
  4.4.1　数据编辑窗口 ·············································································· 022
  4.4.2　变量编辑窗口 ·············································································· 023
  4.4.3　结果输出窗口 ·············································································· 024

4.5 SPSS 数据库构建·················································024
　　4.5.1 间接法数据库构建········································025
　　4.5.2 直接法数据库构建········································027
　　4.5.3 数据编辑···················································029
4.6 SPSS 分析过程三级窗口······································030
　　4.6.1 一级窗口（数据窗口）··································030
　　4.6.2 二级窗口（功能窗口）··································031
　　4.6.3 三级窗口（参数窗口）··································031

## 第 5 章　SPSS 24.0 数据管理·································032

5.1 文件、编辑、查看菜单介绍···································032
　　5.1.1 文件（常用5个）·········································033
　　5.1.2 编辑（常用5个）·········································034
　　5.1.3 查看··························································035
5.2 10 项常用数据管理功能········································036
　　5.2.1 排序个案（sort cases）（☆）························036
　　5.2.2 转置文件（transpose）·································037
　　5.2.3 合并文件（merge files）······························039
　　5.2.4 拆分文件（split files）································043
　　5.2.5 选择个案（select cases）（☆）·····················045
　　5.2.6 加权个案（weight cases）（☆）···················049
　　5.2.7 计算变量（compute）···································051
　　5.2.8 重新编码（recode）······································051
　　5.2.9 自动重新编码··············································053
　　5.2.10 缺失值替换（replace missing value）·········055

# 第三篇　初级统计说一说（描述性统计）

## 第 6 章　统计描述指标············································058

6.1 计量变量·····························································058

6.1.1 集中趋势 ········································································· 059
6.1.2 离散趋势 ········································································· 060
6.2 等级变量 ················································································· 062
6.3 计数变量 ················································································· 062
6.3.1 率（rate）········································································· 063
6.3.2 构成比（constituent ratio）················································· 063
6.3.3 相对比（relative ratio）······················································ 063

## 第 7 章 统计表 ·············································································· 064
7.1 统计表的结构 ············································································ 064
7.2 制表原则 ················································································· 065
7.3 统计表分类 ·············································································· 066
7.4 SPSS 定制专业统计表 ································································· 066
7.5 SPSS 统计结果展示方式 ······························································ 070

## 第 8 章 统计图 ·············································································· 072
8.1 SPSS 24.0 绘图功能简介 ····························································· 072
8.1.1 图表构建器简介 ································································· 073
8.1.2 图形画板模板选择程序 ······················································· 077
8.2 条形图（Bar）··········································································· 079
8.2.1 统计图的结构 ···································································· 081
8.2.2 统计图的绘图原则 ······························································ 081
8.2.3 统计图形的选择 ································································· 081
8.2.4 模块解读 ········································································· 082
8.2.5 统计图编辑 ······································································· 086
8.3 3-D 条形图（3-D Bar）······························································· 088
8.4 线图（Line）············································································ 089
8.5 面积图（Area）········································································· 091
8.5.1 简单面积图 ······································································· 091
8.5.2 堆积面积图 ······································································· 092
8.6 饼图（Pie）·············································································· 093

8.7 高低图（High-Low Charts） ······ 094
8.8 箱图（Boxplot） ······ 096
8.9 误差条图（Error bar） ······ 097
8.10 人口金字塔图（population Pyramid） ······ 099
8.11 散点图（Scatter） ······ 100
  8.11.1 简单分布散点图 ······ 101
  8.11.2 矩阵分布散点图 ······ 101
  8.11.3 简单点图 ······ 102
  8.11.4 重叠分布散点图 ······ 103
  8.11.5 3-D分布散点图 ······ 103
8.12 直方图（Histogram） ······ 104

# 第四篇 中级统计比一比（差异性分析）

## 第 9 章 $t$ 检验 ······ 108

9.1 基本思想与类型 ······ 108
9.2 单样本 $t$ 检验 ······ 109
  9.2.1 设计思想 ······ 109
  9.2.2 案例实战 ······ 109
  9.2.3 案例解析 ······ 109
  9.2.4 实战步骤 ······ 110
  9.2.5 结果解读 ······ 110
  9.2.6 拓展理解 ······ 111
9.3 两独立样本 $t$ 检验 ······ 111
  9.3.1 设计思想 ······ 111
  9.3.2 案例实战 ······ 112
  9.3.3 案例解析 ······ 112
  9.3.4 实战步骤 ······ 112
  9.3.5 结果解读 ······ 113
  9.3.6 拓展理解 ······ 114

9.4 配对样本 $t$ 检验 ·············································································· 114
   9.4.1 设计思想 ············································································ 114
   9.4.2 案例实战 ············································································ 115
   9.4.3 案例解析 ············································································ 115
   9.4.4 实战步骤 ············································································ 116
   9.4.5 结果解读 ············································································ 116
   9.4.6 拓展理解 ············································································ 117
9.5 $t$ 检验小结 ····················································································· 118

## 第 10 章 方差分析 ················································································ 119
10.1 单因素设计方差分析 ····································································· 119
10.2 随机区组设计方差分析 ·································································· 124
10.3 析因设计方差分析 ········································································ 129
10.4 重复测量设计方差分析 ·································································· 135
10.5 协方差分析 ················································································· 159
10.6 交叉设计方差分析 ········································································ 163
10.7 拉丁方设计方差分析 ····································································· 165
10.8 嵌套设计方差分析 ········································································ 168
   10.8.1 两因素嵌套 ········································································ 169
   10.8.2 三因素嵌套 ········································································ 172
10.9 正交设计方差分析 ········································································ 177
10.10 裂区设计方差分析 ······································································ 181

## 第 11 章 卡方检验 ················································································ 185
11.1 成组四格表卡方 ············································································ 186
11.2 成组 $R×C$ 表 ··············································································· 189
11.3 成组 $R×C$ 表效应指标比较 ····························································· 191
11.4 $R×C$ 表确切概率法 ······································································· 192
11.5 线性趋势卡方 ··············································································· 193
11.6 配对设计方表 ··············································································· 194

| 11.7 | 分层卡方 | 196 |
| 11.8 | 卡方分割 | 199 |

## 第 12 章　等级资料比较 ... 201

- 12.1　$R \times C$ 表（单向有序） ... 201
  - 12.1.1　列有序 ... 201
  - 12.1.2　行有序 ... 201
- 12.2　$R \times C$ 表（双向有序） ... 202
  - 12.2.1　属性相同 ... 202
  - 12.2.2　属性不同 ... 203

## 第 13 章　非参数检验 ... 205

- 13.1　非参数卡方 ... 205
- 13.2　二项检验 ... 207
- 13.3　游程检验 ... 208
- 13.4　单样本 $K$-$S$ 检验 ... 209
- 13.5　2 独立样本检验 ... 210
- 13.6　K 独立样本检验 ... 212
- 13.7　2 个相关样本检验 ... 214
- 13.8　K 个相关样本检验 ... 216
- 13.9　非参数检验和参数检验 ... 218
  - 13.9.1　非参数检验的优点 ... 219
  - 13.9.2　非参数检验的缺点 ... 219
  - 13.9.3　两种检验的选择与效度 ... 219

## 第 14 章　多元方差分析 ... 220

- 14.1　单组资料 ... 220
- 14.2　两组比较 ... 222
- 14.3　多组比较 ... 223
- 14.4　轮廓分析 ... 226

## 第五篇 高级找关系（统计模型）

### 第 15 章 关联与相关分析 ........................................ 232
#### 15.1 相关与关联简介 ........................................ 232
##### 15.1.1 基本概念 ........................................ 232
##### 15.1.2 关联与相关的类型 ........................................ 233
#### 15.2 Pearson 相关及偏相关 ........................................ 236
##### 15.2.1 Pearson 相关 ........................................ 236
##### 15.2.2 偏相关分析 ........................................ 239
#### 15.3 Spearman 相关及偏相关 ........................................ 243
##### 15.3.1 Spearman 相关 ........................................ 243
##### 15.3.2 Spearman 偏相关 ........................................ 244
#### 15.4 典型相关 ........................................ 246
#### 15.5 拓展：相关的校正 ........................................ 249

### 第 16 章 线性回归 ........................................ 251
#### 16.1 简单线性回归 ........................................ 251
##### 16.1.1 线性回归条件 ........................................ 251
##### 16.1.2 线性回归建模策略 ........................................ 252
#### 16.2 多重线性回归 ........................................ 257

### 第 17 章 Logistic 回归 ........................................ 262
#### 17.1 二项 Logistic 回归 ........................................ 262
#### 17.2 有序 Logistic 回归 ........................................ 267
#### 17.3 多项 Logistic 回归 ........................................ 269
#### 17.4 条件 Logistic 回归 ........................................ 272

### 第 18 章 生存分析 ........................................ 277
#### 18.1 生存分析概述 ........................................ 277
##### 18.1.1 基本概念 ........................................ 277
##### 18.1.2 生存分析方法 ........................................ 278

| 18.2 寿命表法 | 278 |
| --- | --- |
| 18.3 Kaplan-Meier 法 | 282 |
| 18.4 Cox 回归 | 285 |
| 18.5 时间依赖 Cox 回归 | 288 |

## 第 19 章 聚类与判别分析 … 290

| 19.1 系统聚类 | 290 |
| --- | --- |
| 19.1.1 简介 | 290 |
| 19.1.2 基本思想 | 290 |
| 19.1.3 案例实战 | 290 |
| 19.1.4 案例解析 | 291 |
| 19.1.5 实战步骤 | 291 |
| 19.1.6 结果解读 | 292 |
| 19.1.7 拓展理解 | 294 |
| 19.2 快速聚类 | 295 |
| 19.2.1 简介 | 295 |
| 19.2.2 基本思想 | 295 |
| 19.2.3 案例实战 | 295 |
| 19.2.4 案例解析 | 295 |
| 19.2.5 案例实战 | 296 |
| 19.2.6 结果解读 | 297 |
| 19.2.7 拓展理解 | 299 |
| 19.3 两步聚类 | 299 |
| 19.3.1 简介 | 299 |
| 19.3.2 基本思想 | 299 |
| 19.3.3 案例实战 | 300 |
| 19.3.4 案例解析 | 300 |
| 19.3.5 案例实战 | 300 |
| 19.3.6 结果解读 | 300 |
| 19.3.7 拓展理解 | 302 |
| 19.4 Fisher 判别与 Bayes 判别 | 303 |

19.4.1　简介 ·········································································································· 303
　　19.4.2　基本思想 ·································································································· 303
　　19.4.3　案例实战 ·································································································· 303
　　19.4.4　案例解析 ·································································································· 303
　　19.4.5　案例实战 ·································································································· 303
　　19.4.6　主要结果解读 ·························································································· 304
　　19.4.7　知识小结 ·································································································· 306

## 第 20 章　主成分与因子分析 ·············································································· 308
### 20.1　主成分分析 ········································································································ 308
　　20.1.1　主成分思想 ······························································································ 308
　　20.1.2　主成分分析 ······························································································ 310
　　20.1.3　主成分回归 ······························································································ 315
　　20.1.4　主成分评价 ······························································································ 318
### 20.2　因子分析 ············································································································ 321
　　20.2.1　因子分析思想 ·························································································· 321
　　20.2.2　因子分析实战 ·························································································· 321

# 第六篇　专项统计

## 第 21 章　信度与效度分析 ·················································································· 326
### 21.1　信度分析 ············································································································ 326
　　21.1.1　信度分类 ·································································································· 326
　　21.1.2　信度优化方法 ·························································································· 328
### 21.2　效度分析 ············································································································ 331
　　21.2.1　效度分类 ·································································································· 331
　　20.2.2　效度分析实战 ·························································································· 332

## 第 22 章　ROC 曲线 ······························································································ 337
### 22.1　诊断试验与 ROC 概述 ····················································································· 337

## 22.2 连续性计量资料 ROC ································· 340
### 22.2.1 问题（1）ROC 实战 ··························· 340
### 22.2.2 问题（2）ROC 实战 ··························· 342
### 22.2.3 问题（3）多指标联合诊断 ····················· 348

## 第 23 章 中介效应与调节效应 ································· 350
### 23.1 中介效应与调节效应简介 ······························· 350
### 23.2 中介效应 SPSS 实现 ·································· 352
#### 23.2.1 案例实战 ····································· 352
#### 23.2.2 案例解读 ····································· 352
#### 23.2.3 实战步骤 ····································· 352
#### 23.2.4 结果解读 ····································· 353
### 23.3 调节效应 SPSS 实现（$X$ 与 $M$ 均为分类变量）··············· 354
#### 23.3.1 案例实战 ····································· 355
#### 23.3.2 案例实战 ····································· 355
#### 23.3.3 结果解读 ····································· 355
### 23.4 调节效应 SPSS 实现（$M$ 为分类变量，$X$ 为连续变量）········ 356
#### 23.4.1 案例实战 ····································· 356
#### 23.4.2 案例实战 ····································· 356
#### 23.4.3 结果解读 ····································· 356
### 23.5 调节效应 SPSS 实现（$M$ 为连续变量，$X$ 为分类或者连续变量）·· 357
#### 23.5.1 案例实战 ····································· 357
#### 23.5.2 案例实战 ····································· 357
#### 23.5.3 结果解读 ····································· 358
### 23.6 Process 插件安装 ···································· 359
### 23.7 Process 分析中介效应 ································ 361
#### 23.7.1 实战步骤 ····································· 361
#### 23.7.2 结果解读 ····································· 362
### 23.8 Process 分析调节效应 ································ 363
#### 23.8.1 实战步骤 ····································· 363
#### 23.8.2 结果解读 ····································· 364

## 第 24 章　倾向性评分 · · · · · · · · · · · · · · · · · · · · · · · · · · · · · · · · · · · · · · · · · · · · · · · · · · · · · · · · · · · · · · · · · · · · · · · · · · · · · · 366

### 24.1　PSM 匹配 · · · · · · · · · · · · · · · · · · · · · · · · · · · · · · · · · · · · · · · · · · · · · · · · · · · · · · · · · · · · · · · · · · · · · · · · · · · · · · · · · · · · 366
24.1.1　简介 · · · · · · · · · · · · · · · · · · · · · · · · · · · · · · · · · · · · · · · · · · · · · · · · · · · · · · · · · · · · · · · · · · · · · · · · · · · · · · · · 366
24.1.2　基本思想 · · · · · · · · · · · · · · · · · · · · · · · · · · · · · · · · · · · · · · · · · · · · · · · · · · · · · · · · · · · · · · · · · · · · · · · · · · · 366
24.1.3　案例实战 · · · · · · · · · · · · · · · · · · · · · · · · · · · · · · · · · · · · · · · · · · · · · · · · · · · · · · · · · · · · · · · · · · · · · · · · · · · 367
24.1.4　实战步骤 · · · · · · · · · · · · · · · · · · · · · · · · · · · · · · · · · · · · · · · · · · · · · · · · · · · · · · · · · · · · · · · · · · · · · · · · · · · 367

### 24.2　PS 分层 · · · · · · · · · · · · · · · · · · · · · · · · · · · · · · · · · · · · · · · · · · · · · · · · · · · · · · · · · · · · · · · · · · · · · · · · · · · · · · · · · · · · · 373
24.2.1　简介 · · · · · · · · · · · · · · · · · · · · · · · · · · · · · · · · · · · · · · · · · · · · · · · · · · · · · · · · · · · · · · · · · · · · · · · · · · · · · · · · 373
24.2.2　案例实战 · · · · · · · · · · · · · · · · · · · · · · · · · · · · · · · · · · · · · · · · · · · · · · · · · · · · · · · · · · · · · · · · · · · · · · · · · · · 373

### 24.3　PS 回归 · · · · · · · · · · · · · · · · · · · · · · · · · · · · · · · · · · · · · · · · · · · · · · · · · · · · · · · · · · · · · · · · · · · · · · · · · · · · · · · · · · · · · 375
24.3.1　简介 · · · · · · · · · · · · · · · · · · · · · · · · · · · · · · · · · · · · · · · · · · · · · · · · · · · · · · · · · · · · · · · · · · · · · · · · · · · · · · · · 375
24.3.2　案例实战 · · · · · · · · · · · · · · · · · · · · · · · · · · · · · · · · · · · · · · · · · · · · · · · · · · · · · · · · · · · · · · · · · · · · · · · · · · · 376

### 24.4　PS 加权 · · · · · · · · · · · · · · · · · · · · · · · · · · · · · · · · · · · · · · · · · · · · · · · · · · · · · · · · · · · · · · · · · · · · · · · · · · · · · · · · · · · · · 376
24.4.1　简介 · · · · · · · · · · · · · · · · · · · · · · · · · · · · · · · · · · · · · · · · · · · · · · · · · · · · · · · · · · · · · · · · · · · · · · · · · · · · · · · · 376
24.4.2　案例实战 · · · · · · · · · · · · · · · · · · · · · · · · · · · · · · · · · · · · · · · · · · · · · · · · · · · · · · · · · · · · · · · · · · · · · · · · · · · 377

## 第 25 章　多重响应分析 · · · · · · · · · · · · · · · · · · · · · · · · · · · · · · · · · · · · · · · · · · · · · · · · · · · · · · · · · · · · · · · · · · · · · · · · 378

### 25.1　多重响应变量定义与数据录入 · · · · · · · · · · · · · · · · · · · · · · · · · · · · · · · · · · · · · · · · · · · · · · · · · · · · · · · · 378
25.1.1　多重二分法 · · · · · · · · · · · · · · · · · · · · · · · · · · · · · · · · · · · · · · · · · · · · · · · · · · · · · · · · · · · · · · · · · · · · · · · · 378
25.1.2　多重分类法 · · · · · · · · · · · · · · · · · · · · · · · · · · · · · · · · · · · · · · · · · · · · · · · · · · · · · · · · · · · · · · · · · · · · · · · · 379

### 25.2　定义多重响应变量集 · · · · · · · · · · · · · · · · · · · · · · · · · · · · · · · · · · · · · · · · · · · · · · · · · · · · · · · · · · · · · · · · · · · · 380

### 25.3　不定项多选题频率描述分析 · · · · · · · · · · · · · · · · · · · · · · · · · · · · · · · · · · · · · · · · · · · · · · · · · · · · · · · · · · · 382

### 25.4　不定项多选题频率差异卡方检验 · · · · · · · · · · · · · · · · · · · · · · · · · · · · · · · · · · · · · · · · · · · · · · · · · · · · · 383

### 25.5　不定项多选题交叉表分析 · · · · · · · · · · · · · · · · · · · · · · · · · · · · · · · · · · · · · · · · · · · · · · · · · · · · · · · · · · · · · 384

### 25.6　不定项多选题交叉表卡方检验 · · · · · · · · · · · · · · · · · · · · · · · · · · · · · · · · · · · · · · · · · · · · · · · · · · · · · · · 386

## 第 26 章　一致性分析 · · · · · · · · · · · · · · · · · · · · · · · · · · · · · · · · · · · · · · · · · · · · · · · · · · · · · · · · · · · · · · · · · · · · · · · · · · · · · 389

### 26.1　定性资料一致性评价 · · · · · · · · · · · · · · · · · · · · · · · · · · · · · · · · · · · · · · · · · · · · · · · · · · · · · · · · · · · · · · · · · · · · 389
26.1.1　配对四格表（有金标准） · · · · · · · · · · · · · · · · · · · · · · · · · · · · · · · · · · · · · · · · · · · · · · · · · · · · · · · 389
26.1.2　配对四格表（无金标准） · · · · · · · · · · · · · · · · · · · · · · · · · · · · · · · · · · · · · · · · · · · · · · · · · · · · · · · 390
26.1.3　等级资料R×C表一致性评价 · · · · · · · · · · · · · · · · · · · · · · · · · · · · · · · · · · · · · · · · · · · · · · · · · · · 391

26.2 计量资料一致性评价 ··········································································· 392
　　26.2.1 配对$t$检验 ··············································································· 392
　　26.2.2 Pearson相关系数 ······································································· 392
　　26.2.3 组内相关系数（Intra-class correlation coefficients，ICC） ············· 392
　　26.2.4 Bland-Altman法 ········································································ 394
　　26.2.5 最小二乘回归 ············································································· 395
　　26.2.6 Deming回归 ·············································································· 396
　　26.2.7 Passing-Bablok回归估计 ···························································· 398

# 后记 ······································································································· 400

# 参考文献 ································································································· 402

# 第一篇　统计思维

吾思故吾在。

——【法】笛卡儿

　　统计学习分为统计思想学习与统计方法学习两个部分。统计思想是统计之道，统计方法是统计之术。无道之术犹如脱缰野马，无术之道犹如空中楼阁，良术背后必有道，道术兼修方可大成。

　　统计思想亦为统计之魂，统计方法可为统计之躯，魂之躯之基，躯之魂所依，无魂似野尸，无躯则游魂。魂躯分之两所弃，合则人之灵。

　　统计之道，学之苦涩，佳境难，需悟之；统计之术，学之甘糜，提升快，可速成；故凡者多易追逐统计之术，统计之道常轻之，故常常得法不得道，每逢实战之时，反而乱了阵脚，浑身统计之术，不知使出哪招方可破敌千里。

　　故统计学习道术不可偏废，道先行，术跟上，思之先，践之后，是谓本书之始，统计思维也！

松哥统计

# 第1章 核心统计概念

统计学是处理复杂科学问题的艺术,概念是思维的基本单位,是思维的出发点和终点。统计概念为统计的基石,一些统计核心概念的掌握将会促进初学者对统计思维的理解与学习!本章重点讲解一些核心的统计概念,其他概念会在相关章节讲解。

## 1.1 总体与样本(population and sample)

### 1.1.1 总体

总体是指根据研究目的所确定的观察单位某项特征的集合。比如说我想研究安徽中医药大学所有在校生的平均体重,那根据此目的,我们研究的总体就是:安徽中医药大学所有在校生的体重数据的集合。但是需要注明一点:总体分为有限总体和无限总体,上面的例子就是有限总体,毕竟安徽中医药大学的学生还是有限的,然而科研过程中面临的大多数是无限的总体,如茫茫宇宙中星体的平均质量,如空气中某种物质的浓度,我们是无法取得其总体进行研究的。那我们面对无限总体怎么办呢?

中国古话云:"君子性非异也,善假于物也。"大意是聪明的人并不是本质上与一般人就不一样,只不过善于利用某种工具罢了。因此,我们为了研究无限总体,发明了抽样的方法,就像我们想知道一锅老母鸡汤的咸淡,不需要喝完所有的汤,只要摇匀,尝其一勺就可以了,这种思想就叫"抽样"。

### 1.1.2 样本

样本就是从总体中抽出的部分观察单位某项特征的集合。但是在抽样过程中必须遵守随机化的原则。我们通常都是通过研究样本去推断研究总体的属性与特征。

生活中处处存在抽样的思想,如"一叶知秋""豹窥一斑"、3·15质量抽检报告等。

## 1.2 参数与统计量(parameter and statistics)

参数是用于描述总体特征的指标,如总体均数($\mu$),总体标准差($\sigma$)、总体率($\pi$)、总体相关系数($\rho$)。

统计量是用于描述样本特征的指标，如样本均数（$\overline{X}$）、样本标准差（$s$）、样本率（$p$）、样本相关系数（$r$）。

一般而言，我们进行科学研究直接获取到的仅是样本的统计量而已，可是我们的研究目的却是想获知总体的属性特征，即总体参数。统计学存在的核心价值就在于可以通过描述样本的统计量去推断描述总体的参数，这是通过偶然去发现必然、通过一般去发现普遍，这是以小见大的过程。参数与统计量的关系如图1-1所示。

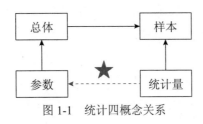

图1-1 统计四概念关系

## 1.3 概率与频率（probability and frequency）

### 1.3.1 概率

概率（$P$）是用于反映某一事物发生可能性大小的一种量度。一般用大写的斜体$P$表示。

我们根据事物发生概率的大小，把事件分为3类：$P=1$为必然事件，发生概率为100%；$P=0$为不可能事件，发生概率为0；$0<P<1$为偶然事件，在事件未进行之前，其既可能发生，也可能不发生。其中$P \leqslant 0.05$或$P \leqslant 0.01$的事件为小概率事件，其实际应用意义为在一次试验、抽样或研究过程中不可能发生。

小概率事件非常重要，是统计推断的基础，松哥举个例子：统计起源于赌博游戏，咱们虚构一个游戏，在一个不透明的箱子中有100个乒乓球，其中5个是黄色的，95个是白色的，现在在一个100名学生的班级中，请大家每人上来交1元钱，然后随机抽取一个球，如果抽中黄球给10元，抽不中就谢谢参与，请问你是抽呢，还是不抽呢？呵呵！

基于统计的判断，你是不该抽的，为什么呢？因为黄球所占的比例为0.05，是小概率事件，而小概率事件的应用意义为在一次抽样过程中发生的概率为0，因此，你基本不可能抽中，然而小概率事件在一次抽样过程中发生概率为0，但在群体事件中可以发生，本例发生概率为5%，班上100名同学，理论上有5名同学可以抽到。算一下，每人1元，共收到 100 元，减去 5 名抽中的奖金 50 元，松哥还稳赚 50 元呢。

### 1.3.2 频率

频率（$f$）是指我们进行了 $N$ 次试验，其中一个事件出现的次数 $m$ 与总的试验次数 $N$ 的比值。

问题是：统计是基于概率说话的，我们到底如何才能够得到某一事件发生的概率呢，比如说谁能够告诉我一支半截粉笔从讲台上掉下摔断的概率 $P$ 是多大呢？我们至今的科学发展也没有办法通过公式去计算该值。那我们是怎么做的呢？有句话叫作"有些事情越想越烦，做起来却极其简单"。我们只需要拿两盒同样的粉笔进行重复摔就可以了，如果总共 100 支粉笔，断了 98 支，那断的频率就等于 $f$=98/100=0.98。而统计学上证实，当某事件发生次数较多时，频率就会收敛于概率，意即 $f≈P$。因此，其实我们就是通过频率去估计概率的。

你可以这样理解：频率是针对过去的，概率是针对未来的。频率是针对已经发生的样本的，概率是针对尚不知晓的总体的，频率就像样本统计量，概率更像总体参数，而我们是用频率去估计概率的。

## → 1.4 误差（error）

误差是观察值与真值之差，即我们通过一次试验得到的结果与事件真实结果之间的差值。误差根据其产生的原因分为四种。

**1. 系统误差（systematic error）**

系统误差是因为试剂未校正或者仪器没有调零等因素造成的研究结果倾向性的增大或减小。如我们路过药房，门口放置一个体重计，请问我们在称自己的体重之前，首先要干的第一件事情是什么呢？有同学说先把手上的包放掉，有同学说把鞋子脱掉，还有同学说我看看是不是要收费的再说，呵呵！但从统计学角度，我们应该看看体重计上的指针是不是对准零，如果体重计本身就有 5kg 底重，那我们所有的同学去称，都将会重 5kg，即发生倾向性的偏大。系统误差其特点为：倾向性的增大或减小，可以避免，如果我们进行调零，系统误差就可以避免。

**2. 随机误差（random error）**

随机误差是由各种偶然因素造成的观察值与真值之差。比如某班级所有同学用同一把尺子测量松哥的身高，结果发现我的身高值是不一样的。随机误差的特点为：不可以避免，但可以减少。统计学有一定律叫作"测不准定律"，不管你怎么测，就是测不准，那对于重要的指标我们怎么办呢？正如网上流行的一句话"重要的事情说三遍"，那么我们对重要的指标，就多测几遍喽！

### 3. 抽样误差（sampling error）

抽样误差是因为抽样造成的样本统计量与总体参数之间的差异。有同学肯定会说，刚才那一勺老母鸡汤的咸淡应该和锅里汤的咸淡是完全一样的啊！是的，刚才的例子是让你明白抽样的原理，而我们科学研究和喝老母鸡汤是不一样的，因为汤里的氯化钠是均匀分布的，而我们科学研究的目标事件是不均匀分布的。比如某个班级 120 名同学的近视眼患病率为 50%，松哥按照随机化原则随机抽取 50 名同学，这 50 名同学的近视眼患病率理论不会等于 50%，因为近视眼同学在班级中的分布是不均匀的，能理解吧！因此抽样误差的特点为：不可以避免，但可以减少，我们可以通过增大样本量进行减少，可以看图 1-2 帮助理解哦。

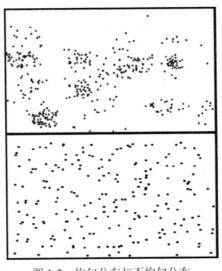

图 1-2　均匀分布与不均匀分布

### 4. 过失误差（gross error）

过失误差是由于观察过程中的不仔细造成的错误判断或记录。过失误差可以通过仔细核对避免。

那么统计学的存在，主要是解决哪种误差呢？我们通过统计设计减少系统误差，通过统计学检验去排除抽样误差。测量误差不可避免，可以通过培训降低；过失误差可以通过质量控制消除。

## → 1.5 同质与变异（homogeneity and variation）

### 1.5.1 同质

同质是指观察单位所受的影响因素相同。而我们科研的观察单位所受的影响因素只可能相对的相同，不可能绝对的相同，因此，同质是相对的。我们科研所确定的总体或者样本，在某些因素上必须是同质的，只有这样我们才能将其作为一个群体进行研究。

### 1.5.2 变异

变异是指观察单位在同质基础上的个体差异。很多哲言或谚语都在说明变异的存在，如天底下没有两片完全一样的树叶；一个人不可能两次踏入同一条河流；刚才说话的我已经不是现在说话的我了；天下唯一不变的就是变化。因此，变异是绝对的。

这一对概念对研究统计的意义：如果没有同质，就没有我们研究的总体或者样本。因为如果不同质，我们是不可能把他们放在一起进行研究的。如果没有变异，就根本没有统计学产生的必要，因为如果没有变异，我们拿 1 种药物治疗某病的 1 个病人，如果有效，该药对所有患该病的病人都应该有效，而那是不可能的。因为人与人之间的变异性是绝对存在的，对你有效，对我却未必有效，而统计学就是在群体的水平上去发现事物背后的本质与规律的。

## → 1.6 随机化原则（random principle）

随机化原则是指我们在选择受试对象、对受试对象分组以及对受试对象施加不同的干预措施时，受试对象被抽到的概率、被随机分到各组的概率以及接受不同干预措施的概率是相等的。统计学中随机化的具体体现包括随机化抽样、随机化分组和随机化顺序。三种随机化的模式见图 1-3。

随机化抽样是指我们从研究总体中抽取研究样本时，总体中的任何一个个体被抽到作为样本进行研究的概率相等。

随机化分组是指我们获取研究样本后，样本中的每个受试对象具有同等的机会被分配到各个研究组中去。

随机化顺序是指当我们进行交叉试验时，随机化分组后的研究组接受不同干预措施的顺序是随机的。

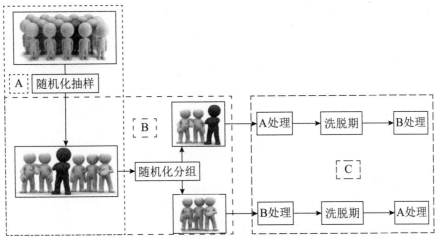

图 1-3 三种随机化模式

A：随机化抽样；B：随机化分组；C：随机化顺序

## → 1.7 因素与水平（factor and level）

### 1.7.1 因素

因素是可能对应变量有影响的变量，而分析的目的就是比较不同水平对应变量的影响是否相同。如性别可能对性格有影响，性别此时就是因素；而性格可能对某种疾病有影响，此时性格就是因素了。某个变量到底是不是研究因素，是由研究目的确定的！

### 1.7.2 水平

因素的不同取值等级称作水平，例如，因素性别有男、女两个水平，血型有 A、B、O 和 AB 型 4 个水平。水平往往是统计学分组的依据。

## → 1.8 变量（variable）

变量为观察单位的某项特征，如人的身高、体重、性别、年龄、血型、营养程度等，通俗讲就是我们研究的指标。根据变量特征的属性，变量可以分为计量变量、等级变量和计数变量。

### 1.8.1 计量变量

计量变量是通过定量的方法检测出来的指标，通常以阿拉伯数字呈现，具有单位，并可以定量地比较，如身高（cm）、体重（kg）、血压（mmHg）、脉搏（次／分）、工资、年龄等。计量变量支持加减法（＋／－）运算。计量变量很多书上又称为数值变量，连续性变量，定量变量。

### 1.8.2 计数变量

计数变量反映的是互不相容的属性和类别，反映的是一种我中无你、你中无我的关系。常通过计数的方式获得，如血型（A、B、O和AB）、性别（男、女）、生肖属相、民族等。计数变量之间支持不等号（≠）。计数变量又称为分类变量，无序分类变量。

### 1.8.3 等级变量

等级变量具备计数变量的性质，同时又具有半定量比较的性质，如病情（轻、中、重）、职称（初级、中级、高级）、学历（文盲、小学、中学、本科及以上）、福利待遇（好、中、差）。这类变量各水平之间互不相容，但又有级别上的轻重关系。等级变量支持大于号和小于号（>/<）。

### 1.8.4 变量之间相互转换

同一受试对象身上可以检测出上述的三种变量，三种变量反映受试对象信息的能力顺序依次为计量变量、等级变量和计数变量。为了方便大家记忆，我们把三种变量依次称为老大、老二和老三。变量之间可以相互转化，但只能从高级别变量向低级别变量转化。意思是计量可以转为等级和计数，等级可以转为计数，但不可以逆转。

正如某医院的院长是老大、科室主任是老二、科里的医生是老三。哪一天这位院长不想干了，他可以到科室当主任、也可以当科员，但是科员不是想当主任、想当院长就能当的。

从专业上举个例子，如某人收缩压180mmHg（计量变量），可以转化为等级变量（高血压、正常、低血压），也可以转化为计数变量（正常、异常），但是如果我只告诉你，松哥的血压不正常，你是无法知道我是高是低，以及具体血压数值的。这点也给我们一个启示，科研过程中尽量去获取计量资料，因为其信息多，而且可以转化。

# 第 2 章 常见统计设计

统计方法的选择可以总结为 15 字口诀：方法看变量，设计看类型，目的定乾坤。意思是选择哪一类统计方法首先看变量到底属于我们前面说的三种中的哪一种，然后决定统计方法，具体统计方法选择哪一类型，得看设计类型，当然最终方法的选择还得考虑研究的目的，比如某班级不同性别两组大学生比较体重，一看研究指标是体重，为计量变量，而且是 2 组，基本就考虑是 $t$ 检验了，可是 $t$ 检验有 3 种，到底如何选择呢？因为给出的不同性别两组大学生，男女生之间相互独立，因此本例应该选择 2 独立样本 $t$ 检验（此时数据应该符合独立、正态、方差齐，否则还得换方法）。这个例子有点早，还没怎么开始学，可能读者理解不了。下面我们就先学习统计设计，然后回头看这个例子也许会好点。

## → 2.1 成组设计

成组设计是一种将受试对象随机分组或者按照某种属性特征将受试对象分配到 2 组或 $K$ 组中去。它的特征为组间的受试对象相互独立。成组设计模式图见图 2-1 和图 2-2。

图 2-1　成组设计——2 组模式　　　　图 2-2　成组设计——$K$ 组模式

大家注意，统计学上存在一种"$2K$ 效应"，成组设计中的 2 组与 $K$ 组（$K \geqslant 3$），虽然设计都是成组设计，但后续采用的统计分析方法是不一样的！如研究变量为计量变量，成组 2 组设计优先考虑 2 独立样本 $t$ 检验，而 $K$ 组优先考虑单因素设计方差分析。

## → 2.2 配比设计

配比设计是指受试对象按照一定的条件进行匹配，然后再随机分组的方法，包括配对设计和配伍组设计。

### 2.2.1 配对设计

配对设计见图 2-3，包括同一组受试对象干预前后配对（A）；同一个受试对象身体不同部位配对（B）；条件相同的 2 个受试对象配成对子，然后随机分到 2 组中设计（C）；以及同一份标本分别接受不同的处理（D）。

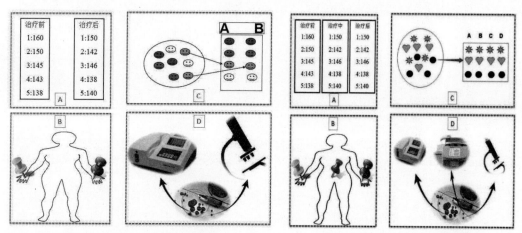

图 2-3　配对设计四种类型模式　　　　图 2-4　配伍组设计四种类型模式

### 2.2.2 配伍组设计

配伍组设计为配对设计的进一步扩大，如图 2-4 所示，每一种情况都是对图 2-3 的扩大化。其中的 A 为干预前、中和后，这种情况当是单组设计时可以当作配伍组设计方差分析，但当是多组设计时，应该考虑用重复测量数据方差分析；B 为同一个受试对象对身体 $K$ 个部位进行检测；C 为按照条件选择 $K$ 个受试对象构成一个配伍组，然后配伍组中的每个受试对象随机分配到各组中去；D 为同一份标本采用 $K$ 种方法检测。

## → 2.3　析因设计

问大家一个问题，比如果园里一个男性工人每小时单独可以摘 100 个苹果，一个女性工人单独可以采摘 80 个苹果，请问一男一女搭档工作，一小时采摘 180 个苹果吗？松哥并不想让你们告诉我答案，只想你们能达成一个共识，就是因素与因素之间可能会发生相互影响，也就是交互作用。

同样，统计学当研究多因素的时候，因素与因素之间也可能发生交互作用，可是我们可以通过什么方法进行研究呢？本节的析因设计就是研究交互作用的一种方法。

析因设计是多因素多水平全面组合，每一种组合就是一个研究分组的试验设计方法。试验设计模式图见图 2-5。图中可见研究 2 个因素，因素 $A$ 有用和不用 2 个水平，因素 $B$ 有用和不用 2 个水平，2×2 全面组合，将有 4 组，如图中 4 个框。

此时，我们可以进行三次假设分别解决三个问题，即因素 $A$ 有没有效果、因素 $B$ 有没有效果，以及 $A×B$ 之间有没有交互作用。析因设计是一种非常浪费样本量的方法，因此实际工作中研究因素一般不超过 3 个，水平数亦不可过多。如 3×3×3 析因设计，共 27 组，按照

| B处理 | A处理 | | | |
|---|---|---|---|---|
| | 用 | | 不用 | |
| 用 | 3.00　2.79 | | 5.40　5.01 | |
| | 2.86　2.73 | | 4.70　3.99 | |
| | 3.12　1.98 | | 4.01　4.56 | |
| | 2.98　3.03 | | 4.87　4.19 | |
| | 3.11　2.00 | | 4.19　4.80 | |
| 不用 | 4.45　3.40 | | 7.94　6.88 | |
| | 3.20　3.58 | | 7.88　8.02 | |
| | 3.90　3.11 | | 8.60　6.90 | |
| | 4.30　5.02 | | 6.45　6.54 | |
| | 4.00　4.04 | | 7.14　7.31 | |

图 2-5　析因设计模式

每组 10 只老鼠计算，270 只老鼠，再适当扩充一点以防止老鼠死亡损失，则 300 多只老鼠，这对于一个课题组而言是不可思议的，很难保证这么多老鼠的干预措施的同质性。如果研究因素较多，可以考虑正交设计或者均匀设计的方法。

## → 2.4　重复测量设计

重复测量设计是近年受到重视的一种设计，该设计是指对同一个受试对象在不同的测量时间点进行重复检测的设计。

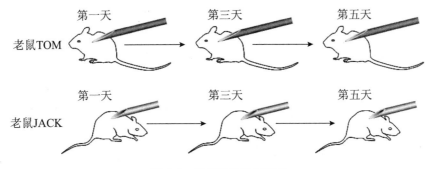

图 2-6　重复测量数据模式

注意：重复检测必须在同一个受试对象上，很多实验取材检测需要处死受试对象，

此时已经不能算作重复测量设计。一句话，坚持住不能死，一定要做"鼠坚强"，否则应该当作析因设计进行分析。

## → 2.5 其他设计

其他设计还包括交叉设计、正交设计、拉丁方设计、嵌套设计、均匀设计等，此处不赘，当讲到相应内容时再讲解。

# 第3章 统计思想

任何一门学科,都有其定位的思想,其为学科之根,只有根深蒂固的思想,方能开出灿烂的学科之花。统计学也不例外,以下5点统计学思想可供参考。

## 3.1 抽样的思想

除非研究目的非常特殊,不然我们的研究对象不可能获取到总体,几乎都是总体中的样本,而样本都是从总体中按照随机化的原则抽取获得的。随机化抽样是指根据研究目的确定的研究总体中任何一个研究对象都要有同等的机会被抽到作为样本进行研究,从而推断总体情况。

抽样思想的精髓为化繁为简,化无限为有限,化不可能为可能。通过抽样我们可以获取研究样本,对有限的研究样本进行研究,从而得到样本统计量,进而推断总体情况。

## 3.2 总体推断思想

样本统计量是实际可以检测获得的,可是我们却志存高远,目的是研究总体。因为抽样误差的必然存在,所以样本统计量不等于总体参数,但会与总体参数比较接近。我们在一定误差的控制下,可以通过样本统计量去预测总体参数,具体包括两种方法:点值估计法和区间范围估计法,见图3-1。

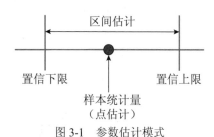

图3-1 参数估计模式

点值估计认为样本统计量就等于总体参数,忽略了抽样误差,因此该法风险偏大,基本不用;参数估计法是指通过样本统计量,去预测一个总体参数的95%(或90%、99%,根据研究目的确定,95%最为常用)可信区间。

抽样思想与总体推断思想相互结合应用。只抽样,不推断,丧失了抽样的初衷。不抽样,又失去了推断的基础。

## 3.3 反证法思想

反证法的思想就是将我们要研究的问题凝练为两种可能 A 和 B，然后证明其中的 A 不可能发生，那真理就是 B。如一个警察追逐一个小偷至一个 Y 形路口，小偷不是往左上跑就是往右上跑，如果我们能够证明小偷往左上跑的概率 $P<0.05$，那么请问警察应该往哪边追呢？按照小概率事件在一次事件过程中不可能发生的规则，警察应该往右上去追。

我们科研过程中，验证某药是否有疗效，我们将研究结局分为两种可能，$H_0$：药物无效；$H_1$：药物有效。然后采用对应的统计分析方法，去获取 $H_0$（药物无效）发生的概率，如果 $P<0.05$，则 $H_0$（药物无效）不可能发生，则 $H_1$（药物有效）成立。若 $P>0.05$，则 $H_0$（药物无效）是可能发生的，则我们不能够拒绝 $H_0$，因此尚不能认为该药有效。

## 3.4 小概率思想

在第 1 章中，我们已经学过小概率事件，即发生概率 $P \leqslant 0.05$ 或 $P \leqslant 0.01$ 的事件。小概率事件的应用意义就是小概率事件在一次抽样过程中发生的概率为 0。因此，一旦我们判断出某事件的发生概率 $P \leqslant 0.05$，我们判断该事件在个体水平不会发生。

小概率思想是统计推断的核心，是统计学价值的基础。假设检验就是反证法与小概率事件思想相结合的具体体现。图 3-2 中，他爱那个她吗？他爱你还是不爱你，用反证法去试试吧！

图 3-2　小概率漫画

## 3.5 误差控制思想

尽管可以采用小概率事件原理进行统计推论以保证推论的准确性,然而,如果整个实验或试验或调查没有进行很好的质量控制,也是白搭,因此,实验设计必须有着误差控制的思想。误差控制可以具体体现在"三要素"和"四原则"上。同时假设检验也会发生统计学 I 类和 II 类错误,统计分析时均需加以考虑,方能在最大程度上推测总体的真实面目。统计学误差包括系统误差、抽样误差、随机测量误差和过失误差,相关章节已述,此处不赘。

# 第二篇　SPSS 数据库构建与数据管理

合抱之木，生于毫末；九层之台，起于垒土；千里之行，始于足下。

——《老子》

第一篇类似于统计学之基础，第二篇是 SPSS 统计软件的基础，统计学的基础为统计理论的基础，SPSS 软件的基础类似于统计实战的基础，一文一武，学习之后，咱们就开始真正的实战。

# 第 4 章　SPSS 简介与数据库构建

## → 4.1　SPSS 简介

SPSS 是全球领先的统计分析与数据挖掘产品,是世界上应用最广泛的专业统计和数据模型软件之一,全称为 Statistical Product and Service Solutions,是由美国斯坦福大学的三位研究生于 1968 年开发的;而 SAS 成立于 1976 年;Stata 成立于 1985 年;R 软件于 1995 年才开始研发,R 语言的前身 S 语言研发于 1989 年;Matlab 创立于 1982 年;Eviews 前身是 1981 年第 1 版的 Micro TSP;Minitab INC 成立于 1983 年;微软公司创立于 1975 年。可见 SPSS 是最早的一款专业的统计分析软件。2009 年 SPSS 公司被 IBM 收购,自 SPSS 19.0 开始,产品名称更名为"IBM-SPSS"。截至 2018 年 5 月本书完稿之时,SPSS 已经发布 25.0 版本。

"易学易用易普及"已成为 SPSS 软件最大的竞争优势之一,也是广大数据分析人员对其偏爱有加的主要原因;而大量成熟的统计分析方法、完善的数据定义操作管理、开放的数据接口以及灵活的统计表格和统计图形,更是 SPSS 长盛不衰的重要法宝。SPSS 在全球 100 多个国家和地区有分支机构或合作伙伴,约有 28 万家产品用户,分布于金融保险证券、制造业、市场调研、政府税务、教育科研、医疗卫生、化工行业、零售业、电子商务等多个领域和行业,全球 500 强中约有 80% 的公司使用 SPSS;而在市场研究和市场调查领域有超过 80% 的市场占有率,SPSS 是世界上应用最广泛的专业统计软件之一。

## → 4.2　SPSS 24.0 安装

登录 IBM SPSS 主页(https://www.ibm.com/analytics/cn/zh/technology/spss/)可以获取下载试用版本,也可以通过百度搜索"SPSS 24.0"获取下载链接。本文主要讲解 Windows 试用版如何安装(MAC 版和 Linux 版安装类似,不再讲解),试用版除了使用期限有限制外,功能与正式版一样。

### 4.2.1 确定计算机系统

SPSS 24.0 分为 32 位系统和 64 位系统版本，你安装前首先得知道自己计算机为何种系统。你可以在计算机桌面找到"计算机"图标，然后右键→属性，即可查看。

注意：64 位的计算机系统可以安装 32 位的软件，32 位系统不可以安装 64 位软件，但最好版本一致，使用才会更加顺畅。

### 4.2.2 安装步骤

点击 SPSS 24.0 安装图标，安装过程的所有界面如图 4-1～图 4-12 所示，按图操作即可，没有特别之处。

图 4-1　准备安装

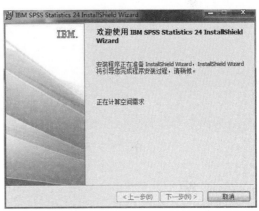

图 4-2　空间计算

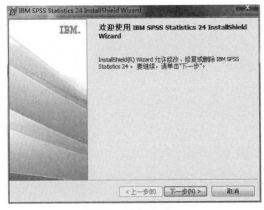

图 4-3　欢迎向导

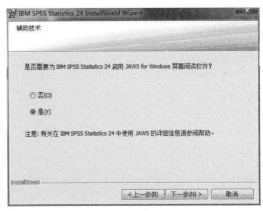

图 4-4　是否屏幕阅读

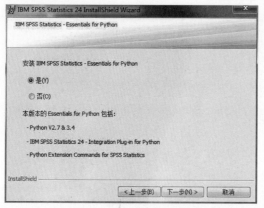
图 4-5　是否加载 Python

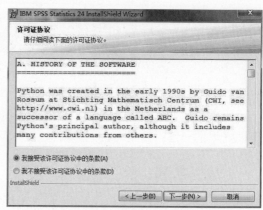
图 4-6　是否接受许可

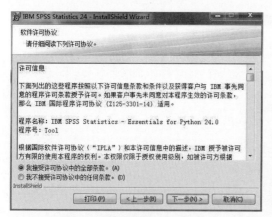
图 4-7　是否接受 Python 协议

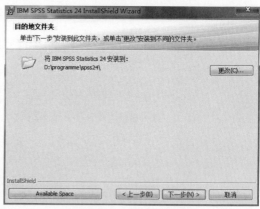
图 4-8　开始复制文件

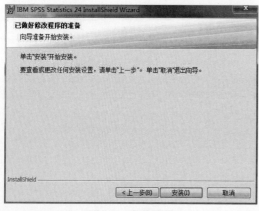
图 4-9　安装确定

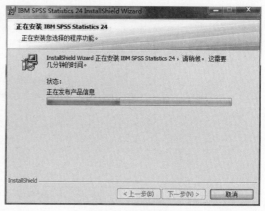
图 4-10　安装中

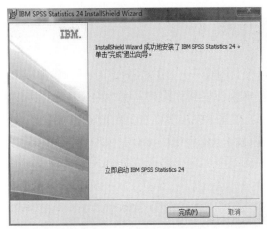
图 4-11 完成安装

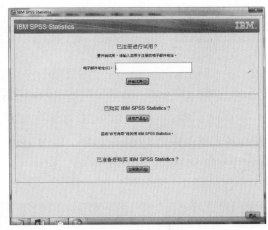
图 4-12 输入邮箱

单击"完成"按钮，SPSS 24.0 将启动运行，如果未能启动，可以在程序栏中找到 IBM SPSS Statistics 24.0 程序，单击运行，首次运行会弹出图 4-12，在电子邮件框中填入正确的邮箱，即可以获取试用权限进行试用。

填入电子邮件后，弹出 SPSS 数据视图，如图 4-13 所示，至此，SPSS 24.0 试用版已经安装完毕，可以开始 SPSS 数据分析之旅啦！如果你安装出现问题，请百度搜索"网易云课堂"，在云课堂中搜索"松哥统计"，可以找到松哥发布的 SPSS 快速入门的免费视频教程进行学习。

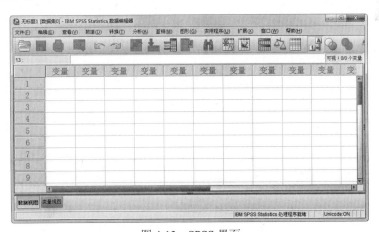
图 4-13 SPSS 界面

## 4.3 SPSS 启动与退出

在 Windows 桌面，单击"开始"—"所有程序"—"IBM SPSS"—"IBM SPSS Statistics 24.0"命令，即开始运行 SPSS 24.0。当软件安装结束后，你也可以在桌面创建 SPSS 24.0 的快捷方式。SPSS 有多种退出方式：单击 SPSS 窗口右上角的"×"图标；选择并单击菜单中的"Exit"命令；双击 SPSS 窗口左上角的窗口控制菜单图标。这些都比较简单，无须细讲。

## 4.4 SPSS 24.0 窗口简介

SPSS 主要窗口包括：数据视图（data view）、变量视图（variable view）、结果输出窗口（output view）、图表编辑窗口（chart editor）、语法编辑器窗口（syntax editor）和脚本编辑窗口（script view）；其中最常用的是数据视图、变量视图，其他窗口在需要用到时再讲解。知识的学习存在二八定律，我们初学者一定要将有限的精力放在最常用、最重要的知识点上哦！

### 4.4.1 数据编辑窗口

当我们启动 SPSS 后，出现的第一个窗口即为数据编辑窗口，如图 4-14 所示。数据编辑窗口是用户进行数据处理与分析的主要窗口界面，用户可在此窗口进行数据输入、观察、编辑和统计分析等操作，是 SPSS 最主要的操作窗口界面。

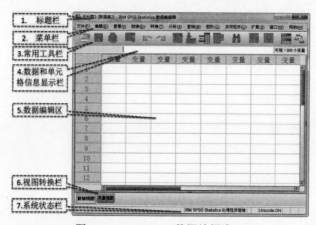

图 4-14　SPSS 24.0 数据编辑窗口

1."标题栏":箭头1所指区域,显示窗口名称和编辑的数据文件名。如果当前数据编辑器中是一个新建的文件,其显示为"未标题1【数据集0】—IBM SPSS Statistics 数据编辑器"。

2."菜单栏":箭头2所指区域,从左至右包括"File""Edit""View""Data""Transform""Analyze""Direct Marketing""Graphs""Utilities""Add-ons""Windw"和"Help"菜单。

3."常用工具栏":箭头3所指区域,列出了数据编辑所使用的常用工具。SPSS数据窗口最常用的工具见图4-15。

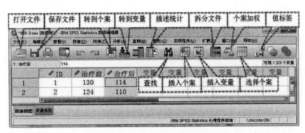

图 4-15　工具栏常用工具

4."数据和单元格信息显示栏":箭头4所指区域,其中灰色区域显示单元格的位置;空白区域为数据编辑区,显示当前选中的单元格的内容,用户可在该区域输入或修改相应的内容。

5."数据编辑显示区":箭头5所在的中部网格区,该区最左边列显示单元序列号,最上边一行显示变量名称。选中的单元格呈黄色显示,其内容将出现在数据和单元格信息显示栏中,在此输入或修改单元格内容。

6."视图转换栏":箭头6所指区域,用于进行变量和数据视图的切换,用户只需单击相应的标签便可以完成变量与数据视图的切换。

7."系统状态栏":箭头7所指区域,显示当前的系统操作,用户可通过该栏了解SPSS当前的工作状态。对于初学者,系统状态栏务必保留,因为该栏可以帮助用户了解自己对数据进行了哪些选择性的操作。

### 4.4.2　变量编辑窗口

在数据编辑窗口的左下角,单击"变量视图"按钮,即可弹出"变量编辑"窗口,如图4-16所示。在该窗口可以命名变量的名称、类型、宽度、小数位、变量标签、变量值标签、缺失值、列的宽度、对齐方式、度量标准及对角色进行设置,此处不赘,后面数据库构建章节逐步进行详细介绍。

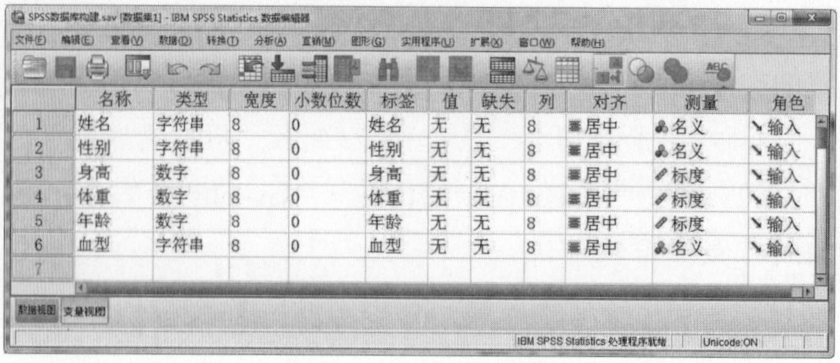

图 4-16 变量编辑窗口

### 4.4.3 结果输出窗口

结果输出窗口用于输出统计分析的结果或绘制的相关图表，如图 4-17 所示。

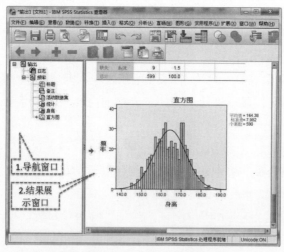

图 4-17 SPSS 的结果输出窗口

结果输出窗口左边是导航窗口（箭头 1 所示），显示输出结果的目录，单击目录前面的加、减号可显示或隐藏相关内容；右边是显示窗口（箭头 2 所示），显示所选内容的细节。

## → 4.5 SPSS 数据库构建

SPSS 数据库构建有两种方法：一为间接法，即利用 SPSS 去调用其他形式的数据库，实施"拿来主义"，如 dbf、txt、xls 等，大多数研究者是将研究数据放入 Excel 中存储，因此调用 Excel 数据为较常用的间接法数据库构建；二为直接法，即利用 SPSS 直接构建数据库，本法相对费事。虽然间接法更为常用，但直接法是 SPSS 初学者必须掌握的方法，因为在利用间接法建库时，有些软件默认参数未必符合分析目的，需要进行调整，不会直接法，将不知如何调整。就像你给你梦中情人写情书，不会写，抄了同学的情书送过去了，送完才发现——署名也抄成同学的了。

SPSS 数据格式为经典的行列式：每行代表一个记录、个案，每列代表一个变量。格式参考表 4-1。很多人习惯用 Excel 存储数据，切记，当用 SPSS 调用时，Excel 数据也应该录入为如下格式，否则 SPSS 无法准确识别。

表 4-1　SPSS 数据录入格式要求

| 人员编号 | 性　别 | 部　门 | 体检日期 | 体　重 | 健康状况 |
| --- | --- | --- | --- | --- | --- |
| 1 | 女 | 公卫学院 | 08/10/2017 | 56 | 好 |
| 2 | 女 | 计算机学院 | 08/10/2017 | 49 | 好 |
| 3 | 女 | 外语学院 | 08/10/2017 | 53 | 一般 |
| 4 | 男 | 公卫学院 | 08/10/2017 | 58 | 差 |
| 5 | 男 | 管理学院 | 08/11/2017 | 55 | 差 |
| 6 | 男 | 公卫学院 | 08/11/2017 | 56 | 好 |
| 7 | 女 | 公卫学院 | 08/12/2017 | 51 | 一般 |
| 8 | 男 | 公卫学院 | 08/12/2017 | 52 | 好 |
| 9 | 女 | 计算机学院 | 08/12/2017 | 48 | 一般 |
| 10 | 男 | 管理学院 | 08/13/2017 | 57 | 好 |

### 4.5.1　间接法数据库构建

图 4-18 所示为一小型数据，存储于 Excel 文件中，现在利用 SPSS 直接调用，构建 SPSS 数据库，操作如下。

|   | A | B | C | D | E | F |
| --- | --- | --- | --- | --- | --- | --- |
| 1 | 姓名 | 性别 | 身高 | 体重 | 年龄 | 血型 |
| 2 | 李国梅 | 女 | 168 | 48 | 20 | A |
| 3 | 程丽 | 女 | 167 | 54 | 19 | B |
| 4 | 杨玲 | 女 | 160 | 58 | 19 | AB |
| 5 | 王磊 | 男 | 178 | 60 | 21 | O |

图 4-18　四名同学的一般资料数据

**操作步骤**

1. 双击 SPSS 图标：打开 SPSS；如果 SPSS 已经打开，直接按照第二步操作。
2. 选择菜单：文件—打开—数据，弹出图 4-19，将文件类型框选为"所有文件"，然后单击"SPSS 数据库构建",单击"打开"按钮。

3. 弹出询问框:自 SPSS 24.0 开始,读取 Excel 数据为可视化读取,用户可以可视化观察数据读取的情况,如图 4-20 所示。此处重点关注第一个复选框,询问是否将第一行当作变量名录入;待录入资料的第一行就是变量名,故直接点击"确定"按钮。用户可以尝试将复选框中的"√"取消,你会发现可视化读取窗口中的变量名由 $V_1$、$V_2$ 等代替。另外,有时我们将数据放在 Excel 的其他工作表,此时将"工作表"框下拉菜单打开,选择相应的工作表即可。

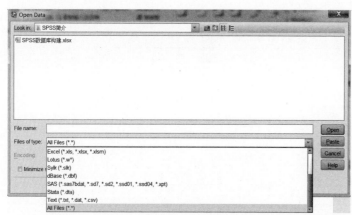 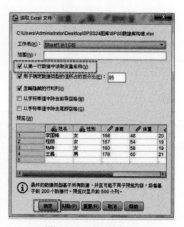

图 4-19　SPSS 打开数据窗口　　　　　图 4-20　询问窗口

4. 上步确定后,弹出 SPSS 数据库,如图 4-21,一般就可以进行后续数据整理与分析,但有时会需要调整。点击:"文件—保存",或者直接点击保存按钮,将此数据库进行保存,即利用其他数据库形式构建了 SPSS 数据库。

图 4-21　Excel 读取后 SPSS 数据

### 4.5.2 直接法数据库构建

直接法数据库构建为初学者必须掌握的数据库构建方法，可以分为两大步——先变量后数据，即先定义数据库中的变量，然后录入相应的数据，有点先买票，然后才能进入电影院就座看电影的意思；以知识结构而言，第一步更为重要。下面仍以图4-18的资料为例进行说明。

**操作步骤**

1. 双击桌面SPSS图标，打开SPSS。
2. 点击菜单：文件—新建—数据，打开一个新的SPSS数据窗口，点击左下角"变量视图"，转换到"变量"，如图4-22所示。

图4-22 变量视图

（1）每个变量需要设置11项属性，其中"类型"和"测量"相对较为重要，如果设置出错可能会影响后续分析；其他属性设置基本仅与展示方式相关，不会影响分析；变量类型设置与测量尺度设置窗口见图4-23、图4-24。

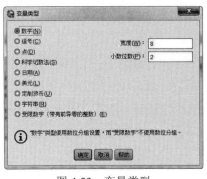 

图4-23 变量类型　　图4-24 度量标准

（2）变量类型中初学者只需关注第一个"数字"和倒数第二个"字符串"即可。录入变量值为数值时选择"数字"，录入的变量值为汉字、英语等字符时，选择"字符"。

图 4-24 度量标准有三个选项，分别为“标度”“有序”和“名义”，分别对应于统计学上的数值变量、有序分类变量与无序分类变量，大家要根据专业进行选择。

（3）数值型变量为标准型，系统默认宽度为 8 位，小数点默认为 2 位，小数点用圆点。字符型变量（String），其值由字符串组成，系统默认为 8，超过 8 为长字符型变量，不超过 8 为短字符变量。字符型变量不能参与运算，且大、小写存在区别。注意 SPSS 24.0 采用 unicode 模式，每个汉字占位 4 个字符，大家务必设置足够的宽度，否则无法显示完全。

3. 本例录入第一个变量，在第一行变量名称中录入“姓名”，类型选择“字符串”，“测量”选择“名义”，其他默认。后续的“性别”“血型”因为都是字符型，与“姓名”录入方法类似；“身高”“体重”和“年龄”为数值型变量，输入相应变量名称后，类型选择“数字”，度量标准选择“标度”，其他可以默认。本例变量设置完毕后如图 4-25 所示。

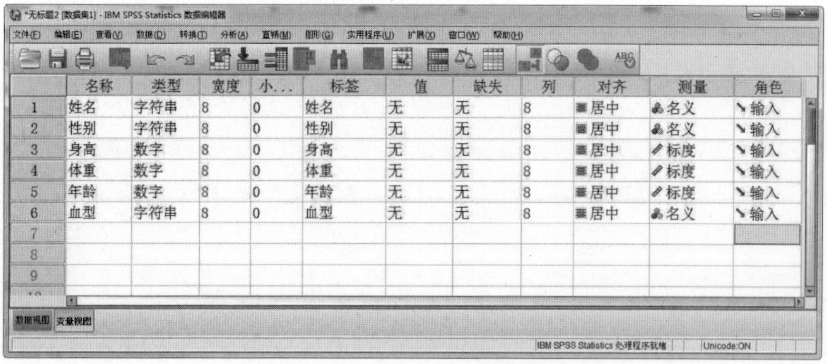


| | 名称 | 类型 | 宽度 | 小... | 标签 | 值 | 缺失 | 列 | 对齐 | 测量 | 角色 |
|---|---|---|---|---|---|---|---|---|---|---|---|
| 1 | 姓名 | 字符串 | 8 | 0 | 姓名 | 无 | 无 | 8 | 居中 | 名义 | 输入 |
| 2 | 性别 | 字符串 | 8 | 0 | 性别 | 无 | 无 | 8 | 居中 | 名义 | 输入 |
| 3 | 身高 | 数字 | 8 | 0 | 身高 | 无 | 无 | 8 | 居中 | 标度 | 输入 |
| 4 | 体重 | 数字 | 8 | 0 | 体重 | 无 | 无 | 8 | 居中 | 标度 | 输入 |
| 5 | 年龄 | 数字 | 8 | 0 | 年龄 | 无 | 无 | 8 | 居中 | 标度 | 输入 |
| 6 | 血型 | 字符串 | 8 | 0 | 血型 | 无 | 无 | 8 | 居中 | 名义 | 输入 |
| 7 | | | | | | | | | | | |
| 8 | | | | | | | | | | | |
| 9 | | | | | | | | | | | |

图 4-25　录入后变量属性设置

4. 变量录入完毕后，点击窗口左下角“数据视图”按钮，将每个变量的数据录入相应的位置，完毕后保存数据库，即可完成直接法数据库的构建，最终数据库如图 4-26 所示。

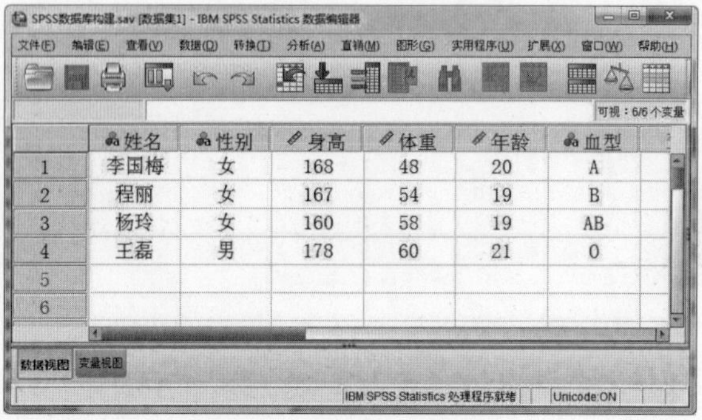


| | 姓名 | 性别 | 身高 | 体重 | 年龄 | 血型 |
|---|---|---|---|---|---|---|
| 1 | 李国梅 | 女 | 168 | 48 | 20 | A |
| 2 | 程丽 | 女 | 167 | 54 | 19 | B |
| 3 | 杨玲 | 女 | 160 | 58 | 19 | AB |
| 4 | 王磊 | 男 | 178 | 60 | 21 | 0 |
| 5 | | | | | | |
| 6 | | | | | | |

图 4-26　直接法录入数据库

SPSS 数据库构建完毕后，根据分析的需要，有时需要对数据库进行整理与清洗，包括排序、选择个案、加权个案、缺失值替换、转置与重新编码等功能，具体统计分析方法请参照本书相关章节的案例操作部分。

### 4.5.3 数据编辑

数据录入完毕后，可以对数据进行相应的编辑，如修改、删除、复制、粘贴等。此处请大家把 SPSS 当作 Excel，操作与 Excel 完全一样。下面向大家介绍三右键功能。

**1. 列变量右键**

当我们选择"体重"变量右键，可以弹出右键菜单，并可以执行相应的操作，大家自己尝试，重点为可以直接对"体重"变量进行"描述统计"（见图 4-27）。

**2. 行变量右键**

当我们选中某一行，点击右键，也可以进行相应的操作，具体如图 4-28 所示。

图 4-27 列变量右键功能

图 4-28 行个案右键实现功能

**3. 单元格右键**

当我们选中某一个具体的单元格，点击右键，弹出图 4-29，亦可进行相应的操作。

图 4-29 单元格右键实现功能

数据库构建经验小结：

常用是间接，必学是直接；
直接分两步，变量和数据；
变量两注意，类型和度量；
类型看两种，数值和字符；
度量依专业，三种要对应；
方便数据录，数值优字符；
把握上原则，大错躲一边。

SPSS 数据库构建有很多需要注意的细节，此处不赘，具体可见松哥公众号（data973）免费的视频教程。

## → 4.6 SPSS 分析过程三级窗口

三级窗口演示采用数据库 data01.sav，请大家打开相应数据库进行操作。

### 4.6.1 一级窗口（数据窗口）

一级窗口就是 SPSS 数据视图窗口，包含着所有的统计分析数据以及各项功能的菜单。如图 4-30 所示。

图 4-30 data01 数据展示

## 4.6.2 二级窗口（功能窗口）

为了实现某项分析功能，则需要调用相应的功能窗口，如想知道男女生的身高有没有差异，进行两独立样本 $t$ 检验，调用独立样本 $t$ 检验窗口，如图 4-31。

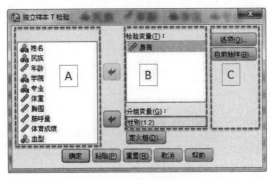

图 4-31　二级功能窗口

二级是实现某项统计功能的主要窗口界面，其上包含三个主要部分：一为数据库的变量框（A），框中含有构建数据库中的各种变量名称；二为目前检验变量框（B），用户将本次想进行分析的变量放入；三为参数按钮（C），点开按钮可以对实现 $t$ 检验这个功能的某些参数进行修改设置。二级窗口是进行 SPSS 数据分析最重要的窗口哦！

## 4.6.3 三级窗口（参数窗口）

三级窗口的打开,是借助二级窗口中的参数按钮,如点击图 4-31 中的"选项"参数按钮,弹出图 4-32,可以对置信区间范围及缺失值处理进行设置。三级窗口设置完毕后,点击"继续"，会再次回到二级功能窗口，点击"确定"，此时软件就开始运行了。数据库不大的话，一般 1～2 秒，运算完毕，然后结果输出窗口自动弹出，展示结果。

图　4-32

# 第 5 章　SPSS 24.0 数据管理

在我们已经将科研数据构建入 SPSS 数据库，正式开始数据分析之前，为了让数据能够符合我们研究目的的分析规范，还应该进行数据整理，这一过程称为数据管理。数据管理就是我们从菜场买菜回来后，对菜进行清洗的过程，菜不是一买回来就能下锅的。SPSS 具备完备的数据管理功能，本章将讲解最常用的 10 项数据管理功能。数据管理功能在 SPSS 的数据菜单和转换菜单，为了讲解的系统性，先介绍一下文件、编辑和查看菜单，然后再介绍数据管理功能。

## → 5.1　文件、编辑、查看菜单介绍

为了保证 SPSS 软件讲解的完整性，在讲解数据管理功能之前，把 SPSS 11 个菜单中的前三个菜单（文件、编辑、查看）给大家简单介绍一下，见图 5-1。数据管理菜单（数据、转换）在 5.2 小节中讲解。

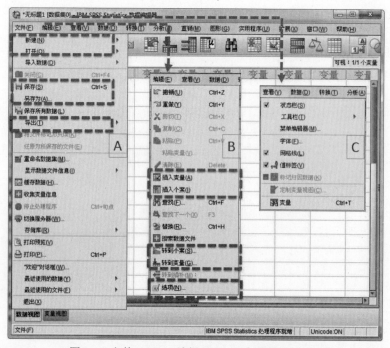

图 5-1　文件（A）、编辑（B）、查看菜单（C）

软件设计是按照完美方案进行设计，可是使用者学习是按照实用思路学习的，软件的 80% 功能用处都是不大的，另外的 20% 的模块却承担着该软件 80% 的应用，这就是所谓的二八定律。因此根据松哥 18 年的使用 SPSS 的经验，挑出一些最常用实用的进行讲解，见图 5-1 框中标注部分。

## 5.1.1 文件（常用5个）

文件菜单里面模块很多，但最常用的就是"新建""打开""保存""另存为"和"导出"选项。

### 1. 新建与打开

"新建"选项为创建新的 SPSS 相关文件，如图 5-2 所示。可以新建 4 种窗口文件（数据窗口、语法窗口、结果输出窗口和脚本），其中最常用的是"数据窗口"。语法对于相对高级用户才用到；"结果输出窗口"是自动弹出的，可以不管；"脚本"更是高级用户才用，平时基本不用。而"打开"菜单与"新建"相对应，新建的文件存储后，下次都可以直接打开。

图 5-2　文件—新建菜单

### 2. 保存与另存为

当我们构建了数据库或对数据库进行了相应的修改后，点击"保存"选项会以原文件名和原路径进行保存；"另存为"选项则可以更改文件名或者存储路径。

### 3. 导出

"导出"菜单可以将我们新建的数据库导出为其他 10 种数据库格式，具体见图 5-3。

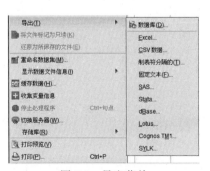

图 5-3　导出菜单

## 5.1.2 编辑（常用5个）

### 1. 插入变量与个案

当我们构建好数据库之后，发现需要在某处插入相应的变量与个案，可以通过此菜单操作，见图 5-1（B）部分。如用光标激活某个变量，然后点"插入变量"选项，即可在当前激活变量之前插入一个变量名为"VAR0001"的变量，双击可以进入变量视图进行变量名修改；同理激活某条记录（case），点击"插入个案"选项，则在当前记录之前插入一条空的新记录，可以进一步录入数据。

### 2. 转到个案与变量

如果我们的数据库非常大，有超多的变量及上万条记录，想手动直接找到某个变量或者某条记录，还是比较费时间的。这时我们可以利用转到个案与变量功能。打开 data01.sav 数据库，现在想定位到第 500 条记录，然后定位到血型变量。

转至个案菜单操作：编辑—转到个案，弹出图 5-4。框中输入"500"数据，然后点击"跳转"即可。

转至变量菜单操作：编辑—转到变量，弹出图 5-5。下拉框找到"血型"，点击"跳转"，可以直接定位到"血型"变量。

图 5-4 转至个案

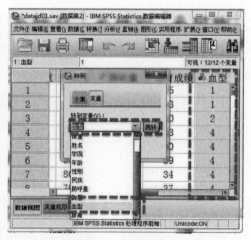
图 5-5 转至变量

### 3. 选项

"选项"窗口是对 SPSS 内部属性进行设置的窗口，初学者不用浪费过多的精力，只要掌握如下两点，就够用了，一是语言（见图 5-6），二是透视表（见图 5-7）。

1）语言：用于软件的 11 国语言互换，中文分为简体和繁体两种，更改语言应该对输出和用户界面同时修改，或者根据用户自己需要修改。

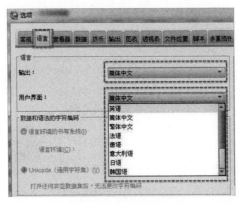

图 5-6　语言设置

2）透视表：用于设置统计分析输出的统计表的格式，默认安装为经典缺省，但分析出来的结果与专业上的三线表相差较大，此处请改为 Academic，此时分析出来的统计表与三线表非常接近。后面统计图表章节，松哥会讲授如何制作专业的统计表，或者直接关注微信公众号 data973，回复"asongge"即可直接拿到松哥编写好的模板，直接复制到安装目录 Looks 文件夹内即可。

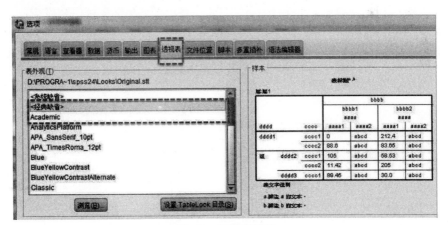

图 5-7　透视表设置

### 5.1.3　查看

"查看"菜单平时很少用到，即使不会使用也不会影响到数据分析的结果。其中的"字体"可以帮助我们更改字体设置；状态栏用于显示是否显示系统状态，取消后，SPSS 数据视图将变得更加简洁，但建议初学者保留。因为有时对 SPSS 进行了相关操作，初学者容易忘记，状态栏会给予提示。具体见图 5-1（C）部分。另外软件不用担心被用坏，感兴趣的读者可以每个功能都试试！

## → 5.2　10 项常用数据管理功能

数据终于收集好了，不代表立刻就能分析了，就像从菜场把菜买回来了，也不是直接就能炒菜了，还要把菜洗洗、切切，才能炒菜。道理是一样的，科研数据构建好 SPSS 数据库之后，根据研究目的，也需要对数据进行清洗、整理，然后才能够进入后续分析，这就是数据管理的过程。下面将介绍常用的一些数据管理功能，希望大家掌握哦！

### 5.2.1　排序个案（sort cases）（☆）

排序个案，顾名思义，就是根据变量取值对个案进行排序的过程。SPSS 实现排序功能有两种操作方式：菜单操作与右键操作。

**1. 菜单排序操作**

**案例实战**：采用 data01.sav 数据库，对体重进行升序排列。

**操作步骤**：点击数据—个案排序（图 5-8）；弹出图 5-9 个案排序功能窗口。软件默认的是升序"（A）排列"，点击"确定"软件会按照升序对体重进行排序；若选择"降序（D）"即可降序排列。

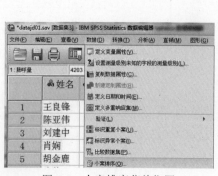

图 5-8　个案排序菜单位置

图 5-9　个案排序

**2. 右键操作**

**操作步骤**：先左键点击"体重"变量列，然后右击，弹出图 5-10，虚线中标出的即为升序和降序排列选项。

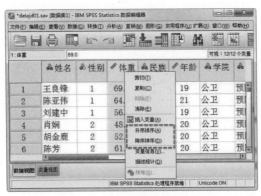

图 5-10　右键排序操作方式

**3. 经验传授**

1）升序排列（A）可以帮助我们发现某个变量有无缺失值及有无较小的异常值；降序（D）排列可以帮助我们发现特大的异常值。

2）进行双排序，比如对身高和体重同时进行排序，若用右键操作，只能同时升序或降序；若用菜单操作，可以分别对身高和体重排序方式进行定制，同时要注意，菜单操作中先进入的变量优先排序。如先放入年龄，后放入身高，则先对年龄排序，在相同年龄的情况下，再按照身高进行排序。

### 5.2.2　转置文件（transpose）

SPSS 数据格式为经典的行列式，即每行代表一条记录，每列代表一个变量。SPSS 统计分析只能够对变量进行分析。然而有时候，根据研究目的，我们需要对记录进行分析，那就必须将记录转化为变量才可以，这个功能就叫作转置，其是将行记录变为列变量的过程，模式见图 5-11。

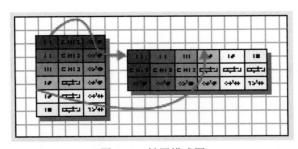

图 5-11　转置模式图

**案例实战：** 有10位专家对某个单位进行4项指标打分，数据为data02.sav，见图5-12，点击工具栏"变量"工具，得图5-13，列出数据集中的各种变量，但如果我们想对10位专家打分之间有无差异进行分析，因图5-13中并没有10位专家分别的变量信息，故必须对数据进行转置。

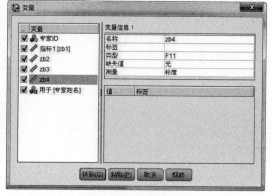

图5-12　10位专家打分数据　　　　　图5-13　变量视图

**操作步骤：** 点击菜单数据—转置，见图5-14。弹出转置二级功能窗口（见图5-15），将4个变量指标放入变量框中（该框中变量将变为记录），将变量"用于专家姓名"放入"名称变量"框中（该框中的变量的记录将变为变量）。

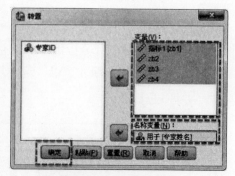

图5-14　转置功能窗口调用步骤　　　　图5-15　转置功能设置

点击"确定"后，提示未转置的变量将丢失，继续"确定"，软件将自动生成一个新的数据集文件，见图5-16，大家发现10位专家姓名已经变为变量。我们调用"变量"工具，弹出图5-17，大家即可发现新的变量列表与未转置前的差别，现在就可以对每位专家评分,以及专家之间的评分进行分析啦!

图 5-16　转置后新的数据集　　　　图 5-17　转置后数据集变量列表

**经验传授：** 如果你有数据需要转置,但不知将哪些变量放入哪个框中,松哥告诉你,你把旧数据集中的所有变量放入转置图 5-15 右上角的框中,然后直接点击确定,在新生成的数据集中,你会发现哪些是多余的变量,然后删除即可。转置过程中未放入栏中的变量会在文件中遗失；字符串变量不能转置。熟练之后你就会知道如何选择啦！

### 5.2.3　合并文件（merge files）

合并文件就是将两个文件数据合并到一个文件中去的过程。根据研究目的,合并文件有两种方式：横向合并与纵向合并（见图 5-18）。

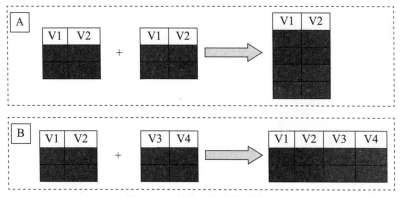

图 5-18　合并文件的两种方式

**1. 纵向合并**

纵向合并是指增加了研究个案,数据集将变得更长。如某小组 19 人考试考了数学、物理和化学 3 门课程,陈老师改了 10 名同学试卷并将成绩录入数据库 data03.sav,武老师改了 9 份试卷,并将成绩录入为 data04.sav 数据集,现在要把两位老师的数据集合并起来，数据集的变量是一样的，此时其实就是人数的合并，合并后数据集将变长。

**操作步骤**

1）打开数据集 data03.sav 和 data04.sav 数据，图 5-19 和图 5-20。发现两个数据集变量一样，而学号不一样。

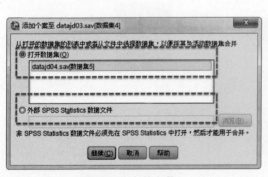

图 5-19　data03 数据库

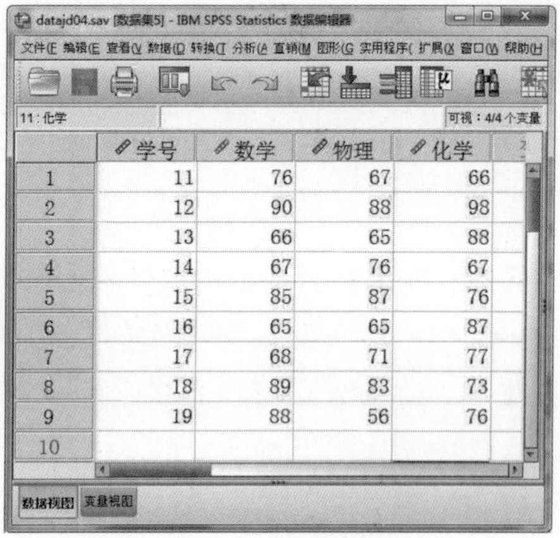

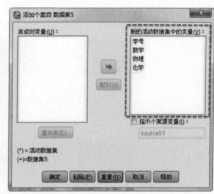

图 5-20　data04 数据库

2）菜单：数据—合并文件—添加个案，弹出图 5-21。从"打开数据集"框中选中 data04.sav，点击"继续"；如果 data04.sav 没有打开，可以选择下面外部 SPSS 文件进行调用。

图 5-21　合并文件

图 5-22　合并文件变量选择

3）点击继续弹出图 5-22，右侧框中显示为合并后数据集中的变量。如果两个数据集有不同的变量，则在左侧框中显示未成对的变量。点击"确定"运行，查看数据集视图窗口如图 5-23 所示。为了节省篇幅，采用分屏显示，发现总的个案数为 19 例，合并成功。

| | 学号 | 数学 | 物理 | 化学 |
|---|---|---|---|---|
| 1 | 1 | 80 | 67 | 66 |
| 2 | 2 | 90 | 87 | 76 |
| 3 | 3 | 88 | 65 | 68 |
| 4 | 4 | 67 | 76 | 98 |
| 5 | 5 | 85 | 87 | 76 |
| 6 | 6 | 64 | 83 | 67 |
| 15 | 15 | 85 | 87 | 76 |
| 16 | 16 | 65 | 65 | 87 |
| 17 | 17 | 68 | 71 | 77 |
| 18 | 18 | 89 | 83 | 73 |
| 19 | 19 | 88 | 56 | 76 |
| 20 | | | | |

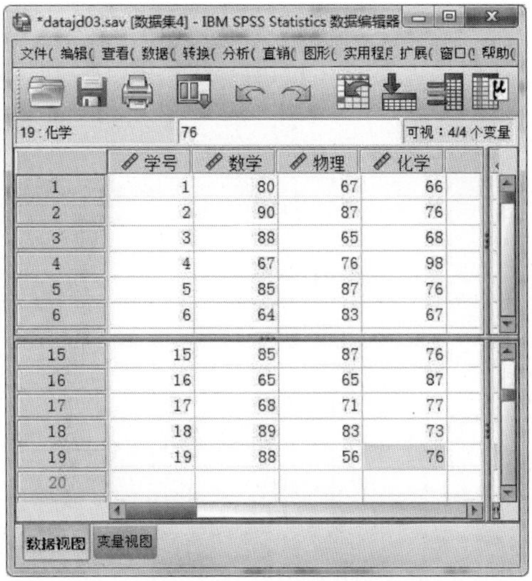

图 5-23　合并后数据

### 2. 横向合并

用于增加数据集的变量个数，横向合并可以增加数据集的宽度。比如一个班级期末考试，共考了 6 门课程，陈老师改了数学、物理和化学，松哥改了地理、历史和政治，并分别录入数据库 data05.sav 和 data06.sav 数据集。

**操作步骤**

1）分别打开 data05.sav 和 data06.sav 数据集，如图 5-24 和图 5-25 所示。可见两个数据集个案相同，但变量不一样，现在合并人数不会增加，但增加的是变量数。

| | 学号 | 数学 | 物理 | 化学 |
|---|---|---|---|---|
| 1 | 1 | 80 | 67 | 66 |
| 2 | 2 | 90 | 87 | 76 |
| 3 | 3 | 88 | 65 | 68 |
| 4 | 4 | 67 | 76 | 98 |
| 5 | 5 | 85 | 87 | 76 |
| 6 | 6 | 64 | 83 | 67 |
| 7 | 7 | 68 | 71 | 77 |
| 8 | 8 | 78 | 83 | 83 |
| 9 | 9 | 88 | 85 | 73 |
| 10 | 10 | 98 | 88 | 80 |
| 11 | | | | |

图 5-24　data05 数据库

| | 学号 | 地理 | 历史 | 政治 |
|---|---|---|---|---|
| 1 | 1 | 76 | 67 | 66 |
| 2 | 2 | 90 | 88 | 98 |
| 3 | 3 | 66 | 65 | 88 |
| 4 | 4 | 67 | 76 | 67 |
| 5 | 5 | 85 | 87 | 76 |
| 6 | 6 | 65 | 65 | 87 |
| 7 | 7 | 68 | 71 | 77 |
| 8 | 8 | 89 | 83 | 73 |
| 9 | 9 | 88 | 56 | 76 |
| 10 | 10 | 78 | 98 | 69 |
| 11 | | | | |

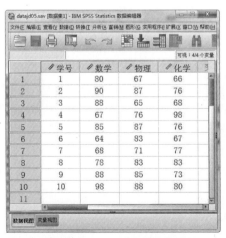

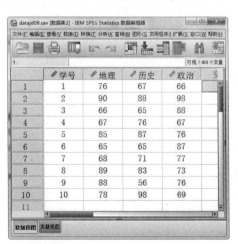

图 5-25　data06 数据库

2）菜单操作：数据—合并文件—添加变量，弹出图 5-26。选择 data06.sav，然后点击"继续"，弹出图 5-27。同样地，如果 data06.sav 没有打开，可以调用 SPSS 外部数据。

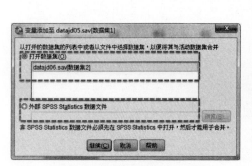

图 5-26　合并文件数据库选择

图 5-27　合并文件变量选择

3）横向合并属性设置。大家试想一下，如果有一个人右手五个手指头被人全部砍断（有点残忍，还是被机器压断吧），你是一个医生，现在要把 5 个手指头接上，断指是不是应该接到对应的手指上。道理是一样的，两个数据集如果要横向合并，必须是同一个同学的成绩才能合并，因此就必须要有一个变量，用于指示是不是同一个人，在本例中，就是学号。因此学号应该作为连接两个数据库的识别变量。

因此，请将图 5-27 操作为图 5-28 后，点击"确定"。

4）回到数据视图，如图 5-29 所示，发现 10 名同学的 6 门课成绩已经得到正确合并。

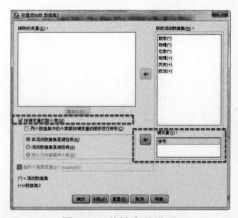

图 5-28　关键变量设置

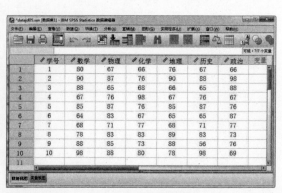

图 5-29　合并后数据

## 5.2.4 拆分文件（split files）

所谓"合久必分，分久必合"，前面我们学了 2 种合并文件的方法，这里讲解如何拆分文件。注意 SPSS 合并文件是指把两个文件合为 1 个文件；SPSS 拆分文件通常不是指把一个文件拆分为 2 个文件，而是把 1 个文件按照某个变量分成几个部分。SPSS 中还有一个"拆分为文件"，是将 1 个文件真正地拆分为 2 个文件，使用较少，此处不赘。

**案例实战**

案例数据 data01.sav，我们想知道不同性别学生的身高情况，该如何分析呢？

**操作步骤**

1. 打开数据集 data01.sav，先分析一下全部学生的身高。

操作如下：分析—描述统计—描述（见图 5-30）将"身高"放入变量框，点击"确定"即可（见图 5-31）。

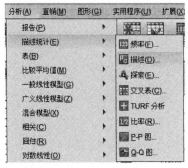 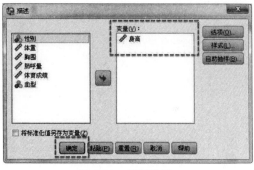

图 5-30　统计描述功能　　　　　图 5-31　描述设置

得到结果如图 5-32 所示。结果为全部学生 590 人的身高结果描述。

| 描述统计 | 个案数 | 最小值 | 最大值 | 平均值 | 标准差 |
|---|---|---|---|---|---|
| 身高 | 590 | 145.0 | 184.0 | 164.379 | 7.9816 |
| 有效个案数（成列） | 590 | | | | |

图 5-32　data01 数据身高描述结果

2. 按照性别拆分文件。

**操作步骤**：数据—拆分文件，弹出拆分文件功能窗口（见图 5-33）。选择"比较组"，并将"性别"放入"分组依据"，点击"确定"。

3. 回到数据视图，并未发生明显变化，但最右下角系统状态栏显示"拆分依据：性别"，见图 5-34。

图 5-33 拆分文件设置

图 5-34 拆分后状态栏显示

4. 再次分析一下 data01.sav 数据集，对其身高进行统计学描述，步骤同上，得到结果如图 5-35 所示。如果图 5-33 处选择为"按组组织输出"，则得到结果如图 5-36 所示。两个结果是一样的，只不过展示方式不一样，松哥更加喜欢"比较组"的结果，因其更加简洁。

描述统计

| 性别 | | 个案数 | 最小值 | 最大值 | 平均值 | 标准差 |
|---|---|---|---|---|---|---|
| 男 | 身高 | 303 | 152.0 | 184.0 | 170.092 | 5.5967 |
| | 有效个案数（成列） | 303 | | | | |
| 女 | 身高 | 287 | 145.0 | 173.0 | 158.347 | 5.1984 |
| | 有效个案数（成列） | 287 | | | | |

图 5-35 拆分条件：比较组

性别 = 男

描述统计[a]

| | 个案数 | 最小值 | 最大值 | 平均值 | 标准差 |
|---|---|---|---|---|---|
| 身高 | 303 | 152.0 | 184.0 | 170.092 | 5.5967 |
| 有效个案数（成列） | 303 | | | | |

a. 性别 = 男

性别 = 女

描述统计[a]

| | 个案数 | 最小值 | 最大值 | 平均值 | 标准差 |
|---|---|---|---|---|---|
| 身高 | 287 | 145.0 | 173.0 | 158.347 | 5.1984 |
| 有效个案数（成列） | 287 | | | | |

a. 性别 = 女

图 5-36 拆分条件：按组组织输出

**经验传授**

初学者在拆分之后进行其他分析时,会发现所有分析都是拆分的,无法直接进行分析。因此拆分完,分析后,记得要还原。还原方法即所谓"解铃还须系铃人",在"拆分"功能窗口选择第一个"分析所有个案,不创建组"即可。另外初学者要实时关注 SPSS 数据窗口的右下角的系统状态栏,它可以帮助你了解目前数据的状态,这也是前面松哥让大家把系统状态栏留着的原因。

### 5.2.5 选择个案(select cases)(☆)

选择个案是在数据集中选择一些符合某些条件的案例进行后续分析。要想掌握"选择个案"功能,只要完成松哥的 3 个案例就可以充分掌握啦!

**案例一:如果满足某个条件方可入选**

在数据集 data01.sav 中,选择年龄大于 19 岁的大学生,描述其身高。

**操作步骤**

1. 学习此功能之前,大家先描述一下所有大学生的身高,步骤为:分析—描述统计—描述,将"身高"移入变量框中,点击"确定",得到结果(见图 5-37(A)),可见 590 名大学生,身高均数为 164.379cm,标准差为 7.9816cm。

| A | 描述统计 | | | | |
|---|---|---|---|---|---|
| | 个案数 | 最小值 | 最大值 | 平均值 | 标准差 |
| 身高 | 590 | 145.0 | 184.0 | 164.379 | 7.9816 |
| 有效个案数(成列) | 590 | | | | |

| B | 描述统计 | | | | |
|---|---|---|---|---|---|
| | 个案数 | 最小值 | 最大值 | 平均值 | 标准差 |
| 身高 | 278 | 145.0 | 184.0 | 164.505 | 8.4494 |
| 有效个案数(成列) | 278 | | | | |

图 5-37 身高描述结果

2. 现在我们来选择年龄 >19 岁的学生分析身高,操作如下:数据菜单—选择个案,弹出选择则个案框(见图 5-38)。如图中红框选择点击"如果"按钮,弹出图 5-39 所示窗口。

3. 如图 5-39 所示 If 条件框中,输入"年龄 >19",点击"确定",回到图 5-38,再次"确定",运行。

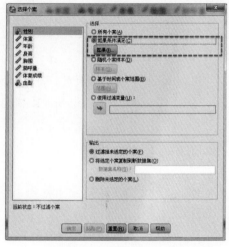
图 5-38 选择个案 - 如果

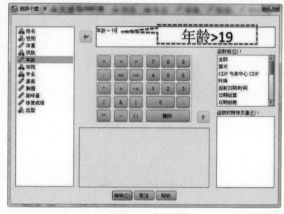
图 5-39 If 设置

4. 回到数据视图，如图 5-40 所示，数据库外观发生两处变化，一为凡是年龄不大于 19 岁的，数据库默认的 ID 编号均被斜线划去，表示该个案删除不参加后续分析；二为在数据库的最右边产生一个 0、1 编码的 filter 控制变量，凡是 1 的均是符合年龄大于 19 岁，0 表示不大于 19 岁，其实 SPSS 是通过产生一个过滤变量，以控制后续哪些个案参加分析的。大家不信删除这个过滤变量，你会发现全部都参加分析了。

图 5-40 条件选择后数据

5. 此时我们再次分析，描述一下身高，步骤同 1，得到结果如图 5-37 所示（B）的部分，可以发现分析的大学生个案数 278 人，身高均值 164.505cm，标准差为 8.4494cm。如果测试删除右侧的 filter 变量，再次分析，则又会得到图 5-37（A）的结果。

## 案例二：随机个案样本的近似法

此功能其实是进行随机化抽样，依旧选择数据集 data01.sav，随机化抽取其中的 30% 的样本，进行其身高的描述。

**操作步骤**

1. 数据—选择个案，弹出图 5-41，选择"随机个案样本"，然后点击"样本按钮"弹出图 5-42。

2. 图 5-42 中，选择"大约"框，并在框中填入"30"，意思即随机抽取 30% 的样本。点击"继续"，回到 5-41，再次确定。

图 5-41 随机个案样本

图 5-42 随机样本设置

3. 返回数据视图如图 5-43 所示，大家发现系统默认 ID 有斜线划去的个案，数据库最右边产生 filter 变量。你们得到的图和松哥不一样，因为数据库变量较多，为让大家看全，松哥设置了分屏哦！

4. 此时大家再次描述分析一下身高数据，得到结果如图 5-44 所示。抽样 188 人，均值 164.670cm。如果你跟着做，虽然用的是同样数据集，你做的结果和松哥肯定不一样，你肯定会想，那科研的严谨性、可重复性呢，这个软件以后我还敢用吗？

图 5-43 选择后样本

描述统计

| | 个案数 | 最小值 | 最大值 | 平均值 | 标准差 |
|---|---|---|---|---|---|
| 身高 | 188 | 147.0 | 183.0 | 164.670 | 8.1603 |
| 有效个案数（成列） | 188 | | | | |

图 5-44　选择后样本分析结果

这个大家不用担心，之所以出现这样的结果，是因为我们采用的是近似抽样。也就是大约抽样，即有的人抽了 187 人、188 人、189 人，甚至也有 190 人呢。如果咱们可以设置同样的随机数字种子，那么得到的结果就会一模一样了。下面咱们就用精确法，抽一个一样的结果的。

### 案例三：随机个案样本精确抽样

案例二的近似抽样，导致重现性较差，甚至你自己做两遍的结果都不一样，让心情很是不爽。咱们现在要在数据集 data01.sav 中精确抽样 60 人，进行后续身高的描述分析。

**操作步骤**

1. 菜单：数据—选择个案。

2. 弹出图 5-41，依旧选择"随机个案样本"，然后点击按钮"样本"。弹出如图 5-45 所示窗口。

3. 图 5-45 中，选择"正好为"，并在框中输入"60"，因为总共有 590 个样本，所以后面输入来自前"590"。注意如果你打算在前 100 个里面抽，则输入 100，该框可以个性化选择方案，统计上的系统抽样（机械抽样）此处可以实现。点击"继续"，回到图 5-41 所示窗口。

4. 点击"确定"，回到数据集的数据视图，图 5-46。发现系统默认 ID 很多划去斜线以及产生的 filter 过滤变量。

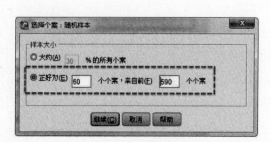

图 5-45　精确抽样

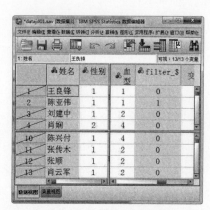

图 5-46　精确抽样结果

5. 我们现在再分析一下选取的 60 人的身高数据，方法同前，得到结果如图 5-47 所示。发现抽样人数 59 人，什么？怎么就 59 人，刚才不是精确抽样抽 60 人吗？这是啥软件呀，算了松哥，我不学了。

呵呵，此时在做的你可能是 60，也有可能是 58、59 等。你肯定在想，前面案例二咱们得到的不一样，说松哥说的是近似抽样，现在是精确抽样了，怎么还不一样，不会是这个软件真的不靠谱吧？

其实是这样的，咱们每个人都抽到了 60 人，只不过呢，松哥运气不好，我抽到的那 60 人里面，有 1 个人的身高值是缺失值，所以计算时只有 59 了，你明白了吗，哈哈！如果你不相信，你对 filter 变量进行降序排列，你会发现确实有 60 个人，但是在 60 个人中，确实有人身高值是缺失的。

| | 个案数 | 最小值 | 最大值 | 平均值 | 标准差 |
|---|---|---|---|---|---|
| 身高 | 59 | 148.0 | 180.0 | 165.576 | 8.1599 |
| 有效个案数（成列） | 59 | | | | |

描述统计

图 5-47　精确抽样分析结果

**经验传授**

选择个案功能是数据管理非常常用的一项功能，掌握松哥所述的三个案例，基本够大家用了。

（1）选择了其中一部分分析后，若再想分析全部数据，可以直接删除 filter 过滤变量即可，这比重新菜单操作，选择全部案例要方便；

（2）如果选择不是从第一个个案开始，可以选择图 5-41 中的"基于时间或个案范围"。

## 5.2.6　加权个案（weight cases）（☆）

加权个案是一个数据集简化的方式，是把同类个案放在一行记录进行呈现，如松哥到超市买了 3 瓶矿泉水，每瓶 2 元，3 个面包，每个 5 元，采用加权与不加权可以有两种数据集构建方式，如图 5-48 和图 5-49 所示，你会发现后者比前者要简单得多。如果松哥买了 300 瓶矿泉水和 300 个面包，你会发现，数据集图 5-49 的效率就不得了了，依旧是 2 行就可以，而数据集图 5-48 则要 600 行。

讲到这里松哥相信你已经知道，图 5-49 中的变量"数量"，其实代表的就是前面商品的权重。可是我们在分析时，软件是不知道"数量"就是权重变量的，因此我们就必须告诉软件，这个过程就是"加权个案"。

图 5-48 逐条录入式

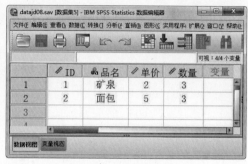
图 5-49 同类合并式录入

为了验证我们的想法，我们分别对 data07.sav 和 data08.sav 数据集进行商品的平均价格分析，感受分析操作上的不同。

1. 分析 data07.sav：分析—描述统计—描述，在弹出对话框中，将"单价"放入右边框中，点击"确定"，得到结果，如图 5-50（A）所示。

2. 分析 data08.sav：分析—描述统计—描述，在弹出对话框中，放入"单价"，点击"确定"，得到图 5-50（B）。发现个案数只有 2 个，显然是不对的。

3. 加权分析：数据—个案加权，弹出图 5-51，个案加权对话框，将"数量"放入"个案加权系数"框中，点击"确定"。回到数据视图，你会发现系统状态栏显示"权重开启"，表示你已经加权成功。

| A | 描述统计 | | | | |
|---|---|---|---|---|---|
| | 个案数 | 最小值 | 最大值 | 平均值 | 标准差 |
| 单价 | 6 | 2 | 5 | 3.50 | 1.643 |
| 有效个案数（成列） | 6 | | | | |

| B | 描述统计 | | | | |
|---|---|---|---|---|---|
| | 个案数 | 最小值 | 最大值 | 平均值 | 标准差 |
| 单价 | 2 | 2 | 5 | 3.50 | 2.121 |
| 有效个案数（成列） | 2 | | | | |

图 5-50 描述结果

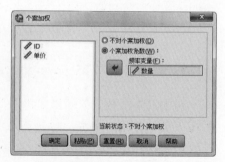
图 5-51 个案加权

4. 分析 data08.sav：分析—描述统计—描述，在弹出对话框中，放入"单价"，点击"确定"，会再次得到图 5-50（A）。

**经验传授**：加权一般在频数表和分类变量资料的行列表时应用，共同特征为有一个频数项，分析时需要对频数项进行加权。

### 5.2.7 计算变量（compute）

计算变量就是利用现有数据集中的变量，按照一定的数学公式与逻辑表达式，产生一个新的变量的过程。

**案例实战**

依旧以 data01.sav 为例，数据集中有身高（cm）和体重（kg）变量，而我们知道体质指数 BMI= 体重（kg）/ 身高（m）$^2$。现在我们利用"计算"功能产生 *BMI* 新的变量。

**操作步骤**

1. 打开 datajd01.sav 数据集，将身高和体重变量拖放到一起，方便查看，不拖放一起也没关系。

2. 菜单：转换—计算变量，弹出图 5-52。左侧目标变量框中输入"BMI"，右侧"表达式框中"输入"体重 /（身高 / 100）$^2$"。注意身高单位为 cm，因此身高应该除以100。

3. 点击"确定"，回到数据视图 5-53，你会发现数据集最右边产生了新的 BMI 变量。

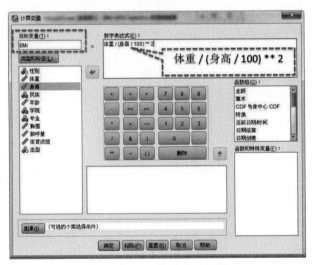

图 5-52　计算变量对话框

图 5-53　计算变量结果

### 5.2.8 重新编码（recode）

重新编码一般用于将连续性变量转化为分类变量。结合计算变量产生的 BMI，我们演示一个新的练习。

## 案例实战

已知 BMI 的不同取值，代表的专业意义如图 5-54 所示。我们上面计算得到的 BMI 都是具体数字，能否直接显示专业上的"消瘦""正常"等呢？这个就可以通过重新编码实现。

| 级别 | BMI 范围 | 评价 |
|---|---|---|
| 1 | <18.49 | 消瘦 |
| 2 | 18.5～24.99 | 正常 |
| 3 | 25～29.99 | 超重 |
| 4 | >30 | 肥胖 |

图 5-54　BMI 专业意义代码

## 操作步骤

1. 调用重新编码菜单：转换—重新编码为不同的变量，操作如图 5-55 所示，弹出图 5-56。

2. 图 5-56 中，将 BMI 放入右边框中，然后给重新编码为不同的新的变量起个名字，本例取 BMI_1，然后点击"变化量"，就会出现 BMI—BMI_1，点击"旧值与新值"按钮，弹出图 5-57 所示窗口。

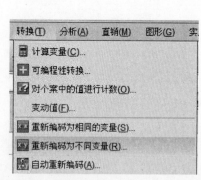

图 5-55　重新编码为不同的变量菜单位置 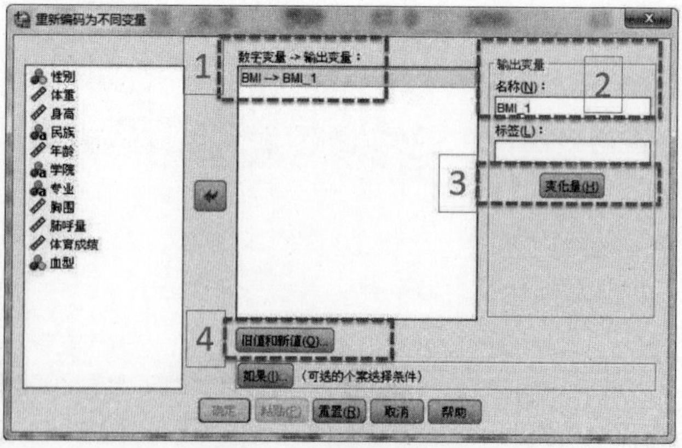　　图 5-56　重新编码为不同的变量

3. 图 5-57 中，分别按照图 5-54 的规则设置，完毕后点击"继续"，回到图 5-56，点击"确定"。

4. 回到数据视图，发现最右边产生一个新的变量 BMI_1，其值分别为我们专业所需的取值哦（见图 5-58）！

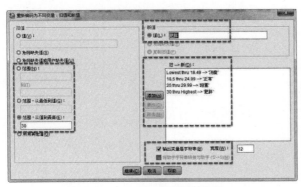

图 5-57　旧值与新值设置

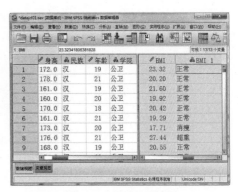

图 5-58　赋值后结果

**经验传授**

（1）大家发现图 5-55，重新编码分为重新编码为相同的变量与重新编码为不同的变量 2 种，建议大家只学不同，别学相同，因为相同编码会把原始数据覆盖，而且不可恢复，如果没有备份，可能会造成很大的影响。因此，只学编码不同的变量，此时不会覆盖原始变量。

（2）在学习时，可能会出现图 5-57 右上角的"值"框中无法输入汉字的情况，那是因为没把右下角"输出变量是字符串"勾选上。

（3）SPSS 重新赋值窗口，图 5-57 中，范围如果输入 18 和 20，是指 $18 \leqslant X \leqslant 20$；在最低到某值，如果输入 18，是指 $X \leqslant 18$；如果输入某值到最高，如输入 19，则是指 $X \geqslant 19$。意思是，SPSS 中的范围设置都是包含等于的。因此设置时要密切注意，防止出现同一个值有 2 个去处的可能。具体可以通过增加小数点进行分割，如年龄 <18 岁设置为 1，$\geqslant 18$ 为设置为 2；此时 2 为包含等于没问题，那么 1 可以设置为 $X<17.999$，就可以区分开了！

### 5.2.9　自动重新编码

自动重新编码主要用于将字符型变量进行数值化，并且给予"值标签"编码。这是非常实用的一个功能。

**案例实战**

案例数据集 data01.sav，其中有个变量为"专业"，上下拖动数据集，你会发现专业挺多，到底有几个呢？

### 操作步骤

1. 打开 data01.sav，点击菜单：转换—自动重新编码，弹出图 5-59。将变量"专业"放入"变量—新名称"框，新名称框中输入"专业_1"，并点击"添加新名称"按钮，点击"确定"。

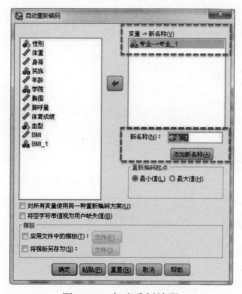

图 5-59　自动重新编码

2. 回到数据视图，见图 5-60，在变量的最右边，产生一个新的变量"专业_1"，你会发现专业_1 都是数字展示的。数字代表什么意思呢？大家到变量视图，找到"专业_1"的值标签，知道每个数字代表的意思（见图 5-61），并且知道总共有 11 个专业。

图 5-60　自动赋值后结果

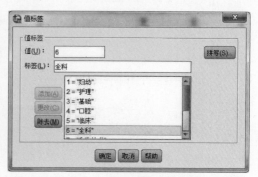

图 5-61　自动赋值后的值标签

## 5.2.10 缺失值替换（replace missing value）

缺失值替换，顾名思义是对获取的数据集中的缺失值，采用统计的方法填补，有人说，这不是造假吗？呵呵，还真不是的，这是一种统计处理技术，这种方法甚至可以写到你的文章中去。

**案例实战**

案例数据集 data01.sav，里面有很多缺失值，还记得咱们抽样的时候，明明抽 60 人，却只有 59 个数吗？咱们现在对"身高"数据进行缺失值填补。

**操作步骤**

1. 打开 data01.sav 数据集。

2. 菜单：转换—替换缺失值，弹出图 5-62，将"身高"放入新变量框中，名称为"身高_1"。注意缺失值替换不会覆盖原始的变量，会产生新的变量。方法框中提供的是 5 种缺失值替换的方法，（1）序列均值：是指用所有其他数据的均值，作为缺失数据的数值；（2）临近点的均值：如果你的数据具有序列特征，并且数据可能符合正态分布，则用临近点的均值比较合适，此时可以选择临近 2 个，还是 3 个临近点；（3）临近点的中间值（中位数）：同样用于有序列特征的数据，同时数据可能不符合正态分布；（4）线性插值：利用线性模型，去预测缺失值；（5）临近点线性趋势：也是利用线性模型，但当第一个值或者最后一个值缺失，用线性插值没法计算，线性趋势则可以。

3. 大学生的身高应该符合正态分布，因此我们采用默认"序列均值"进行演示，点击"确定"。回到数据视图，发现最右边的"身高_1"。想知道是如何替代的，请大家对"身高"进行升序排列，可以得到图 5-63。你会发现所有缺失的身高，都已替换为 164.4cm。

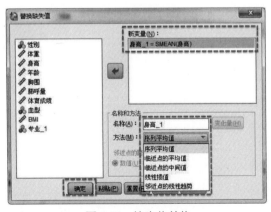

图 5-62 缺失值替换

图 5-63 缺失值替换结果

在上述的数据管理功能中,一些常用功能的已经放入到 SPSS 常用工具栏中,见图 5-64,常用工具栏操作要比菜单操作快捷方便得多哦!

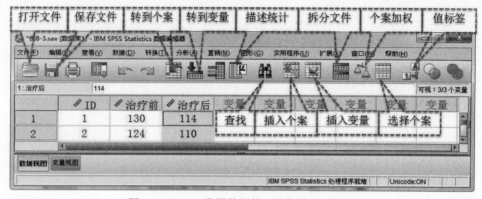

图 5-64　SPSS 常用数据管理的快捷工具图标

# 第三篇　初级统计说一说（描述性统计）

初级统计说一说，怎么说，两个字：图表。

——松哥统计

统计分三级，初级说一说，中级比一比，高级找关系；通达初级者，可为人中上品；通达中级者，可谓人中精品；然通达高级者，为人中极品也！

初级说一说，一月可握轮廓；中级比一比，一年可悟其髓；高级找关系，十年方可窥一斑。故关系研究乃统计中的上乘功夫，需沉淀而不能急躁，需渐悟而不可速成，需持恒而不可瞬！

统计如功夫，需拜其师，从其道，常问之，勤践之，融汇之，领悟之，方可大成；然每师必有其长，亦自有其短，遇一师不足以登顶，故应多方访学，取长补短，其乃成功之道！

自古统计无师自通者鲜有之，偶有，也必将走火入魔，误入旁门之左道！

然统计毕竟乃一工具，专业更是航海之舵，多数专业之人士，不可短其业，却以统计补之。故统计为剑，专业为手，手握剑可披靡，剑划手必噬血也！

——松哥统计

# 第 6 章 统计描述指标

世界是物质的,物质是运动的,运动是会产生数据的,数据是有规律的,而我们对这种规律的认识必须通过某种工具才能发现,这种工具就是"统计学"。言下之意,统计学是通过数据去发现规律的,而数据是统计学上变量的数值体现。

变量分为三种,计量、等级和计数,根据能力大小,分别称为老大、老二和老三,第 1 章曾经介绍过。遗憾的是老二没有特定的描述指标,因此将老二下降一级变为老三,所以统计上主流就有老大和老三的统计描述指标。老二不是没有,只不过不常用,如众数、中位数和秩均值还是可以用的。

## → 6.1 计量变量

我们人类对一个陌生事物的认知,首先从其外形开始,然后再探讨其属性性质。正如大家在购买这本书时,看到作者是松哥统计,并想进一步了解他,则你首先会想,这家伙长啥样子呢?然后会进一步想了解,松哥多大、高不高、胖不胖等属性特征!同样,当我们初学计量变量,我们也首先想知道计量变量长啥样子呢?

松哥告诉你,对于绝大多数计量变量数据,其长相就是图 6-1 的单峰分布的样子,为什么呢?不为什么,这是在人类没有干预的情况下,该种资料自然的分布形态,我们就称为规律。

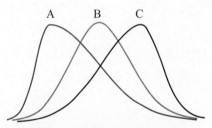

图 6-1 计量变量的常见形态

上面三种分布类型分别为正偏态分布(A)、对称分布(B)和负偏态分布(C),其中的对称分布当对称性和峰度较好时就是我们常说的"正态分布"了。三种分布以对称分布为例,是不是像一个沙堆,并且发现沙堆越往中间沙子越多,中间的沙子最多,这种越靠近中间频数越多的趋势就是统计学的集中趋势(central tendency);如果我们现在抓一捧沙，从沙堆中间慢慢流淌而下，此时会发生什么现象呢？是不是沙堆除了轻微增高一点点（因为集中趋势）外，绝大部分的沙都顺着沙堆四周逃逸而去。可我们并没有让它跑呀，而沙子自然而然地四散而去，这也是一种趋势，叫离散趋势（dispersion tendency）。

一句哲语"任何事物都具备两面性"，就像太极的"阴阳"，人间的"男女"，我们计量数据分为"集中和离散"2个属性。因此在了解其外形之后，我们从集中和离散两个角度来研究其属性。

### 6.1.1 集中趋势

**1. 算数均数，简称均数（mean）**

描述一组数据在数量上的平均水平，总体均数（$\mu$）和样本均数（$\bar{x}$）用不同符号表示。适用范围为对称分布，特别是正态分布资料。其计算就是一个样本所有变量值相加除以样本量，式（6-1）。松哥开篇说要写一本没有统计公式的SPSS论著，下面的公式仅为让你理解，不需要记忆。

$$\bar{x} = \frac{x_1 + x_2 + \cdots + x_n}{n} \tag{6-1}$$

**2. 中位数（median，$M$）**

中位数是将一组数据按照从小到大的顺序排列，位置居中的那个数。如6、8、5、9、3的中位数就是6。因为中位数只要能够按照大小排序就可以计算，故适用范围更广，只要能够大小排序的数据均可以计算中位数，中位数为计算集中趋势的"万金油"。但中位数因为没有利用原始数据的信息，因此代表性没有均数好。和均数相比较为迟钝，只有样本量较为充足时结果才稳定。

因此，一组数据符合对称分布尽量用均数，偏态分布时才考虑用中位数。

**3. 几何均数（geometric mean，$G$）**

当我们的计量数据是等比资料，我们还可以用几何均数计算其集中趋势。所谓的等比资料分布如图6-1（A）所示，常见的有抗体滴度、药物效价和菌落计数，以抗体滴度为例，常见数据为1∶20、1∶40、1∶80和1∶160等，这类数据特征为后面数据取值都是前面的倍数关系，而不像身高类数据，都是连续性一点点递增。

几何均数是所有$x$相乘，然后开$n$次方，式（6-2），计算较为复杂，一般都是通过软件计算。$G$是针对正偏态资料集中趋势的描述。适用范围：对数正态分布资料或等比资料。

$$G = \sqrt[n]{x_1 \times x_2 \times \cdots \times x_n} \tag{6-2}$$

### 4. 众数（mode）

一组数据中，出现频次最多的那个数。国内发表文章较少使用，常见于外文论文。

### 6.1.2 离散趋势

有好就有坏，有集中就有离散，上面谈了计量数据的集中趋势描述的指标，同样其离散趋势也有特定的指标加以描述。

#### 1. 极差（range，R）

既然离散反映的是数据的分散性，那么有人就用一组的最大值减去最小值，得到数据分布的最大区间，这个指标就是极差，如图6-2所示。

极差这个指标非常容易理解，但因为最大值和最小值往往是试验误差导致，因此，极差很不稳定，不得已方用之。

#### 2. 四分位数间距（quartile，Q）

既然极差指标的缺点是由最大值和最小值不稳定导致，那么能否消除其影响呢？于是有人就将数据平均分为四等分，用上四分之一（$P_{75}$）与下四分之一（$P_{25}$）之差，来反映离散趋势，这就是四分位数间距指标，如图6-2所示。

百分位数（percentile，$P_x$）是指将一组数据从小到大排序，位次居于第百分多少位的数，如全班同学100名按照身高从矮到高排序，小强身高176cm，站在第80个，则该班身高数据的 $P_{80}$ 为176cm。

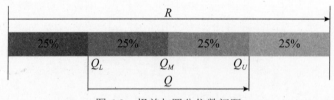

图6-2  极差与四分位数间距

四分位数间距（$Q$）也很容易理解，比极差要稳定得多，但是也有缺点，就是对于一组数据，不管你样本量多大，仅用到两个值 $P_{75}$ 和 $P_{25}$ 来反映整个一组数据的离散趋势。肯定会犯以点概面、以偏概全的错误。如果能引入一个指标，可以把一组数据中每个数据的离散趋势算出来并求和，那么这个指标就比较完美。

#### 3. 方差（$\sigma^2$）

鉴于上述情况，于是就设计出离均差和，式（6-3）。可是我们发现离均差和永远等于0，我们计算指标是用于比较的，但是任何数据的离均差和均为0，无法比较。为什么是 0 呢，是因为会出现正负抵消。如数据 1、2、3，它们的离均差分别为 -1、0 和 +1，所以就等于 0 了。

$$\sum(x-\mu)=0 \tag{6-3}$$

继续改进公式，如果让原始数据的离均差取平方后再求和，不就可以消除正负抵消产生的影响了吗？于是产生离均差平方和（sum of square，SS），式（6-4）。

$$SS=\sum(x-\mu)^2 \tag{6-4}$$

此时貌似已经完美，可是如果一组数据 100 人，一组数据 20 人，如果要计算离均差平方和的话，人多的数据离散性肯定要大呀，人多难管理，心不齐呀。看来样本量影响是要扣除的，咱们就让 SS 除以各自的样本量，于是就得到了总体方差这个指标。

$$\delta^2=\frac{\sum(x-\mu)^2}{n} \tag{6-5}$$

### 4. 标准差（$\sigma$）

方差这个指标考虑了每个数据的离散趋势，消除了负号以及样本量的影响，确实已经不错了，可是也有缺点：因为采用平方去除负号，导致离散趋势被夸大。有人说，没关系的呀，大家都平方了，要大都被放大，其实不是的，因为被放大的倍数是不一样的。

如小明每月有 20 元零花钱，小强每月有 30 元零花钱，小强每月比小明多 10 元；如果都平方，小明有 400 元，小强有 900 元，小强比小明多了 500 元，不再是 10 元，因此扭曲了两人真实的差距。你肯定会问，那我们怎么办呢？很简单，再开方呀，作用就是消除负号，于是得到标准差，式（6-6）。

$$\delta=\sqrt{\frac{\sum(x-\mu)^2}{n}} \tag{6-6}$$

前面说到极差、四分位数间距、离均差平方和以及方差，没有谁敢说自己是标准差的，既然给其标准差的定义，说明其已经是一个非常完美的指标了，为什么大家看论文时，只要符合对称分布，都用标准差（$S$）来描述其离散趋势呢？你是否记得，很多文章统计表都有 $x \pm s$ 的表示方法呢？

再次重申一下，总体标准差用 $\sigma$，样本标准差用 $s$ 表示。标准差用于对称或正态分布数据离散趋势的描述。

### 5. 变异系数（CV）

貌似到第4步标准差出来，应该结束了！但当度量衡单位不一样的数据，以及单位一样但均数相差较大时的资料离散趋势比较不可以用标准差。

如某班级学生身高数据均值为160.0cm，标准差为5.0cm，体重数据均值为50kg，标准差为4.0kg，请问身高和体重数据离散性哪个大呢？此时单位cm和kg是没法比的。

可是不管你单位如何，你的离散趋势是存在的，正如松哥抓了一把沙撒地上，再抓一把花生撒地上，沙和花生不是同一样的东西，可是它们落地上，离散趋势还是有的呀，我们比的就是离散趋势。但是毕竟它们单位又不同怎么办呢？

启发思考一下，我们人类把蚂蚁比喻为大力士，因为蚂蚁可以举起一粒大米的重量，可我们人类可以举起50kg大米呀，为啥不说人类是大力士呢？美国科学家马克莫费特研究发现蚂蚁可以举起自身体重400倍的重量，而我们人类以及其他动物都望尘莫及。所以你不能看人家举多重，还要看人家自身有多重。因此，当度量衡单位不一致数据离散趋势比较时，我们用各自的离散趋势标准差除以各自的均数，这样便能很好地实现可比，这就是变异系数。

$$CV = \frac{S}{\bar{X}} \times 100\% \qquad (6\text{-}7)$$

对于上述数据，很明显身高变异系数5/160小于5/50，因此身高的变异程度（离散趋势）小于体重！

## → 6.2 等级变量

计量数据是老大，前面已经描述完毕，变量家族的老二是等级变量，等级变量描述可以用中位数、秩均值和众数。中位数前面已说，此处不赘。秩均值的意思是按照数值大小排序，然后提取每个数据的位次（秩次），然后求这么多数据的秩次的均值，简称秩均值。这在后面非参数检验会用到。众数（Mode）是一组数据中，出现频次最多的数，如一组数据1、2、2、2、3、4，则众数为2。

## → 6.3 计数变量

计数变量为老三，其反映数据间互不相容的属性和类别。对于老三描述指标有率、构成比和相对比。

### 6.3.1 率（rate）

率是指在一定范围内某现象实际发生数与可能发生某现象的总数之比。应用意义为常用于判定某种现象发生的强度与频率。简单点就是实际发生数与可能发生该现象的观察单位数之比，实际除以可能。如某班级 100 人参加英语六级考试，实际通过 80 人，则该班级英语六级通过率为 80/100×100%=80%。

### 6.3.2 构成比（constituent ratio）

表示事物内部各个组成部分在整体中所占的比重，通常以 100% 为比例基数，以百分比表示。局部除以全体。应用意义为说明事物内部各部分所占的比重或分布。

### 6.3.3 相对比（relative ratio）

定义为两个有关的指标之比。应用意义为说明两个指标的对比水平，即一个指标是另一个指标的几倍或百分之几。

**经验传授**

对于呈对称分布的计量数据，我们通常采用（$\bar{x}\pm s$）表示，而对于偏态分布数据常用中位数（四分位数间距），即 $M(Q)$ 表示；而对于计数数据的三个指标中，率和构成比在统计上应用较多，常可以进行卡方检验等统计分析。计量和计数数据更为常见，而等级数据分析更容易出错。

# 第7章 统 计 表

上面我们所学的那么多的统计描述指标，往往是放在一个表格里呈现给读者，这个表就是统计表。统计表是以表格的形式，表达被研究对象的特征、内部构成及研究项目分组之间的数量关系。

## → 7.1 统计表的结构

统计表的基本结构包括：标题、标目、线条、数字以及备注，见图 7-1。

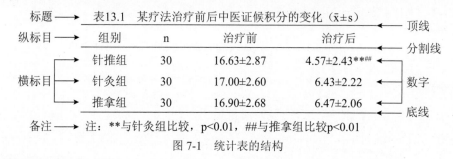

图 7-1 统计表的结构

**1. 标题**

标题是统计表的名称，置于表的上方正中，要求用词确切，高度概括，说明表的主要内容。必要时注明资料来源的时间和地点，有多张表时需加编号，编号与标题同行，放在标题的前面，编号用（表）加上阿拉伯数字表示，如"表1"。当文中只有一张表时，可以写成"附表"。

**2. 标目**

标目包括横标目和纵标目，分别用以表示表格中每行和每列数字的意义。习惯上，将被描述对象（常按类别、属性等分组）放在表的左边，作为横标目，是表的主语；纵标目位于表的右侧、分隔线以上，说明横标目的标志特征或统计指标的内容，是表的谓语。主语和谓语连贯起来能读成一句完整而通顺的句子，如图 7-1 中表 13-1 的标题。在实验设计时的三要素，受试对象、研究因素和受试效应中，一般研究因素作为横标目，实验效应作为纵标目。复合表的纵标目和横标目之上冠以总标目。标目的内容应按照顺序排列，如时间顺序、地区的自然排列、事物的重要性、数量多少等，以利于说明规律性。需要时，横标目下面、纵标目右边可设有合计栏。

### 3. 线条

统计表中的线条力求简洁，但至少有三条横线，俗称"三线表"，顶线、底线和分割线，有时根据需要也可以添加合计线，其余的线条一般都应去掉。表格中不宜出现竖线和斜线，其中顶线和底线将表格与文章的其他内容分隔开来，标目分隔线将标目的文字区与表格的数字区分隔开来。部分表格还可添加短横线将合计分隔开，或将两重纵标目分割开。

### 4. 数字

表内数字用阿拉伯数字表示，同一指标的数据小数位数应该保持一致，并且小数点要对齐。表内不能留有空格，如有缺失常用"…"表示，用"-"表示无数字，数据为0时记为"0"。

### 5. 备注

表中不列备注项，如需说明者，可在右上方标出"*""#"等符号，在表的下方再以注释形式说明。

## 7.2 制表原则

统计表一般遵循以下几项原则。

### 1. 重点突出，一事一表

即一张表一般只表达一个中心内容，不要把过多的内容放在同一张统计表中，如果内容较多，可以按照不同的内容对表格进行拆分，制备多个表格。通常表的维度不超过3维，超过3维的一般采用分开描述制表。

### 2. 层次清楚

层次清楚要求标目的安排和分组要合理，符合逻辑，便于分析比较。表内各内容的排列应有一定的规则。对有统一次序者（如疾病严重程度，病理的分期等）应该按照规定的次序排列；没有一定的规定次序者可按照实物的重要性或者频度高低排列，对变量频数分配资料可按照变量值的大小排列，把变量值小的放在上面；不同时期对比的内容，应该按照时间顺序排列。

### 3. 简单明了

简单明了是指统计表中的一切文字、数字和线条等尽量从简。

## 7.3 统计表分类

根据说明事物主要标志的复杂程度，统计表可分为简单表和复合表。

**1. 简单表**

只有一个主语和一个谓语组成的表格称为简单表，常用于相互独立的各个事物或者某个事物不同水平间的比较，如图 7-1 所示。

**2. 复合表**

复合表中主语分两个或两个以上，并与谓语结合起来，见表 7-1。

表 7-1 不同性别与工种肝癌死亡情况

| 调查对象 | 石棉厂工人 | | | 食品加工厂工人 | | |
| --- | --- | --- | --- | --- | --- | --- |
| | 观察人数 | 死亡人数 | 死亡率（%） | 观察人数 | 死亡人数 | 死亡率（%） |
| 男性 | 2126 | 8 | 0.37 | 1629 | 1 | 0.06 |
| 女性 | 1866 | 6 | 0.32 | 4705 | 3 | 0.06 |
| 合计 | 3992 | 14 | 0.35 | 6334 | 4 | 0.06 |

## 7.4 SPSS 定制专业统计表

**1. SPSS默认格式**

我们默认安装 SPSS，进行统计分析，打开 data01.sav 数据库，点击菜单：分析—比较均值—独立样本 $t$ 检验，按照图 7-2 设置，确定运行，看输出的表格。此处大家只要学着设置即可，该方法在后面会详细讲解。图 7-3 为分析结果的统计表展示，正规的统计表简称"三线表"，只有横线，没有竖线，可是默认的格式显然不符合。

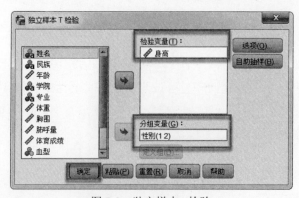

图 7-2 独立样本 $t$ 检验

组统计

| | 性别 | 个案数 | 平均值 | 标准差 | 标准误差平均值 |
|---|---|---|---|---|---|
| 身高 | 男 | 303 | 170.092 | 5.5967 | 0.3215 |
| | 女 | 287 | 158.347 | 5.1984 | 0.3069 |

独立样本检验

| | | 莱文方差等同性检验 | | 平均值等同性t检验 | | | | | | |
|---|---|---|---|---|---|---|---|---|---|---|
| | | | | | | | | | 差值95%置信区间 | |
| | | F | 显著性 | t | 自由度 | 显著性(双尾) | 平均值差值 | 标准误差差值 | 下限 | 上限 |
| 身高 | 假定等方差 | 0.438 | 0.509 | 26.375 | 588 | 0.000 | 11.7457 | 0.4453 | 10.8711 | 12.6204 |
| | 不假定等方差 | | | 26.428 | 587.778 | 0.000 | 11.7457 | 0.4444 | 10.8728 | 12.6186 |

图 7-3　SPSS 默认输出表格格式

## 2. 设置学术格式

菜单操作：编辑—选项，弹出下图：透视表—Academic，右边即可展现近似三线表格式，如图 7-4 所示。

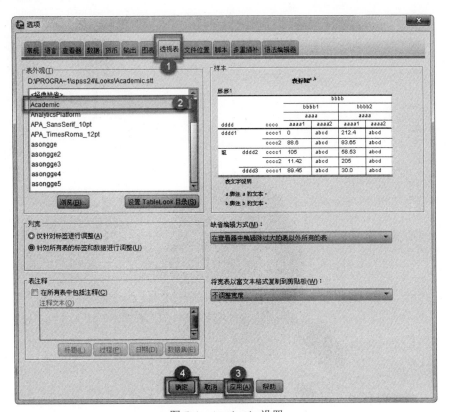

图 7-4　Academic 设置

再按照上面的分析步骤，得到结果如图 7-5 所示。结果可见已经展现为三线表的格式，总体已经差强人意了，但是细心的你会发现，顶线和底线为双线，还是不对，需要继续设置。

组统计

| | 性别 | 个案数 | 平均值 | 标准差 | 标准误差平均值 |
|---|---|---|---|---|---|
| 身高 | 男 | 303 | 170.092 | 5.5967 | 0.3215 |
| | 女 | 287 | 158.347 | 5.1984 | 0.3069 |

独立样本检验

| | | 莱文方差等同性检验 | | 平均值等同性 t 检验 | | | | | |
|---|---|---|---|---|---|---|---|---|---|
| | | F | 显著性 | t | 自由度 | 显著性（双尾） | 平均值差值 | 标准误差差值 | 差值 95% 置信区间 |
| | | | | | | | | | 下限 | 上限 |
| 身高 | 假定等方差 | 0.438 | 0.509 | 26.375 | 588 | 0.000 | 11.7457 | 0.4453 | 10.8711 | 12.6204 |
| | 不假定等方差 | | | 26.428 | 587.778 | 0.000 | 11.7457 | 0.4444 | 10.8728 | 12.6186 |

图 7-5　Academic 设置表格

3. 操作步骤：双击结果输出窗口的统计表，右键—表外观（Tablelook），弹出窗口如图 7-6 所示。

按照框中所示，分别把上内框和下内框调整为单粗线，如图 7-7 所示。

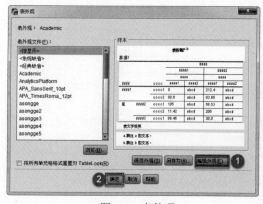

图 7-6　表外观

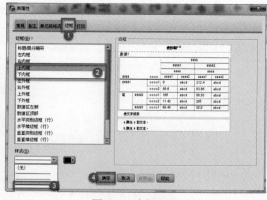

图 7-7　边框设置

4. 此处重要：设置完毕，点击保存类型为"表外观"，起个名字"asong"，如图 7-8 所示，松哥起的以 a 开头方便大家能看到，请看左下图红框是否产生一个 asong 的格式。这就是我们自定义生成的格式啦！当然你可以定义一个你自己名字的格式，注意要以 a 开头，容易找到。

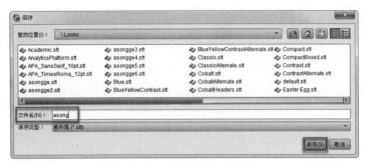

图 7-8　保存自定义格式

### 5. 调用自定义格式

操作步骤：再次进行步骤二，选择 asong，应用—确定！再分析测试一下看看！分析—比较均值—两独立 $t$ 检验，结果如图 7-9 所示，自定义格式结果，已经非常标准了。

组统计

| | 性别 | 个案数 | 平均值 | 标准差 | 标准误差平均值 |
|---|---|---|---|---|---|
| 身高 | 男 | 303 | 170.092 | 5.5967 | 0.3215 |
| | 女 | 287 | 158.347 | 5.1984 | 0.3069 |

独立样本检验

| | | 莱文方差等同性检验 | | 平均值等同性 t 检验 | | | | | |
|---|---|---|---|---|---|---|---|---|---|
| | | F | 显著性 | t | 自由度 | 显著性（双尾） | 平均值差值 | 标准误差差值 | 差值 95% 置信区间 | |
| | | | | | | | | | 下限 | 上限 |
| 身高 | 假定等方差 | 0.438 | 0.509 | 26.375 | 588 | 0.000 | 11.7457 | 0.4453 | 10.8711 | 12.6204 |
| | 不假定等方差 | | | 26.428 | 587.778 | 0.000 | 11.7457 | 0.4444 | 10.8728 | 12.6186 |

图 7-9　自定义格式结果

上面的设置发表文章或者毕业论文基本可以了，但是如果是 PPT 汇报，则显得呆板了些，下面为松哥自定义分析结果，彩色的字并添加彩色背景，PPT 汇报非常炫酷，想要的话，只要关注松哥的微信公众号：data973，然后消息回复：asongge，自动拿到下载链接，然后复制到安装目录的 Looks 文件夹内即可。

图 7-10　松哥自定义格式

## → 7.5 SPSS 统计结果展示方式

SPSS可以在分析菜单的报告（P）菜单里有5种方式（代码本、OLAP立方体、个案摘要、按行报告摘要、按列报告摘要）进行数据统计描述结果；感兴趣的读者可以阅读松哥编写的《SPSS 统计分析大全》相关章节。我们更加常用的是 SPSS 在统计分析后结果输出时产生统计表。在分析菜单的表（B）菜单里也可以定制报告结果，在无须统计分析的情况下，直接输出统计报表，操作也比较方便，下面以一个例子简单阐述。

**案例**：以 data01.sav 数据为例，制作不同性别、不同学员学生的身高数据，显示学生数、身高均值和标准差。

**操作步骤**

1. 点击分析—表（B）—定制表（C），弹出图 7-11，展示方式有常规、紧凑和层，松哥喜欢紧凑风格，因其更容易理解，然后将性别和学院直接拖入行，身高拖入列。

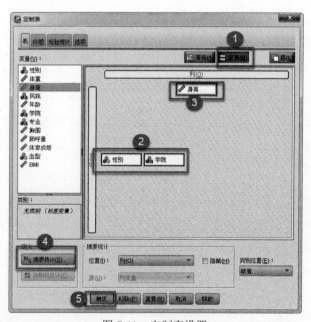

图 7-11　定制表设置

2. 点击摘要统计

上面是选择分析的变量，但没指出要分析变量的哪些统计指标，此步目的就是设置要得到哪些统计指标，对于身高计量资料，本例想知道样本量、均数和标准差，当然如果你还想知道别的变量，自行勾选即可。

点击“身高”，然后再点击如图 7-11 所示的“摘要统计”，弹出图 7-12，将左侧咱们需要的指标选入，点击“应用于所选项”即可。确定即可获得统计表格，见图 7-13。

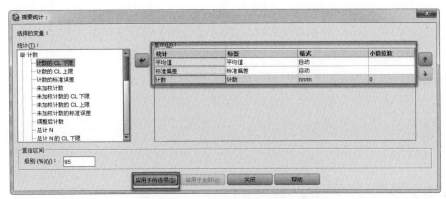

图 7-12 摘要统计设置

| | | | 身高 | | |
|---|---|---|---|---|---|
| | | | 平均值 | 标准差 | 计数 |
| 性别 | 男 学院 | 公卫 | 169.7 | 5.6 | 139 |
| | | 护理 | 166.5 | 3.1 | 4 |
| | | 基础 | 171.0 | 4.9 | 61 |
| | | 口腔 | 169.7 | 5.5 | 26 |
| | | 社科部 | 169.6 | 5.0 | 30 |
| | | 生物技术 | 171.4 | 6.6 | 22 |
| | | 卫管 | 170.4 | 7.1 | 28 |
| | 女 学院 | 公卫 | 156.7 | 5.3 | 95 |
| | | 护理 | 158.0 | 5.0 | 84 |
| | | 基础 | 158.9 | 5.0 | 25 |
| | | 口腔 | 160.5 | 5.1 | 33 |
| | | 社科部 | 159.6 | 4.7 | 28 |
| | | 生物技术 | 161.1 | 4.2 | 8 |
| | | 卫管 | 160.5 | 4.4 | 16 |

图 7-13 摘要统计结果

在无须统计分析的情况下，定制表制作更为快捷与灵活，但定制表一般使用也不多，常规都是统计分析后的统计表进行应用发表。但定制表也可以进行统计分析，因为小众，此处不赘，感兴趣的读者可以点击图 7-11 的“检验统计”按钮，尝试一下吧！

为了大家阅读方便，本书编辑将很多统计表转换为数据表格形式，非规范的统计表，特此说明。

# 第8章 统计图

统计分析最终成果的展现形式只有两种——统计表与统计图。统计表其实就是对统计分析得到的指标进行表格集成，只要选择正确的统计分析，用得到的指标进行制表即可。一般不会太难，更何况，很多时候软件自动将统计表生成，只需稍加整理。统计图是统计分析结果表达的重要工具，它通过线段的升降、点的位置、直条的长短、面积的大小来表现事物间的数量关系。使用统计图可形象、直观、生动的描述统计资料的相关信息，广泛应用于资料的收集、整理及研究结果的对比分析。一张好的统计图能够准确、直观地呈现统计结果，给读者留下深刻印象。业界有句话"一图胜千言"，由此可见统计图的重要性，在这个既看才华又看颜值的时代，统计作图本领显得格外的重要。

## → 8.1 SPSS 24.0 绘图功能简介

打开要分析的数据文件，单击"图形"菜单，如图 8-1 所示。我们可以看到下拉菜单包括"图表构建器""图形画板模板选择器"及"旧对话框"，其中"旧对话框"又包括常用的 11 种图形。统计图形除通过"图形"菜单直接实现外，部分图形还会伴随其他分析过程而输出，如描述分析中的"频数"过程、回归分析过程、时间序列过程等。

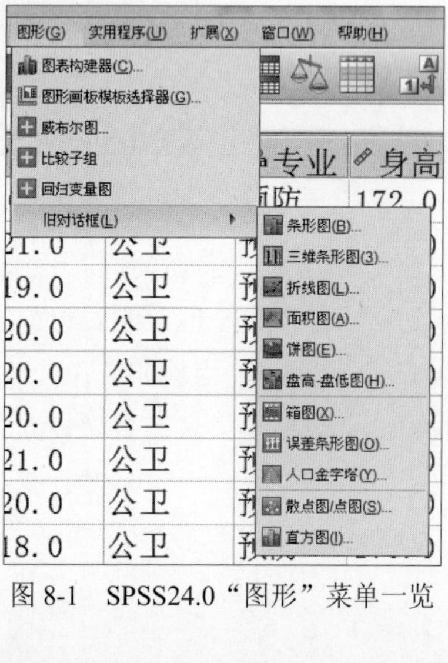

图 8-1 SPSS24.0 "图形" 菜单一览

### 8.1.1 图表构建器简介

SPSS 24.0 的图形几乎完全可以通过鼠标的拖拉过程来实现图形的绘制工作。先选择图形的类型，然后从类型库中选择自己想要输出的图形描述，通过将不同的变量名拖入对应的坐标轴，用户可以绘制各种统计图形。

步骤如下：打开要分析的数据文件，在菜单中依次单击"图形"—"图表构建器"命令，弹出"图表构建器"对话框，如图 8-2 所示。

我们可以通过"图表构建器"就能根据预定义的图库图表或图表的单独部分生成图表，"图表构建器"对话框包括如下几部分。

**1. "变量"列表**

位于图 8-2 左上角，该列表显示了"图表构建器"所打开的数据文件中所有的可用变量，如果选择该列表中的分类变量，则"类别列表"会显示该变量已经定义的类别。我们还可以通过右键单击某个变量，然后选择一个测量级别以适合作图，如图 8-3 所示。此步操作仅对作图有效，不会改变原始数据中的数据测量类别。

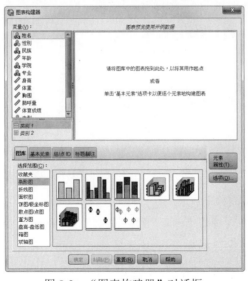

图 8-2　"图表构建器"对话框

图 8-3　变量属性列表

**2. "画布"**

"画布"位于"图表构建器"对话框的右上角，如图 8-2 所示。作图时，我们可以将图库图表或者基本元素拖放到画布上以生成图表，一旦有图库图表或基本元素被拖放到"画布"，便会生成预览。

### 3. 轴系

轴系是指特定坐标空间中的一个或多个轴。我们在将图库项拖入"展示区"时,"图表构建器"会自动创建轴系。用户也可以从"基本元素"选项中选择一个轴系,每个轴系旁边都包含一个轴变量放置区,放置区呈现蓝色时,表示该区域需要放置变量。每个图表都需要添加一个变量置 $x$ 轴变量放置区。

### 4. "库"选项卡

"库"选项卡位于图 8-2 的左下角,具体如图 8-4 所示。"选择范围"列表框涵盖了"图表构建器"可以绘制的各种图形及收藏夹,当单击"选择范围"中某一图表类型时,右侧即显示该图表类型的所有可用图库。用户可以单击选中所需的图表类型,将其拖入"画布",也可双击将所需图表放入"展示区"。如果"展示区"已经有图表,则会自动替代,当然原先"画布"的图表也可以用右键单击,在出现的窗口选择"清除画布"。

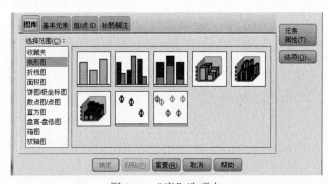

图 8-4 "库"选项卡

### 5. "基本元素"选项卡

在"图表构建器"对话框中单击"基本元素",打开图 8-5 所示的"基本元素"选项卡界面。里面包括左侧 5 种选择轴和右侧的 10 种图形元素。一般用户先将选择轴拖入"画布",再将"选择元素"拖入"画布"。需要注意的是,并不是所有"选择元素"都可以用于上述 5 轴,每种轴系只支持特定的元素。另外对于初次使用用户建议使用"图库图表",因为"图库图表"能够自动设置属性并添加功能,可以简化创建图表的过程。

### 6. "组/点 ID"选项卡

在"构建图表程序"对话框,单击"组/点 ID"选项卡,如图 8-6 所示。若勾选"组/点 ID"选项卡中的某个复选框,将会在"画布"中增加相应的一个放置区;若取消一个复选框,将会取消"画布"中相应的放置区。

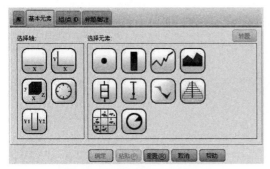

图 8-5 "基本元素"选项卡

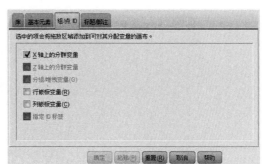

图 8-6 "组/点 ID"选项卡

### 7. "标题/脚注"

在"构建图表器"对话框,单击"标题/脚注"选项卡,如图 8-7 所示。用户通过勾选"标题/脚注"选项卡中界面中的复选框,并在右侧弹出的"元素属性"对话框中的"内容"文本框中输入相应标题名或脚注名,然后单击"应用"按钮,就可使输出的图形添加标题或脚注;同理通过取消复选框可以去除已经设置的标题或脚注。

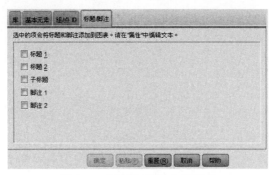

图 8-7 "标题/脚注"选项卡

### 8. "元素属性"按钮

单击"图形构建器"对话框中"元素属性"按钮,弹出如图 8-8 所示的对话框。

在"编辑属性"列表中,显示可以进行属性设置的图形元素,图 8-8 所示中包括条、X-Axisl、Y-Axisl 和 GroupColor。每一种图形元素可以设置的属性一般不同,用户按照预定目标对相应元素进行属性设置。点击图 8-2 "图表构建器"对话框右侧的"选项"按钮,弹出图 8-9 "选项"按钮设置,使用者可以对缺失值与汇总统计量和个案值进行设置。

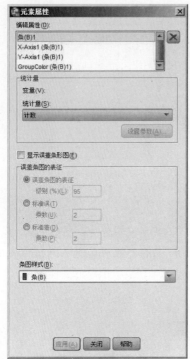

图 8-8 "元素属性"选项卡

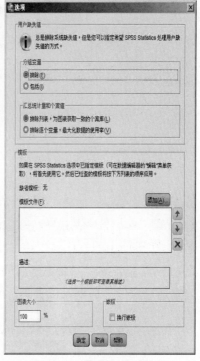

图 8-9 "选项"按钮设置

## 9."选项"按钮

（1）分组变量。SPSS 在处理分组变量缺失值时包括两种方法，"排除"是指绘图时忽略用户定义的缺失值；"包括"是指绘图时把缺失值作为一个单独的类别加以统计。

（2）汇总统计量和个案值。若选择"排除列表，为图表获取一致的个案率"，则表示绘图时直接忽略这个观测；若选择"排除逐个变量，最大化数据的使用率"，则表示只有包含缺失值的变量用于当前计算和分析时才忽略这个样本。

（3）模板文件。该列表框用于对绘图时的模板进行设置。绘图时最先使用默认的模板文件，也可以通过单击"添加"按钮，打开文件选择对话框，添加指定的文件预置模板文件。

（4）图表大小与嵌板。图表大小用于设置图形生成的大小，默认值为 100%；"嵌板"用于图形列数过多时的显示设置。若勾选"换行嵌板"复选框，则表示图形列数过多时允许自动换行；否则图形列数过多，每行上的图形会自动缩小以显示全部。设置完毕后，单击"确定"按钮后返回主对话框。

## 8.1.2 图形画板模板选择程序

在 8.1.1 小节 "图形构建程序"中，用户构建图表时，首先得根据目的与资料类型，在图库中先选择某种图形，再进行轴系的添加。当用户不知道应该选择何种图库图形时，往往不宜操作。而"图形画板模板选择程序"则与"图形构建程序"过程相反，用户可以先选择"基本"选项卡中变量列表中的变量，SPSS 24.0 根据变量的类型与个数会自动筛选出可以绘制的图形，用户可以在图形中进行选择，该过程与 Excel 作图过程较为类似。图 8-10 所示为"图形画板模板选择器"对话框。在"图形画板模板选择器"对话框中，包含"基本""详细""标题"及"选项"四个选项卡。

图 8-10 "图形画板模板选择器"对话框

### 1. "基本"选项卡

当用户不清楚自己所需的图形时，可以选择"基本"选项卡，当用户单击"基本"选项卡变量列表中的某个或多个变量时，该变量所能绘制的图形就会展示在右侧的图形类型展示区。

（1）变量列表。选择"基本"选项卡后，所打开的数据库中所有变量将显示在变量列表中。用户可以选择变量列表框上部"自然""名称"和"类型"单选项对变量进行排序。当用户选择某个变量或按 Ctrl 键选择多个变量时，相应变量可以绘制的图形就会展示出来。

（2）"摘要"下拉菜单。摘要统计量包括和、均值、极小值和极大值，用以进行直观展示时的摘要统计。

### 2. "详细"选项卡

"图形画板模板选择器"对话框中，选择"详细"选项卡，弹出界面如图 8-11 所示。

（1）视化类型。用户单击打开可视化图形下拉列表，选择好图表类型后，界面将自动显示所选的图形，当用户在"基本"选项卡中已经选择某种图形，"详细"选项卡将显示该图形。

（2）选择性审美标准：含三个对话框，分别设置"颜色""形状"和"透明度"。

（3）面板与动画：该选项用以选择面板变量和动画变量，从而使用户得到个性化的图形。

### 3. "标题"选项卡

"图形画板模板选择程序"对话框中，选择"标题"选项卡，弹出界面如图 8-12 所示。当用户选择定制标题复选框时，会出现"标题""副标题"和"脚注"三个对话框，用户可以自行设置输入。

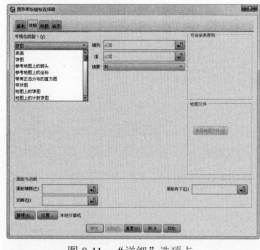

图 8-11  "详细"选项卡

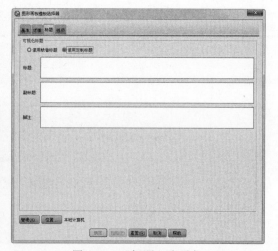

图 8-12  "标题"选项卡

### 4. "选项"选项卡

"图形画板模板选择程序"对话框中，选择"选项"选项卡，弹出界面如图 8-13 所示。

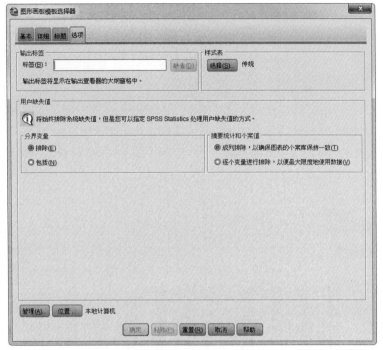

图 8-13 "选项"选项卡

用户可以单击"标签"右侧框设置在指定"浏览器"中出现的输出标签;"样式表"下面的"选择"按钮可以设置可视化的样式属性;用户缺失值可以设置分析数据出现缺失值的处理方式。

出于篇幅原因,"图表构建器"和"图形画板模板选择器"仅作功能与菜单上的阐述,本章后面部分我们将采用"旧对话框"进行讲解。

## 8.2 条形图(Bar)

条形图,也称直条图(bar chart),简称条图,适用于相互独立的分组资料。以等宽直条长段的比例代表各相互独立指标的数值及它们之间的对比关系,所比较的资料可以是绝对数,也可以是相对数。直条图分为单式条形图(见图 8-14)、复式条形图(见图 8-15)和堆积条形图(见图 8-16)三种。

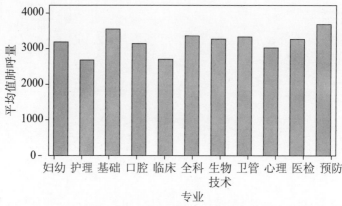

图 8-14 不同专业大学生肺呼量

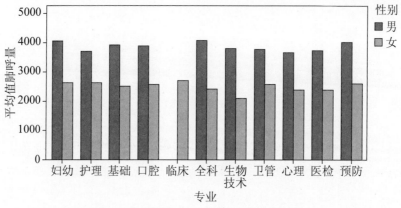

图 8-15 不同专业不同性别大学生肺呼量

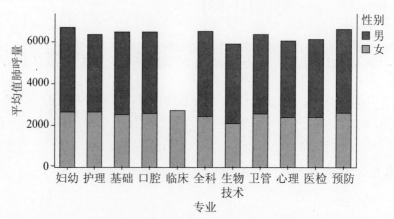

图 8-16 不同专业不同性别大学生肺呼量

### 8.2.1 统计图的结构

从图 8-14、图 8-15 和图 8-16 可以看出，统计图的基本结构如下所述。

（1）图域：作图空间。取纵横坐标的交点为起点，以第一象限为作图区，图域的长宽比例一般为 7∶5 或者 5∶7。

（2）标题：概括统计图的内容。标题应简明扼要，告知统计图资料来源的时间、地点及主要内容，其位置一般在图的正下方，同时标题前要标注图形的编号。

（3）标目：描述图所描述的事物或指标。纵标目和横标目分别放置在纵轴的左侧和横轴的下方，并分别指明纵、横标目所代表的指标和单位。

（4）刻度：纵轴和横轴上的坐标。刻度数值按从小到大的顺序排列，常用算数尺度和对数尺度，分别列在纵轴外侧和横轴下侧。

（5）图例：针对复杂统计图内不同事物和对象，需要用不同图标、颜色和线形加以区分，并附图例加以说明。图例一般放在图域的空隙处。

### 8.2.2 统计图的绘图原则

绘制统计图的原则是：合理、精确、简明、协调。不同的统计图的适用条件和表达的信息均不相同，应根据资料的类型和分析目的合理地选用统计图，此外，统计图应满足视觉美观的要求。

### 8.2.3 统计图形的选择

应根据资料特征和分析目的选择合适的统计图，但研究者还可以根据具体情况设计其他类型的统计图进行资料描述，如图 8-17 所示。

| 统计图形 | 适用资料 | 分析目的 |
| --- | --- | --- |
| 条图 | 分组资料 | 用直条的长短表达数值大小关系 |
| 3-D 条图 | 分组资料 | 用立体图表达数值的大小关系 |
| 线图 | 连续性双变量资料 | 用线段的升降表达事物的动态变化 |
| 面积图 | 连续性双变量资料 | 用面积的大小表达事物的变化规律 |
| 饼图 | 构成比资料 | 用圆中的扇形面积表达所占比例 |
| 高低图 | 单变量资料 | 用多个垂直线段来表示数值区域 |
| 箱图 | 单变量资料 | 用"箱"和"触须"的位置标示变量的分布特征 |
| 误差条图 | 单变量资料 | 显示数据所来自的总体的离散程度 |
| 人口金字塔 | 单变量资料 | 用于描述某变量的频数分布 |
| 散点图 | 定量资料 | 用点的趋势和密集度标示两变量的相互关系 |
| 直方图 | 定量资料 | 用直条的高度或面积表达各组段的频率或者频数 |
| 时间序列图 | 双变量资料 | 用于观察变量是否随时间变化而呈现某种趋势 |

图 8-17 常用统计图形的选择

### 8.2.4 模块解读

**1. 单式直条图**

**例 8.1：** 现在某高校随机抽取 600 名大学生，检测大学生身高、体重等基础资料，以对不同专业大学生的肺呼量进行可视化展示，制作条形图。

图 8-18 条形图对话框

（1）单击"图形"—"旧对话框"—"条形图"命令，弹出条形图对话框，如图 8-18 所示。条图类型可分为简单条图、复式条形图和堆积面积图。

①简单条图，也叫单式条图，用于表现单个指标的大小，如图 8-14 所示；

②复式条图，也叫分组条图，用以表现两个或多个分组因素间的某指标的大小关系，如图 8-15 所示；

③堆积面积图，也叫堆积条图、分段条图。用于表现每个直条中某个因素各水平的构成情况，如图 8-16 所示。

（2）"图表中的数据为"对话框，该对话框有三个选项：

①个案组摘要：按同一变量不同取值作分组汇总。该模式对应分类变量中的每一类观测值生成一个单式条图；

②各个变量的摘要：按照不同变量汇总。对应每个变量生成一个直条，至少需要两个或两个以上变量的生成相应的条图；

③个案值：反映了个体观测值。对应分类轴变量中每一个观测值生成一个直条。

（3）单击"简单"—"个案组摘要"—"定义"命令，弹出条图的主对话框，如图 8-19 所示。其中对话框左侧为通用的候选变量列表框，右侧"条的表征"中，"个案数"是按记录个数汇总；"个案数的%"是按记录数所占百分比汇总；"累积个数"是按累计记录数汇总；"累积%"是按记录数所占累计百分比汇总；如果以上几种函数不满足要求，你可以选择"其他统计量"，将相应的汇总变量选入下方的变量框，单击下方的"更改统计量"进行汇总变量的详细定义，如图 8-20 所示，统计量指标不再一一赘述，此处选入"肺呼量"，软件默认为均值。

（4）"类别轴"，即条图的横轴，用于选择所需的分类变量，此处必须选入变量，将变量"专业"选入。

图 8-19 条形图主对话框　　　　图 8-20 更改统计量对话框

（5）"面板依据"对话框指的是在图域中一次制作多个分类的单式条图，"行"对话框中若选入变量"性别"，则会在两行中展示不同性别、专业大学生的肺呼量均值直条，如图 8-21 所示；若将变量"性别"选入"列"对话框，则会在同一行中分两列展示不同性别、专业大学生的肺呼量均值直条，如图 8-22 所示。

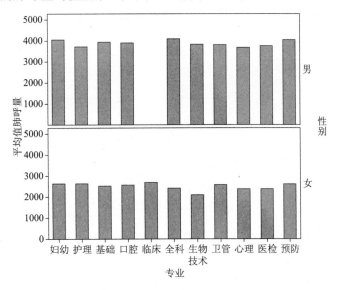

图 8-21 将性别拉入面板依据中的行对话框

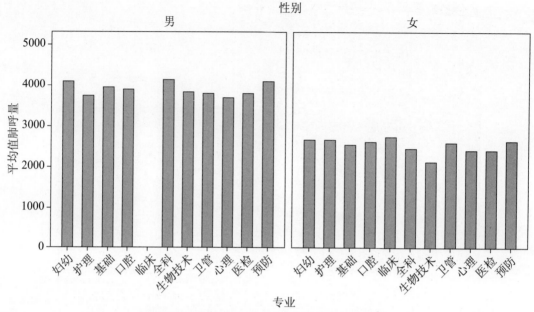

图 8-22 将性别拉入面板依据中的列对话框后

（6）"图表规范的使用来源"，用于选择所用的统计图模块来源，较少使用。

（7）"标题"对话框中应填入统计图的标题和脚注（如图 8-23 所示），但是若在此处写入统计图的标题，其默认的标题位置在统计图的正上方，不符合中文统计图的习惯，因此需将标题移入统计图的下方，或者在统计图制作完成后在统计图的下方补充标题。

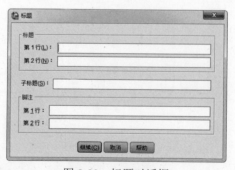

图 8-23 标题对话框

（8）"选项"对话框在每个统计图的对话框中都有，用以定义与缺失值、误差有关的内容，如图 8-24 所示。

（9）单击"OK"按钮，即可获得图 8-14 所示。

## 2. 复式条图和堆积面积图

**例 8.2**：以例 8.1 数据为例，欲比较不同专业中不同性别大学生的肺呼量，请绘制合适的条图。

单击"图形"—"旧对话框"—"条形图"命令，选入"复式条图"和"个案组摘要"后，单击"定义"按钮，将肺呼量选入变量框，统计量默认为均数，横坐标仍然为年级号，性别作为定义聚类，如图 8-24 所示，其他设置与单式条图相同，单击"确定"按钮后，所作复式直条图如图 8-15 所示。但如果将复式直条图的两种或多种分类在同一个直条中展示，即为堆积面积图，单击"图形"—"旧对话框"—"条形图"命令，选入"堆积面积图"和"个案组摘要"后，单击"定义"，对话框设置如图 8-26 所示，所作堆积面积图如图 8-16 所示。

图 8-24　选项对话框　　图 8-25　复式直条图的模块设置

图 8-26　堆积条形图的模块设置

### 8.2.5 统计图编辑

SPSS 所生成的统计图都是按照默认选项直接产生的,而现实生活中人们常会按照作图目的或个人喜好对统计图进行调整和编辑。

若要对统计图进行编辑,就必须使目标图形进入编辑状态,选中目标图形后(以图 8-15 为例),单击"编辑"—"编辑内容"—"在单独窗口中",或者直接双击目标图形,即可进入图形编辑窗口,如图 8-27 所示。图标编辑器的窗口也是由菜单项、工具栏和状态栏组成,工具栏和菜单项是一一对应的,菜单项包含文件、编辑、查看、选项、元素和帮助六个菜单,其中对于图形编辑来说主要使用的是编辑、选项和元素三个菜单。

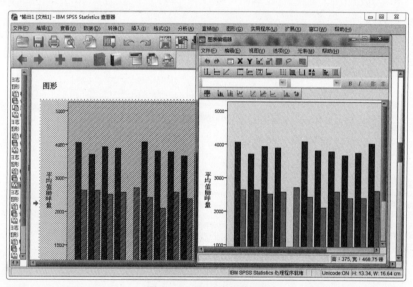

图 8-27 图形编辑窗口

#### 1."编辑"菜单项

编辑菜单是对图表进行编辑的主要菜单项,单击图表的空白区域,再单击"编辑"菜单项后,进入图表编辑菜单项,如图 8-28 所示。其中"属性"是针对图表进行编辑的主要定义模块,而"选择 $X$ 轴"和"选择 $Y$ 轴"则可对 $X$ 轴和 $Y$ 轴进行进一步编辑。"重新调整图表"可针对图表中某一鼠标选定区域进行展示,而"缩放以适合数据"是对图表大小进行调整以适合在展示框中进行展示。

将鼠标移至图表中的空白处,单击"属性",进入属性对话框,如图 8-29 所示。"图表大小"可调整图表的高度和宽度;"填充和边框"可修改空白部分颜色、边框及模式,"变量"对话框中的"元素类型"则可将目前的条形图转化为内插线图、路径图、标记图和饼图。

若鼠标单击图表中的直条,则意味着选中所有直条,此时,单击"编辑"—"属性"命令,如图 8-30 所示。其中,"深度和角度"可将平面直条转化为阴影和 3-D 直条;"类别"可针对类别轴变量进行合并或者进一步定义;"条形图选项"则是对直条的宽度进行调整,若调整为 100%,则类似于直方图;"变量""图表大小"和"填充和边框"选项框的定义同前。

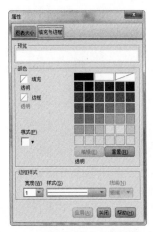

图 8-28　编辑菜单项　　　图 8-29　编辑菜单项中的属性对话框

### 2."选项"菜单项

单击"选项"菜单项,进入选项对话框,如图 8-31 所示。其中"X 轴参考线"和"Y 轴参考线"是在图表中绘制 X 和 Y 轴的取值参考线;"标题""注释""文本框"和"注释"则可对该四项内容进行补充和修改;"显示网格线"可对 X 轴和 Y 轴的变量分类绘制刻度线;"隐藏图注"可将统计图的图示隐藏,"变换图表"则可将直条图纵向和横向进行转换。

图 8-30　属性对话框　　　图 8-31　选项对话框

### 3. "元素"菜单栏

可显示每一个直条的数据标签及绘制内插线。

其实在图表编辑窗口中，统计图可视为由各个基本单位构成，如标题、坐标、图例等，可通过单击鼠标左键选中这些基本单位，然后再双击，即可弹出相应的对话框，从而完成统计图的编辑。

## → 8.3  3-D 条形图（3-D Bar）

3-D 条形图是复式条图的三维立体表现形式。

**例 8.3：** 以例 8.1 数据为例，绘制不同专业大学生的性别分布 3-D 条形图。

（1）单击"图形"—"旧对话框"—"3-D 条形图"，弹出 3-D 条形图对话框，如图 8-32 所示。其中个案组、单个变量和个别个案的定义与条图相同。

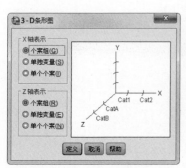

图 8-32  3-D 条形图对话框

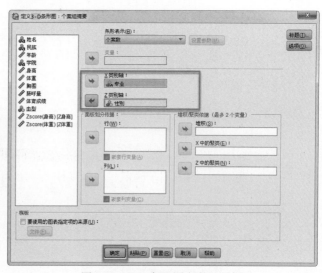

图 8-33  3-D 条形图定义对话框

（2）分别在 X 轴代表含义和 Z 轴代表含义选项框中选择"个案组"，单击"定义"按钮，弹出 3-D 条形图定义主对话框，如图 8-33 所示。

（3）将年级和性别分别选入"X 类别轴"和"Z 类别轴"，其 Y 轴表示描述统计量，即为"图的表征"，本例选择默认的个案数；面板依据中的行与列的设置与条图相同，堆积/分群依据中的"堆积""X 中的分群""Z 中的分群"是指将 Y 轴、X 轴和 Z 轴指标按照某因素进行进一步的分类展示；标题、选项和模板的定义同条形图部分。

（4）由于本例只是对不同专业大学生的性别分布做 3-D 条形图，直接单击"确定"按钮，获得结果，如图 8-34 所示。

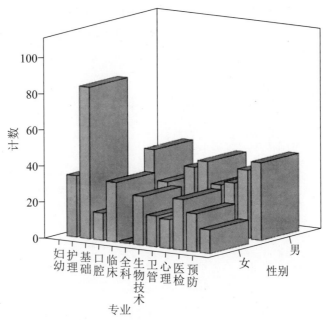

图 8-34　不同专业大学生的性别分布

## 8.4　线图（Line）

线图是用线段的升降表示数值的变化，描述某统计量随另一变量变化而变化的趋势或者速度，或某统计量随时间变化的过程。绘制线图的要求是两变量的观察值必须一一对应，如果一个变量的一个观察值对应另一个变量的两个或多个观察值，就不能绘制线图，可绘制散点图。有时会将两个或多个意义相同的线图放在同一个坐标系中，以利于直观比较它们的变化趋势。

**例 8.4**：以例 8.1 数据为例，绘制不同专业、不同性别间大学生肺呼量的垂直线图。

因简单线图及多线线图与单式条图和复式条图的制作方法几乎完全一致，这里不再赘述，只展示垂直线图的制作构成。

（1）单击"图形"—"旧对话框"—"线图"命令，弹出线图对话框，如图 8-35 所示。简单线图对应于单式条图，多线线图对应于复式条图，垂直线图则等同于堆积条图，所不同的是堆积条图用的是直条的长短来显示数量间关系，垂直线图使用线条的高低来反映。"图表中的数据为"选项框的定义同 8.2.4 小节部分完全一致。

（2）选中"垂直线图""个案组摘要"后，单击"定义"，得到垂直线图制作主对话框，如图 8-36 所示。将肺呼量、专业和性别分别移入"变量""类别轴""定义点"后，单击"确定"按钮，即获得不同性别间大学生的肺活量情况的垂直线图，如图 8-37 所示。

图 8-35 线图对话框

图 8-36 垂直线图主对话框

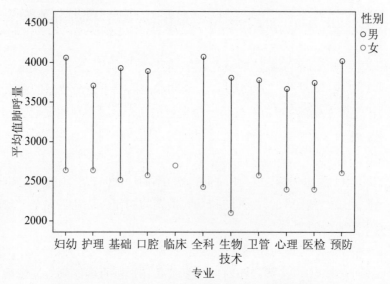

图 8-37 不同专业、不同性别间大学生的肺呼量情况

## 8.5 面积图（Area）

面积图，又称区域图，是用面积来表现某一变量随另一变量变化的关系，其制作步骤同直条图和线图相似。

### 8.5.1 简单面积图

**例 8.5**：以例 8.1 数据为例，绘制不同专业大学生肺呼量频数的面积图。

（1）单击"图形"—"旧对话框"—"面积图"命令，弹出线图对话框，如图 8-38 所示。面积图可分为两类，简单面积图和堆积面积图，简单面积图的图形等同于简单线图，而堆积面积图和直条图中的堆积面积图几乎完全一致。"图表中的数据为"选项框的定义同 8.2.4 部分完全一致。

（2）单击"简单"—"个案组摘要"—"定义"命令，进入简单面积图的主对话框，如图 8-39 所示。由于本例只是描述不同专业大学生的频数，因而面积的表征处直接选择系统默认的个案数，将专业选入"类别轴"，单击"确定"按钮，所得面积图如图 8-40 所示。

图 8-38 面积图对话框

图 8-39 简单面积图的主对话框

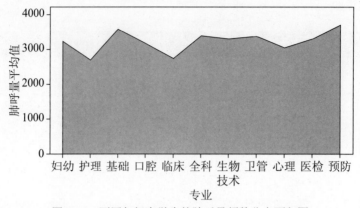

图 8-40　不同年级大学生的肺呼量频数分布面积图

## 8.5.2　堆积面积图

**例 8.6**：以例 8.1 数据为例，绘制不同专业、不同性别间大学生的肺呼量的堆积面积图。

单击"图形"—"旧对话框"—"面积图"命令，选入"堆积面积图"—"个案组摘要"—"定义"命令，进入堆积面积图的主对话框，如图 8-41 所示。本例是描述不同专业、不同性别大学生的肺呼量频数，因而面积的表征处直接选择系统默认的个案数，将专业选入"类别轴"，将性别选入"定义面积"，单击"确定"按钮，所得面积图如图 8-42 所示。

图 8-41　堆积面积图主对话框

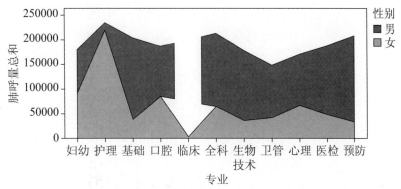

图 8-42　不同专业、不同性别大学生的肺呼量分布面积图

## → 8.6　饼图（Pie）

饼图是用来表示各个部分与总体的构成关系，它以整个圆的面积表示总体，各组成部分的大小对应其所占的构成比大小。

**例 8.7**：以例 8.1 数据为例，绘制不同专业大学生频数的饼图。

（1）单击"图形"—"旧对话框"—"面积图"命令，进入饼图对话框，如图 8-43 所示。个案组摘要、各个变量的摘要、个案值选项框的定义同 8.2.4 部分完全一致，单击"定义"，进入饼图定义对话框，如图 8-44 所示。

图 8-43　饼图对话框　　图 8-44　饼图定义对话框

（2）因为是对各专业的频数进行统计，所以选择默认的"分区的表征"为个案数，将专业选入"定义分区"，单击"确定"，获得各专业人数的饼图，如图 8-45 所示。

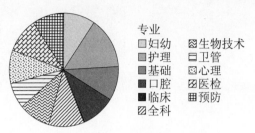

图 8-45　各专业频数分布饼图

## 8.7　高低图（High-Low Charts）

高低图是用多个垂直线段来表示数值区域的统计图，如一组测定值的范围（最小值 - 最大值）、95% 置信区间（下限 - 上限）、$\bar{x}\pm1.96s$（低值 - 均值 - 高值）和股票、货币市场长期及短期数据波动等。

**例 8.8：**某研究者检测某工厂作业车间温度，连续一周获得该工厂每天温度的最高值、最低值和平均值，数据见 data8.1.sav，请绘制高低图。

单击"图形"—"旧对话框"—"盘高—盘低图"命令，进入高低图对话框，如图 8-46 所示。

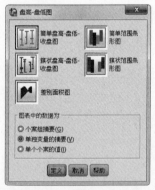

图 8-46　高低图对话框

（1）简单高低收盘图：用线段顶端、底端和符号来表示单位时间内某现象的最高数值、最低数值和最后数值（也可以是其他统计量）。

（2）简单范围条形图：用直条表示单位时间内某现象的最高数值和最低数值，但不显示最后数值。

（3）簇状高低收盘图：用两条或者多条线段的顶端、底端和符号来表示单位时间内两个或两个以上现象的最高数值、最低数值和最后数值。

（4）簇状范围条形图：用两个或者多个直条的顶端、底端来表示单位时间内两个或两个以上现象的最高数值、最低数值。

（5）差别面积图：它是说明两个现象在同一时间内相互变化对比关系的线性统计图。

个案组摘要、各个变量的摘要、个案值选项框的定义同 8.2.4 部分完全一致。

本例是对单位时间内某单一指标的最高值、最低值和平均值随时间的变化规律，应绘制简单高低收盘图。

单击"简单高低收盘"—"各个变量的摘要"—"定义"命令，进入简单高低收盘图主对话框，如图 8-47 所示。

在"高""低""闭合"和"类别轴"选项框中依次选入"最高值""最低值""平均值"和"星期"，其他选项框的说明同前面一致。单击"确定"，获得一周温度高低图，如图 8-48 所示。

若数据库未按照每日的最高值、最低值和平均值进行汇总，只是给出每日中每次测量的具体数值，如数据 data8.2.sav，则可以通过"数据"—"分类汇总"对话框产生按天进行汇总的每日最高值、最低值和平均值，将星期选入"分组变量"，将 PM25 选入"变量摘要"框，单击"函数"，分别选择最大值、最小值、均值，并在"保存"栏中选择"写入只包含汇总变量的新数据文件"，并创建新文件，如图 8-49 所示，所创建新文件如图 8-50 所示，data8.3.sav。

图 8-47 简单高低收盘图主对话框

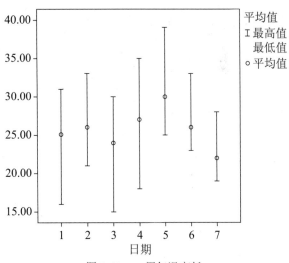

图 8-48 一周气温高低

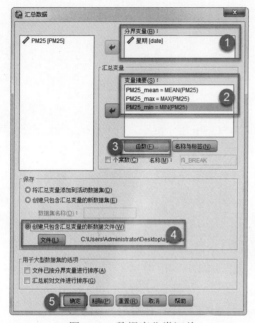

图 8-49 数据库分类汇总

图 8-50 分类汇总所产生的数据库

## → 8.8 箱图（Boxplot）

箱图可直观描述连续型变量的分布及离散状态，箱图可显示数据的 5 个特征值，分别是最小值、下四分位数（$P_{25}$）、中位数（$P_{50}$）、上四分位数（$P_{75}$）和最大值。$P_{25}$ 和 $P_{75}$ 构成箱图的"箱体"部分，去除异常值以外的最小值和 $P_{25}$、去除异常值以外的最大值和 $P_{75}$ 之间分别构成"箱子"的上下两条端线，异常值指的是大于 1.5 倍四分位数间距的数值，在箱图中用小圆圈"○"表示，大于 3 倍四分位数间距的数值称为极端值，在图中用星号"＊"表示。

**例 8.9：** 以例 8.1 数据为例，绘制不同专业大学生的肺呼量的箱图。

（1）单击"图形"—"旧对话框"—"箱图"命令，进入箱图对话框，如图 8-51 所示。

简单箱图和复式箱图的区别等同于简单条图和复式条图的关系；个案组摘要和各个变量的摘要选项框的定义同 8.2.4 部分完全一致。

（2）选择"简单"—"个案组摘要"选项项，单击"定义"，进入简单箱图对话框，如图 8-52 所示。

（3）将肺呼量和专业分别选入"变量"和"类别轴"，单击"确定"，生成不同专业大学生肺呼量的箱图，如图 8-53 所示。

图 8-51 箱图主对话框

图 8-52 简单箱图主对话框

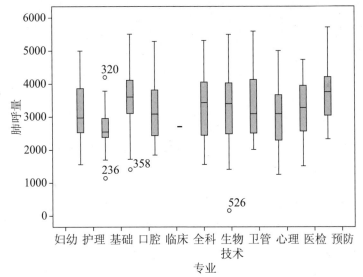

图 8-53 不同专业大学生肺呼量的箱图

## → 8.9 误差条图（Error bar）

误差条图可用来显示数据所来自的总体的离散程度，使用均数和可信区间、均数和标准差、均数和标准误描述数值变量。

**例 8.10**：以例 8.1 数据为例，1）用单式误差条图比较不同专业大学生的肺呼量；2）用复式误差条图比较不同专业、不同性别大学生的肺呼量。具体步骤如下：

（1）单击"图形"—"旧对话框"—"误差条图"，进入误差条图对话框，见图 8-54。其中，简单及复式条图的差异等同于单式条图和复式条图，个案组摘要及各个变量的摘要意义同本章 8.2.4 部分。

（2）选择"简单"和"个案组摘要"，单击"定义"，进入简单误差条图的定义对话框，见图 8-55。

图 8-54　误差条图对话框

图 8-55　简单误差条图的定义对话框

（3）将肺呼量和专业选入"变量"和"类别轴"；在"条的表征"下拉菜单中，有 3 个可选择项：均数的置信区间、均数的标准误和标准差，与"度"和"乘数"结合，可分别展示均数的 95% 置信区间、均数的 2 倍标准误和 2 倍的标准差。本例选择默认的均数的 95% 置信区间；面板依据、标题、选项及模板意义同条图部分的定义一致。

（4）单击"确定"按钮，产生不同专业大学生肺呼量的误差条图，如图 8-56 所示。

（5）在上述第二步中选择"复式条图"和"个案组摘要"，进入复式误差条图的定义对话框，如图 8-57 所示。

（6）将客观支持分、年级和性别分别选入"变量""类别轴"和"定义聚类"中，单击"确定"，即可产生不同专业、不同性别大学生肺呼量的误差条图，如图 8-58 所示。

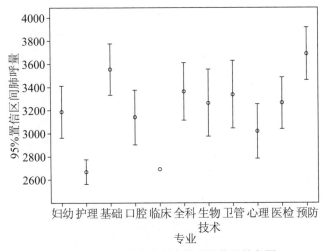

图 8-56　不同专业大学生肺呼量的误差条图

图 8-57　复式误差条图的定义对话框

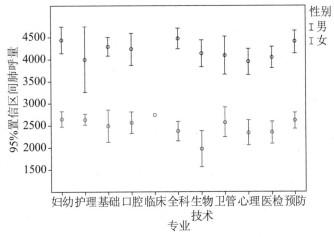

图 8-58　不同专业、不同性别大学生肺呼量的误差条图

## 8.10　人口金字塔图（Population Pyramid）

人口金字塔图是 SPSS 13.0 以后版本才有的一种图形，它是根据分类描述某变量的频数分布。

**例 8.11**：以例 8.1 数据为例，采用人口金字塔图描述不同性别大学生肺呼量的频数分布。

（1）单击"图形"—"旧对话框"—"人口金字塔图"命令，进入人口金字塔图对话框，如图 8-59 所示。

（2）将肺呼量和性别分别选入"显示分布"和"分割依据"，其他对话框定义如前。

（3）单击"确定"按钮，即可产生不同性别大学生肺呼量的人口金字塔图，如图 8-60 所示。

图 8-59 人口金字塔图主对话框

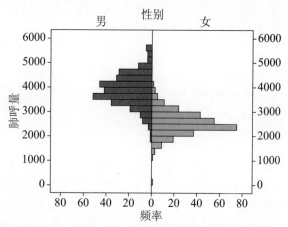

图 8-60 不同性别大学生肺呼量的人口金字塔图

## 8.11 散点图（Scatter）

散点图是用于表示两个或多个变量之间有无相关关系的统计图。单击"图形"—"旧对话框"—"散点图"命令，进入散点图对话框，如图 8-61 所示。

（1）简单分布散点图：适用于两个变量之间的关系描绘，每个点代表一个观察单位的两个变量值；

（2）矩阵分布散点图：采用矩阵形式表达多个变量之间两两关系的散点图；

（3）简单点图：采用点纵向累加的形式描述某单一变量的频数分布，每个点代表一个观察单位的变量值，图形与频数分布的直方图相似；

（4）重叠分布散点图：用于多个自变量与一个应变量或者多个应变量与一个自变量关系的重叠散点图，但应注意每一坐标轴上的度量衡单位必须一致；

（5）3-D 分布散点图：用于描述三个变量之间综合关系的三维散点图。

### 8.11.1 简单分布散点图

**例 8.12**：以例 8.1 数据为例，描述大学生身高与体重的关系。

（1）在图 8-61 的基础上选择"简单部分"，单击"定义"，进入简单分布散点图对话框，如图 8-62 所示。分别将身高和体重纳入"Y 轴"和"X 轴"。"设置标记"选项框可根据某外部变量（如性别）取值不同将每个点标注不同的颜色和符号，"标注个案"可针对某些特殊取值的个体进行标注。其他选项框意义如前所述。

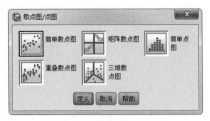

图 8-61 散点图对话框

（2）单击"确定"按钮，生成大学生身高和体重的简单散点图，如图 8-63 所示。

图 8-62 简单分布散点图对话框

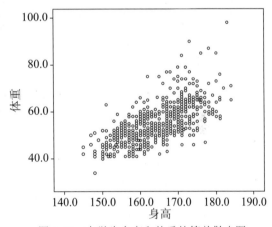

图 8-63 大学生身高和体重的简单散点图

### 8.11.2 矩阵分布散点图

**例 8.13**：以例 8.1 数据为例，描述大学生年龄、身高、体重与肺呼量的关系。

（1）在图 8-61 所示的基础上选择"矩阵分布"，单击"定义"，进入矩阵分布散点图对话框，如图 8-64 所示。将年龄、身高、体重与肺呼量一起选入"矩阵变量"对话框，其他选项框定义如前。

（2）单击"确定"按钮，生成年龄、身高、体重与肺呼量的矩阵散点图，如图 8-65 所示。

图 8-64 散点图矩阵设置对话框

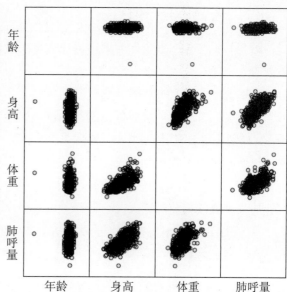

图 8-65 大学生年龄、身高、体重与肺呼量矩阵散点图

### 8.11.3 简单点图

**例 8.14**：以例 8.1 数据为例，描述大学生肺呼量的频数分布。

（1）在图 8-61 所示的基础上选择"简单点图"，单击"定义"，进入简单点图对话框，如图 8-66 所示。将肺呼量选入"X 轴变量"对话框，其他选项框定义如前。

（2）单击"确定"按钮，产生大学生肺呼量的简单点图，如图 8-67 所示。

图 8-66 简单点图定义对话框

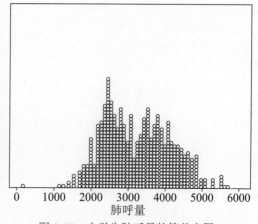

图 8-67 大学生肺呼量的简单点图

### 8.11.4 重叠分布散点图

**例 8.15**：以例 8.1 数据为例，描述大学生年龄与身高和体重之间的关系。

（1）在图 8-60 的基础上，选择"重叠分布散点图"，单击"定义"按钮，进入重叠分布散点图对话框，如图 8-68 所示。将"身高"和"年龄""体重"和"年龄"分别选入"Y-X 对"对话框，其他对话框定义如前。

（2）单击"确定"按钮，产生大学生年龄与身高和体重的重叠分布散点图，如图 8-69 所示。

 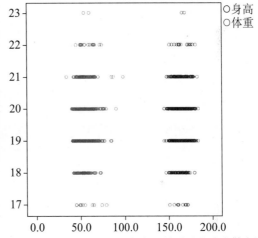

图 8-68　重叠散点图定义对话框　　图 8-69　大学生年龄与身高和体重重叠分布散点图

### 8.11.5　3-D 分布散点图

**例 8.16**：以例 8.1 数据为例，描述大学生年龄、身高和体重之间的关系。

（1）在图 8-61 所示的基础上，选择"3-D 分布散点"，单击"定义"，进入 3-D 分布散点图对话框，如图 8-70 所示。将"身高""体重"和"年龄"分别选入"Y 轴""X 轴"和"Z 轴"对话框，其他对话框定义如前。

（2）单击"确定"按钮，产生大学生年龄、身高、体重的 3-D 分布散点图，如图 8-71 所示。

图 8-70　3-D 散点图定义对话框

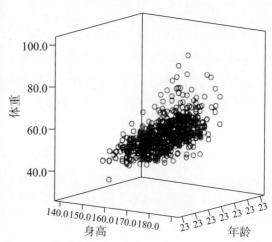

图 8-71　大学生年龄、身高、体重的 3-D 分布散点图

## 8.12　直方图（Histogram）

直方图用来反映某个变量的分布情况，是一种常用的考察变量分布类型的统计图，直方图可以根据频数表资料进行绘制，也可以直接根据连续性变量的原始数据作图。

**例 8.17**：以例 8.1 数据为例，描述大学生肺呼量的频数分布。

（1）单击"图形"—"旧对话框"—"直方图"命令，进入直方图对话框，如图 8-72 所示。

（2）将主观支持分选入"变量"，并勾选"显示正态曲线"，其他变量定义如前。

（3）单击"确定"按钮，产生大学生肺呼量的直方图，如图 8-73 所示。

若需要对不同性别大学生分别绘制肺呼量的直方图，可将性别变量选入"面板依据"中的"行"或者"列"。

统计制图的学习，首先根据自己的研究目的和资料的类型，脑海里应该有制作何种统计图的概念，然后选择相应的图形制作模块进行制作。制作好了之后，如果不符合需求，则需要再次对其编辑，SPSS 中只要双击图形区域即可进行二次编辑。虽然 SPSS 制作常规的统计图功能强大，但 SPSS 制图的配色一直为人们所诟病。从作图能力上来说，SPSS 稍逊于 Graphpad、R、Sigmaplot、Oringin、SAS，但常规作图发表是完全具备的。

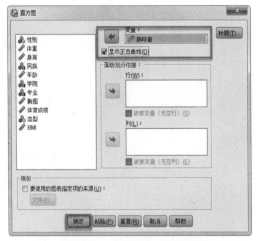 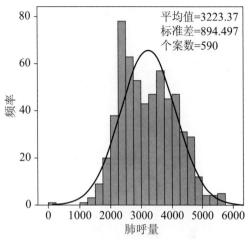

图 8-72　直方图定义对话框　　　图 8-73　大学生肺呼量直方图

# 第四篇　中级统计比一比（差异性分析）

没有比较就没有伤害，没有比较就不知好坏。

——网络流行语

　　第三篇初级说一说，采用统计图、统计表（统计指标）的方式，描述了单组或多组数据的属性特征。可如果要进行组间属性特征的比较，该采用何种方法呢？所谓"没有比较就没有伤害，统计上没有比较就不知好坏"，"是骡子是马拉出来遛遛"，所以第四篇我们就来聊聊"中级比一比"，即差异性研究。本篇分别阐述统计4大差异性研究方法。

# 第9章 t检验

t检验为四大差异性统计分析方法之一,是基于t分布的统计理论,处理两个总体间的计量资料之间的差异。t检验包括3种设计类型,统计分析时依据统计设计类型与资料是否符合条件选择相应的类型进行统计分析。

## 9.1 基本思想与类型

按照中心极限定律,计量资料总体中抽样的样本均数分布符合t分布(见图9-1),t分布曲线下面积为1,即$A+B+C=1$,其中$A+C=0.05$,而$P\leq 0.05$为小概率事件,可以理解为,如果在一个计量资料的总体中抽取一个样本,样本均数落在$A$和$C$中的可能性为小概率事件,而小概率事件在一次抽样过程中不可能发生,从而可以得出拒绝$H0$的结论。

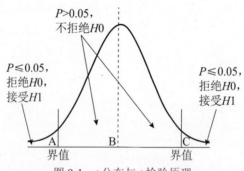

图9-1 t分布与t检验原理

如某研究者在山区随机抽取了25人,得到平均脉搏为75.0次/分,标准差为5.0次/分,而经过大量调查发现,一般健康男子脉搏为72.0次/分,我们千万不能认为75.0次/分>72.0次/分,就认为山区组男子脉搏均数高于一般健康成年男子72.0次/分,因为一般健康成年男子的72.0为总体参数,而山区组的75.0次/分仅为样本统计量,两者不在同一级别,不可以比较。正如某国家总统访华,却让你去接见一样,不合适,你的级别不够。而且样本统计量是由抽样而来,抽样必然会发生抽样误差。

虽然不可比,但我们可以通过假设检验来进行比较。对于上述的案例,背后的真理只有两种可能:一为山区组健康成年男子与一般健康成年男子脉搏均数相同;二为两者不同。如果我们通过小概率事件的原理,证明其中的一种可能不可能发生,则真理就在剩下的那种假设里。

本例我们先假设山区组脉搏均数等于一般健康成年男子脉搏均数 =（72.0 次 / 分），然后看能否在这个总体中抽 25 人，其均数为 75.0 次 / 分，标准差为 5.0 次 / 分，如果得到这个结果的可能性落入 A 或者 C 区域，因为 A、C 区域为小概率事件，则认为不可能发生，进一步反映我们的假设两者总体均数相等不成立；如果得到上述结果的可能落入 B 区域，B 区域发生的概率 $P>0.05$，因此可以发生，故我们就没有足够的理由认为两者的总体均数不同。

虽然都是 $t$ 检验，但根据试验设计的不同，依然可以分为三类，即单样本 $t$ 检验、两独立样本 $t$ 检验和配对样本 $t$ 检验，随后分别进行讲解。

## 9.2 单样本 $t$ 检验

### 9.2.1 设计思想

单样本 $t$ 检验的设计模式图如下，已知一个总体（$B$），现在在一个未知的总体（$A$）中随机抽取了一个已知的样本（$C$），而所问的问题是总体 $A$ 与总体 $B$ 之间有无差异？为了形象记忆，单样本 $t$ 检验的设计模式简称为"一个半鸭蛋"，即已知一个总体和未知总体中的一个样本。

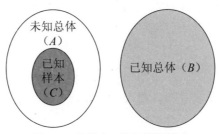

图 9-2　单样本 $t$ 检验设计模式

### 9.2.2 案例实战

假定大学生的平均体重为 50kg，现在某高校随机抽取 590 名大学生并测其体重数据，问该校大学生的体重与一般大学生是否有差异？（案例数据：data01.sav）

### 9.2.3 案例解析

假定大学生的平均体重为 50kg，这是一个已知给予的总体参数。现在某高校随机抽取了 590 名大学生并测量其体重数据，这 590 名大学生的体重是样本统计量，而该高校为一个未知的总体，符合我们上面讲解的"一个半鸭蛋"模式。

### 9.2.4 实战步骤

1. 双击打开 data01.sav 数据库。
2. 调用单样本 t 检验窗口。

操作：分析—比较均值—单样本 t 检验

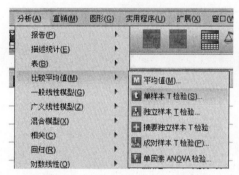

图 9-3　调用单样本 t 检验步骤

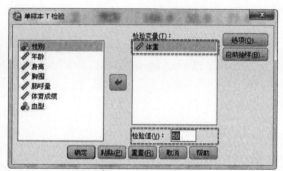

图 9-4　单样本 t 检验功能窗口

3. 单样本 t 检验窗口属性设置。

本例研究的结果变量或者效应指标为体重，因此把体重放入检验变量框中；因为已知总体均数为 50kg，因此在检验值框中输入 50，点击"确定"按钮即可，见图 9-4。

### 9.2.5 结果解读

本例分析结果见图 9-5。单样本 t 检验结果解读为两步法。

第一步：三核心

由图 9-5（A）拿到数据的三个核心基本统计量（样本量、样本均数和标准差），产生主观意识。本例样本均数为 55.238kg，我们感觉，可能该校学生的体重要高于一般大学生的体重，但因为存在抽样误差，不能下主观结论，需要假设检验验证。

第二步：找 t 和 P

由图 9-5（B）可见，本例 t 检验的 $t=14.936$，$P=0.000<0.05$，因此，小心翼（异）翼（异），有差异，该校大学生体重的总体均数与一般大学生的平均数 50.0kg 有差异，鉴于 55.238kg>50.0kg，因此可以认为该校大学生的体重要高于一般大学生的平均体重。

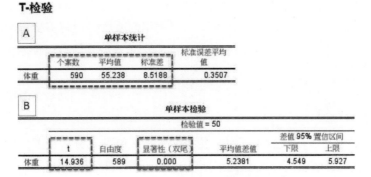

图 9-5　单样本 $t$ 检验结果

### 9.2.6　拓展理解

单样本 $t$ 检验结果解读两步法 5 指标，这 5 个指标在发表文章中都是必须要报道的，结果中还有其他一些指标帮助理解，一般无须报告。

应用条件：样本数据符合正态分布，不符合时应该采用非参数检验；但当样本量较大时数据略呈偏态分布也可以分析。

## 9.3　两独立样本 $t$ 检验

### 9.3.1　设计思想

两独立样本 $t$ 检验的思想是在两个未知的总体中分别抽取一个样本，然后比较两个总体之间是否有差异，模式图见图 9-6，形象比喻为"两个半个的鸭蛋"。

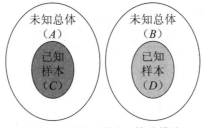

图 9-6　两独立样本 $t$ 检验模式

在实际研究中，两个样本的获取只有两种可能：一是随机分组，如 60 只 SD 大鼠，随机分2组,每组30只,分别接受不同的处理,然后比较某个计量效应指标;二是按照某种属性特征分组,如某班级按照性别分为男生组和女生组,然后比较男女生某门课程的考试成绩差异。不管是随机分组还是按照属性特征分组,均是保证两组相互独立,不受影响。

### 9.3.2 案例实战

某研究者在某高校随机抽取了590名大学生,按照性别分为男生组和女生组,现想知道男生与女生的肺呼量(ml)有无差异。(案例数据data01.sav)

### 9.3.3 案例解析

受试对象分为两组,本例不是随机分组,你是男生就必须进入男生组,女生就必须进入女生组,因此本例为按照某种属性特征分组。男生和女生相互独立,效应指标肺呼量(ml)为计量资料。符合上述的"两个半个的鸭蛋"设计模式图。

### 9.3.4 实战步骤

**1. 调用两独立样本t检验功能窗口**

操作步骤:分析—比较均值—独立样本t检验,弹出图9-7。

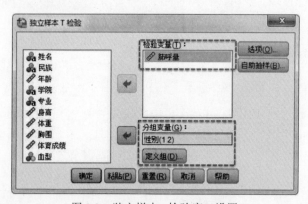

图9-7 独立样本t检验窗口设置

**2. 独立样本t检验窗口设置**

在图9-7窗口中,将效应指标"肺呼量"放入检验变量框中,将"性别"放入分组变量框中,点击"定义组"按钮,设置1和2。因为本例1代表男,2代表女。点击"确定"得到结果(见图9-8)。

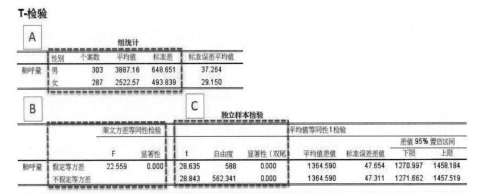

图 9-8 两独立样本 $t$ 检验结果

### 9.3.5 结果解读

本例分析结果如图 9-8 所示。两独立样本 $t$ 检验的结果解读为三步法。

第一步：三核心

见图 9-8（A）部分，与单样本 $t$ 检验一样，首先拿到两组数据的三个核心基本统计量（样本量、均数和标准差），产生主观意识。本例男生肺呼量均数 3887.16mL，女生肺呼量 2522.57mL，给我们感觉男生的肺呼量要高于女生，但因为都是抽样的样本，可能由抽样误差导致，因此需要后续假设检验证实。

第二步：方差齐性（$F$ 和 $P$）

大家知道两个拳击选手进行比赛，要求两个选手在同一个重量级别下比赛才比较公平。同样两个抽样均数之间比较，要求两个 $t$ 分布形态相差不大方才可以。$t$ 分布的形态反映的是其离散趋势，方差也是反映离散趋势的指标，统计上采用 levene 方差齐性检验进行判定两个分布是否相同。

故第二步看图 9-8（B）部分，得到 levene 检验 $F=22.559$，$P=0.000<0.05$，有差异，因此两组 $t$ 分布形态分布有差异，不在一个重量级别，不适合比较。

可是一个拳馆票已经售出，晚上只有两位拳手，而两位拳手又不在一个重量级别，那就不打了吗？票已售出，非打不可，那我们可不可以，进行相关规则的调整：让重量级别轻的打中一拳算两拳，级别重的打中一拳还算一拳进行校正，似乎也可以进行一场精彩的比赛。因此当两独立 $t$ 检验方差不齐的时候，我们也可以进行校正的两独立 $t'$ 检验。

第三步：$t$ 检验（$t$ 和 $P$）

见图 9-8（C）部分，此部分有两行，各有一个 $t$ 值和 $P$ 值，如何选择呢，根据第二步的判定。本例第二步发现两组方差不齐,不适合直接比较,因此应该校正。

第一行的结果为方差齐的结果,$t=28.635$,$P=0.000$;第二行为方差不齐进行校正的结果,$t=28.843$,$P=0.000$,本例应该看第二行的结果。

### 9.3.6 拓展理解

两独立样本 $t$ 检验的条件为:独立性、正态性和方差齐性(简称:独立、正态、方差齐)。(1)独立是指两组数据来自的总体相互独立,比如本例的男生和女生的总体是相互独立的,独立性的判定是由试验设计决定的;(2)正态性是指两组数据应该符合正态分布,正态与否是由研究数据决定的,但这条要求不是非常严格,$t$ 检验对近似正态或轻微偏态分布也比较耐受;(3)方差齐性要求非常严格,方差齐时直接用,方差不齐要校正。

## → 9.4 配对样本 $t$ 检验

### 9.4.1 设计思想

配对设计 $t$ 检验模式图见图 9-9。举个例子更容易理解:某医生想研究一种降压药是否具有降压作用,选了 5 名高血压患者(5 例太少,仅举例哦),检测了血压后,采用该种药物进行治疗,治疗前后收缩压结果见图 9-9,问该种降压药是否有效。

这是一种典型的干预前后配对设计,大家试想一下,如果这种降压药完全无效,理论上治疗前与治疗后的差值应该为 0,本例 5 例样本的差值是不是类似这种降压药治疗的总体中抽取的 5 例样本,然后去和一个已知无效的总体均数 0 比较。大家看图 9-9(C)和 9.9(D),是不是又回到"一个半鸭蛋"的模式图啦!是的,配对样本 $t$ 检验是配对的两组数据相减变成一组数据,然后去和已知总体 0 比较,其实就是转化为单样本 $t$ 检验做的哦!

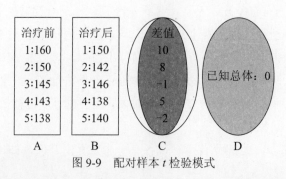

图 9-9 配对样本 $t$ 检验模式

配对设计还包括四种类型，见图 9-10。其中 A 为干预前后配对，如同组病人降压药治疗前后；B 为同一受试对象身体不同部位配对，如测量同一个人左手和右手的血压、检测某人癌组织与癌旁组织某个基因表达等；C 为条件配对，如在一窝老鼠中，选取性别和体重相同的 2 只作为 1 个对子，继续寻找多个这样的对子，然后每个对子中的 2 个受试对象随机分配到 2 个处理组中去；D 为同一份标本不同检测方法配对，如同一份血液，分成 2 份，一份用显微镜法检测红细胞含量，一份用仪器法检测红细胞含量。

凡是上述 4 种，你会发现检测的两组数据之间存在相关性而不独立，这与两独立样本设计有着本质的区别。也有人把 4 种分类分为同体配对：A、B、D；异体配对：C。

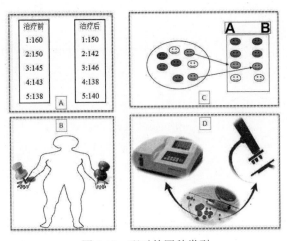

图 9-10 配对的四种类型

### 9.4.2 案例实战

某医生采用某降压药治疗 10 例高血压病人，服药前后分别测量受试者的舒张压为检测指标，数据如图 9-11 所示，问该降压药是否具有降压效果？（数据文件：data9.1.sav）

### 9.4.3 案例解析

受试对象为 10 名高血压患者，干预措施为某种降压药，分别在服用降压药前与服用一段时间后进行舒张压的测量，效应指标为舒张压，为计量资料。试验设计符合干预前后的配对设计。

| ID | 治疗前 | 治疗后 |
|---|---|---|
| 1 | 130 | 114 |
| 2 | 124 | 110 |
| 3 | 136 | 126 |
| 4 | 128 | 116 |
| 5 | 122 | 102 |
| 6 | 118 | 100 |
| 7 | 116 | 98 |
| 8 | 138 | 122 |
| 9 | 126 | 108 |
| 10 | 124 | 106 |

图 9-11 本例数据库

### 9.4.4 实战步骤

**1. 调用配对样本t检验窗口**

步骤：分析—比较均值—配对样本 t 检验，操作如图 9-12，弹出图 9-13。

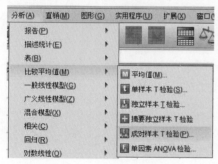

图 9-12 调用配对 t 检验

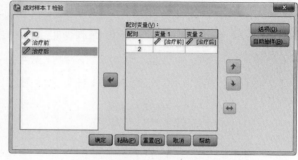

图 9-13 成对样本 t 检验属性设置

**2. 配对t检验窗口设置**

在图 9-13 中，将变量"治疗前"和"治疗后"先后放入右边的配对框，配成 1 对，然后点击"确定"即可输出计算结果（见图 9-14）。

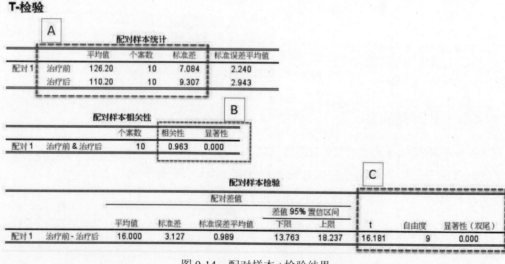

图 9-14 配对样本 t 检验结果

### 9.4.5 结果解读

配对样本 t 检验结果解读也为三步法。

第一步：三核心

由图 9-14（A）部分，获取治疗前后的样本量、均数和标准差。本例发现治疗前舒张压为 126.2mmHg，治疗后为 110.20mmHg，主观感受为该药可能有降压效果，但有待假设检验进行验证。

第二步：看相关

大多数情况下，本步可以忽略，因此国内外很多发表的论文并没有交代本步的结果。但从统计的角度，本步相关的计算是为了验证配对数据的一致性（consistent），意思是治疗前较低的个体，治疗后的值也处于较低的地位；治疗前较高的个体，治疗后也处于较高的位置，用以说明干预措施作用的稳定性或一致性（Perry.R Hinton）。

可能存在四种情况：

（1）相关与 t 检验均 $P<0.05$，说明数据一致性好，差异有统计学意义，而且差异的产生就是干预因素作用的结果；

（2）相关不显著，t 检验显著，暗示均数存在差异，但个体间均数差异变化不一致，均数的差异可能还受其他因素的影响；

（3）相关显著，但 t 检验不显著，说明数据有一致性，但均数差异不显著，即干预措施未发挥作用；

（4）相关与 t 检验均不显著，这点不容易解释，但受试者数据在两组不具备一致性，组间均数差异没有意义。这种情况，没啥担心必要。

第三步：找 t 和 P

本例配对 t 检验的 $t=16.181$，$P=0.000<0.05$，因此有差异，认为治疗前后患者舒张压的差异具有统计学意义，故可以认为该降压药具有降压效果。

### 9.4.6 拓展理解

表 9-1 为一组试验数据，请问应该如何进行分析呢？

表 9-1　治疗前后中医证候积分的变化

| 组　别 | n | 治疗前 | 治疗后 |
|---|---|---|---|
| 针推组 | 30 | 16.63±2.87 | 4.57±2.43[**△△] |
| 针灸组 | 30 | 17.00±2.60 | 6.43±2.22[△△] |

注：** 与针灸组比较，$P<0.01$，△△ 与治疗前比较 $P<0.01$

这是较为常见的带基线数据组间比较，根据研究目的的不同，可以采用不同的统计分析方法。

(1) 如果想知道针推组或针灸组治疗前后是否有效,那么属于配对设计,应该采用配对 $t$ 检验;

(2) 如果想知道针推组和针灸组疗效是否有差别,可以先计算两组治疗前后的差值,然后采用两独立样本 $t$ 检验进行两组疗效比较;还可以采用协方差分析,将治疗前积分当作协变量进行方差分析。有人直接对治疗前进行两独立 $t$ 检验,发现差异无统计学意义,则直接对两组治疗后积分进行两独立 $t$ 检验,这种做法已不再提倡。

## 9.5　$t$ 检验小结

不管单样本 $t$ 检验、配对样本 $t$ 检验还是两独立样本 $t$ 检验,都是用于检验两个总体间计量资料的比较方法。单样本 $t$ 检验要求符合正态分布,两独立样本 $t$ 检验要求独立、正态和方差齐,配对 $t$ 检验要求差值符合正态分布。上述三条对正态分布的要求不是非常严格,近似正态分布依然可以分析,也可以采用非参数检验的方法进行分析。

$t$ 检验的常见错误是,成组设计的多组计量资料之间比较,直接采用两两拆分后,采用 $t$ 检验进行分析,这极大地增加了 I 类误差发生的概率。如 3 组资料,两两比较需要进行 3 次,每次进行一次假设检验即可能发生 $\alpha=0.05$ 的 I 类错误,3 次则会发生 0.15(其实是近似 0.15,松哥这么说是方便大家记住),远远超出我们 0.05 的预期,而我们进行统计分析时,一个科学研究问题 I 类误差的发生概率基本控制在 0.05,因此直接拆分是不可靠的。

# 第 10 章 方差分析

　　$t$ 检验所处理的都是两个总体之间的计量变量的比较。你可能说不对呀，两独立样本 $t$ 检验是两个总体比，单样本 $t$ 检验和配对样本 $t$ 检验不就只有一个总体吗？大家还记得单样本 $t$ 检验的模式图"一个半鸭蛋"吗？还不是两个总体之间的比较吗？配对样本 $t$ 检验是利用差值转换为单样本 $t$ 检验做的，还是两个总体之间比较。

　　可是当我们处理多个总体之间的比较的时候，如图 10-1，$t$ 检验就已经无能为力了。对于图 10-1，很多人提出这样的分析方案，说三个总体之间比较，可以转化为 AB、BC 和 AC 三次 $t$ 检验不就可以了吗？确实，以前还真有不少人有这种想法，但这是错误的。

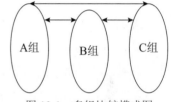

图 10-1　多组比较模式图

　　大家知道，我们进行假设检验会犯 I 类和 II 类统计学错误，I 类错误就是 $\alpha$，就是我们事先确定的检验水准，通常取值 0.05，图 10-1 本来就是一个科学问题，问三个总体之间有无差异，而你却采用了 3 次 $t$ 检验，每一次都会犯 0.05 的 I 类错误，导致最终结果的 I 类错误发生率远远高于 0.05 这个我们能够接受的水平，导致推断错误概率过大。

　　那怎么办呢？于是 R.A Fisher 就发明了一种处理 $K$ 个总体间计量变量比较方法——方差分析。方差分析是用变异的思想，将总的变异分为组间变异和组内变异，组内变异往往是个体变异导致，一般不会太大；而组间变异除了个体变异外，还有组间干预措施导致的变异，因此，R.A. Fisher 认为，如果组间的变异除以组内的变异，结果远远的大于 1，就有理由认为，组间的干预措施在发挥着作用，为了纪念 Fisher，这种方法简称 F 检验。

　　同时根据不同的分组方法，或者说是干预措施的添加方法不同，方差分析有着不同的类型，下面就逐一开始介绍。

## 10.1　单因素设计方差分析

　　单因素设计方差分析是研究一个研究因素不同水平（$K \geqslant 3$）间的计量变量比较。受试对象分到 $K$ 组中去，有两种分组方式：随机分组和按照某种属性特征分组。如一组受试大鼠，按照随机化分组的方式分到 3 组中去，每组 20 只；再如某班级按照血型分为四组，研究学生的学习成绩。前者就是随机分组，后者就是按属性特征分组，大家以后进行判定一定要找随机与属性这两个关键点。如果大家还记得前面的内容，单因素设计 F 检验其实就是我们前面说的成组设计 $K$ 组的情况。

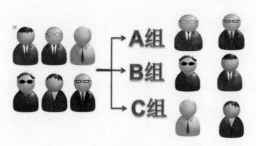

图 10-2　单因素设计方差分析模式

**案例实战**

某学校教务处，欲研究传统教学、PBL 教学和翻转课堂的教学效果是否有差异，选择了某班级 95 名同学，按照学号随机分成 3 组，分别接受三种教学方法进行统计学课程教学，期末采用同样的试卷进行了考试，获得学生成绩数据（data10.1.sav），请采用合适的方法进行统计分析，并进行解释。

**案例解析**

（1）受试对象（95 名学生）随机分组，分别接受三种教学方法，试验设计为成组设计 $K$ 组。

（2）研究因素为教学方法，有三个水平，传统教学、PBL 和翻转课堂。

（3）试验效应指标，即本次研究的指标学生成绩为计量资料。

（4）综上所述，优先考虑单因素设计方差分析。

（5）方差分析的条件为：独立、正态和方差齐。本组组间为随机分组接受不同的处理，故是独立的；正态性要求不高，常不关注；方差齐是必须的，因此需要进行齐性的验证。

**实战步骤**

（1）打开数据集 data10.1.sav，分析—比较平均值—单因素 ANOVA 检验，弹出图 10-3。

（2）图 10-3 中，将"期末考试成绩"放入"因变量列表"框；将"教学方法"放入"因子"框。

（3）点击参数按钮"选项"，弹出图 10-4，其中务必勾选"描述"和"方差齐性检验"，因为描述是帮助我们拿到三个核心基本统计量，方差齐性检验为方差分析必备检验。其他非必须放过。点击"继续"，回到图 10-3。

（4）再点击参数设置按钮"事后比较"，弹出图 10-5。这步的目的是如果方差分析发现三组间是有差异的，到底是哪两组有差异，还是三组间全部都有差异，需要进行分析。

（5）图 10-5 中勾选"LSD"和"SNK"法进行讲解演示，点击"继续"再次回到图 10-3。点击"确定"运行。

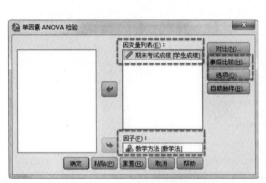

图 10-3 单因素 ANOVA 检验

图 10-4 单因素 ANOVA 选项

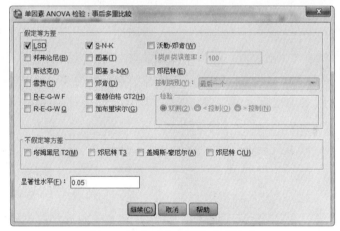

图 10-5 事后多重比较选项设置

**结果解读**

（1）三种教学方法的 3 个核心基本统计量，见图 10-6（A），传统教学均分为 62.88 分，PBL 教学为 65.53 分，翻转课堂为 71.61 分。看似有一定的差异，但有可能是误差导致，因此需要检验。

（2）检验三组方差是否相同：见图 10-6（B），显著性（$P$）=0.692>0.05，按照"大同小异"的口诀，三组方差相同，可以进行后续方差分析。

（3）方差分析结果：ANOVA（analysis of variance）就是方差分析英文的缩写，见图 10-6（C），我们发现 $F$=7.905，$P$=0.001，按照"大同小异"的口诀，三组间的考试成绩有差异。然而只知道有差异，谁和谁有差异不清楚，需要进一步两两比较。

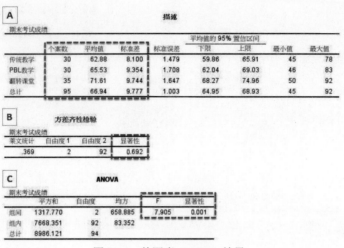

图 10-6 单因素 ANOVA 结果

（4）LSD 法两两比较：见图 10-7（A），看标注框中"显著性"一栏，凡是显著性（$P$）<0.05，表示两者之间有差异。结果发现翻转课堂与传统教学差异有统计学意义，翻转课堂与 PBL 差异有统计学意义；PBL 与传统教学差异无意义。

（5）SNK 法两两比较，见图 10-7（B）。很多人反映看 SNK 结果存在困难，这里用心读一读哦，本例 SNK 法认为三种教学方法可以分为 2 组，翻转课堂自成 1 组；PBL 和传统教学为 1 组；那么翻转课堂就分别和 PBL、传统教学有差异；而传统教学与 PBL 无差异。结果和 LSD 法一致。

（6）结合图 10-6（A），可以认为翻转课堂教学效果最好，PBL 和传统教学无差异。

**经验心得**

1. 事后检验两两比较：SPSS 提供了 14 种用于组间方差齐时两两比较的方法；而方差不齐时提供了 4 种方法，共 18 种。

2. 方差不齐时虽然提供了 4 种两两比较的方法，但业界主流学派还是认为方差不齐不应该采用方差分析，故存在争议，建议大家方差不齐还是采用非参数检验。

3. 方差齐时的 14 种方法：见图 10-8，

图 10-7 LSD 和 SNK 法事后比较

虽然有每种方法的算法介绍，但对初学者往往还是无法选择，下面简单介绍一下：

| \multicolumn{2}{c}{} | 事后检验方法说明 |
|---|---|---|
| 条件 | 方法 | 适用条件 |
| 方差齐时 | LSD 法 | 最小显著性差异法。用 $t$ 检验完成组间成对均值的比较，检验的敏感度较高，即使各个水平间的均值存在细微差别也能被检验出来，但此法对第 I 类弃真错误不进行控制和调整 |
| | Bonferroni 法 | 为修正最小显著性差异法，用 $t$ 检验完成组间成对均值的比较，即通过设置每个检验的误差率来控制整个误差率，采用此法看到的显著值是多重比较完成后的调整值 |
| | Sidak 法 | 用 $t$ 检验统计量完成多重配对比较后，为多重比较调整显著值，其比 Bonferroni 方法的界限要小 |
| | Scheffe 法 | 当各组人数不相等或者想进行复杂的比较时，用此法比较合适。对所有可能的组合进行同步进入的均值配对比较。该方法用来检验组间所有可能的线性组合，而不只是成对组合，并控制整体显著性水平等于 0.05。该法相对保守，有时候方差分析有显著性差异，但用此法却发现不了差异 |
| | R-E-G-WF 法 | 是用 $F$ 检验进行多重比较 |
| | R-E-G-WQ 法 | 根据 Student 极差统计量的多重比较 |
| | S-N-K 法 | 使用 $t$ 范围分布在均值之间进行所有成对比较，同时使用步进式过程比较具有相同样本大小的同类子集内的均值对。均值按从高到低排列，首先检验极端的差分值 |
| | Turkey 法 | 使用 $t$ 范围统计量进行组间所有成对比较，并将实验误差率设置为所有成对比较的集合误差率 |
| | Turkey'b 法 | 用 Student-Range 统计量进行所有组间均值的配对比较，其临界值是 Turkey 和 S-N-K 的相应值的平均值 |
| | Duncan 法 | 在进行配对比较时，使用逐步顺序进行计算得出结果，与 S-N-K 检验顺序一样，但不是给每个检验设定误差率，而是给所有的检验的误差率设定一个临界值 |
| | Hochberg's GT2 法 | 使用学生化最大系数的多重比较和范围检验，与 Turkey's 真实显著性差异检验相似 |
| | Gabriel 法 | 用正态标准系数进行配对比较，但单元数不等时，它通常比 Hochberg's GT2 法更强大，但当单元数变化过大时，该检验可能会变得比较随意 |
| | Waller-Duncan 法: | 使用 $t$ 检验进行多重比较，使用贝叶斯过程的多重比较检验，需要在输入框中指定类型 I 和类型 II 的误差比 |
| | Duncan 法 | 用 $t$ 检验进行配对比较，先指定一组与其他各组比较。选中此法，其下"控制类别"下拉列表和"检验"选项栏被激活。"控制类别"列表含最后一个和第一个两项。"检验"栏中选择 $t$ 检验方法有双侧、左控制和右控制 3 项 |
| 方差不齐 | Tamhane's T2 法 | 表示采用 $t$ 检验的保守成对比较 |
| | Dunnett's T3 法 | 指用学生化最大系数进行配对比较检验 |
| | Games-Howell 法 | 表示执行方差不齐时的配对比较检验，该方法比较常用 |
| | Dunnett+G12: G25'S C 法 | 表示用 Student-Range 极差统计量进行配对比较检验 |

图 10-8 事后比较选项

（1）LSD 法是最灵敏的方法，意即如果有差异，LSD 法最先发现，如果 LSD 都发现不了差异，其他方法也发现不了，正因为太灵敏，因此较容易犯假阳性的错误；

（2）Sidak 法：是对 LSD 法的适度校正，结果比 LSD 法保守；

（3）Bonferroni 法：是对 LSD 法的严格校正，结果更加保守，但当组数较多时，较难发现组间差异。

（4）Dunnett：用于多个实验组与一个对照组比较。

（5）SNK、Duncan 和 Turkey 利用的是同质亚组的思想，其中 SNK 法常用。

## 10.2　随机区组设计方差分析

随机区组设计又称为配伍组设计，为配对设计的扩大化。当设计采用随机区组，而效应指标为计量变量时，优先考虑就是随机区组设计方差分析。其条件依然为：独立、正态和方差齐性。

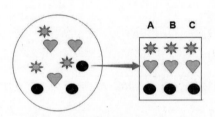

图 10-9　模式图

随机区组设计模式图如图 10-9，数据整理格式见图 10-10，SPSS 数据录入格式见图 10-11，依旧为行列式，每行代表一个受试对象，每列代表一个变量，本例有三个变量，区组变量和干预组变量为研究因素变量，体重为效应变量。

| 区组号 | 甲 | 乙 | 丙 |
|---|---|---|---|
| 1 | 49.10 | 56.20 | 62.50 |
| 2 | 49.80 | 48.50 | 62.40 |
| 3 | 55.10 | 54.80 | 58.60 |
| 4 | 63.50 | 64.20 | 73.50 |
| 5 | 72.20 | 66.40 | 79.30 |
| 6 | 41.40 | 45.70 | 37.40 |
| 7 | 61.90 | 53.00 | 51.20 |
| 8 | 42.20 | 37.80 | 46.20 |

图 10-10　数据整理格式

图 10-11　随机区组数据录入格式

**案例实战**

某研究者用甲、乙、丙三种不同的饲料喂养鼠，目的是了解不同饲料增重的效果有无差异，采用随机区组设计的方法，以窝别作为划分区组的特征，以消除遗传因素对体重的影响，获取数据见 data10.2.sav。请试做分析。

**案例解析**

1. 本例为了消除遗传因素影响，以窝别作为配伍的条件，同一窝老鼠找 3 只体重相近的作为一个配伍组，然后每个配伍组中 3 只老鼠随机分配到三个干预组中去。

2. 主要研究因素为饲料，分为甲、乙、丙三个水平。区组因素分为 8 个水平；统计上一般主要研究因素是研究的主要目的，区组因素一般是为了控制消除其影响的。实验效应指标为体重增加量（g），为计量数据。

**实战步骤**

1. 调用：打开数据集 data10.2.sav，分析——一般线性模型——单变量；弹出图 10-12 单变量分析框。

图 10-12　单变量分析窗口

2. 功能窗口设置：将"体重"放入因变量、将"区组"和"干预组"放入固定因子，如图 10-12 所示。

3. 参数窗口设置。

（1）模型参数设置（见图 10-13）：点击"定制"，然后将"区组"和"干预组"放入模型变量框，"构建项"选择"主效应"，点击"继续"。（不能选全因子，因为全因子是用于分析交互作用的，随机区组设计是不分析交互作用的；区组和干预组变量要分别放入右框，同时选中放入会变成交互项。）

（2）事后比较参数设置（见图 10-14）：因为区组和干预组均为多组，故都需要事后比较，将区组和干预组放入事后比较框；两两比较方法选择 LSD 和 SNK。

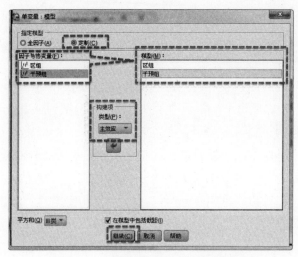

图 10-13 随机区组设计模型属性设置

（3）选项设置（见图 10-15）：将区组和干预组放入显示均值框，下面的比较主效应无须勾选，因为事后比较已经设置过了，如果勾选则会重新分析；显示部分勾选描述性统计和方差齐性检验。注意，因为随机区组设计每个单元格无重复，故方差齐性无法计算。

图 10-14 多重比较

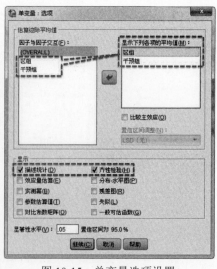

图 10-15 单变量选项设置

4. 参数设置完毕，回到图 10-12，单变量分析窗口，点击"确定"运行。

图 10-12 单变量分析窗口中，因变量为计量类型的效应指标。固定因子：放入已知

全部分类类型的计数资料,如血型,只有 A、B、O 和 AB。如性别,只有男和女;随机因子:本身为连续性资料,本次实验分组为其中的一些点值分组,如温度,温度的级别太多了,但我们安排实验的时候比如说安排了 30 度、40 度和 50 度,那么此时的温度分组就应该进入随机因子框;当某因素为协变量时,应该放入协变量框,详见后续协方差;权重变量框用得较少,常用于处理频数表资料或者混合样本数据。

**结果解读**

随机区组设计得到的前三张表可忽略,第一张表反映试验因素的安排,第二张以单元格为单位计算三个核心基本统计量,第三张表是方差齐性检验,对其他类型的方差分析很重要,但随机区组因为无重复,故无法计算。主要结果解读如下:

### 1. 主体间效应检验

见图 10-16,干扰信息较多,获取信息如图中标示框"两行两竖",共 4 个数据,这 4 个数据是我们需要报告的数据,即 $F_{区组}=13.521$,$P=0.000$;$F_{干预组}=2.719$,$P=0.101$。因此,根据"大同小异"口诀,不同区组老鼠体重增加有差异;而不同饲料组间体重增加无差异。

**主体间效应检验**

因变量:体重

| 源 | III 类平方和 | 自由度 | 均方 | F | 显著性 |
|---|---|---|---|---|---|
| 修正模型 | 2563.802a | 9 | 284.867 | 11.120 | 0.000 |
| 截距 | 74025.934 | 1 | 74025.934 | 2889.750 | 0.000 |
| 区组 | 2424.510 | 7 | 346.359 | 13.521 | 0.000 |
| 干预组 | 139.293 | 2 | 69.646 | 2.719 | 0.101 |
| 误差 | 358.634 | 14 | 25.617 | | |
| 总计 | 76948.370 | 24 | | | |
| 修正后总计 | 2922.436 | 23 | | | |

a. R 方 = .877(调整后 R 方 = .798)

图 10-16 主体间效应检验结果

### 2. 区组与干预组描述统计

见图 10-17 中加框部分,图 10-17(A)为各区组的均值与标准差;图 10-17(B)为各干预组的均值与标准差。

### 3. 区组两两比较结果

图 10-18 为采用 LSD 法的两两比较结果,因为表格过长,选取了部分截图,看图中显著性栏,凡是 $P<0.05$,则两者间有统计学差异;图 10-19 为 SNK 法结果,多数情况下两者结果一致,如果有差异,一般都是 LSD 法发现的差异比 SNK 法多。

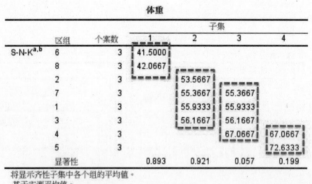

A

**1. 区组**

因变量：体重

| 区组 | 平均值 | 标准误差 | 95% 置信区间 下限 | 上限 |
|---|---|---|---|---|
| 1 | 55.933 | 2.922 | 49.666 | 62.201 |
| 2 | 53.567 | 2.922 | 47.299 | 59.834 |
| 3 | 56.167 | 2.922 | 49.899 | 62.434 |
| 4 | 67.067 | 2.922 | 60.799 | 73.334 |
| 5 | 72.633 | 2.922 | 66.366 | 78.901 |
| 6 | 41.500 | 2.922 | 35.233 | 47.767 |
| 7 | 55.367 | 2.922 | 49.099 | 61.634 |
| 8 | 42.067 | 2.922 | 35.799 | 48.334 |

B

**2. 干预组**

因变量：体重

| 干预组 | 平均值 | 标准误差 | 95% 置信区间 下限 | 上限 |
|---|---|---|---|---|
| 甲 | 54.400 | 1.789 | 50.562 | 58.238 |
| 乙 | 53.325 | 1.789 | 49.487 | 57.163 |
| 丙 | 58.888 | 1.789 | 55.050 | 62.725 |

图 10-17　区组与干预组描述统计

**多重比较**

因变量：体重

| | (I) 区组 | (J) 区组 | 平均值差值 (I-J) | 标准误差 | 显著性 | 95% 置信区间 下限 | 上限 |
|---|---|---|---|---|---|---|---|
| LSD | 1 | 2 | 2.3667 | 4.13253 | 0.576 | -6.4967 | 11.2301 |
| | | 3 | -0.2333 | 4.13253 | 0.956 | -9.0967 | 8.6301 |
| | | 4 | -11.1333* | 4.13253 | 0.017 | -19.9967 | -2.2699 |
| | | 5 | -16.7000* | 4.13253 | 0.001 | -25.5634 | -7.8366 |
| | | 6 | 14.4333* | 4.13253 | 0.004 | 5.5699 | 23.2967 |
| | | 7 | 0.5667 | 4.13253 | 0.893 | -8.2967 | 9.4301 |
| | | 8 | 13.8667* | 4.13253 | 0.005 | 5.0033 | 22.7301 |
| | 2 | 1 | -2.3667 | 4.13253 | 0.576 | -11.2301 | 6.4967 |
| | | 3 | -2.6000 | 4.13253 | 0.539 | -11.4634 | 6.2634 |
| | | 4 | -13.5000* | 4.13253 | 0.006 | -22.3634 | -4.6366 |
| | | 5 | -19.0667* | 4.13253 | 0.000 | -27.9301 | -10.2033 |
| | | 6 | 12.0667* | 4.13253 | 0.011 | 3.2033 | 20.9301 |
| | | 7 | -1.8000 | 4.13253 | 0.670 | -10.6634 | 7.0634 |
| | | 8 | 11.5000* | 4.13253 | 0.015 | 2.6366 | 20.3634 |

图 10-18　LSD 事后比较结果

**体重**

| | 区组 | 个案数 | 子集 1 | 2 | 3 | 4 |
|---|---|---|---|---|---|---|
| S-N-K[a,b] | 6 | 3 | 41.5000 | | | |
| | 8 | 3 | 42.0667 | | | |
| | 2 | 3 | | 53.5667 | | |
| | 7 | 3 | | 55.3667 | 55.3667 | |
| | 1 | 3 | | 55.9333 | 55.9333 | |
| | 3 | 3 | | 56.1667 | 56.1667 | |
| | 4 | 3 | | | 67.0667 | 67.0667 |
| | 5 | 3 | | | | 72.6333 |
| | 显著性 | | 0.893 | 0.921 | 0.057 | 0.199 |

将显示齐性子集中各个组的平均值。
基于实测平均值。
误差项是均方（误差）= 25.617。
a. 使用调和平均值样本大小 = 3.000。
b. Alpha = 0.05。

图 10-19　SNK 事后比较结果

### 4. 干预组两两比较

图 10-20 和图 10-21 分别为干预组 LSD 法和 SNK 法检验的结果。LSD 法发现乙和丙差异有统计学意义，$P$=0.045<0.05；而 SNK 法认为三组同属于一个亚组，三组无差异。

那么这题到底有无差异呢？因为前面方差分析已经发现干预组间差异 $P$=0.101，无差异，因此后续理应不再进行两两比较，即使比较也无差异，如 SNK 法。LSD 法有差异因为其过于敏感，I 类错误风险较大。

多重比较

因变量：体重

| | (I) 干预组 | (J) 干预组 | 平均值差值 (I-J) | 标准误差 | 显著性 | 95% 置信区间 | |
|---|---|---|---|---|---|---|---|
| | | | | | | 下限 | 上限 |
| LSD | 甲 | 乙 | 1.0750 | 2.53065 | 0.677 | -4.3527 | 6.5027 |
| | | 丙 | -4.4875 | 2.53065 | 0.098 | -9.9152 | 0.9402 |
| | 乙 | 甲 | -1.0750 | 2.53065 | 0.677 | -6.5027 | 4.3527 |
| | | 丙 | -5.5625* | 2.53065 | 0.045 | -10.9902 | -0.1348 |
| | 丙 | 甲 | 4.4875 | 2.53065 | 0.098 | -0.9402 | 9.9152 |
| | | 乙 | 5.5625* | 2.53065 | 0.045 | 0.1348 | 10.9902 |

基于实测平均值。
误差项是均方（误差）= 25.617。
*. 平均值差值的显著性水平为 0.05。

图 10-20 干预组 LSD 法结果

体重

| | 干预组 | 个案数 | 子集 |
|---|---|---|---|
| | | | 1 |
| S-N-K[a,b] | 乙 | 8 | 53.3250 |
| | 甲 | 8 | 54.4000 |
| | 丙 | 8 | 58.8875 |
| | 显著性 | | 0.106 |

将显示齐性子集中各个组的平均值。
基于实测平均值。
误差项是均方（误差）= 25.617。
a. 使用调和平均值样本大小 = 8.000。
b. Alpha = 0.05。

图 10-21 干预组 SNK 法结果

**经验小结**

随机区组设计，每个单元只有一个数据，因此软件无法计算方差齐性检验。随机区组设计一般试验性研究较多，社会科学类研究较少使用。

## ➔ 10.3 析因设计方差分析

析因设计是多因素多水平全面组合的一种设计方法，两个或多个因素如果存在交互作用，表示各因素不是各自独立的，而是一个因素的水平有改变时，另一个或几个因素的效应也相应有所改变；反之，如不存在交互作用，表示各因素具有独立性，一个因素的水平发生改变时不影响其他因素的效应。析因设计中 2×2 析因设计是指有两个研究因素，分别是 2 水平，所以一共构成 4 个单元，即 4 组；2×3×4 表示三个研究因素，分别为 2、3 和 4 个水平，所以一共构成 24 单元（组），但分组越多则实验实施难度越大，实验动物消耗也越多，因此析因设计往往用于研究因素或者水平数不多的情况，当研究因素较多时，我们可以采用正交设计或者均匀设计，本节以 2×2 析因设计为例进行讲解。

正式学习之前，先了解下析因设计的几个概念：单独效应（simple effects）、主效应（main effects）与交互效应（interaction）。单独效应是指其他因素水平固定时，同一因素不同水平之间的差异。如单因素设计方差分析不同组之间的试验效应的差异；主效应是指某因素各单独效应的平均效应，即某一因素各水平之间的平均差别；交互效应是指如果某因素的单独效应随着另一因素的水平变化而变化，则称这两个因素存在交互作用。2×2 析因设计模式图见图 10-22。*A* 因素（2 水平）×*B* 因素（2 水平），共 4 个单元，本模式图中每个单元 10 个受试对象。

| B处理 | A处理 | | | |
| --- | --- | --- | --- | --- |
| | 用 | | 不用 | |
| 用 | 3.00<br>2.86<br>3.12<br>2.98<br>3.11 | 2.79<br>2.73<br>1.98<br>3.03<br>2.00 | 5.40<br>4.70<br>4.01<br>4.87<br>4.19 | 5.01<br>3.99<br>4.56<br>4.19<br>4.80 |
| 不用 | 4.45<br>3.20<br>3.90<br>4.30<br>4.00 | 3.40<br>3.58<br>3.11<br>5.02<br>4.04 | 7.94<br>7.88<br>8.60<br>6.45<br>7.14 | 6.88<br>8.02<br>6.90<br>6.54<br>7.31 |

图 10-22  2×2 析因设计模式图

**案例实战**

某研究者研究两种药物 A、B 对红细胞增加数的影响，采用 2×2 析因设计，选取了 20 只实验鼠进行了实验，获得实验效应数据，见 data10.3.sav，问 A、B 两种药物对红细胞增加有无作用？A、B 因素之间有无交互作用？

**案例解析**

1. 本例研究 2 个因素 A 药和 B 药，分别为用和不用两个水平，全面组合，共构成 4 个单元，即 4 组。

2. 干预因素有 2 个，实验效应指标红细胞增加数为计量资料。

**实战步骤**

1. 调用单变量：案例数据 data10.3.sav，菜单分析——一般线性模型—单变量，弹出单变量功能窗口（见图 10-23）。

2. 单变量主对话设置：如图 10-23 将 RBC 放入因变量，A 药和 B 药放入固定因子。

3. 模型参数设置：点击"模型"，弹出图 10-24，因为本例为析因设计，因此需要分析交互作用，因此选择默认的"全因子"，点击"继续"返回。

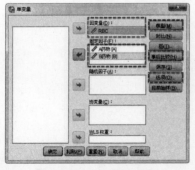

图 10-23  单变量对话框

图 10-24  单变量：模型

4. 事后比较参数设置：因为本例 A 药和 B 药均只有 2 个水平，水平数不超过 3，因此无须两两比较，如果你愿意勾选，软件会给出警告，但也会计算，但除了浪费计算机资源，并无意义。

5. 选项参数设置：点击"选项"，弹出图 10-25。将 A、B 和 A*B 放入"显示下列各项的平均值"框，显示勾选"描述统计"和"方差齐性"，点击"继续"，回到功能窗口，点击"确定"运行。

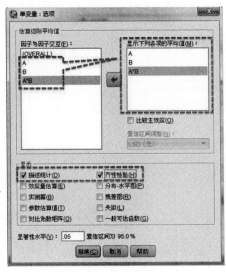

图 10-25　单变量：选项

**结果解读**

1. 各单元 3 个核心基本统计量，见图 10-26。各单元的均值效应见标示框。

2. 各单元方差齐性检验，见图 10-27，可见 levene 齐性检验 $F=0.722$，$P=0.554>0.05$，按照"大同小异"的口诀，各组方差齐，可以进行后续方差分析。

因变量：RBC

| A药物 | B药物 | 平均值 | 标准偏差 | 个案数 |
|---|---|---|---|---|
| 0 | 0 | 0.700 | 0.1581 | 5 |
| | 1 | 0.980 | 0.1304 | 5 |
| | 总计 | 0.840 | 0.2011 | 10 |
| 1 | 0 | 1.220 | 0.0837 | 5 |
| | 1 | 2.100 | 0.1581 | 5 |
| | 总计 | 1.660 | 0.4789 | 10 |
| 总计 | 0 | 0.960 | 0.2989 | 10 |
| | 1 | 1.540 | 0.6059 | 10 |
| | 总计 | 1.250 | 0.5520 | 20 |

误差方差的莱文等同性检验<sup>a</sup>

因变量：RBC

| F | 自由度1 | 自由度2 | 显著性 |
|---|---|---|---|
| 0.722 | 3 | 16 | 0.554 |

检验"各个组中的因变量误差方差相等"这一原假设。

a. 设计：截距 + A + B + A*B

图 10-26　统计描述结果　　　　图 10-27　方差齐性结果

3. 主体间效应比较：见图 10-28，2×2 析因设计看法为“三横两竖”，如图 10-28，得到 $F_A$=181.730，$P$=0.000，$F_B$=90.919，$P$=0.000；$F_{A*B}$=24.324，$P$=0.000。$P$ 均小于 0.05，说明 *A* 药和 *B* 药均有效，同时 *A*B* 药之间存在交互作用。

**主体间效应检验**

因变量：RBC

| 源 | III 类平方和 | 自由度 | 均方 | F | 显著性 |
|---|---|---|---|---|---|
| 修正模型 | 5.494[a] | 3 | 1.831 | 98.991 | 0.000 |
| 截距 | 31.250 | 1 | 31.250 | 1689.189 | 0.000 |
| A | 3.362 | 1 | 3.362 | 181.730 | 0.000 |
| B | 1.682 | 1 | 1.682 | 90.919 | 0.000 |
| A*B | 0.450 | 1 | 0.450 | 24.324 | 0.000 |
| 误差 | 0.296 | 16 | 0.019 | | |
| 总计 | 37.040 | 20 | | | |
| 修正后总计 | 5.790 | 19 | | | |

a. R 方 = 0.949（调整后 R 方 = 0.939）

图 10-28　方差分析结果

4. 主效应与单独效应

结果图 10-29 为药物的效应值描述，其中如 10.29（A）为 *A* 药的主效应，图 10-29（B）为 *B* 药物的主效应，如 10.29（C）为 *A* 和 *B* 药物的单独效应。

A　**1. A药物**

因变量：RBC

| A药物 | 平均值 | 标准误差 | 95% 置信区间 下限 | 95% 置信区间 上限 |
|---|---|---|---|---|
| 0 | 0.840 | 0.043 | 0.749 | 0.931 |
| 1 | 1.660 | 0.043 | 1.569 | 1.751 |

B　**2. B药物**

因变量：RBC

| B药物 | 平均值 | 标准误差 | 95% 置信区间 下限 | 95% 置信区间 上限 |
|---|---|---|---|---|
| 0 | 0.960 | 0.043 | 0.869 | 1.051 |
| 1 | 1.540 | 0.043 | 1.449 | 1.631 |

C　**3. A药物 * B药物**

因变量：RBC

| A药物 | B药物 | 平均值 | 标准误差 | 95% 置信区间 下限 | 95% 置信区间 上限 |
|---|---|---|---|---|---|
| 0 | 0 | 0.700 | 0.061 | 0.571 | 0.829 |
| | 1 | 0.980 | 0.061 | 0.851 | 1.109 |
| 1 | 0 | 1.220 | 0.061 | 1.091 | 1.349 |
| | 1 | 2.100 | 0.061 | 1.971 | 2.229 |

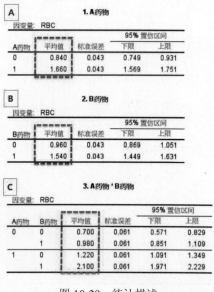

图 10-29　统计描述

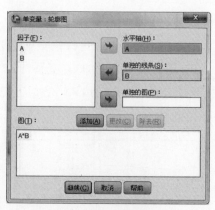

图 10-30　轮廓图

5. 交互轮廓图

如果想显示 *A* 和 *B* 的交互效应的轮廓图，在图 10-23 单变量功能窗口点击参数“图”

按钮，弹出图 10-30，按图设置。则在结果输出轮廓图（图 10-31）。可见两条线不平行，如果延长将会交叉，因此存在交互作用。

大家试想一下，一个高三的学生高考前夕谈恋爱了，请问会不会影响学习？虽然绝大多数会降低学业，但也有少数学生，因为爱情的力量，相约清华北大而发奋学习。因此，本例发现存在交互作用，只是发现因素之间存在相互影响，但是又分为正向的交互（协同）和反向的交互（拮抗）。

正向交互是 $A$ 的效应随着 $B$ 的增大而增大，反向交互是 $A$ 的效应随着 $B$ 的增大而减小，两种典型的交互作用的轮廓图，见图 10-32。

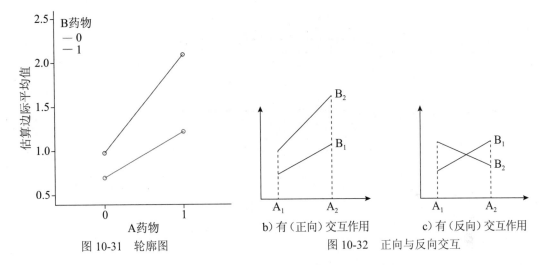

图 10-31　轮廓图　　　　　图 10-32　正向与反向交互

**案例拓展**

当析因设计存在明显的交互作用时，此时 $A$ 和 $B$ 效应的比较就不能采用主效应了，而应该采用单独效应进行比较。然而单独效应在 SPSS 中没有直接分析的模块，一般采用编程的方法实现。对于本例，大家可以在操作步骤参数设置完毕后，不要点击"确定"，点击"粘贴"按钮，然后在弹出的"语法"窗口，改成图 10-33 即可。

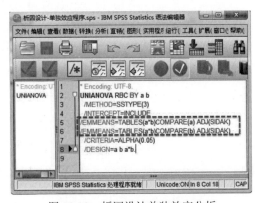

图 10-33　析因设计单独效应分析

编写完成，将光标移到最后，点击工具栏，绿色运行箭头，或者点击菜单运行，选择全部，即可运行此程序。得到主要结果（见图 10-34）。

成对比较

因变量:RBC

| B药物 | (I) A药物 | (J) A药物 | 平均值差值 (I-J) | 标准误差 | 显著性[b] | 差值的95% 置信区间[b] 下限 | 上限 |
|---|---|---|---|---|---|---|---|
| 0 | 0 | 1 | -0.520* | 0.086 | 0.000 | -0.702 | -0.338 |
|   | 1 | 0 | 0.520* | 0.086 | 0.000 | 0.338 | 0.702 |
| 1 | 0 | 1 | -1.120* | 0.086 | 0.000 | -1.302 | -0.938 |
|   | 1 | 0 | 1.120* | 0.086 | 0.000 | 0.938 | 1.302 |

基于估算边际平均值

*. 平均值差值的显著性水平为 0.05。

b. 多重比较调节:斯达克法。

单变量检验

因变量:RBC

| B药物 |  | 平方和 | 自由度 | 均方 | F | 显著性 |
|---|---|---|---|---|---|---|
| 0 | 对比 | 0.676 | 1 | 0.676 | 36.541 | 0.000 |
|   | 误差 | 0.296 | 16 | 0.019 |   |   |
| 1 | 对比 | 3.136 | 1 | 3.136 | 169.514 | 0.000 |
|   | 误差 | 0.296 | 16 | 0.019 |   |   |

每个 F 都将检验其他所示效应的每个级别组合中 A药物 的简单效应。这些检验基于估算边际平均值之间的线性无关成对比较。

图 10-34 单变量与单独效应结果

单变量结果发现 B 药物在未用(0)时,A 药用和不用是有差别的,成对比较的 P=0.000;B 药物在用(1)时,A 药用和不用是也有差别的,成对比较的 P=0.000;因为上述程序设置的 A 和 B 分别作为对比,因此结果会出现两次。

**错误辨析**

数据表现有多种形态,就像同一种疾病有不同的表现型一样,有时候某些表现还会误导疾病的诊断。正如下面图 10-35 的数据一样,很多的时候,大家看到左侧的数据,根据自己的经验认为这不就是 4 个独立的组吗?采用单因素设计的方差分析啊。可是当我们将数据的形态转化为右侧的时候,发现其实它是一个 2×2 析因设计的方差分析。如果我们采用的单因素分析,一设计类型不对,二会损失很多的信息。

| 空白 | A药 | B药 | A药+B药 |
|---|---|---|---|
| 0.8 | 1.3 | 0.9 | 2.1 |
| 0.9 | 1.2 | 1.1 | 2.2 |
| 0.7 | 1.1 | 1.0 | 2.0 |

| B药 | A药 1用 | 2不用 |
|---|---|---|
| 1用 | 2.1 | 0.9 |
|  | 2.2 | 1.1 |
|  | 2.0 | 1.0 |
| 2不用 | 1.3 | 0.8 |
|  | 1.2 | 0.9 |
|  | 1.1 | 0.7 |

图 10-35 演示数据

## 10.4 重复测量设计方差分析

重复测量资料是指对同一批受试对象的同一观测指标在不同时间点上进行多次测量所得的资料，其目的就是观察不同时间点的动态变化趋势特征。因为资料的类型分为数值变量、分类变量和等级变量，因此重复测量数据分析就会相应产生这三类资料的重复测量数据分析，因数值变量的重复测量更为常用，本节讲解数值变量资料的重复测量方差分析。为了让大家更加全面地掌握，此处讲解单组重复和多组重复两个案例，由简单到复杂进行讲解。

重复测量数据方差分析的分析条件如下所述。

1. 正态性：处理因素的各处理水平的样本个体之间是相互独立的随机样本，其总体均数服从正态分布；

2. 方差齐性：相互比较的各处理水平的总体方差相等，即具有方差齐同；

3. 各时间点组成的协方差阵（covariance matrix）具有球形性（sphericity）特征：Box（1954）指出，若球形性质得不到满足，则方差分析的 *F* 值是有偏差的，这会造成过多的拒绝本来是真的无效假设（增加了 *I* 型错误）。

**案例实战一：单因素重复测量**

某医院检验科室，欲研究血样放置时间对血糖检测的影响，采了8份人血标本，分别于放置0min、45min、90min和135min对血糖进行检测，得到数据如下，问检测时间是否对血糖有影响？（数据集：data10.4）如图10-36所示。

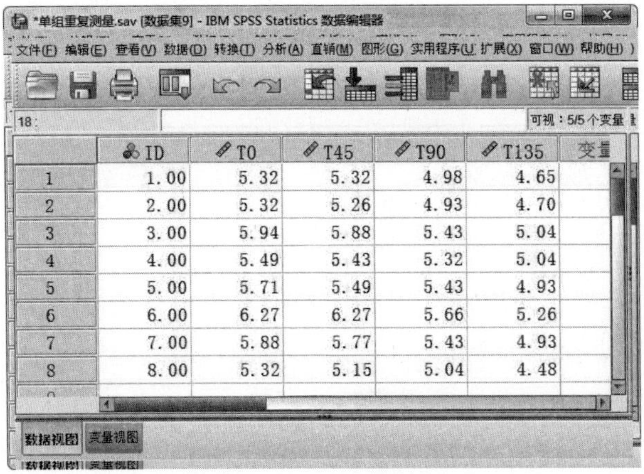


| | ID | T0 | T45 | T90 | T135 |
|---|---|---|---|---|---|
| 1 | 1.00 | 5.32 | 5.32 | 4.98 | 4.65 |
| 2 | 2.00 | 5.32 | 5.26 | 4.93 | 4.70 |
| 3 | 3.00 | 5.94 | 5.88 | 5.43 | 5.04 |
| 4 | 4.00 | 5.49 | 5.43 | 5.32 | 5.04 |
| 5 | 5.00 | 5.71 | 5.49 | 5.43 | 4.93 |
| 6 | 6.00 | 6.27 | 6.27 | 5.66 | 5.26 |
| 7 | 7.00 | 5.88 | 5.77 | 5.43 | 4.93 |
| 8 | 8.00 | 5.32 | 5.15 | 5.04 | 4.48 |

图10-36 演示数据库

### 1. 调用重复测量窗口

打开数据集，分析——一般线性模型—重复测量，弹出重复测量因子定义窗口（图10-37）。注意此处 SPSS 有个 bug，本例因为 4 次重复测量，因此，在级别数里输入 4，然后点击"添加"，提示错误！因为默认的"因子 1"中间有个空格，消除空格即可。但是，初学者，为了更好理解时间的意义，请大家把主体内因子名改为"time"，输入 4 个级别，然后点击"添加"，如图10-37 即可，然后点击"定义"按钮，弹出图10-38。

### 2. 重复测量窗口设置

将 4 个测量时间点务必按照测量时间的先后，放入主体内变量框中。点击"图"按钮，弹出图10-39，轮廓图设置，将 time 放入水平框，点击"添加""继续"。

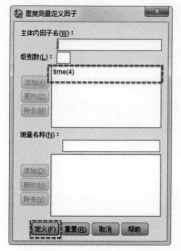

图 10-37 定义重复测量因子

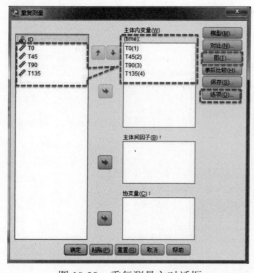

图 10-38 重复测量主对话框

图 10-39 重复测量 - 轮廓图

### 3. 选项按钮设置：点击"选项"，弹出图10-40

将 time 因子放入显示均值框，勾选"比较主效应"，同时显示出勾选"描述统计"和"齐性检验"。点击"继续"，回到重复测量功能窗口，点击"确定"运行。

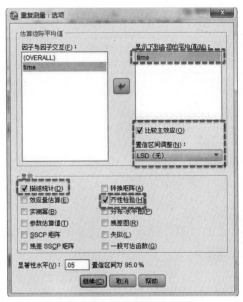

图 10-40　重复测量：选项

### 4. 主要结果解读

（1）多变量检验（见图 10-41）：多变量检验是一种多元分析方法，因为本例 4 次检测，类似于结果效应指标同时有 4 个的情况，符合多变量检验的条件，因此，SPSS 默认进行了多变量检验，其结果基本与后面的单变量检验一致。本例用到四种多变量分析方法，$P$ 均小于 0.05，因此认为不同时间的血糖浓度是有差别的。

多变量检验[a]

| 效应 | | 值 | F | 假设自由度 | 误差自由度 | 显著性 |
|---|---|---|---|---|---|---|
| time | 比莱轨迹 | 0.954 | 34.474[b] | 3.000 | 5.000 | 0.001 |
| | 威尔克 Lambda | 0.046 | 34.474[b] | 3.000 | 5.000 | 0.001 |
| | 霍特林轨迹 | 20.684 | 34.474[b] | 3.000 | 5.000 | 0.001 |
| | 罗伊最大根 | 20.684 | 34.474[b] | 3.000 | 5.000 | 0.001 |

a. 设计：截距
　主体内设计：time
b. 精确统计

图 10-41　多变量结果

（2）球形度检验（见图 10-42）：重复测量方差分析应该满足球形度，不满足则需要进行校正。本例球形度检验显著性 $P=0.008$，则不符合球形度，则后续分析应该采用校正系数。下文提到了 3 种校正方法（Greenhouse-Geisser 法、Huynh-Feldt 法和 Lower-bound 法），相对来说第一种更常用，但一般三种结论相差不大。

**莫奇来球形度检验**[a]

测量：MEASURE_1

| 主体内效应 | 莫奇来 W | 近似卡方 | 自由度 | 显著性 | Epsilon[b] 格林豪斯-盖斯勒 | Epsilon[b] 辛-费德特 | Epsilon[b] 下限 |
|---|---|---|---|---|---|---|---|
| time | 0.063 | 15.844 | 5 | 0.008 | 0.528 | 0.657 | 0.333 |

检验"正交化转换后因变量的误差协方差矩阵与恒等矩阵成比例"这一原假设。

a. 设计：截距
主体内设计：time

b. 可用于调整平均显著性检验的自由度。修正检验将显示在"主体内效应检验"表中。

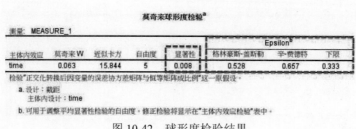

图 10-42　球形度检验结果

（3）主体内效应单变量检验图 10-43（A），因为不符合球形度，所以单变量检验的第一个"假设球形度"不可以采用，我们看第二个，格林豪斯 - 盖斯勒（Greenhouse-Geisser），发现 $P$=0.000，结论与前面多变量结果一致，均认为不同时间血糖浓度有差别。

图 10-43（B），既然已经发现不同时间血糖存在差异，则进一步探讨血糖变化符合什么样的曲线。因为有 4 次测量，最多拟合 3 次曲线。下图结果可见线性和二次的 $P$<0.05，意即血糖随时间变化成线性或二次关系，但是到底哪个更符合呢，我们看各自的 $F$ 值，线性 $F$ 值 117.12 大于二次的 $F$ 值 109.84，因此，线性关系更符合。

（4）成对比较结果

既然不同时间点的浓度存在差异，于是便进行进一步两两比较，结果见图 10-44，请见"显著性"这一栏，$P$<0.05 则认为差异有统计学意义。结果可见各个时间点之间的差异全部有统计学意义。

**主体内效应检验**

测量：MEASURE_1

| 源 | | III 类平方和 | 自由度 | 均方 | F | 显著性 |
|---|---|---|---|---|---|---|
| time | 假设球形度 | 2.960 | 3 | 0.987 | 79.141 | 0.000 |
| A | 格林豪斯-盖斯勒 | 2.960 | 1.585 | 1.868 | 79.141 | 0.000 |
| | 辛-费德特 | 2.960 | 1.972 | 1.501 | 79.141 | 0.000 |
| | 下限 | 2.960 | 1.000 | 2.960 | 79.141 | 0.000 |
| 误差 (time) | 假设球形度 | 0.262 | 21 | 0.012 | | |
| | 格林豪斯-盖斯勒 | 0.262 | 11.094 | 0.024 | | |
| | 辛-费德特 | 0.262 | 13.803 | 0.019 | | |
| | 下限 | 0.262 | 7.000 | 0.037 | | |

**主体内对比检验**

测量：MEASURE_1

| 源 | time | III 类平方和 | 自由度 | 均方 | F | 显著性 |
|---|---|---|---|---|---|---|
| time | 线性 | 2.759 | 1 | 2.759 | 117.122 | 0.000 |
| B | 二次 | 0.197 | 1 | 0.197 | 109.840 | 0.000 |
| | 三次 | 0.004 | 1 | 0.004 | 0.357 | 0.569 |
| 误差 (time) | 线性 | 0.165 | 7 | 0.024 | | |
| | 二次 | 0.013 | 7 | 0.002 | | |
| | 三次 | 0.084 | 7 | 0.012 | | |

图 10-43　重复测量方差分析结果

**成对比较**

测量：MEASURE_1

| (I) time | (J) time | 平均值差值 (I-J) | 标准误差 | 显著性[b] | 差值的 95% 置信区间[b] 下限 | 差值的 95% 置信区间[b] 上限 |
|---|---|---|---|---|---|---|
| 1 | 2 | 0.085* | 0.028 | 0.018 | 0.020 | 0.150 |
| | 3 | 0.379* | 0.050 | 0.000 | 0.260 | 0.497 |
| | 4 | 0.778* | 0.066 | 0.000 | 0.621 | 0.934 |
| 2 | 1 | -0.085* | 0.028 | 0.018 | -0.150 | -0.020 |
| | 3 | 0.294* | 0.067 | 0.003 | 0.135 | 0.452 |
| | 4 | 0.693* | 0.070 | 0.000 | 0.528 | 0.857 |
| 3 | 1 | -0.379* | 0.050 | 0.000 | -0.497 | -0.260 |
| | 2 | -0.294* | 0.067 | 0.003 | -0.452 | -0.135 |
| | 4 | 0.399* | 0.041 | 0.000 | 0.302 | 0.496 |
| 4 | 1 | -0.778* | 0.066 | 0.000 | -0.934 | -0.621 |
| | 2 | -0.693* | 0.070 | 0.000 | -0.857 | -0.528 |
| | 3 | -0.399* | 0.041 | 0.000 | -0.496 | -0.302 |

基于估算边际平均值

*. 平均值差值的显著性水平为 0.05。

b. 多重比较调节：最低显著差异法（相当于不进行调整）。

图 10-44　不同时间的两两比较结果

（5）轮廓图：由图 10-45 可知，随着时间的延长，血糖浓度呈现下降的趋势，结合上面的拟合结果，应该更符合线性下降的趋势。因为仅检测 4 次，不能全面了解变化的趋势，如果进一步增加检测次数，也许能够发现更多的信息，当然这都得基于研究者的目的进行考虑。

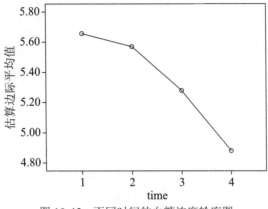

图 10-45　不同时间的血糖浓度轮廓图

关于测量 0 时刻的问题，有学者认为，不应该作为重复测量的第一次测量，因为 0 时刻受试对象所受的影响因素与后面不一致，因此不适合，但是对于本例不存在这样的问题，因为血一抽出来就检测和后面检测只有时间不同，无其他干预因素的不同；但是比如研究针灸对镇痛的影响，未针灸前检测和针灸后多次检测，则前后受试对象的均一性就不一致。

讲到这里，单因素重复测量设计的计量资料分析方法基本讲解完毕。单因素重复没有组间干预措施的影响，只有主体内（时间）的影响，下面我们再看看两因素其中一个为重复测量数据方差分析如何实践。

### 案例实战二：两因素其中一个因素重复测量（1）

某研究者欲研究两种饲料 A 和 B 对家禽的增重效果，随机选取 12 只长白猪，随机分成 2 组，第一组采用饲料 A，第二组采用饲料 B，并于实验开始的第 1、2、3 个月分别测量 2 组猪的体重情况，数据如表 10-1 所示，数据库 data10.5.sav。

表 10-1　12 只猪体重增重情况（kg）

| 受试对象 | 组　别 | 测试时间 | | |
|---|---|---|---|---|
| | | 第1月 | 第2月 | 第3月 |
| 1 | 1 | 3.0 | 6.0 | 7.6 |
| 2 | 1 | 2.0 | 4.0 | 6.5 |
| 3 | 1 | 1.0 | 3.0 | 5.0 |
| 4 | 1 | 2.0 | 5.5 | 6.0 |

续表

| 受试对象 | 组别 | 测试时间 | | |
|---|---|---|---|---|
| | | 第1月 | 第2月 | 第3月 |
| 5 | 1 | 1.0 | 3.0 | 4.0 |
| 6 | 1 | 0.5 | 2.5 | 4.5 |
| 7 | 2 | 2.0 | 4.0 | 5.0 |
| 8 | 2 | 0.5 | 2.0 | 4.0 |
| 9 | 2 | 1.0 | 3.0 | 6.0 |
| 10 | 2 | 3.0 | 5.0 | 8.0 |
| 11 | 2 | 3.5 | 5.0 | 7.0 |
| 12 | 2 | 3.5 | 4.0 | 6.0 |

**1. 调用重复测量功能窗口**

菜单分析——一般线性模型—重复测量,弹出图 10-46。更改默认重测变量名"因子 1"为 time,级别数为 3,添加入重测框,点击"定义",弹出图 10-47。注意 SPSS 23.0 版本,此处有 bug,因子与 1 之间有空格,不能运算,可以将空格删除,或者重新起名。

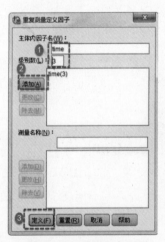
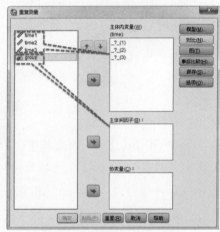

图 10-46　重测定义因子　　　　图 10-47　重复测量功能窗口

**2. 重测功能窗口设置**

将时间 time1、time2 和 time3 放入主体内框,切记,必须严格按照时间先后顺序放入右框。将 group 放入主体间因子框。

**3. 三级参数窗口设置**

(1) 模型:保持默认,即全因子模型,因为需要分析交互作用。这里的交互作用是指不同干预措施与时间之间的交互作用。

（2）图：将 group 放入单独线条，time 放入水平轴，初学者不知如何放入，可以颠倒再做一次，看看哪个图更好解释。一般规律：本次你最想表达的内容放入单独线条。

（3）事后比较：本例无需做，因为 group 只有 2 组，如果 group 有多组，此处则需要设置。

（4）选项：如图 10-48 将因子移入显示均值框，勾选"比较主效应"，默认 LSD 法，也可以勾选其他 2 种方法。再选择"描述统计"和"齐性检验"。点击"继续"，回到图 10-47，点击"确定"运行。

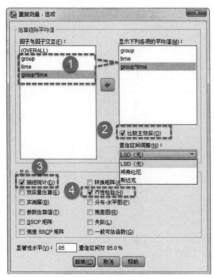

图 10-48　重测选项设置　　　　　图 10-49　多变量检验结果

### 4. 主要结果解读

（1）多变量检验结果，如图 10-49 所示，发现 time 的趋势变化 $P=0.000<0.05$，因此猪的体重随时间发生趋势性变化，group×time 交互作用，$P=0.125>0.05$，因此，group 与时间 time 无交互作用。大家试想一下，目前的结果，是不是两种方法的时间变化趋势相同，体重变化有时间变化趋势。

（2）球对称检验，如图 10-50 所示，$P=0.618>0.05$，符合球对称性。可以进行单变量重复测量方差分析。

（3）主体内效应检验，因为上面球对称符合，因此可以进行单变量重复测量检验，如图 10-51 所示，因为符合球对称，所以看球形度检验结果，得到 $F_{time}=165.424$，$P=0.000<0.05$，认为体重变化具有时间变化趋势。$F_{time \times group}=2$，$P=0.162>0.05$，认为 group

与 time 无交互作用。大家可以发现，此处单变量检验和上面的多变量检验结果是一致的。多种方法一致，也更加证明结果的可靠。

**莫奇来球形度检验**[a]

测量：MEASURE_1

| 主体内效应 | 莫奇来 W | 近似卡方 | 自由度 | 显著性 | Epsilon[b] | | |
|---|---|---|---|---|---|---|---|
| | | | | | 格林豪斯-盖斯勒 | 辛-费德特 | 下限 |
| time | 0.898 | 0.964 | 2 | 0.618 | 0.908 | 1.000 | 0.500 |

检验"正交化转换后因变量的误差协方差矩阵与恒等矩阵成比例"这一原假设。

a. 设计：截距 + group
  主体内设计：time

b. 可用于调整平均显著性检验的自由度。修正检验将显示在"主体内效应检验"表中。

图 10-50 球形度检验

**主体内效应检验**

测量：MEASURE_1

| 源 | | III 类平方和 | 自由度 | 均方 | F | 显著性 |
|---|---|---|---|---|---|---|
| time | 假设球形度 | 90.317 | 2 | 45.158 | 165.424 | 0.000 |
| | 格林豪斯-盖斯勒 | 90.317 | 1.816 | 49.744 | 165.424 | 0.000 |
| | 辛-费德特 | 90.317 | 2.000 | 45.158 | 165.424 | 0.000 |
| | 下限 | 90.317 | 1.000 | 90.317 | 165.424 | 0.000 |
| time * group | 假设球形度 | 1.092 | 2 | 0.546 | 2.000 | 0.162 |
| | 格林豪斯-盖斯勒 | 1.092 | 1.816 | 0.601 | 2.000 | 0.167 |
| | 辛-费德特 | 1.092 | 2.000 | 0.546 | 2.000 | 0.162 |
| | 下限 | 1.092 | 1.000 | 1.092 | 2.000 | 0.188 |
| 误差 (time) | 假设球形度 | 5.460 | 20 | 0.273 | | |
| | 格林豪斯-盖斯勒 | 5.460 | 18.156 | 0.301 | | |
| | 辛-费德特 | 5.460 | 20.000 | 0.273 | | |
| | 下限 | 5.460 | 10.000 | 0.546 | | |

图 10-51 重测结果

（4）主体内对比。主体内对比是指不同时间点的比较，用于验证体重的时间变化符合线性还是二次关系，由图 10-52 可知线性的 $F=260.680$，$P=0.000<0.05$，因此，可以认为体重变化符合线性关系。

**主体内对比检验**

测量：MEASURE_1

| 源 | time | III 类平方和 | 自由度 | 均方 | F | 显著性 |
|---|---|---|---|---|---|---|
| time | 线性 | 90.288 | 1 | 90.288 | 260.680 | 0.000 |
| | 二次 | 0.029 | 1 | 0.029 | 0.146 | 0.710 |
| time * group | 线性 | 0.100 | 1 | 0.100 | 0.289 | 0.603 |
| | 二次 | 0.992 | 1 | 0.992 | 4.968 | 0.050 |
| 误差 (time) | 线性 | 3.464 | 10 | 0.346 | | |
| | 二次 | 1.996 | 10 | 0.200 | | |

图 10-52 时间趋势检验结果

（5）方差齐性检验和主体间效应比较。方差齐性检验（见图 10-53），发现所有 $P$ 均大于 0.05，因此方差齐，适合方差分析（如果方差不齐，可以做 GEE 或多水平模型）。主体间效应发现，group 组间比较（见图 10-54）$F$=0.190，$P$=0.672>0.05，“大同小异”，因此无差异，表示两种方法对猪的体重增重效果无差异。

**误差方差的莱文等同性检验[a]**

| | F | 自由度 1 | 自由度 2 | 显著性 |
|---|---|---|---|---|
| time3 | 0.044 | 1 | 10 | 0.838 |
| time2 | 0.523 | 1 | 10 | 0.486 |
| time1 | 1.538 | 1 | 10 | 0.243 |

检验"各个组中的因变量误差方差相等"这一原假设。

a. 设计：截距 + group

主体内设计：time

图 10-53　方差齐性检验

**主体间效应检验**

测量：MEASURE_1

转换后变量：平均

| 源 | III 类平方和 | 自由度 | 均方 | F | 显著性 |
|---|---|---|---|---|---|
| 截距 | 540.950 | 1 | 540.950 | 124.761 | 0.000 |
| group | 0.825 | 1 | 0.825 | 0.190 | 0.672 |
| 误差 | 43.359 | 10 | 4.336 | | |

图 10-54　组间效应比较

（6）不同时间点成对比较，从图 10-55 中，可以发现采用 LSD 法，各时间点 $P$ 均小于 0.05，说明各时间点的体重变化量间均有差异。图 10-56 为轮廓图，可以发现两组具有共同线性增长趋势，并且相互交织，没有差别。

**成对比较**

测量：MEASURE_1

| (I) time | (J) time | 平均值差值 (I-J) | 标准误差 | 显著性[b] | 差值的 95% 置信区间[b] 下限 | 上限 |
|---|---|---|---|---|---|---|
| 1 | 2 | 1.879* | 0.215 | 0.000 | 1.401 | 2.358 |
| | 3 | 3.879* | 0.240 | 0.000 | 3.344 | 4.415 |
| 2 | 1 | -1.879* | 0.215 | 0.000 | -2.358 | -1.401 |
| | 3 | 2.000* | 0.181 | 0.000 | 1.597 | 2.403 |
| 3 | 1 | -3.879* | 0.240 | 0.000 | -4.415 | -3.344 |
| | 2 | -2.000* | 0.181 | 0.000 | -2.403 | -1.597 |

基于估算边际平均值

*. 平均值差值的显著性水平为 0.05。

b. 多重比较调节：最低显著差异法（相当于不进行调整）。

图 10-55　主体内两两比较

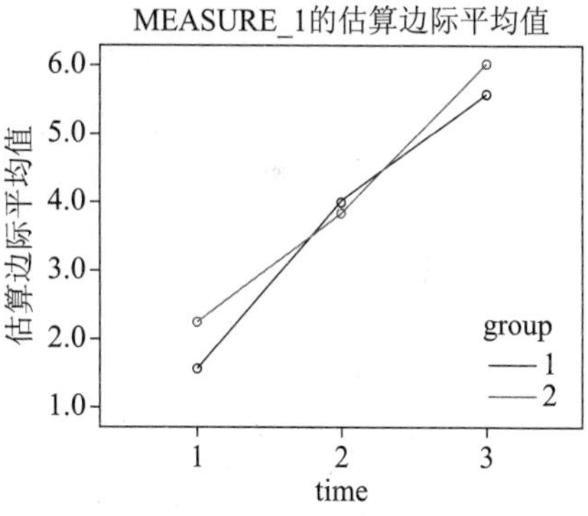


图 10-56　轮廓图

讲解到这里，总结一下，本例 group 与 time 无交互，意思是两组的 time 效应是相同的，两条线（或曲线）具有相同的趋势。然后发现 time 存在线性趋势，此时可以得出两组应该是两条趋势变化相同的直线（注：毕竟只观察 3 次，基于 3 次数据的结果为线性）。最终可得两种饲料都有效，相互间疗效无差别，疗效均呈现一致的线性变化趋势。

## 案例实战三：两因素其中一个重复测量（2）

当干预措施与时间无交互，分析较为简单，只要得到 time 有无意义，group 有无意义，基本就能够达到分析的目的。当干预与时间存在交互，不管是比较干预措施，还是时间点间比较，因为存在交互，都受另一因素的影响，因此分析就要复杂得多。

**案例实战**

某研究机构研究 2 种饲料对小鸡的增重效果，随机选取 12 只小鸡，随机分成 2 组，每组 6 只，分别饲以 A 饲料和 B 饲料，分别于 1 周、2 周、3 周和 4 周末称量小鸡的体重，数据如图 10-57 所示，试分析两种饲料的效果及时间变化趋势。

**案例解析**

1. 干预因素为饲料，分为 2 水平，A 饲料和 B 饲料；
2. 效应指标为体重（kg），为计量资料；
3. 每只小鸡在不同时间点检测了 4 次，重复测量设计；
4. 综合上述分析，优先考虑重复测量数据的方差分析。

**实战步骤**

1. 调用重复测量因子设置框：

菜单：分析——一般线性模型—重复测量，弹出图 10-58，如图设置，点击"定义"。

| group | time1 | time2 | time3 | time4 |
|---|---|---|---|---|
| 1 | 1.20 | 1.30 | 1.20 | 1.25 |
| 1 | 1.50 | 1.55 | 1.60 | 1.50 |
| 1 | 1.30 | 1.20 | 1.60 | 1.70 |
| 1 | 1.30 | 1.20 | 1.30 | 1.10 |
| 1 | 0.50 | 0.90 | 1.10 | 1.10 |
| 1 | 0.80 | 1.00 | 1.10 | 1.00 |
| 2 | 1.00 | 2.00 | 5.50 | 7.50 |
| 2 | 0.80 | 1.00 | 3.00 | 4.00 |
| 2 | 0.90 | 2.50 | 5.00 | 6.00 |
| 2 | 1.30 | 3.00 | 5.50 | 6.50 |
| 2 | 1.00 | 3.00 | 4.50 | 6.50 |
| 2 | 1.00 | 2.50 | 5.00 | 7.00 |

图 10-57　饲料增重数据

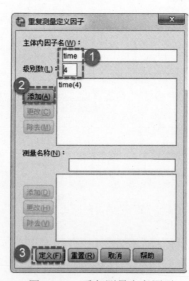

图 10-58　重复测量定义因子

2. 重复测量功能窗口，如图 10-59 设置。时间放入主体内框，group 放入主体间框，然后点击参数按钮"图"和"选项"。

3. 参数设置："图"中将 group 放入单独线条，time 放入水平轴。"选项"窗口如图 10-60 设置。点击"继续"回到主对话框，点击"确定"运行。

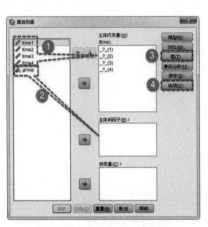

图 10-59　重测主对话框设置

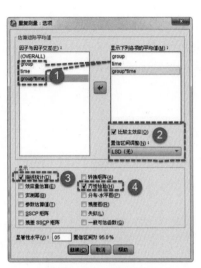

图 10-60　重测选项设置

**结果解读**

**1. 多变量检验结果**

见图 10-61，解释同前，本例 time 对应 $F=38.170$，$P<0.05$，多变量结果认为不同时间点体重不同。Group 与 time 存在交互作用，$P<0.05$。

| 效应 | | 值 | F | 假设自由度 | 误差自由度 | 显著性 |
|---|---|---|---|---|---|---|
| time | 比莱轨迹 | 0.935 | 38.170 | 3.000 | 8.000 | 0.000 |
| | 威尔克 Lambda | 0.065 | 38.170 | 3.000 | 8.000 | 0.000 |
| | 霍特林轨迹 | 14.314 | 38.170 | 3.000 | 8.000 | 0.000 |
| | 罗伊最大根 | 14.314 | 38.170 | 3.000 | 8.000 | 0.000 |
| time * group | 比莱轨迹 | 0.925 | 32.887 | 3.000 | 8.000 | 0.000 |
| | 威尔克 Lambda | 0.075 | 32.887 | 3.000 | 8.000 | 0.000 |
| | 霍特林轨迹 | 12.333 | 32.887 | 3.000 | 8.000 | 0.000 |
| | 罗伊最大根 | 12.333 | 32.887 | 3.000 | 8.000 | 0.000 |

a. 设计：截距 + group
主体内设计：time

图 10-61　重测检验结果

**2. 球对称与主体内效应**

结果见图 10-62（A），显著性 $P=0.074>0.05$，符合球对称性。主体内检验图 10-62（B），因为符合球对称，因此只看"假设球形度"结果，$F=102.605$，$P=0.000<0.05$，说明不同时间点体重变化存在差异。结果和多变量结果一致。

**3. 主体内对比与方差齐性**

图 10-62 发现不同时间 time 存在差异，但会存在什么趋势性的变化呢，图 10-63（A）发现线性和三次均有意义，$P<0.05$，因为仅测 4 次，从 4 次结果得出函数关系本身就有点弱，

本例符合线性可能性更大，因为其 $F$=138.193 远大于三次的 8.508。

图 10-63（B）为方差齐性检验结果，所有 $P$ 均大于 0.05，说明不同时间点数据方差齐性，适合进行方差分析。

A

莫奇来球形度检验[a]

测量：MEASURE_1

| 主体内效应 | 莫奇来 W | 近似卡方 | 自由度 | 显著性 | Epsilon[b] 格林豪斯-盖斯勒 | 辛-费德特 | 下限 |
|---|---|---|---|---|---|---|---|
| time | 0.314 | 10.110 | 5 | 0.074 | 0.575 | 0.754 | 0.333 |

检验"正交化转换后因变量的误差协方差矩阵与恒等矩阵成比例"这一原假设。

a. 设计：截距 + group
主体内设计：time

b. 可用于调整平均显著性检验的自由度。修正检验将显示在"主体内效应检验"表中。

B

主体内效应检验

测量：MEASURE_1

| 源 | | III 类平方和 | 自由度 | 均方 | F | 显著性 |
|---|---|---|---|---|---|---|
| time | 假设球形度 | 53.731 | 3 | 17.910 | 102.605 | 0.000 |
| | 格林豪斯-盖斯勒 | 53.731 | 1.726 | 31.127 | 102.605 | 0.000 |
| | 辛-费德特 | 53.731 | 2.262 | 23.755 | 102.605 | 0.000 |
| | 下限 | 53.731 | 1.000 | 53.731 | 102.605 | 0.000 |
| time * group | 假设球形度 | 46.706 | 3 | 15.569 | 89.190 | 0.000 |
| | 格林豪斯-盖斯勒 | 46.706 | 1.726 | 27.057 | 89.190 | 0.000 |
| | 辛-费德特 | 46.706 | 2.262 | 20.649 | 89.190 | 0.000 |
| | 下限 | 46.706 | 1.000 | 46.706 | 89.190 | 0.000 |
| 误差 (time) | 假设球形度 | 5.237 | 30 | 0.175 | | |
| | 格林豪斯-盖斯勒 | 5.237 | 17.262 | 0.303 | | |
| | 辛-费德特 | 5.237 | 22.619 | 0.232 | | |
| | 下限 | 5.237 | 10.000 | 0.524 | | |

图 10-62　球形度检验与主体内检验结果

A

主体内对比检验

测量：MEASURE_1

| 源 | time | III 类平方和 | 自由度 | 均方 | F | 显著性 |
|---|---|---|---|---|---|---|
| time | 线性 | 53.110 | 1 | 53.110 | 138.193 | 0.000 |
| | 二次 | 0.001 | 1 | 0.001 | 0.013 | 0.913 |
| | 三次 | 0.620 | 1 | 0.620 | 8.508 | 0.015 |
| time * group | 线性 | 46.025 | 1 | 46.025 | 119.758 | 0.000 |
| | 二次 | 0.101 | 1 | 0.101 | 1.517 | 0.246 |
| | 三次 | 0.580 | 1 | 0.580 | 7.959 | 0.018 |
| 误差 (time) | 线性 | 3.843 | 10 | 0.384 | | |
| | 二次 | 0.665 | 10 | 0.066 | | |
| | 三次 | 0.729 | 10 | 0.073 | | |

B

误差方差的莱文等同性检验[a]

| | F | 自由度 1 | 自由度 2 | 显著性 |
|---|---|---|---|---|
| time1 | 4.323 | 1 | 10 | 0.064 |
| time2 | 3.402 | 1 | 10 | 0.095 |
| time3 | 3.885 | 1 | 10 | 0.077 |
| time4 | 3.462 | 1 | 10 | 0.092 |

检验"各个组中的因变量误差方差相等"这一原假设。

a. 设计：截距 + group
主体内设计：time

图 10-63　趋势检验与方差齐性检验

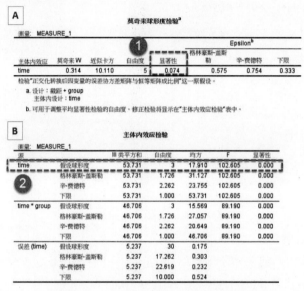

### 4. 主体间效应检验

图 10-64 中，$F=59.731$，$P=0.000<0.05$，不同组间体重差异有统计学意义。但是，因为前面 group 与 time 存在交互，此处尽管 group 间存在差别，但不能保证每个时间点两组均有差别。

**主体间效应检验**

测量：MEASURE_1
转换后变量：平均

| 源 | III 类平方和 | 自由度 | 均方 | F | 显著性 |
|---|---|---|---|---|---|
| 截距 | 277.922 | 1 | 277.922 | 249.612 | 0.000 |
| group | 66.505 | 1 | 66.505 | 59.731 | 0.000 |
| 误差 | 11.134 | 10 | 1.113 | | |

图 10-64　主体间比较检验

### 5. 主体内不同时间点比较

图 10-65，采用的是 LSD 法，发现所有的 $P<0.05$，说明各时间点间的体重两两比较均有差别。同上，因为 group 与 time 存在交互，虽然不同 time 有差别，并不能代表每个 time 的 group 间存在差别。一句话，当 group 与 time 存在交互，研究 group 和 time 的主效应已经无多大意义了，应该研究单独效应了！

### 6. 轮廓图

由轮廓图（见图 10-66）可见，两组效应线不平行，存在交互，B 饲料有明显上升趋势，A 饲料上升趋势较弱。

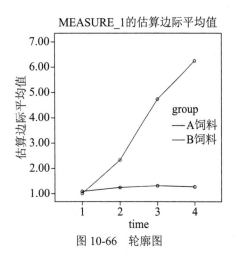

**成对比较**

测量：MEASURE_1

| (I) time | (J) time | 平均值差值 (I-J) | 标准误差 | 显著性[b] | 差值的 95% 置信区间 下限 | 上限 |
|---|---|---|---|---|---|---|
| 1 | 2 | -0.746* | 0.136 | 0.000 | -1.050 | -0.442 |
|   | 3 | -1.992* | 0.176 | 0.000 | -2.383 | -1.600 |
|   | 4 | -2.721* | 0.240 | 0.000 | -3.255 | -2.187 |
| 2 | 1 | 0.746* | 0.136 | 0.000 | 0.442 | 1.050 |
|   | 3 | -1.246* | 0.137 | 0.000 | -1.551 | -0.940 |
|   | 4 | -1.975* | 0.189 | 0.000 | -2.397 | -1.553 |
| 3 | 1 | 1.992* | 0.176 | 0.000 | 1.600 | 2.383 |
|   | 2 | 1.246* | 0.137 | 0.000 | 0.940 | 1.551 |
|   | 4 | -0.729* | 0.114 | 0.000 | -0.983 | -0.475 |
| 4 | 1 | 2.721* | 0.240 | 0.000 | 2.187 | 3.255 |
|   | 2 | 1.975* | 0.189 | 0.000 | 1.553 | 2.397 |
|   | 3 | 0.729* | 0.114 | 0.000 | 0.475 | 0.983 |

基于估算边际平均值
*. 平均值差值的显著性水平为 0.05。
b. 多重比较调节：最低显著差异法（相当于不进行调整）。

图 10-65　主体内成对比较　　　　图 10-66　轮廓图

### 7. 简单效应分析

既然存在交互，仅研究主效应就不能实现研究目的，现在咱就开始进行单独效应的比较。

（1）简单效应比较。请大家重新分析一下本例数据，操作步骤不变，当回到重复测量功能窗口点击"确定"之前，点击"粘贴"按钮，则会得到刚才所有操作的程序（见图 10-67）。然后修改成图 10-68 即可。点击菜单运行—全部，主要特色结果如图 10-69 和图 10-70 所示。

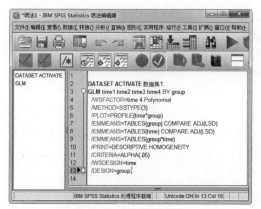

图 10-67　重测原程序

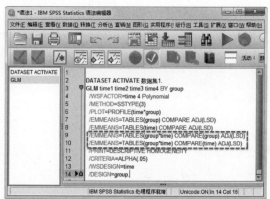

图 10-68　重测修改后单独效应程序

（2）单独效应结果。从图 10-69 可见，time1 两组无差异，time2、time3 和 time4 两组间均有差异；从图 10-70 可见，A 组各时间点间均无差异，B 组各时间点间均有差异。

成对比较

测量：MEASURE_1

| time | (I) group | (J) group | 平均值差值 (I-J) | 标准误差 | 显著性[b] | 差值的 95% 置信区间[b] | |
|---|---|---|---|---|---|---|---|
| | | | | | | 下限 | 上限 |
| 1 | A饲料 | B饲料 | 0.083 | 0.164 | 0.623 | -0.282 | 0.449 |
| | B饲料 | A饲料 | -0.083 | 0.164 | 0.623 | -0.449 | 0.282 |
| 2 | A饲料 | B饲料 | -1.092* | 0.325 | 0.007 | -1.817 | -0.367 |
| | B饲料 | A饲料 | 1.092* | 0.325 | 0.007 | 0.367 | 1.817 |
| 3 | A饲料 | B饲料 | -3.433* | 0.393 | 0.000 | -4.310 | -2.557 |
| | B饲料 | A饲料 | 3.433* | 0.393 | 0.000 | 2.557 | 4.310 |
| 4 | A饲料 | B饲料 | -4.975* | 0.508 | 0.000 | -6.107 | -3.843 |
| | B饲料 | A饲料 | 4.975* | 0.508 | 0.000 | 3.843 | 6.107 |

基于估算边际平均值

*. 平均值差值的显著性水平为 0.05。

b. 多重比较调节：最低显著差异法（相当于不进行调整）。

图 10-69　不同时点两组效应比较

成对比较

测量：MEASURE_1

| group | (I) time | (J) time | 平均值差值 (I-J) | 标准误差 | 显著性[b] | 差值的95%置信区间[b] | |
|---|---|---|---|---|---|---|---|
| | | | | | | 下限 | 上限 |
| A饲料 | 1 | 2 | -0.158 | 0.193 | 0.431 | -0.588 | 0.272 |
| | | 3 | -0.233 | 0.249 | 0.370 | -0.787 | 0.321 |
| | | 4 | -0.192 | 0.339 | 0.584 | -0.947 | 0.563 |
| | 2 | 1 | 0.158 | 0.193 | 0.431 | -0.272 | 0.588 |
| | | 3 | -0.075 | 0.194 | 0.707 | -0.507 | 0.357 |
| | | 4 | -0.033 | 0.268 | 0.903 | -0.630 | 0.563 |
| | 3 | 1 | 0.233 | 0.249 | 0.370 | -0.321 | 0.787 |
| | | 2 | 0.075 | 0.194 | 0.707 | -0.357 | 0.507 |
| | | 4 | 0.042 | 0.161 | 0.801 | -0.318 | 0.401 |
| | 4 | 1 | 0.192 | 0.339 | 0.584 | -0.563 | 0.947 |
| | | 2 | 0.033 | 0.268 | 0.903 | -0.563 | 0.630 |
| | | 3 | -0.042 | 0.161 | 0.801 | -0.401 | 0.318 |
| B饲料 | 1 | 2 | -1.333* | 0.193 | 0.000 | -1.763 | -0.903 |
| | | 3 | -3.750* | 0.249 | 0.000 | -4.304 | -3.196 |
| | | 4 | -5.250* | 0.339 | 0.000 | -6.005 | -4.495 |
| | 2 | 1 | 1.333* | 0.193 | 0.000 | 0.903 | 1.763 |
| | | 3 | -2.417* | 0.194 | 0.000 | -2.849 | -1.985 |
| | | 4 | -3.917* | 0.268 | 0.000 | -4.513 | -3.320 |
| | 3 | 1 | 3.750* | 0.249 | 0.000 | 3.196 | 4.304 |
| | | 2 | 2.417* | 0.194 | 0.000 | 1.985 | 2.849 |
| | | 4 | -1.500* | 0.161 | 0.000 | -1.860 | -1.140 |
| | 4 | 1 | 5.250* | 0.339 | 0.000 | 4.495 | 6.005 |
| | | 2 | 3.917* | 0.268 | 0.000 | 3.320 | 4.513 |
| | | 3 | 1.500* | 0.161 | 0.000 | 1.140 | 1.860 |

基于估算边际平均值

图 10-70　各组不同时间点比较

## 案例实战四：不等距重复测量

上述研究的重复测量，重复测量时间点是等间距的，如果测量时间点间的间距不等，不能直接用上述的方法分析。在 SPSS 中需要简单编程实现。继续以单因素重复测量的案例为例，如果时间点改为 0min、45min、90min 和 180min，则为不等距数据，按照案例实战一的操作步骤操作，在最后确定之前，点击"粘贴"，得到图 10-71。然后将程序改成图 10-72，增加框中内容即可。其他解读与上述相同。

图 10-71　不等距重复测量源程序

图 10-72　不等距重复测量修改后程序

## 案例实战五：多因素重复测量

重复测量不是只能有 2 因素，其中一个为重复测量，还可以有多因素的重复测量。如案例：为了研究饮食、活动锻炼种类与人脉搏的关系，某医生将 18 个人随机分配到饮食结构不同的组，且每组成员又被分配至三种体育锻炼活动组，数据格式如图 10-73，试进行统计分析。

| | ID | exercise | diet | pulse1 | pulse2 | pulse3 | 变 |
|---|---|---|---|---|---|---|---|
| 1 | 1 | 1 | 1 | 112 | 166 | 215 | |
| 2 | 2 | 1 | 1 | 111 | 166 | 225 | |
| 3 | 3 | 1 | 1 | 89 | 132 | 189 | |
| 4 | 4 | 1 | 2 | 95 | 134 | 186 | |
| 5 | 5 | 1 | 2 | 66 | 109 | 150 | |
| 15 | 15 | 3 | 1 | 88 | 157 | 224 | |
| 16 | 16 | 3 | 2 | 58 | 99 | 131 | |
| 17 | 17 | 3 | 2 | 85 | 132 | 186 | |
| 18 | 18 | 3 | 2 | 78 | 110 | 164 | |
| 19 | | | | | | | |

图 10-73　数据视图

### 案例分析

本例研究 3 个因素，锻炼因素、饮食因素还有时间因素，效应量为脉搏，计量资料，初步考虑 3 因素，其中一个因素为重复测量的多因素方差分析。

### 实战步骤

### 1. 调用重复测量因子级别定义窗口

菜单—分析——般线性模型—重复测量，弹出图 10-74，如图操作，点击“确定”后弹出图 10-75。

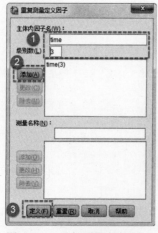

图 10-74　重复测量定义因子

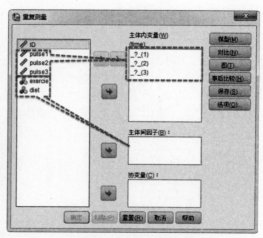

图 10-75　重复测量对话框

## 2. 重复测量功能窗口设置

如图 10-75，将 3 次测量脉搏放入主体内框，exercise 和 diet 放入主体间因子。

## 3. 参数按钮设置

（1）点击参数按钮"图"，将 time 放入水平轴，diet 放入单独线条，exercise 放入单图。大家根据自己的研究展示目的，不知道如何操作，可以颠倒做几个，看哪个结果更好展示。

（2）参数"选项"设置，按图 10-76 中相应的步骤操作，点击"继续"回到图 10-75，点击"确定"运行。

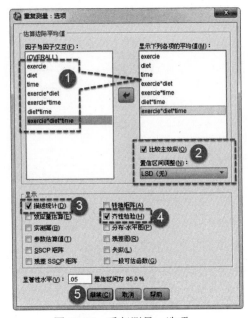

图 10-76　重复测量：选项

### 结果解读

**1. 多变量检验结果**

见图 10-77，time 对应的 $P<0.05$，不同时间点脉搏均数差异有统计学意义；time×diet、exercise×time 和 exercise×diet×time 均无交互，$P>0.05$。

**2. 球对称检验**

由图 10-79 球对称检验，得到 $P=0.028<0.05$，不符合球对称性，如果进行单变量检验则要进行校正。

**3. 单变量检验结果**

如图 10-78，因为不符合球对称，因此看下面的 3 种校正结果，一般优先选择 greenhouse-

Geisser 法。本例 $F_{time}$=703.716,$P$=0.000<0.05,不同时间脉搏均数差异有统计学意义,同样 time×diet、exercise×time 和 exercise×diet×time 均无交互,$P$>0.05。结果与多变量检验结果一致。

多变量检验<sup>a</sup>

| 效应 | | 值 | F | 假设自由度 | 误差自由度 | 显著性 |
|---|---|---|---|---|---|---|
| time | 比莱轨迹 | 0.986 | 381.665<sup>b</sup> | 2.000 | 11.000 | 0.000 |
| | 威尔克 Lambda | 0.014 | 381.665<sup>b</sup> | 2.000 | 11.000 | 0.000 |
| | 霍特林轨迹 | 69.394 | 381.665<sup>b</sup> | 2.000 | 11.000 | 0.000 |
| | 罗伊最大根 | 69.394 | 381.665<sup>b</sup> | 2.000 | 11.000 | 0.000 |
| time * exercise | 比莱轨迹 | 0.184 | 0.609 | 4.000 | 24.000 | 0.660 |
| | 威尔克 Lambda | 0.816 | 0.588<sup>b</sup> | 4.000 | 22.000 | 0.675 |
| | 霍特林轨迹 | 0.225 | 0.561 | 4.000 | 20.000 | 0.693 |
| | 罗伊最大根 | 0.222 | 1.329<sup>c</sup> | 2.000 | 12.000 | 0.301 |
| time * diet | 比莱轨迹 | 0.203 | 1.402<sup>b</sup> | 2.000 | 11.000 | 0.287 |
| | 威尔克 Lambda | 0.797 | 1.402<sup>b</sup> | 2.000 | 11.000 | 0.287 |
| | 霍特林轨迹 | 0.255 | 1.402<sup>b</sup> | 2.000 | 11.000 | 0.287 |
| | 罗伊最大根 | 0.255 | 1.402<sup>b</sup> | 2.000 | 11.000 | 0.287 |
| time * exercise * diet | 比莱轨迹 | 0.323 | 1.154 | 4.000 | 24.000 | 0.356 |
| | 威尔克 Lambda | 0.684 | 1.152<sup>b</sup> | 4.000 | 22.000 | 0.359 |
| | 霍特林轨迹 | 0.453 | 1.134 | 4.000 | 20.000 | 0.369 |
| | 罗伊最大根 | 0.432 | 2.593<sup>c</sup> | 2.000 | 12.000 | 0.116 |

a. 设计:截距 + exercise + diet + exercise * diet
主体内设计:time

图 10-77 多变量检验结果

主体内效应检验

测量:MEASURE_1

| 源 | | III 类平方和 | 自由度 | 均方 | F | 显著性 |
|---|---|---|---|---|---|---|
| time | 假设球形度 | 93972.111 | 2 | 46986.056 | 703.716 | 0.000 |
| | 格林豪斯-盖斯勒 | 93972.111 | 1.352 | 69512.617 | 703.716 | 0.000 |
| | 辛-费德特 | 93972.111 | 2.000 | 46986.056 | 703.716 | 0.000 |
| | 下限 | 93972.111 | 1.000 | 93972.111 | 703.716 | 0.000 |
| time * exercise | 假设球形度 | 80.556 | 4 | 20.139 | 0.302 | 0.874 |
| | 格林豪斯-盖斯勒 | 80.556 | 2.704 | 29.794 | 0.302 | 0.804 |
| | 辛-费德特 | 80.556 | 4.000 | 20.139 | 0.302 | 0.874 |
| | 下限 | 80.556 | 2.000 | 40.278 | 0.302 | 0.745 |
| time * diet | 假设球形度 | 344.926 | 2 | 172.463 | 2.583 | 0.096 |
| | 格林豪斯-盖斯勒 | 344.926 | 1.352 | 255.147 | 2.583 | 0.120 |
| | 辛-费德特 | 344.926 | 2.000 | 172.463 | 2.583 | 0.096 |
| | 下限 | 344.926 | 1.000 | 344.926 | 2.583 | 0.134 |
| time * exercise * diet | 假设球形度 | 493.963 | 4 | 123.491 | 1.850 | 0.152 |
| | 格林豪斯-盖斯勒 | 493.963 | 2.704 | 182.696 | 1.850 | 0.182 |
| | 辛-费德特 | 493.963 | 4.000 | 123.491 | 1.850 | 0.152 |
| | 下限 | 493.963 | 2.000 | 246.981 | 1.850 | 0.199 |
| 误差 (time) | 假设球形度 | 1602.444 | 24 | 66.769 | | |
| | 格林豪斯-盖斯勒 | 1602.444 | 16.222 | 98.779 | | |
| | 辛-费德特 | 1602.444 | 24.000 | 66.769 | | |
| | 下限 | 1602.444 | 12.000 | 133.537 | | |

图 10-78 主体内检验结果

**莫奇来球形度检验**

测量: MEASURE_1

| 主体内效应 | 莫奇来W | 近似卡方 | 自由度 | 显著性 | Epsilon | | |
|---|---|---|---|---|---|---|---|
| | | | | | 格林豪斯-盖斯勒 | 辛-费德特 | 下限 |
| time | 0.521 | 7.181 | 2 | 0.028 | 0.676 | 1.000 | 0.500 |

检验"正交化转换后因变量的误差协方差矩阵与恒等矩阵成比例"这一原假设。

a. 设计: 截距 + exercise + diet + exercise * diet
　主体内设计: time

b. 可用于调整平均显著性检验的自由度。修正检验将显示在"主体内效应检验"表中。

图 10-79　球形度检验结果

### 4. 主体内对比检验

前面既然发现不同时间点脉搏均数有差异,那么随着时间有什么变化趋势呢?由图 10-80 可知,time 存在线性和二次的关系,但本例数据更加支持呈线性关系,因为线性的 $F$ 较大。

**主体内对比检验**

测量: MEASURE_1

| 源 | time | III 类平方和 | 自由度 | 均方 | F | 显著性 |
|---|---|---|---|---|---|---|
| time | 线性 | 93738.028 | 1 | 93738.028 | 832.610 | 0.000 |
| | 二次 | 234.083 | 1 | 234.083 | 11.171 | 0.006 |
| time * exercise | 线性 | 26.056 | 2 | 13.028 | 0.116 | 0.892 |
| | 二次 | 54.500 | 2 | 27.250 | 1.300 | 0.308 |
| time * diet | 线性 | 342.250 | 1 | 342.250 | 3.040 | 0.107 |
| | 二次 | 2.676 | 1 | 2.676 | 0.128 | 0.727 |
| time * exercise * diet | 线性 | 478.167 | 2 | 239.083 | 2.124 | 0.162 |
| | 二次 | 15.796 | 2 | 7.898 | 0.377 | 0.694 |
| 误差 (time) | 线性 | 1351.000 | 12 | 112.583 | | |
| | 二次 | 251.444 | 12 | 20.954 | | |

图 10-80　主体内趋势检验

### 5. 方差齐性与主体间效应检验

图 10-81(A)方差齐性检验 $P$ 均大于 0.05,"大同小异",故方差齐。图 10-81 (B)只发现不同饮食 diet,$P=0.013<0.05$,不同饮食结构组间脉搏存在差异;exercise、exercise×diet 检验 $P>0.05$,差异无统计学意义。

### 6. 因素比较与轮廓图

图 10-82(A)为不同 diet 组间比较,$P=0.013<0.05$,组间有差别;图 10-82(B)为不同时间点比较,$P$ 均小于 0.05,差异有统计学意义。图 10-83 为 3 张轮廓图中的一张,结合图 10-82(A)结果,可以得出饮食 1 脉搏高于饮食 2。

### 图 10-81 方差齐性与主体间效应检验

**A 误差方差的莱文等同性检验**[a]

| | F | 自由度 1 | 自由度 2 | 显著性 |
|---|---|---|---|---|
| pulse1 | 1.836 | 5 | 12 | 0.180 |
| pulse2 | 1.018 | 5 | 12 | 0.449 |
| pulse3 | 0.499 | 5 | 12 | 0.771 |

检验"各个组中的因变量误差方差相等"这一原假设。
a. 设计：截距 + exercise + diet + exercise * diet
主体内设计：time

**B 主体间效应检验**

测量：MEASURE_1
转换后变量：平均

| 源 | III 类平方和 | 自由度 | 均方 | F | 显著性 |
|---|---|---|---|---|---|
| 截距 | 1014348.167 | 1 | 1014348.167 | 989.697 | 0.000 |
| exercise | 1560.333 | 2 | 780.167 | 0.761 | 0.488 |
| diet | 8791.130 | 1 | 8791.130 | 8.577 | 0.013 |
| exercise * diet | 718.481 | 2 | 359.241 | 0.351 | 0.711 |
| 误差 | 12298.889 | 12 | 1024.907 | | |

### 图 10-82 事后成对比较

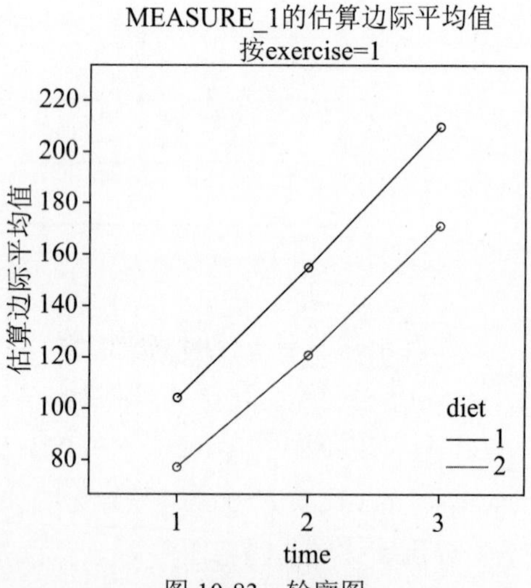

**A 成对比较**

测量：MEASURE_1

| (I) diet | (J) diet | 平均值差值 (I-J) | 标准误差 | 显著性[b] | 差值的 95% 置信区间 下限 | 上限 |
|---|---|---|---|---|---|---|
| 1 | 2 | 25.519* | 8.713 | 0.013 | 6.534 | 44.503 |
| 2 | 1 | -25.519* | 8.713 | 0.013 | -44.503 | -6.534 |

基于估算边际平均值
*. 平均值差值的显著性水平为 0.05。
b. 多重比较调节：最低显著差异法（相当于不进行调整）。

**B 成对比较**

测量：MEASURE_1

| (I) time | (J) time | 平均值差值 (I-J) | 标准误差 | 显著性[b] | 差值的 95% 置信区间 下限 | 上限 |
|---|---|---|---|---|---|---|
| 1 | 2 | -46.611* | 2.068 | 0.000 | -51.118 | -42.105 |
|   | 3 | -102.056* | 3.537 | 0.000 | -109.762 | -94.349 |
| 2 | 1 | 46.611* | 2.068 | 0.000 | 42.105 | 51.118 |
|   | 3 | -55.444* | 2.339 | 0.000 | -60.540 | -50.349 |
| 3 | 1 | 102.056* | 3.537 | 0.000 | 94.349 | 109.762 |
|   | 2 | 55.444* | 2.339 | 0.000 | 50.349 | 60.540 |

基于估算边际平均值
*. 平均值差值的显著性水平为 0.05。
b. 多重比较调节：最低显著差异法（相当于不进行调整）。

图 10-83 轮廓图

幸运的是，本例分析中，因素之间并没有发生交互作用，如果存在交互，按照如上分析则不太妥当，应该进行单独效应分析，多因素重测的单独效应分析要复杂得多，如果两因素交互 A×B，则需要考虑单独效应（也称为简单效应，simple effect）；如果是

A×B×C 二阶交互，则要考虑简单简单效应（simple simple effect）。

**经验分享**

1. 多因素重复测量方差分析，结果首先看存在不存在交互，若无交互，而 time 的 $P<0.05$，那么只需考虑主效应，主效应组间差异的，如果有意义，则各个时间点几组都存在差异。为什么呢？因为无交互，即多条线为平行线，平行线上的各时间点的不同组间比较，肯定有差异；但如果存在交互，则几条线相互交织不平行，此时不能根据主效应结果直接下结论，需要进行单独效应分析。

2. 重复测量可以采用多变量检验和单变量检验，多变量检验条件宽松，单变量检验需要满足球对称假设，不满足时需要矫正。理论上多变量和单变量检验结果是一致的。如果符合球对称，则看单变量分析结果；如果不符合球对称，则以多变量结果为准；如果校正后的结果与多变量不一致，以多变量结果为准。

3. 应用条件与注意事项：

（1）当各组观察例数不等时，不可用上述重复测量数据方差分析；

（2）观察例数相等，有缺失值时，不可用上述重复测量方法；

（3）重复测量单变量分析时，应该满足球对称检验，不满足应该进行校正；

（4）单组重复测量只有符合球对称，才可以用随机区组设计方差分析；

（5）重复测量，也可以用多变量检验，一般多变量结果与单变量结果是一致的；

（6）多因素重复时，当 group 与 time 存在交互作用，研究主效应已经意义不大，应该采用研究单独效应；

（7）设立对照的干预前后设计，如果差值符合正态和方差齐，可以两独立 $t$，不符合应该重复测量。

### 案例实战六：两个因素均是重复测量

前面所述皆为单因素重复测量，虽然研究的因素可能是多个，但重复测量因素只有一个，然而现实研究中，肯定会存在重复测量因素为多个的情况，此时应该采用多重复测量因素方差分析。

**案例实战**

某研究者采用 A 治疗方案治疗患者，检测患者治疗后 3 个不同时刻腓肠神经和腓浅伸感觉神经传导速度的变化，试进行统计分析。案例数据 data10.8.sav。

**案例解析**

本例研究一组患者，研究效应指标为神经传导速度变化，但研究因素腓肠神经和腓浅神经是同一个人身上的，属于重复测量；同时每个神经还检测了 3 个时间点。所以本例为同组资料 2 个重复测量设计，一个为不同部位的重复测量，一个为不同时间的重复测量。

**实战步骤**

1. 打开数据 data10.8.sav，分析——一般线性模型—重复测量，图 10-84。输入 SJ（神经），2 个水平；时间（time），3 个水平，添加入被试内因子框。

2. 定义：点击图 10-84 "定义"，弹出图 10-85 重复度量，将 6 个指标按顺序放入对应位置，按照图示操作。

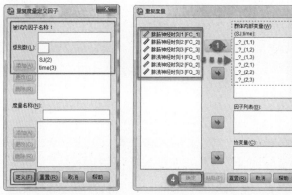

图 10-84　重复测量定义因子　　图 10-85　重复测量主对话框

3. 绘制：如图 10-86 所示，将 time 放入水平轴，SJ（神经）放入单图，添加入作图框，点击 "继续"。

4. 选项：如图 10-87 所示，将 SJ、time、SJ×time 放入显示均值，勾选 "比较主效应"，输出描述统计和方差齐性，点击 "继续"。

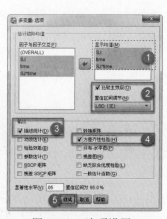

图 10-86　轮廓图　　　　　图 10-87　选项设置

**结果解读**

大部分结果与前面讲解的解读一致，此处不赘述，选主要结果解读！

1. 多变量检验结果：由图 10-88，可见 SJ、time 和 SJ×time 的 P 均小于 0.05。如果最后交互没有意义，那么前面 SJ 和 time 的结果可以直接看，因为 SJ×time 存在交互，因此，前面的主效应结果已经不再重要，或者说不可靠，需要看简单效应结果。

多变量检验[a]

| 效应 | | 值 | F | 假设 df | 误差 df | Sig. |
|---|---|---|---|---|---|---|
| SJ | Pillai 的跟踪 | 0.606 | 16.939[b] | 1.000 | 11.000 | 0.002 |
| | Wilks 的 Lambda | 0.394 | 16.939[b] | 1.000 | 11.000 | 0.002 |
| | Hotelling 的跟踪 | 1.540 | 16.939[b] | 1.000 | 11.000 | 0.002 |
| | Roy 的最大根 | 1.540 | 16.939[b] | 1.000 | 11.000 | 0.002 |
| time | Pillai 的跟踪 | 0.732 | 13.691[b] | 2.000 | 10.000 | 0.001 |
| | Wilks 的 Lambda | 0.268 | 13.691[b] | 2.000 | 10.000 | 0.001 |
| | Hotelling 的跟踪 | 2.738 | 13.691[b] | 2.000 | 10.000 | 0.001 |
| | Roy 的最大根 | 2.738 | 13.691[b] | 2.000 | 10.000 | 0.001 |
| SJ * time | Pillai 的跟踪 | 0.794 | 19.257[b] | 2.000 | 10.000 | 0.000 |
| | Wilks 的 Lambda | 0.206 | 19.257[b] | 2.000 | 10.000 | 0.000 |
| | Hotelling 的跟踪 | 3.851 | 19.257[b] | 2.000 | 10.000 | 0.000 |
| | Roy 的最大根 | 3.851 | 19.257[b] | 2.000 | 10.000 | 0.000 |

a. 设计：截距
主体内设计: SJ + time + SJ * time

b. 精确统计量

图 10-88　多变量检验结果

2. 单变量结果：如图 10-89 所示，结果与多变量一致，3 个因素 $P<0.05$。

主体内效应的检验

度量: MEASURE_1

| 源 | | III 型平方和 | df | 均方 | F | Sig. |
|---|---|---|---|---|---|---|
| SJ | 采用的球形度 | 0.295 | 1 | 0.295 | 16.939 | 0.002 |
| | Greenhouse-Geisser | 0.295 | 1.000 | 0.295 | 16.939 | 0.002 |
| | Huynh-Feldt | 0.295 | 1.000 | 0.295 | 16.939 | 0.002 |
| | 下限 | 0.295 | 1.000 | 0.295 | 16.939 | 0.002 |
| 误差 (SJ) | 采用的球形度 | 0.192 | 11 | 0.017 | | |
| | Greenhouse-Geisser | 0.192 | 11.000 | 0.017 | | |
| | Huynh-Feldt | 0.192 | 11.000 | 0.017 | | |
| | 下限 | 0.192 | 11.000 | 0.017 | | |
| time | 采用的球形度 | 0.252 | 2 | 0.126 | 25.563 | 0.000 |
| | Greenhouse-Geisser | 0.252 | 1.333 | 0.189 | 25.563 | 0.000 |
| | Huynh-Feldt | 0.252 | 1.448 | 0.174 | 25.563 | 0.000 |
| | 下限 | 0.252 | 1.000 | 0.252 | 25.563 | 0.000 |
| 误差 (time) | 采用的球形度 | 0.109 | 22 | 0.005 | | |
| | Greenhouse-Geisser | 0.109 | 14.662 | 0.007 | | |
| | Huynh-Feldt | 0.109 | 15.925 | 0.007 | | |
| | 下限 | 0.109 | 11.000 | 0.010 | | |
| SJ * time | 采用的球形度 | 0.244 | 2 | 0.122 | 31.072 | 0.000 |
| | Greenhouse-Geisser | 0.244 | 1.439 | 0.169 | 31.072 | 0.000 |
| | Huynh-Feldt | 0.244 | 1.597 | 0.153 | 31.072 | 0.000 |
| | 下限 | 0.244 | 1.000 | 0.244 | 31.072 | 0.000 |
| 误差 (SJ*time) | 采用的球形度 | 0.086 | 22 | 0.004 | | |
| | Greenhouse-Geisser | 0.086 | 15.833 | 0.005 | | |
| | Huynh-Feldt | 0.086 | 17.571 | 0.005 | | |
| | 下限 | 0.086 | 11.000 | 0.008 | | |

图 10-89　单变量检验结果

3. 简单效应分析：重新分析一遍，在图 10-85 时，不要点击"确定"，点击"粘贴"，弹出程序窗口（见图 10-90），修改为图 10-91。

图 10-90 双因素重测程序

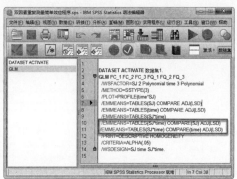

图 10-91 双因素重测简单效应程序

4. 简单效应分析主要结果

重申一下，重测结果较多，绝大多数解释前面均已经介绍，此处讲重点！

（1）神经单独效应：图 10-92。结果可见在测量时间点 2 和时间点 3，腓肠神经和腓浅神经传导速度变化是不一样的，哪个变化大，请看结果中的统计描述指标即可。

成对比较

度量：MEASURE_1

| time | (I) SJ | (J) SJ | 均值差值 (I-J) | 标准 误差 | Sig.[b] | 差分的 95% 置信区间[b] | |
|---|---|---|---|---|---|---|---|
| | | | | | | 下限 | 上限 |
| 1 | 1 | 2 | 0.013 | 0.022 | 0.551 | -0.034 | 0.061 |
| | 2 | 1 | -0.013 | 0.022 | 0.551 | -0.061 | 0.034 |
| 2 | 1 | 2 | -0.126* | 0.039 | 0.008 | -0.211 | -0.041 |
| | 2 | 1 | 0.126* | 0.039 | 0.008 | 0.041 | 0.211 |
| 3 | 1 | 2 | -0.272* | 0.047 | 0.000 | -0.376 | -0.167 |
| | 2 | 1 | 0.272* | 0.047 | 0.000 | 0.167 | 0.376 |

基于估算边际均值

*. 均值差值在 0.05 级别上较显著。

b. 对多个比较的调整：最小显著差别（相当于未作调整）。

图 10-92 神经单独效应

（2）时间 time 的单独效应：图 10-93 结果可见 SJ=1 时，即腓肠神经的三次测量时间点之间两两全部有差异；然而 SJ=2 时，即腓浅神经，3 次测量时间点之间均无差异。

（3）轮廓图：图 10-94。从轮廓图中也能够看出存在交互作用，同时也能大致反映 SJ=1 时的测量差异，SJ=2 时测量点间无差异。

为了能够方便大家跟着练习，本例题的简单效应程序已提供，程序文件名称为：双因素重复测量简单效应程序。大家在课题设计时，尽量采用较为简单的设计，对于重复测量如果设计过于复杂,分析起来还是挺费事的。本例仅2个都是重复,如果三个都是重复呢,如果本例再加一个不同的身体部位,又是一个重复测量,这就变成3个重复了。重复都是组内因子,此时如果再增加分组因素,即主体间因子,又会增加分析难度,不交互还好,二阶及以上交互分析就很复杂了。

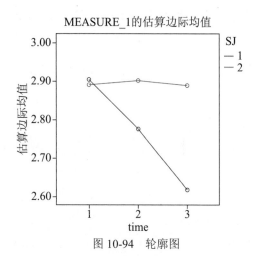

图 10-93　时间点简单效应　　　　　　图 10-94　轮廓图

## → 10.5　协方差分析

科研过程中,实验效应除了受到干预因素影响外,还会受到受试对象所处的环境的影响,对于人而言,包括年龄、性别、心理、环境、社会因素等。为了消除非干预因素的影响,对于可以控制的因素,在试验设计阶段我们常采取组间均衡的措施;对于难以控制的因素,我们常在数据分析阶段,采用统计分析方法进行控制,如分层分析(适用计量和计数资料)、多因素分析(适用计量和计数资料)及协方差分析(适用计量资料)。经常有人问我,非干预因素到底是设计时控制好,还是数据分析时控制好。大家可以这样理解:事先控制就是避孕套,事后控制就是打胎药,目的都是节育,但事后伤害大。

协方差分析(analysis of covariance,ANCOVA)是将线性回归与方差分析结合起来,检验两组或多组修正均数间有无差别的一种统计分析方法,用于消除混杂因素对分析指标的影响。

协方差适用于单因素设计方差分析、随机区组设计方差分析、拉丁方设计、析因设计等方差分析。只有一个协变量叫做一元协方差,多个协变量叫多元协方差。协方差分析的应用应满足以下条件:

(1) 要求各组资料都来自正态总体，且各组的方差相等；

(2) 各组的总体回归系数 β 相等，且都不等于 0，即平行性检验。

**案例实战**

两种药物治疗高血压的疗效比较，30 例高血压患者随机分 2 组，每组 15 例分别接受 A 药物和 B 药物治疗，测得治疗前血压和治疗 2 个月后的血压，数据如图 10-95 所示。试分析两种降压药疗效有无差异。（数据文件：data10.9.sav）

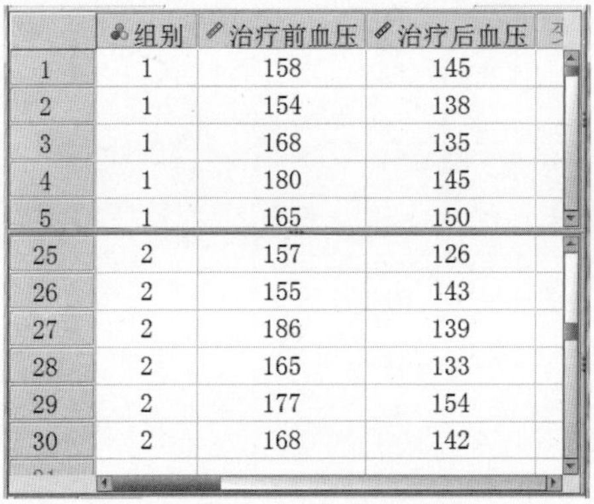

| | 组别 | 治疗前血压 | 治疗后血压 |
|---|---|---|---|
| 1 | 1 | 158 | 145 |
| 2 | 1 | 154 | 138 |
| 3 | 1 | 168 | 135 |
| 4 | 1 | 180 | 145 |
| 5 | 1 | 165 | 150 |
| 25 | 2 | 157 | 126 |
| 26 | 2 | 155 | 143 |
| 27 | 2 | 186 | 139 |
| 28 | 2 | 165 | 133 |
| 29 | 2 | 177 | 154 |
| 30 | 2 | 168 | 142 |

图 10-95　数据视图

**案例分析**

1. 本例为有对照的前后测量设计。此类设计有多种分析思路；

2. 如果治疗前两组血压比较无差异，可以计算每组治疗前后的差值，两组差值若符合方差齐，可以进行两独立样本 $t$ 检验；

3. 虽然前后测量只有 2 次，也属于特殊的重复测量设计，可以做重复测量数据方差分析；

4. 可以将治疗前血压当做协变量，如果符合方差齐和平行性检验，做协方差分析。本例就采用协方差进行分析讲解。

**实战步骤**

**1. 调用方差分析功能窗口**

菜单—分析——一般线性模型 - 单变量，弹出图 10-96，如图标示操作。

**2. 参数窗口设置**

（1）"模型"：如图 10-97，将组别和治疗前血压分别放入右框，然后同时将组别和治疗前血压选中，再次放入右框，此时会产生一个如图的交互项。此步操作是为了验证两者有无交互，即是否平行，点击"继续"。

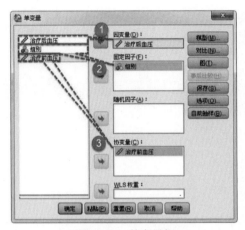

图 10-96 单变量框

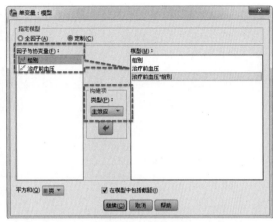

图 10-97 模型设置

（2）"选项"设置：如图 10-98，将组别放入右侧显示均值框，显示选择"描述统计"和"齐性检验"。点击"继续"。（注本例不勾选"比较主效应"，以及不进行事后检验，是因为只有 2 组比较，无需再次两两比较）。点击"继续"，回到主对话框点击"确定"运行。

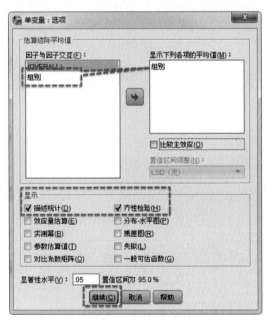

图 10-98 选项设置

### 3. 结果解读

（1）协方差条件。首先看方差齐性和平行性检验结果，图 10-99（A）为方差齐性结果，

leveneve 方差齐性 $F=1.189$,$P=0.285>0.05$,"大同小异",方差齐。图 10-98(B)中标示部分为"组别×治疗前血压"交互作用检验,$F=0.552$,$P=0.464>0.05$,因此两者无交互,或者说符合平行性假定。

图 10-99(B)中,不同组别的 $P=0.375$,说明两种降压药疗效差异无统计学意义。注意,这不是最终结果,因为协方差不是一蹴而就,需要逐步选择模型的。

**A 误差方差的莱文等同性检验**

因变量：治疗后血压

| F | 自由度1 | 自由度2 | 显著性 |
|---|---|---|---|
| 1.189 | 1 | 28 | 0.285 |

检验"各个组中的因变量误差方差相等"这一原假设。

a. 设计：截距 + 组别 + 治疗前血压 + 组别 * 治疗前血压

**B 主体间效应检验**

因变量：治疗后血压

| 源 | III 类平方和 | 自由度 | 均方 | F | 显著性 |
|---|---|---|---|---|---|
| 修正模型 | 902.314a | 3 | 300.771 | 3.824 | 0.022 |
| 截距 | 779.888 | 1 | 779.888 | 9.916 | 0.004 |
| 组别 | 64.010 | 1 | 64.010 | 0.814 | 0.375 |
| 治疗前血压 | 350.981 | 1 | 350.981 | 4.463 | 0.044 |
| 组别 * 治疗前血压 | 43.447 | 1 | 43.447 | 0.552 | 0.464 |
| 误差 | 2044.886 | 26 | 78.649 | | |
| 总计 | 570960.000 | 30 | | | |
| 修正后总计 | 2947.200 | 29 | | | |

a. R 方 = 0.306 (调整后 R 方 = 0.226)

图 10-99 协方差分析结果

(2) 改进分析。刚才已经发现"组别与治疗前血压"无交互作用,因此模型中就不应该放入该交互项,否则多少会对模型的变异度分解产生影响。重新分析一遍,在图 10-97 中,将交互项点中删除,再次分析,得到结果如图 10-100 所示。

**主体间效应检验**

因变量：治疗后血压

| 源 | III 类平方和 | 自由度 | 均方 | F | 显著性 |
|---|---|---|---|---|---|
| 修正模型 | 858.868a | 2 | 429.434 | 5.552 | 0.010 |
| 截距 | 739.459 | 1 | 739.459 | 9.560 | 0.005 |
| 组别 | 523.057 | 1 | 523.057 | 6.763 | 0.015 |
| 治疗前血压 | 410.335 | 1 | 410.335 | 5.305 | 0.029 |
| 误差 | 2088.332 | 27 | 77.346 | | |
| 总计 | 570960.000 | 30 | | | |
| 修正后总计 | 2947.200 | 29 | | | |

a. R 方 = 0.291 (调整后 R 方 = 0.239)

图 10-100 调整后结果

结果可见，治疗前血压对治疗后血压 $F=5.305$，$P=0.029$，说明治疗前血压确实对治疗后血压有影响；两组降压药比较 $F=6.763$，$P=0.015$，"大同小异"，两组降压药疗效有差别；结合两组的均值，A 药降压效果要好于 B 药。如果本例不把交互项删除，则会得到两种降压药没有差别的结论，大家以后做协方差，一定注意哦！

**经验分享**

影响研究效应指标的计数变量叫做因素，计量资料叫做协变量。当协方差平行性检验不能通过时，可以采用线性回归模型进行分析，模型中记得添加两者的交互项。回归时交互项的产生可以利用 SPSS 的计算（compute）功能实现。

## 10.6 交叉设计方差分析

统计学上的随机，除了随机化抽样，随机化分组，还有随机顺序（见图 10-101）。以 2×2 交叉试验为例，受试对象随机分为 2 组，第一阶段 2 组随机接受 A 处理和 B 处理，干预一段时间后检测，检测结束经过洗脱期，每组再接受另外一种处理，这样每组接受处理的先后顺序是随机的。交叉设计是一种试验效率较高的试验设计，如果此时处理的资料为计量资料，可以考虑交叉设计的方差分析。

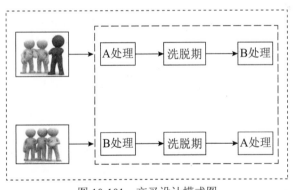

图 10-101　交叉设计模式图

**案例实战**

为比较血液透析过程中，低分子肝素钙（A）与速避凝（B）对凝血酶原时间（TT）的影响，选择 20 例接受血液透析的病人为研究对象，采取两阶段交叉设计，试验数据如图 10-102 所示，试对数据进行分析。（数据文件：data10.10.sav）

**案例分析**

本例研究干预因素为药物，分为两个水平（低分子肝素钙（A）与速避凝（B））；

效应指标凝血酶原时间（TT）为计量资料，采用两阶段交叉设计，符合两阶段交叉设计方差分析设计。

**实战步骤**

**1. 调用方差分析功能窗口**

菜单—分析——般线性模型—单变量，弹出图 10-103，按图设置变量。

图 10-102　数据格式

图 10-103　单变量

**2. 参数窗口设置**

（1）"模型"，如图 10-104，将三个变量依次移入模型框，构建项选择主效应。

（2）"选项"，如图 10-105，将三个变量放入显示均值框，同时选中"描述统计"和"齐性检验"。（因为本例只有 2 组和 2 个阶段，因此不必设置两两比较），点击"继续"，回到主对话框，点击"确定"运行。

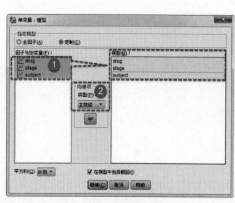

图 10-104　模型设置

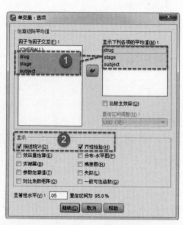

图 10-105　选项设置

### 3. 主要结果

主体间效应显示，图 10-106，drug 和 stage 对 TT 无影响，P 均大于 0.05，而不同个人间凝血酶原时间差异有统计学意义，$F=3.108$，$P=0.010<0.05$。注：交叉设计各单元元素数为 1，故无法计算方差齐性。

**主体间效应检验**

因变量：TT

| 源 | | III 类平方和 | 自由度 | 均方 | F | 显著性 |
|---|---|---|---|---|---|---|
| 截距 | 假设 | 16516.096 | 1 | 16516.096 | 110.412 | 0.000 |
| | 误差 | 2842.124 | 19 | 149.585[a] | | |
| drug | 假设 | 27.889 | 1 | 27.889 | 0.580 | 0.456 |
| | 误差 | 866.195 | 18 | 48.122[b] | | |
| stage | 假设 | 70.756 | 1 | 70.756 | 1.470 | 0.241 |
| | 误差 | 866.195 | 18 | 48.122[b] | | |
| subject | 假设 | 2842.124 | 19 | 149.585 | 3.108 | 0.010 |
| | 误差 | 866.195 | 18 | 48.122[b] | | |

a. MS(subject)
b. MS(误差)

图 10-106　交叉分析主要结果

## 10.7　拉丁方设计方差分析

拉丁方设计是一种特殊类型的 3 个因素试验设计，其各因素水平数必须相同。由于拉丁方仅为 3 个因素各水平完全组合的一部分，一般不考虑交互影响。当某因素各水平的变量平均值不相同时，还可用前述的方法进行任意两水平之均值比较。下面用实例演示拉丁方设计方差分析如何实现。

**案例实战**

某研究者欲比较 5 种防护服对脉搏数的影响，选用 5 个受试者，在 5 个不同的日期进行试验。用拉丁方设计，在行、列与字母上分别安排 3 个因素（日期、受试者、防护服），得到如表 10-2 所示的结果，构建 SPSS 数据库如图 10-107，试进行统计分析。（数据文件：data10.11.sav）

表 10-2　5 个日期 5 个受试者 5 种防护服的脉搏数（次/分）

| 日期 | 受试者 | | | | | | | | | | 合计 |
|---|---|---|---|---|---|---|---|---|---|---|---|
| | 1 | | 2 | | 3 | | 4 | | 5 | | |
| 1 | A | 129.8 | B | 116.2 | C | 114.8 | D | 104.0 | E | 100.6 | 565.4 |
| 2 | B | 144.4 | C | 119.2 | D | 113.2 | E | 132.8 | A | 115.2 | 624.8 |

续表

| 日期 | 受试者 | | | | | | | | | | 合计 |
|---|---|---|---|---|---|---|---|---|---|---|---|
| | 1 | | 2 | | 3 | | 4 | | 5 | | |
| 3 | C | 143.0 | D | 118.0 | E | 115.8 | A | 123.0 | B | 103.8 | 603.6 |
| 4 | D | 133.4 | E | 110.8 | A | 114.0 | B | 98.0 | C | 110.6 | 566.8 |
| 5 | E | 142.8 | A | 110.6 | B | 105.8 | C | 120.0 | D | 109.8 | 589 |
| 合计 | | 693.4 | | 574.8 | | 563.6 | | 577.8 | | 540 | 2949.6 |
| 5种防护服 | | A | | B | | C | | D | | E | |
| 合计 | | 592.6 | | 568.2 | | 608.6 | | 578.4 | | 602 | |

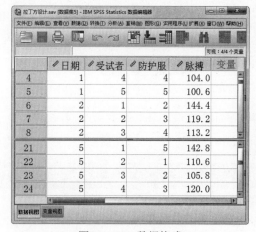

图 10-107 数据格式

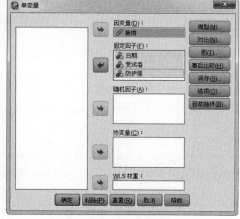

图 10-108 单变量

**实战步骤**

**1. 调用方差分析功能窗口**

菜单：分析——一般线性模型—单变量，弹出图 10-108。将脉搏放入因变量框，将日期、受试者和防护服放入固定因子。

**2. 参数窗口设置**

（1）"模型"：如图 10-109，将三个变量放入右侧模型框中，选择构建项为主效应，点击"继续"。

（2）"事后比较"：如图 10-110，将三个因素放入右侧事后检验框，本例选择 SNK 法进行两两比较。备注：具体选择哪种方法两两比较，根据自己的研究目的确定，本例选择 SNK 法进行演示，因为 SNK 得到的结果比较稳健。

（3）"选项"：如图 10-111，将三个变量移入显示均值框，下面勾选"描述统计"和"齐性检验"，点击"继续"。回到主对话框点击"确定"运行。

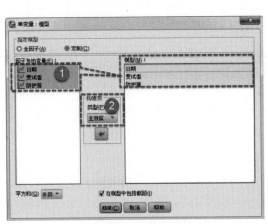

图 10-109　模型设置

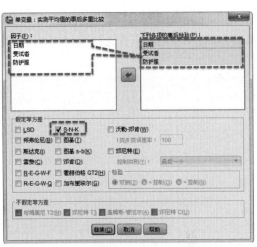

图 10-110　多重比较

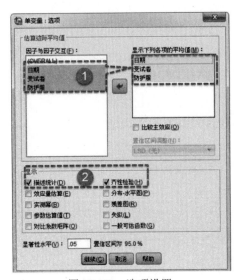

图 10-111　选项设置

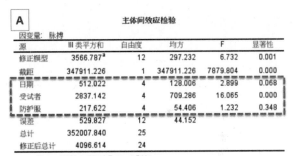

图 10-112　分析结果

**主要结果解读**

图 10-112（A）显示，日期和防护服均无统计学差异，$P>0.05$；受试者间差异，

$F=16.065$,$P=0.000<0.05$,因此不同受试者脉搏存在差异,不同日期和防护服脉搏数无差异。图 10-112(B)对受试者进行 SNK 法两两比较,发现受试者 1 自成 1 组,其他 4 人为 1 组。

## 10.8 嵌套设计方差分析

嵌套设计被称为巢式设计(nested design)、系统分组(hierarchal classification)设计和窝设计,有些教科书上称这类资料为组内又分亚组的分类资料。根据因素数的不同,嵌套设计可分为二因素(二级)、三因素(三级)等嵌套设计。

计量资料嵌套设计的分析常采用方差分析,但在分析中需注意的是分析中的误差项不是固定的,而是在变化的,因为 B 因素的误差包含了 A 因素的误差,所以分析时需将 A 因素的误差分解出来。因此,嵌套设计的一个缺陷是在统计分析时不能分析有主次之分的因素之间的交互作用。在实验设计中,嵌套设计常用在研究因素只有部分因素可供研究者控制的实验中。

为了让读者了解嵌套设计的特点,分别作出两因素完全随机设计和两因素嵌套设计的模式图(见图 10-113),以期读者掌握其设计原理。

|  | $a_1$ | $a_2$ |  | $a_1$ | $a_2$ |
|---|---|---|---|---|---|
| $b_1$ | $S_1$ | $S_{17}$ | $b_1$ | $S_1$ | |
| | $S_2$ | $S_{18}$ | | $S_2$ | |
| | $S_3$ | $S_{19}$ | | $S_3$ | |
| | $S_4$ | $S_{20}$ | | $S_4$ | |
| $b_2$ | $S_5$ | $S_{21}$ | $b_2$ | $S_5$ | |
| | $S_6$ | $S_{22}$ | | $S_6$ | |
| | $S_7$ | $S_{23}$ | | $S_7$ | |
| | $S_8$ | $S_{24}$ | | $S_8$ | |
| $b_3$ | $S_9$ | $S_{25}$ | $b_3$ | | $S_9$ |
| | $S_{10}$ | $S_{26}$ | | | $S_{10}$ |
| | $S_{11}$ | $S_{27}$ | | | $S_{11}$ |
| | $S_{12}$ | $S_{28}$ | | | $S_{12}$ |
| $b_4$ | $S_{13}$ | $S_{29}$ | $b_4$ | | $S_{13}$ |
| | $S_{14}$ | $S_{30}$ | | | $S_{14}$ |
| | $S_{15}$ | $S_{31}$ | | | $S_{15}$ |
| | $S_{16}$ | $S_{32}$ | | | $S_{16}$ |
| (a)两因素完全随机设计 | | | (b)两因素嵌套设计 | | |

图 10-113 两因素完全随机设计与两因素嵌套设计模式图

由上图可见，在两因素完全随机设计试验设计中，$B$ 因素的 4 个水平与 $A$ 因素的两个水平两两组合，共有 8 个单元。而在两因素嵌套设计中，$B$ 因素的 $b_1$ 和 $b_2$ 两个水平仅出现在 $a_1$ 水平，而 $b_3$ 和 $b_4$ 两个水平仅出现在 $a_2$ 水平，即 $B$ 因素是嵌套在 $A$ 因素之中的。

因此嵌套设计是指在因素试验设计中，至少有一个因素的水平是被局限在另一个因素的水平中。例如，在研究中如果 $B$ 因素的每个水平仅出现在 $A$ 因素的一个水平之中，$B$ 因素就是嵌套于 $A$ 因素的，可以写作 $B(A)$。在嵌套设计中，被嵌套因素（$B$ 因素）通常是指固定的团体，嵌套设计的目的就是为了分离出无关变量（团体）的效应，以便更加精确地评估自变量（$A$ 因素）的效应。

本节重点介绍两因素完全随机设计嵌套设计和三因素完全随机嵌套设计。

### 10.8.1 两因素嵌套

**案例实战**

验证甲、乙、丙三种催化剂在不同温度下对某化合物的转化作用。由于各催化剂所要求的温度范围不同，将催化剂作为主要研究因素、温度作为次要研究因素，采用嵌套设计，每个处理重复 2 次试验，结果如表 10-3，数据库构建如图 10-114，试做方差分析，数据文件 data10.12.sav。

表 10-3 三种催化剂在不同温度下对某化合物的转化作用

| 催化剂温度（℃） | 甲 | | | 乙 | | | 丙 | | |
|---|---|---|---|---|---|---|---|---|---|
| | 70 | 80 | 90 | 55 | 65 | 75 | 90 | 95 | 100 |
| 转化率（%） | 82 | 91 | 85 | 65 | 62 | 56 | 71 | 75 | 85 |
| | 84 | 88 | 83 | 61 | 59 | 60 | 67 | 78 | 89 |

**案例解析**

本例研究 2 个因素，催化剂（甲、乙、丙）3 水平，温度 9 水平，但温度嵌套于催化剂因素之下，效应量为转化率，计量资料。注意不要一看到率就认为是计数资料！要看研究单位，本例每个研究单位获得的是率，而不是贡献 0/1，如果是后者，则为计数资料了。本例符合 2 因素嵌套设计方差分析。

**实战步骤**

**1. 调用方差分析功能窗口**

菜单：分析——一般线性模型——单变量，弹出图 10-115，将转化率放入因变量框，将催化剂和温度放入固定因子。

图 10-114　数据构建格式

图 10-115　单变量功能窗口

### 2. 参数窗口设置

（1）"模型"，如图 10-116，将催化剂和温度放入模型框，构建项选择"主效应"。

（2）"选项"，如图 10-117，将催化剂和温度放入显示均值框中，并勾选其中的"描述统计"，因嵌套设计非完全随机分组，因此不做齐性检验。

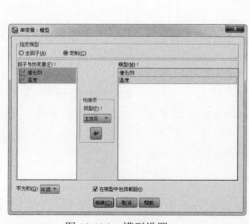

图 10-116　模型设置

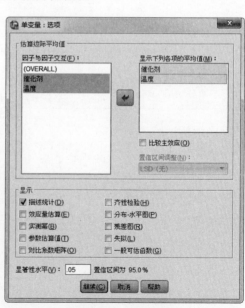

图 10-117　选项设置

### 3. 程序编辑

在主对话框中，点击粘贴按钮，将目前所做的操作的程序粘贴出来，如图10-118，将程序中的最后一行"/DESIGN= 催化剂 温度."修改为以下代码，如图10-119所示：

```
"/DESIGN=催化剂 温度（催化剂）
/TEST=催化剂 VS温度（催化剂）."
```

图10-118　嵌套程序编辑窗口　　　　图10-119　修改后程序

如图10-119所示，其中的括号为英文状态下的括号。修改完毕点击菜单运行—全部，进行计算。修改后程序见提供的数据文件。

### 4. 主要结果解释

本例分析主要方差分析结果如图10-120和图10-121所示。需要注意的是，图10-120中只能反映同一催化剂不同温度之间的影响是否有差异，此例 $F=12.152$，$P=0.001<0.05$，因此拒绝 $H_0$，接受 $H_1$，可以认为同一催化剂不同温度间差异有统计学意义。图10-121为不同催化剂是否有作用的比较结果，可见 $F=14.633$，$P=0.005<0.05$，因此拒绝 $H_0$，接受 $H_1$，可以认为不同催化剂对转化率有影响。

**主体间效应检验**

因变量：转化率

| 源 | III 类平方和 | 自由度 | 均方 | F | 显著性 |
|---|---|---|---|---|---|
| 修正模型 | 2357.000a | 8 | 294.625 | 53.568 | 0.000 |
| 截距 | 99904.500 | 1 | 99904.500 | 18164.455 | 0.000 |
| 催化剂 | 1956.000 | 2 | 978.000 | 177.818 | 0.000 |
| 温度(催化剂) | 401.000 | 6 | 66.833 | 12.152 | 0.001 |
| 误差 | 49.500 | 9 | 5.500 | | |
| 总计 | 102311.000 | 18 | | | |
| 修正后总计 | 2406.500 | 17 | | | |

a. R 方 = 0.979（调整后 R 方 = 0.961）

图10-120　二因素嵌套设计方差分析结果（1）

**定制假设检验**

**检验结果**

因变量：转化率

| 源 | 平方和 | 自由度 | 均方 | F | 显著性 |
|---|---|---|---|---|---|
| 对比 | 1956.000 | 2 | 978.000 | 14.633 | 0.005 |
| 误差a | 401.000 | 6 | 66.833 | | |

a. 温度(催化剂)

图 10-121　二因素嵌套设计方差分析结果（2）

**5. 知识补充**

如果要知道催化剂和温度如何影响转化率，可以在分析时进行两两比较设置，为节约篇幅，此处不赘。

### 10.8.2　三因素嵌套

有时研究者可能会遇到更加复杂的嵌套关系，如研究中可能有上、下两级团体因素对因变量产生影响，如医院与病房、学校与班级、工厂与车间，在这样的研究中，不仅下一级团体中的受试对象不能做随机分配，而且下一级团体在上一级团体中也不能随机分配。此时就要做更加复杂的嵌套设计，当嵌套的因素大于等于 3 时，通常就称为 $m$ 级嵌套，为了方便阐述，本小节主要讲解三因素嵌套设计。嵌套设计的因素超过 3 个及其以上时，就叫做 $m$ 级嵌套设计，随着嵌套级别的增加，分析也愈加复杂。

我们以一个案例为例，阐明三因素嵌套设计。如要检验一种新药（$A$ 因素）的治疗效果，研究者将治疗同一病的两种药物：新药与旧药，随机分给 4 家医院（$B$ 因素）的 8 个病房（$C$ 因素）的 $N$ 个病人，为了研究医院和病房效应，研究者设计了一个三因素嵌套设计，将医院嵌套于两种药（$B(A)$）中，病房嵌套于 4 家医院（$C(B)$）中，然后再嵌套在两种药（$C(AB)$）中，结构参见图 10-122。

模式图中可见，在一个三因素完全随机嵌套设计的试验设计中，$B$ 因素的 $b_1$ 和 $b_2$ 两个水平仅出现在 $a_1$ 水平，$b_3$ 和 $b_4$ 两个水平仅出现在 $a_2$ 水平，这时 $B$ 因素是嵌套在 $A$ 因素之中。同时 $C$ 因素的 $c_1$、$c_2$ 两个水平仅出现在 $b_1$ 水平中，$c_3$ 和 $c_4$ 两个水平仅出现在 $b_2$ 水平中，$c_5$ 和 $c_6$ 两个水平仅出现在 $b_3$ 水平，$c_7$ 和 $c_8$ 两个水平仅出现在 $b_4$ 水平，表明 $C$ 因素是嵌套在 $B$ 因素之中，而 $B$ 因素又嵌套在 $A$ 因素之中。

| | | $a_1$ | $a_2$ |
|---|---|---|---|
| b₁ | c₁ | $S_1$ | |
| | | $S_2$ | |
| | | $S_3$ | |
| | | $S_4$ | |
| | c₂ | $S_5$ | |
| | | $S_6$ | |
| | | $S_7$ | |
| | | $S_8$ | |
| b₂ | c₃ | $S_9$ | |
| | | $S_{10}$ | |
| | | $S_{11}$ | |
| | | $S_{12}$ | |
| | c₄ | $S_{13}$ | |
| | | $S_{14}$ | |
| | | $S_{15}$ | |
| | | $S_{16}$ | |
| b₃ | c₅ | | $S_{17}$ |
| | | | $S_{18}$ |
| | | | $S_{19}$ |
| | | | $S_{20}$ |
| | c₆ | | $S_{21}$ |
| | | | $S_{22}$ |
| | | | $S_{23}$ |
| | | | $S_{24}$ |
| b₄ | c₇ | | $S_{25}$ |
| | | | $S_{26}$ |
| | | | $S_{27}$ |
| | | | $S_{28}$ |
| | c₈ | | $S_{29}$ |
| | | | $S_{30}$ |
| | | | $S_{31}$ |
| | | | $S_{32}$ |

图 10-122　三要素嵌套设计模式

基本分析方法是首先将 $B$ 因素的 4 个水平随机分入 $A$ 因素的两个水平，即随机分配

$b_1$ 和 $b_2$ 两个高一级团体接受 $a_1$ 水平处理，$b_3$ 和 $b_4$ 两个高一级团体接受 $a_2$ 水平处理。这时 C 因素的 8 个水平也随之分入两个实验处理，即 $c_1$、$c_2$、$c_3$ 和 $c_4$ 四个低一级团体接受 $a_1$ 水平处理，$c_5$、$c_6$、$c_7$ 和 $c_8$ 四个低一级团体接受 $a_2$ 水平处理。每个低一级团体内的受试对象不再做随机分配。模型中可见，AB、AC、BC 和 ABC 交互作用在三因素嵌套设计中是不出现的，这是嵌套设计的前提条件。

**案例实战**

为了研究两种教学方法的效果，某研究者随机选取 4 个学校，每个学校选取 2 个班级，随机分配了 2 个学校的 4 个班级接受第一种教学方法（$a_1$），分配另外两个学校的 4 个班级接受第二种教学方法（$a_2$），研究中有"学校"和"班级"两个嵌套变量，"班级"有 8 个水平嵌套在 4 个"学校"中，"学校"又嵌套在两种"教学方法"中，数据见表 10-4，数据库见图 10-123。试做方差分析。数据文件：data10.13.sav。

表 10-4 两种教学方法教学效果比较

| 教学法（$a_1$） | | | | 教学法（$a_2$） | | | |
|---|---|---|---|---|---|---|---|
| 学校（$b_1$） | | 学校（$b_2$） | | 学校（$b_3$） | | 学校（$b_4$） | |
| 班级（$c_1$） | 班级（$c_2$） | 班级（$c_3$） | 班级（$c_4$） | 班级（$c_5$） | 班级（$c_6$） | 班级（$c_7$） | 班级（$c_8$） |
| 3 | 4 | 4 | 5 | 8 | 5 | 9 | 12 |
| 6 | 5 | 6 | 6 | 9 | 7 | 8 | 13 |
| 4 | 3 | 4 | 7 | 8 | 5 | 8 | 12 |
| 3 | 3 | 2 | 6 | 7 | 2 | 7 | 11 |

| | 教学方法 | 学校 | 班级 | 成绩 | | 教学方法 | 学校 | 班级 | 成绩 |
|---|---|---|---|---|---|---|---|---|---|
| 1 | 1 | 1 | 1 | 3 | 17 | 2 | 3 | 5 | 8 |
| 2 | 1 | 1 | 1 | 6 | 18 | 2 | 3 | 5 | 9 |
| 3 | 1 | 1 | 1 | 4 | 19 | 2 | 3 | 5 | 8 |
| 4 | 1 | 1 | 1 | 3 | 20 | 2 | 3 | 5 | 7 |
| 5 | 1 | 1 | 2 | 4 | 21 | 2 | 3 | 6 | 5 |
| 6 | 1 | 1 | 2 | 5 | 22 | 2 | 3 | 6 | 7 |
| 7 | 1 | 1 | 2 | 3 | 23 | 2 | 3 | 6 | 5 |
| 8 | 1 | 1 | 2 | 3 | 24 | 2 | 3 | 6 | 2 |
| 9 | 1 | 2 | 3 | 4 | 25 | 2 | 4 | 7 | 9 |
| 10 | 1 | 2 | 3 | 6 | 26 | 2 | 4 | 7 | 8 |
| 11 | 1 | 2 | 3 | 4 | 27 | 2 | 4 | 7 | 8 |
| 12 | 1 | 2 | 3 | 2 | 28 | 2 | 4 | 7 | 7 |
| 13 | 1 | 2 | 4 | 5 | 29 | 2 | 4 | 8 | 12 |
| 14 | 1 | 2 | 4 | 6 | 30 | 2 | 4 | 8 | 13 |
| 15 | 1 | 2 | 4 | 7 | 31 | 2 | 4 | 8 | 12 |
| 16 | 1 | 2 | 4 | 6 | 32 | 2 | 4 | 8 | 11 |

图 10-123 三因素嵌套数据结构

**实战步骤**

**1. 单变量调用**

菜单：分析——一般线性模型—单变量，如图10-124所示，将成绩放入"因变量"选框。将因素教学方法、学校和班级选入"固定因子"框。

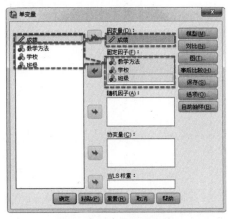

图10-124 单变量设置

**2. 参数设置**

（1）"模型"，如图10-125，将3个变量放入"模型"框，如图操作。

（2）"选项"，如图10-126，将3个变量放入显示均值，同时勾选"描述统计"，点击"继续"。

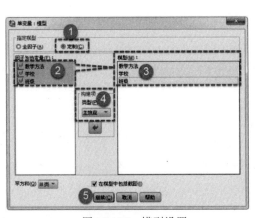

图10-125 模型设置

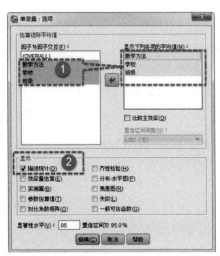

图10-126 选项设置

（3）主对话框，点击"粘贴"，得到操作的程序，如图10-127所示。将程序中的最后一行"/DESIGN= 教学方法 学校 班级 ."修改为：

```
"/DESIGN=教学方法 学校（教学方法）班级（学校（教学方法）） .",
```

注意其中的括号为英文状态下的括号。

因为包含嵌套因素，班级（学校（教学方法））的作用 $F$ 应该用班级的均方差与组内均方差相除，学校（教学方法）的作用 $F$ 应该用学校与班级的均方差相除；教学方法的作用 $F$ 应该是教学方法的均方差除以学校的均方差，因此在程序窗口添加两行命令：

```
"/TEST= 教学方法 VS 学校（教学方法）
 /TEST= 学校（教学方法）VS 班级（学校（教学方法）） ."
```

最终如图10-128所示，修改完毕点击菜单运行—全部，运行程序。

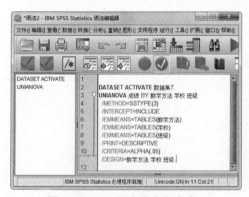

图10-127 三因素嵌套程序窗口

图10-128 改变后的程序

### 3. 主要结果

主要分析结果如下，图10-129中只反映在不同班级的成绩差异有统计学意义，$F$=9.80，$P$=0.000<0.05。图10-130（A）中反映不同教学方法学生的成绩差异无统计学意义，$F$=3.905，$P$=0.187>0.05。图10-130（B）中反映不同学校学生成绩差异无统计学意义，$F$=1.882，$P$=0.265>0.05。

### 4. 结果解释

统计结果：不同教学方法差异无统计学意义，$F$=3.905，$P$=0.187；同一教学方法不同学校之间差异无统计学意义，$F$=1.882，$P$=0.265；不同班级之间差异有统计学意义，$F$=9.80，$P$=0.000。

专业结论：教学方法和学校对学生成绩无影响，班级因素对学生成绩有影响。

主体间效应检验

因变量：成绩

| 源 | III 类平方和 | 自由度 | 均方 | F | 显著性 |
|---|---|---|---|---|---|
| 修正模型 | 231.375a | 7 | 33.054 | 21.154 | 0.000 |
| 截距 | 1275.125 | 1 | 1275.125 | 816.080 | 0.000 |
| 教学方法 | 112.500 | 1 | 112.500 | 72.000 | 0.000 |
| 学校(教学方法) | 57.625 | 2 | 28.813 | 18.440 | 0.000 |
| 班级(学校(教学方法)) | 61.250 | 4 | 15.313 | 9.800 | 0.000 |
| 误差 | 37.500 | 24 | 1.563 | | |
| 总计 | 1544.000 | 32 | | | |
| 修正后总计 | 268.875 | 31 | | | |

a. R 方 =0.861（调整后 R 方 =0.820）

图 10-129 不同班级教学效果比较

定制假设检验 1

A

检验结果

因变量：成绩

| 源 | 平方和 | 自由度 | 均方 | F | 显著性 |
|---|---|---|---|---|---|
| 对比 | 112.500 | 1 | 112.500 | 3.905 | 0.187 |
| 误差 | 57.625 | 2 | 28.813 | | |

a. 学校(教学方法)

定制假设检验 2

B

检验结果

因变量：成绩

| 源 | 平方和 | 自由度 | 均方 | F | 显著性 |
|---|---|---|---|---|---|
| 对比 | 57.625 | 2 | 28.813 | 1.882 | 0.265 |
| 误差 | 61.250 | 4 | 15.313 | | |

a. 班级(学校(教学方法))

图 10-130 不同教学方法教学效果比较

## → 10.9 正交设计方差分析

前面研究的单因素方差分析只能研究一个处理因素，随机区组可以研究两个研究因素，析因设计可以研究多个因素并考虑交互作用，但设计为各因素各水平的全面组合，很浪费样本及实验资源，所以析因设计一般研究因素不超过三个；当研究因素过多时，如何进行高效研究，一直是个问题。

正交设计是日本学者田口玄一，在研制线性弹簧继电器时，发明的一种高效优化试验设计方案的一种设计方法。当时研制线性弹簧继电器有几十个特性值和两千多个试验因素，经过 7 年研制成功，其性能比美国同一产品更优。虽然成本仅几美元，但研究费用用了几百万美元，创造的经济效益高达几十亿美元，同时击垮了美国的企业。

正交设计法使用一种规范化的表格（正交表）进行试验设计，可以用较少的试验次数，取得较为准确、可靠的优选结论。正交设计可以确定各因素对试验指标的影响规律，得知哪些因素的影响是主要的，哪些是次要的，哪些因素间存在相互影响；同时可以选出各因素的一个水平组合来确定最佳生产条件。

正交设计在进行试验之前，需要根据自己研究因素的个数和水平，选择相应的正交表和正交交互作用表进行安排试验，获取试验数据。

正交表简记为符号：$L_n(m^k)$

其中 $L$——表示正交表。

$n$——表示实验方案的个数（表的行数）。

$m$——表示试验因素的水平数。（水平指试验因素在试验中所选取的具体状态。）

$k$——表示最多可安排试验因素的数目（表的列数）。（试验因素是对试验结果可能会产生影响的原因，是实验过程中的自变量，或称条件变量，是输入参数。）

常见的正交表为：

（1）处理因素相同水平的正交试验设计

二水平正交表：$L_4(2^3)$、$L_8(2^7)$、$L_{12}(2^{11})$、$L_{16}(2^{15})$、$L_{32}(2^{31})$…

三水平正交表：$L_9(3^4)$、$L_{27}(3^{13})$、$L_{81}(3^{40})$…

四水平正交表：$L_{16}(4^5)$、$L_{64}(4^{21})$、$L_{256}(4^{85})$…

五水平正交表：$L_{25}(5^6)$、$L_{125}(5^{31})$、$L_{265}(5^{156})$…

（2）处理因素不同水平的正交试验设计

正交表中不同因素的水平数不同称为混合型正交表。

常见的水平数相同的正交表有：$L_8$（$4×2^4$），$L_{12}$（$3×2^4$），$L_{12}$（$6×2^2$），$L_{16}$（$4^4×2^3$），$L_{16}$（$4×12^{12}$），$L_{18}$（$2×3^7$），$L_{36}$（$2^3×3^{13}$）等。

正交设计内容繁多，其设计的重要性远高于统计分析，有专著专门阐述，本书不会详尽解读，但为了保证全书统计分析方法的完整性，本节仅举一例进行解读。正交试验设计的数据分析主要包括：直观分析、极差分析、方差分析和回归分析。

**案例实战**

中药黄芩有效成分黄芩苷具有抑菌、利尿、抗炎、抗变态及解痉作用，并且具有较强的抗癌反应等生理效能。某研究组采用正交设计方法，以期发现黄芩苷的最佳提取工艺，根据预试结果，拟定4种因素，即煎煮时间（A）、煎煮次数（B）、用水倍数（C）及浸泡时间（D），每种因素选择2种水平，以制剂中黄芩苷为考察指标。数据文件：data10.14.sav。

表 10-5　因素与水平设置

| 水　平 | 因　素 | | | |
|---|---|---|---|---|
| | A（煎煮时间） | B（煎煮次数） | C（用水倍数） | D（浸泡时间） |
| 1 | 30 | 1 | 10 | 1 |
| 2 | 50 | 2 | 15 | 2 |

**案例分析**

这是一个典型的正交设计，考虑了4个因素，每个因素2个水平，因此可以选择$L_8(2^7)$正交设计进行安排试验。如果要考虑因素之间交互作用，还要找到$L_8(2^7)$正交表的交互作用安排表，安排好研究因素后，即可进行试验获取研究数据，见表10-6。

表 10-6  实验方案及结果

| 试验号＼列号 | A | B | C | D | 5 | 6 | 7 | 黄芩苷提取量 |
|---|---|---|---|---|---|---|---|---|
| 1 | 1 | 1 | 1 | 1 | 1 | 1 | 1 | 3.36 |
| 2 | 1 | 1 | 1 | 2 | 2 | 2 | 2 | 4.02 |
| 3 | 1 | 2 | 2 | 1 | 1 | 2 | 2 | 6.14 |
| 4 | 1 | 2 | 2 | 2 | 2 | 1 | 1 | 4.16 |
| 5 | 2 | 1 | 2 | 1 | 2 | 1 | 2 | 2.74 |
| 6 | 2 | 1 | 2 | 2 | 1 | 2 | 1 | 1.47 |
| 7 | 2 | 2 | 1 | 1 | 2 | 2 | 1 | 2.02 |
| 8 | 2 | 2 | 1 | 2 | 1 | 1 | 2 | 1.38 |
| $K_1$ | 4.420 | 2.897 | 2.695 | 3.565 | 3.088 | 2.910 | 2.752 | |
| $K_2$ | 1.903 | 3.425 | 3.628 | 2.758 | 3.235 | 3.413 | 3.570 | |
| R | 2.517 | 0.528 | 0.933 | 0.807 | 0.147 | 0.503 | 0.818 | |

**案例实战**

选用 $L_8(2^7)$ 正交表，安排 4 个因素，2 个水平，共 8 次实验，获得数据如下。

1. 直观分析法

顾名思义，按照实验结果直观的判断各因素的最佳组合，本例可见第 3 行试验的黄芩苷产量最高，因此最佳配伍为 $A_1B_2C_2D_1$。

2. 极差分析法

先解释一下 $K_1$，$K_2$ 和 R 的含义。以 A 因素的为例：

A 因素 $K_1$ 为 A 因素所有取水平 1 的黄芩苷提取量之和除以水平 1 的个数 =

$K_1$=（3.36+4.02+6.14+4.16）/4=4.42

$K_2$=（2.74+1.47+2.02+1.38）/4=1.903

R= $K_1$-$K_2$=2.517（注此步用大的减去小的）

极差越大，说明此因素越重要，因此上述因素的重要性排序为 ACDB。因此结合直观法结果，试验最优方案为 $A_1C_2D_1B_2$。

3. 方差分析法

检验各列对试验指标的影响是否显著，在什么水平上显著。有了各列的显著性检验之后，最后应将影响不显著的交互作用列与原来的"误差列"合并起来，组成新的"误差列"，重新检验各列的显著性。

（1）调用方差分析：菜单—分析——一般线性模型—单变量。如图 10-131，将黄芩苷量放入因变量，A、B、C 和 D 因素放入固定因子。

（2）"模型"参数设置：如图 10-132，选择定制，将 4 个因素放入模型框；选择构建项"主效应"，点击"继续"。

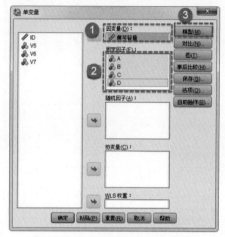

图 10-131　单变量主对话框设置

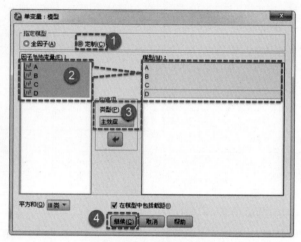

图 10-132　模型参数设置

（3）主要结果

主体间效应检验

因变量：黄芩苷量

| 源 | III 类平方和 | 自由度 | 均方 | F | 显著性 |
|---|---|---|---|---|---|
| 修正模型 | 16.275a | 4 | 4.069 | 6.475 | 0.078 |
| 截距 | 79.948 | 1 | 79.948 | 127.229 | 0.001 |
| A | 12.676 | 1 | 12.676 | 20.172 | 0.021 |
| B | 0.557 | 1 | 0.557 | 0.886 | 0.416 |
| C | 1.739 | 1 | 1.739 | 2.768 | 0.195 |
| D | 1.304 | 1 | 1.304 | 2.075 | 0.245 |
| 误差 | 1.885 | 3 | 0.628 | | |
| 总计 | 98.109 | 8 | | | |
| 修正后总计 | 18.160 | 7 | | | |

a. R 方 = 0.896（调整后 R 方 = 0.758）

图 10-133　方差分析结果

结果解释，根据 A、B、C、D 各因素的 P 值，发现只有 A 因素（煎煮时间）有统计学意义；煎煮次数，用水倍数及浸泡时间的不同水平间差异均无统计学意义。

SPSS 在数据菜单中，有正交试验方案设计，但只可以分析主效应，不能设计交互作用，如果需要分析交互作用，则需要按照正交表和正交交互作用表安排试验进行分析。

## ➔ 10.10　裂区设计方差分析

裂区设计是多因素试验的一种设计形式。在多因素试验中，如处理组合不太多，而各个因子的效应同等重要时，可以采用随机区组设计；若研究因素有主次之分时，可以采用裂区设计。如研究某种农作物的产量时，研究农作物品种和施肥量 2 个因素，明显品种是主要研究因素，研究精度高，施肥量为次要因素，研究精度较低。设计模式图如图 10-134，$A$ 为主要因素，$B$ 为次要因素。

**案例实战**

为探讨新培育的 4 个辣椒品种的施肥技术，采用裂区试验设计试验。以施肥量为主区因素 $A$，设 $A_1$、$A_2$、$A_3$ 共 3 个水平；品种为副区因素 $B$，设 $B_1$、$B_2$、$B_3$、$B_4$ 共 4 个水平，重复 3 次（$R$=3），其试验小区产量（kg/ 小区），设计模式图如图 10-134，数据见数据库（data10.15）。

重复 I

| $A_1$ | | $A_3$ | | $A_2$ | |
|---|---|---|---|---|---|
| $B_2$ | $B_1$ | $B_3$ | $B_2$ | $B_4$ | $B_3$ |
| $B_3$ | $B_4$ | $B_4$ | $B_1$ | $B_1$ | $B_2$ |

重复 II

| $A_3$ | | $A_2$ | | $A_1$ | |
|---|---|---|---|---|---|
| $B_1$ | $B_3$ | $B_4$ | $B_3$ | $B_2$ | $B_3$ |
| $B_4$ | $B_2$ | $B_2$ | $B_1$ | $B_4$ | $B_1$ |

重复 III

| $A_1$ | | $A_3$ | | $A_2$ | |
|---|---|---|---|---|---|
| $B_4$ | $B_3$ | $B_2$ | $B_4$ | $B_1$ | $B_2$ |
| $B_2$ | $B_1$ | $B_1$ | $B_3$ | $B_3$ | $B_4$ |

图 10-134　裂区设计模式图

**案例分析**

本例采用了裂区设计，3 次重复（区组 $R$），主因素 $A$（$A_1$–$A_3$），副因素 $B$（$B_1$–$B_4$），必须注意的是，裂区设计方差分析，不同研究因素比较时的误差项是不一样的，见图 10-135。请注意主区部分和副区部分的误差项是不一样的。

| 变异来源 | | DF | 平 方 和 |
|---|---|---|---|
| 主区部分 | 区组 | $r$-1 | $SS_R=\sum T_r^2/ab-C$ |
| | A | $a$-1 | $SS_A=\Sigma T_A^2/rb-C$ |
| | 误差a | ($r$-1)($a$-1) | $SS_{E_a}=$ 主区$SS$-$SS_R$-$SS_A$ |
| | 主区总变异 | $ra$-1 | 主区$SS$ |
| 副区部分 | B | $b$-1 | $SS_B=\Sigma T_B^2/ra-C$ |
| | A×B | ($a$-1)($b$-1) | $SS_{AB}$=处理$SS$-$SS_A$-$SS_B$ |
| | 误差b | $a$($r$-1)($b$-1) | $SS_{E_b}=SS_T$-主区总$SS$-$SS_B$-$SS_{AB}$ |
| 总 变 异 | | $rab$-1 | $SS_T=\sum y^2-C$ |

图 10-135　二裂区试验自由度分解

**实战步骤**

**1. 调用单变量窗口**

菜单：分析——一般线性模型—单变量，弹出图 10-136。将产量（weight）放入因变量框，$A$ 和 $B$ 因素放入固定因子，将区组（$R$）放入随机因子，点击"模型"。

图 10-136　单变量设置

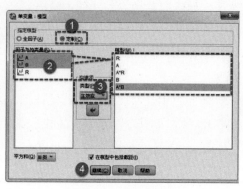

图 10-137　模型设置

**2. 参数设置**

（1）模型设置：如图 10-136，首先选择"定制"，然后按图 10-137 所示，分别将 $R$、$A$、$A×R$、$B$ 和 $A×B$ 放入模型框，最后构建项选择"主效应"，点击"继续"。注意交互项是同时选中，构建项选择交互，然后放入右框中即可。

（2）事后比较设置：如图 10-138，将 $A$ 和 $B$ 放入事后检验框，两两比较有 14 种方法，选择邓肯（Duncan）检验，点击"继续"。具体如何选择根据自己的研究目的，不知如何选择的话可参考专业期刊常用方法。

（3）选项设置：设置如图 10-139 所示。

图 10-138　事后比较

图 10-139　选项设置

## 主要结果解读

1. 主体间效应比较，如图 10-140，图中 $B$ 和 $A \times B$ 的误差项为 $MS$（error）=6.731，$A$ 和 $R$ 的误差项为 $MS$（$A \times R$）=9.675。结果可见区组（$R$）差异无意义，$A$、$B$ 差异均有意义，并且 $A \times B$ 存在交互作用。图 10-141 为不同区组与 $A$ 组合的均值结果，根据该图，制作新的数据库，见图 10-142。

**主体间效应检验**

因变量：产量

| 源 | | III 类平方和 | 自由度 | 均方 | F | 显著性 |
|---|---|---|---|---|---|---|
| 截距 | 假设 | 64676.967 | 1 | 64676.967 | 7974.692 | 0.000 |
| | 误差 | 16.221 | 2 | 8.110[a] | | |
| R | 假设 | 16.221 | 2 | 8.110 | 0.838 | 0.497 |
| | 误差 | 38.701 | 4 | 9.675[b] | | |
| A | 假设 | 1318.024 | 2 | 659.012 | 68.113 | 0.001 |
| | 误差 | 38.701 | 4 | 9.675[b] | | |
| A * R | 假设 | 38.701 | 4 | 9.675 | 1.437 | 0.262 |
| | 误差 | 121.165 | 18 | 6.731[c] | | |
| B | 假设 | 1975.905 | 3 | 658.635 | 97.845 | 0.000 |
| | 误差 | 121.165 | 18 | 6.731[c] | | |
| A * B | 假设 | 416.307 | 6 | 69.385 | 10.308 | 0.000 |
| | 误差 | 121.165 | 18 | 6.731[c] | | |

a. MS(R)
b. MS(A * R)
c. MS(误差)

图 10-140　主体间效应

2. $A$ 和 $B$ 事后比较，如图 10-141 和图 10-142。注意 SPSS 刚才在主体间效应检验时，$A$ 和 $B$ 采用了不同的误差项，可是 SPSS 在事后比较时，$A$ 的误差项并未进行调整，依旧为 6.731。此时需要对 $A$ 的事后比较进行调整。本例图 10-141 结果可用，发现 $B$ 不同品种间各有差异，产量高低看上述的均值。图 10-142 结果不可用，此处列出只是让大家进行比对。

**4. 品种**

因变量：产量

| 品种 | 平均值 | 标准误差 | 95% 置信区间 下限 | 95% 置信区间 上限 |
|---|---|---|---|---|
| 1 | 30.822 | 0.865 | 29.005 | 32.639 |
| 2 | 42.356 | 0.865 | 40.539 | 44.172 |
| 3 | 51.233 | 0.865 | 49.416 | 53.050 |
| 4 | 45.133 | 0.865 | 43.316 | 46.950 |

**产量**

邓肯[a,b]

| 品种 | 个案数 | 子集 1 | 子集 2 | 子集 3 | 子集 4 |
|---|---|---|---|---|---|
| 1 | 9 | 30.822 | | | |
| 2 | 9 | | 42.356 | | |
| 4 | 9 | | | 45.133 | |
| 3 | 9 | | | | 51.233 |
| 显著性 | | 1.000 | 1.000 | 1.000 | 1.000 |

将显示齐性子集中各个组的平均值。
基于实测平均值。
误差项是均方（误差）= 6.731。
a. 使用调和平均值样本大小 = 9.000。
b. Alpha = 0.05。

图 10-141　分析结果

**2. 施肥量**

因变量：产量

| 施肥量 | 平均值 | 标准误差 | 95% 置信区间 下限 | 95% 置信区间 上限 |
|---|---|---|---|---|
| 1 | 50.700 | 0.749 | 49.126 | 52.274 |
| 2 | 39.983 | 0.749 | 38.410 | 41.557 |
| 3 | 36.475 | 0.749 | 34.901 | 38.049 |

**产量**

邓肯[a,b]

| 施肥量 | 个案数 | 子集 1 | 子集 2 | 子集 3 |
|---|---|---|---|---|
| 3 | 12 | 36.475 | | |
| 2 | 12 | | 39.983 | |
| 1 | 12 | | | 50.700 |
| 显著性 | | 1.000 | 1.000 | 1.000 |

将显示齐性子集中各个组的平均值。
基于实测平均值。
误差项是均方（误差）= 6.731。
a. 使用调和平均值样本大小 = 12.000。
b. Alpha = 0.05。

图 10-142　分析结果

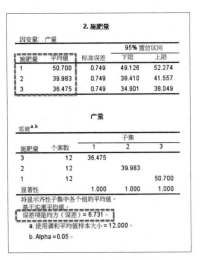

3. 在分析结果中找到图 10-143 所示的结果，用框中标示出的前 3 列重新构建数据库，见图 10-144。

**3. 施肥量 * 区组**

因变量：产量

| | | | | 95% 置信区间 | |
|---|---|---|---|---|---|
| 施肥量 | 区组 | 平均值 | 标准误差 | 下限 | 上限 |
| 1 | 1 | 48.025 | 1.297 | 45.300 | 50.750 |
| | 2 | 52.300 | 1.297 | 49.575 | 55.025 |
| | 3 | 51.775 | 1.297 | 49.050 | 54.500 |
| 2 | 1 | 40.675 | 1.297 | 37.950 | 43.400 |
| | 2 | 39.400 | 1.297 | 36.675 | 42.125 |
| | 3 | 39.875 | 1.297 | 37.150 | 42.600 |
| 3 | 1 | 35.750 | 1.297 | 33.025 | 38.475 |
| | 2 | 36.050 | 1.297 | 33.325 | 38.775 |
| | 3 | 37.625 | 1.297 | 34.900 | 40.350 |

图 10-143　统计描述

| | A | R | 产量均值 |
|---|---|---|---|
| 1 | 1 | 1 | 48 |
| 2 | 1 | 2 | 52 |
| 3 | 1 | 3 | 52 |
| 4 | 2 | 1 | 41 |
| 5 | 2 | 2 | 39 |
| 6 | 2 | 3 | 40 |
| 7 | 3 | 1 | 36 |
| 8 | 3 | 2 | 36 |
| 9 | 3 | 3 | 38 |

图 10-144　重组数据

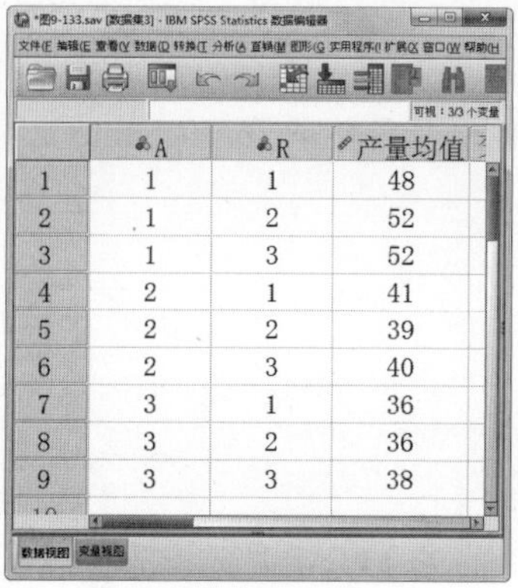

4. 对图 10-144 数据库，再次进行方差分析，分析—一般线性模型—单变量；产量均值放入因变量，*A* 和 *R* 放入固定因子；模型中定制，*A* 和 *R* 放入右框，事后比较，*A* 放入比较框，方法选择 Duncan 法，点击“继续”“确定”运行，查看结果。

主体间效应结果与上述分析的 *A* 和 *R* 的 *P* 值完全一样，但 *A* 的两两比较结果与图 10-132 已经不同，见图 10-145。其中的误差项为 2.419，有人说这和图 10-140 的误差项 9.675 不一致，其实是这样的。图 10-145 中的 *SE*=sqrt（*MS*/*r*）=sqrt（2.419/3），而图 10-140 中的 *SE*=sqrt（*MS*/*rb*）=sqrt（9.675/（3×4）），两个算式结果相等。两者的标准误 *SE* 是相等的，由此计算的 *LSEa*=*SE*×*SSRa*（新复极差法）的比较标准也是一样的，因此，由此法进行的多重比较结果也是正确的。

**产量均值**

邓肯[a,b]

| | | 子集 | |
|---|---|---|---|
| A | 个案数 | 1 | 2 |
| 3 | 3 | 36.48 | |
| 2 | 3 | 39.98 | |
| 1 | 3 | | 50.70 |
| 显著性 | | 0.051 | 1.000 |

将显示齐性子集中各个组的平均值。
基于实测平均值。
误差项是均方（误差）= 2.419。
a. 使用调和平均值样本大小 = 3.000。
b. Alpha = 0.05。

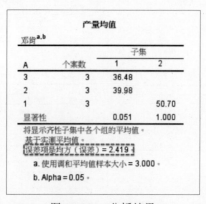

图 10-145　分析结果

# 第11章 卡方检验

前面已述,变量家族有计量、计数和等级三个兄弟,$t$检验和$F$检验是用于比较组间计量资料的。计数资料组间比较采用的方法是卡方检验。该检验被誉为二十世纪科学技术所有分支中的20大发明之一,它的发明者是卡尔·皮尔逊(Karl Pearson)。其基本思想是真实值与理论值的吻合程度,简单到不能理解。

举个例子吧,有个研究生$A$目前每月生活费有1000元,他即将毕业,理想中的刚入职工资月薪3000元钱;有个程序员$B$月薪5000元,他的目标是月薪10000元,那么请问,两人谁更接近自己的理想呢?很多人会认为是研究生,因为$A$离理想之差2000元,而$B$离理想差5000元呢。其实不是,卡方检验的基本思想为真实与理想的吻合程度,$A$离自己理想的差距计算应该为(1000-3000)/3000=66.7%,$B$离自己理想的差距计算应该为(5000-10000)/10000=50%,意思是$A$离其理想的差距还有66.7%的距离,$B$为50%的差距,因此$B$更接近自己的理想,在实际计算中,为了保证分子永为正值,分子常用平方,因而卡方(Chi square)=(真实-理想)$^2$/理想。

为了保证大家能够理解卡方检验的思想,再看一个专业的例题,某医生将170名急性病毒性肝炎病人随机分成2组,分别给予中药疗法和西药疗法急性治疗,观察结果如表11-1所示,问两种疗法的有效率是否相同?

表 11-1  中药和西药治疗病毒性肝炎病人疗效

| 疗 法 | 有 效 | 无 效 | 合 计 | 有效率(%) |
|---|---|---|---|---|
| 中药 | 35(38.12)$a$ | 45(41.88)$b$ | 80($a+b=n_1$) | 43.75 |
| 西药 | 46(42.88)$c$ | 44(47.12)$d$ | 90($c+d=n_2$) | 51.11 |
| 合计 | 81($a+c=m_1$) | 89($b+d=m_2$) | 170($a+b+c+d=n$) | 47.65 |

**案例数据解读**

表中中药治疗80人,有效35人,无效45人;西药治疗90人,有效46人,无效44人,其中的35、45、46和44是该医生试验得到的结果,是实际获得的数据,我们把它叫做实际频数$A$(Actural frequency),而该表中的所有数据均是由这4个实际频数计算出来的,因此该表也称为四格表;中药有效率43.75%,西药有效率51.11%,虽然西药比中药高,但因为存在抽样误差,并不能下此结论,需要统计分析,以排除抽样误差的影响。

要想掌握卡方检验的思想,思想上必须要跨上三级台阶。

(1)第一级台阶:170例病人,合计的有效率为47.65%,现在假设中药和西药治疗的有效率是一样的,那中药和西药的有效率应该等于多少呢?必须等于47.65%,不知道这点读者能否理解,因为两组人数不同,必须都等于47.65%,才能保证总的有效率为47.65%!

(2)第二级台阶:如果两组有效率均为47.65%,那么中药和西药理论上分别应该多少人有效呢?应该用80乘以47.65%,和90乘以47.65%,分别得到中药理论上有效38.12人,无效41.88人,西药有效42.88,无效47.12。上述4个数字为假定有效率相同时,理论上获得的数字,因此称为理论频数$T$(Theoretical frequency)。

(3)第三级台阶:以单元格a为例,实际有效35人,理论有效38.12人。如果中药和西药治疗有效率相同并等于47.65%,那么实际和理论就应该相同,可是35与38.12之间有点差距,该差距有两种可能,要么是抽样误差导致的差距,要么是中药和西药的有效率本身就不同导致。但是如果是抽样误差导致,则应该每个单元格的实际频数与理论频数相差不大才对。则4个单元格的$\Sigma(A-T)$应该比较小。可是细心的读者会发现,任何交叉表的$\Sigma(A-T)=0$,因为$A-T$会出现正负抵消,为了不抵消,因此对$\Sigma(A-T)$进行平方,同时为了计算吻合程度,每个差值均需除以其理论频数$T$,因此可以得到公式$\Sigma(A-T)^2/T$,这就是卡方检验的理论推导公式。

## → 11.1 成组四格表卡方

上面花了点篇幅帮助大家理解卡方检验的基本思想,思想的理解有助于后续统计方法的理解与实践。大家是否还记得两组独立样本$t$检验,试验设计为成组设计,两组相互独立,效应指标为计量资料(老大);可是如果我们设计依然为成组(2组)设计,比较的效应指标为二分类(老三),就不能采用$t$检验了,应该采用成组四个表资料卡方检验。

**案例实战**

某课题组采用中药和西药治疗某疾病,将受试对象随机分为中药组和西药组,获得数据如下,问中药和西药治疗有效率有无差别?(数据文件:datajd11.1.sav)

表11-2 中药和西药疗效数据

| 治疗方式 | 治疗结局 ||
|---|---|---|
| | 治愈(1) | 死亡(2) |
| 中药(1) | 43 | 13 |
| 西药(2) | 48 | 3 |

**案例解析**

本例试验分为两组,随机分组,故组间相互独立,为成组(2组)设计,效应指标为疗效（治愈和死亡），为计数资料中的二分类。故本例为 2×2 表资料卡方检验。

**实战步骤**

1. 构建 SPSS 数据库，注意表 11-2 的资料为原始数据整理后的二维统计表资料，对于二维计数资料统计表资料，SPSS 数据库构建永远为 3 列式（行变量、列变量和频数变量），见图 11-1；如果为原始数据，则为经典的行列式，经典行列式是不需要加权的，见相关章节。

2. 加权

因为本例有权重变量频数，因此进行分析前，首先应该进行加权。菜单—数据—个案加权，将频数放入加权框，点击"确定"，如图 11-2 所示。

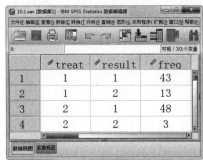

图 11-1　案例数据库

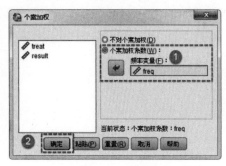

图 11-2　个案加权

3. 卡方检验交叉表设置

菜单：分析—描述统计—交叉表；设置如图 11-3 所示，将 treat 放入行变量框，result 放入列变量框。

4. 参数设置

点击图 11-3 中的"统计"，如图 11-4 所示，勾选"卡方"。点击图 11-3 中的"单元格"，如图 11-5 所示，勾选百分比，点击"继续"，返回主对话框，点击"确定"，运行。

**主要结果解读**

（1）卡方检验主要结果为两步法：第一步看交叉表（见图 11-6），获知相对数信息，产生主观意识，本例中药治愈率为 76.8%，西药治愈率为 94.1%，给我们的感觉是西药效果可能较好，但是也可能是抽样误差导致的，因此需要进一步统计分析确认。

（2）第二步，卡方检验（见图 11-7），给出 5 种卡方检验结果，本例看框中标出的结果，采用 Pearson 卡方检验，得到 $\chi^2$=6.305[a]，$P$=0.012<0.05，按照"大同小异"的口诀，差异具有统计学意义，因此可以得出西药的有效率要优于中药的结论。

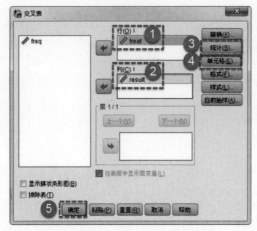
图 11-3　交叉表主对话框设置

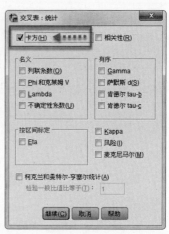
图 11-4　交叉表统计参数设置

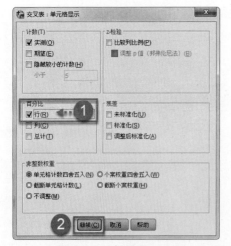
图 11-5　单元格显示设置

treat * result 交叉表

|  |  |  | result | | 总计 |
|---|---|---|---|---|---|
|  |  |  | 治愈 | 死亡 |  |
| treat | 中药 | 计数 | 43 | 13 | 56 |
|  |  | 占 treat 的百分比 | 76.8% | 23.2% | 100.0% |
|  | 西药 | 计数 | 48 | 3 | 51 |
|  |  | 占 treat 的百分比 | 94.1% | 5.9% | 100.0% |
| 总计 |  | 计数 | 91 | 16 | 107 |
|  |  | 占 treat 的百分比 | 85.0% | 15.0% | 100.0% |

图 11-6　交叉表

卡方检验

|  | 值 | 自由度 | 渐进显著性（双侧） | 精确显著性（双侧） | 精确显著性（单侧） |
|---|---|---|---|---|---|
| 皮尔逊卡方 | 6.305[a] | 1 | 0.012 |  |  |
| 连续性修正[b] | 5.016 | 1 | 0.025 |  |  |
| 似然比(L) | 6.779 | 1 | 0.009 |  |  |
| 费希尔精确检验 |  |  |  | 0.015 | 0.011 |
| 线性关联 | 6.246 | 1 | 0.012 |  |  |
| 有效个案数 | 107 |  |  |  |  |

a. 0 个单元格 (0.0%) 的期望计数小于 5。最小期望计数为 7.63。
b. 仅针对 2x2 表进行计算

图 11-7　卡方检验结果

成组四格表卡方检验，软件会自动计算 5 种卡方检验，需要我们根据研究目的和条件进行选择。选择依据参照下面 4 条标准，其中 N 是指总的样本量，T 是指理论频数，判断时请一定注意卡方检验表下面的备注，其中的最小期望计数就是最小理论频数，本例最小 $T=7.63>5$，$N=107>40$，因此看第一行的 Pearson 卡方检验结果，读者明白如何选择了吧！成组四格表卡方检验结果选择依据：

（1）$N \geqslant 40$ and $T \geqslant 5$：选择 Pearson 卡方

（2）$N \geqslant 40$ and $1 \leqslant T<5$：选择连续性校正 $\chi^2$ 检验

（3）$N<40$ or $T<1$：选择 Fisher 精确概率法

（4）$N \geqslant 40$ and $T \geqslant 5$：选择似然比 $\chi^2$ 检验与 Pearson 卡方一致

读者可以用三个成语来帮助你记忆：四十不惑、五谷丰登和缺一不可。

## 11.2 成组 R×C 表

前面说的是成组中的 2 组，统计学存在着 2K 效应，2 组和多组的统计方法是有区别的！当我们试验设计依然为成组，但为 K（K ≥ 3）组设计，此时不管效应指标是否为二分类或者多分类，均超过的 4 个单元格，因此这类表格叫成组 R×C 表，包括 2×C、R×2 和 R×C 三种类型，三种类型差异性比较分析方法均一致。

**案例实战**

1979 年某地发生松毛虫病，333 例患者按年龄分为 2 组，资料如下，分析不同年龄人群病变类型结构有无区别？（数据文件请见 data11.2.sav）

表 11-3　不同年龄松毛虫病表现型构成

| 年龄分组 | 皮炎型 | 骨关节型 | 软组织炎型 | 混合型 | 合计 |
|---|---|---|---|---|---|
| 儿童组 | 50 | 48 | 18 | 72 | 188 |
| 成人组 | 105 | 10 | 7 | 23 | 145 |
| 合计 | 155 | 58 | 25 | 95 | 333 |

**案例解析**

本例按照属性特征年龄分为 2 组，为成组设计；效应指标为病变类型分为 4 型，属于计数资料，因此构成 2×4 的行列表，应该考虑 R×C 表资料卡方检验。

**实战步骤**

1.数据库构建，记得还是三列式！如图 11-8 所示。

2. 加权：三列式有频数列的交叉表，必须记得加权，数据—个案加权，将"人数"放入个案加权框，参见前述案例。

3. 交叉表设置：菜单—分析—描述统计—交叉表，如图 11-9 所示，年龄分组放入行，疾病构成放入列。

4. 参数设置："统计"按钮，选择"卡方"，"单元格按钮"选择行百分比，设置同图 11-4 和图 11-5。

图 11-8　数据格式

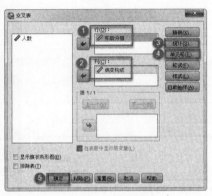

图 11-9　交叉表

5. 主要结果解读

（1）同样为两步法，一为交叉表结果，由图 11-10 可见儿童与成人四种病变类型的构成比，我们可以发现，成人以皮炎型为主，占比 72.4%；儿童以皮炎型（26.6%）、骨关节炎（25.5%）和混合型（38.3%）为主，但因为是样本数据，因此需要统计分析判断。

年龄分组 * 病变构成 交叉表

| | | | 病变构成 | | | | 总计 |
|---|---|---|---|---|---|---|---|
| | | | 皮炎型 | 骨关节型 | 软组织炎型 | 混合型 | |
| 年龄分组 | 儿童 | 计数 | 50 | 48 | 18 | 72 | 188 |
| | | 占 年龄分组 的百分比 | 26.6% | 25.5% | 9.6% | 38.3% | 100.0% |
| | 成人 | 计数 | 105 | 10 | 7 | 23 | 145 |
| | | 占 年龄分组 的百分比 | 72.4% | 6.9% | 4.8% | 15.9% | 100.0% |
| 总计 | | 计数 | 155 | 58 | 25 | 95 | 333 |
| | | 占 年龄分组 的百分比 | 46.5% | 17.4% | 7.5% | 28.5% | 100.0% |

图 11-10　交叉表描述结果

（2）卡方检验结果：如图 11-11 所示，本例 Pearson 卡方检验，$\chi^2=70.143$，$P=0.000<0.05$，"大同小异"，此处可得儿童和成人得了松毛虫病之后的病变类型不同。

在图 11-11 中，共有三种卡方，如何选择呢？

（1）Pearson 卡方：无任何一个单元格理论频数 $T<1$，且 $1 \leqslant T<5$ 的格子数不超过

总格子数的 1/5。

**卡方检验**

| | 值 | 自由度 | 渐进显著性（双侧） |
|---|---|---|---|
| 皮尔逊卡方 | 70.143[a] | 3 | 0.000 |
| 似然比(L) | 73.004 | 3 | 0.000 |
| 线性关联 | 45.074 | 1 | 0.000 |
| 有效个案数 | 333 | | |

a. 0 个单元格 (0.0%) 的期望计数小于 5。最小期望计数为 10.89。

图 11-11　卡方检验结果

（2）如（1）条件不满足，可以考虑增加样本量；专业上进行删除或者合并；采用 $R \times C$ 表资料的 Fisher 确切概率法。

（3）线性关联，当我们研究目的是研究是否存在线性趋势时使用，详见后续的案例。

## ➔ 11.3　成组 $R \times C$ 表效应指标比较

上述案例中，我们发现儿童和成人的病变构成不同，到底哪里不同呢，可以进行列的比较分析。我们采用例 data11.2 的数据，进行列的效应比较。

**实战步骤**

1. 打开 11.2.sav 数据；

2. 加权：数据—个案加权，将“人数”放入个案加权框中；

3. 分析—描述统计—交叉表，将年龄分组放入行，将病变构成放入列；

4. 参数设置：“统计”选择卡方；“单元格”选择行百分比，同时勾选“比较列的比例”，如图 11-12，点击“继续”“确定”运行。

图 11-12　单元格设置

5. 主要结果

本例分析结果大多与上述案例一致，不同之处为图 11-13。结果可见在病变构成的频数表中，产生的 $a$ 和 $b$ 下标，从而依据下标的不同，进一步得出，儿童和成人的病变构成不同，主要为皮炎型与其他三型的构成不同。

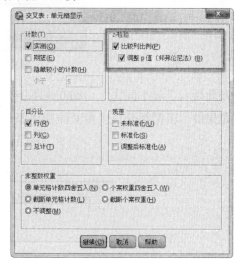

年龄分组 * 病变构成 交叉表

|  |  |  | 病变构成 | | | | 总计 |
|---|---|---|---|---|---|---|---|
|  |  |  | 皮炎型 | 骨关节型 | 软组织型 | 混合型 |  |
| 年龄分组 | 儿童 | 计数 | 50a | 48b | 18b | 72b | 188 |
|  |  | 占 年龄分组 的百分比 | 26.6% | 25.5% | 9.6% | 38.3% | 100.0% |
|  | 成人 | 计数 | 105a | 10b | 7b | 23b | 145 |
|  |  | 占 年龄分组 的百分比 | 72.4% | 6.9% | 4.8% | 15.9% | 100.0% |
| 总计 |  | 计数 | 155 | 58 | 25 | 95 | 333 |
|  |  | 占 年龄分组 的百分比 | 46.5% | 17.4% | 7.5% | 28.5% | 100.0% |

每个下标字母都指示 病变构成 类别的子集，在 0.05 级别，这些类别的列比例相互之间无显著差异。

图 11-13　分析结果

## → 11.4　$R×C$ 表确切概率法

前面成组四格表卡方时，说到 Fisher 确切概率法，对于四格表资料，Fisher 是自动计算的；而当 $R×C$ 卡方条件不符合时，也可以采用 Fisher 确切概率法。

**案例实战**

依然选择 data11.2 的数据为例，假定其不符合条件，现在采用 $R×C$ 表确切概率法进行分析。

**实战步骤**

1. 打开数据集 11.2.sav；

2. 加权，对人数进行加权；

3. 分析—描述统计—交叉表，将年龄分组放入行，病变构成放入列；

图 11-14　精确检验

4. 参数设置："统计"选择卡方，勾选"精确"，如图 11-14 所示。由于 Fisher 计算较为占用内存，当数据量较大，计算时间可能会过长，因此，内有时间设置，一般默认 5min，如果超出 5min 还未计算出结果，软件自动停止运行，否则软件会永远计算下去，直至计算出结果。故当数据量较大时，我们可以选择上面的蒙特卡洛近似法计算，速度会极大提升，结果与 Fisher 确切概率法几乎一致。

5. 主要结果：见图 11-15。结果可见 $R×C$ 表 Fisher 确切概率法检验，$P=0.000<0.05$，结果和上面的 Pearson 卡方一致。

注：本例仅是采用 11.2 案例数据进行演示 $R×C$ 表 Fisher 确切概率法。

## 卡方检验

| | 值 | 自由度 | 渐进显著性（双侧） | 精确显著性（双侧） | 精确显著性（单侧） | 点概率 |
|---|---|---|---|---|---|---|
| 皮尔逊卡方 | 70.143[a] | 3 | 0.000 | 0.000 | | |
| 似然比(L) | 73.004 | 3 | 0.000 | 0.000 | | |
| 费希尔精确检验 | 71.905 | | | 0.000 | | |
| 线性关联 | 45.074[b] | 1 | 0.000 | 0.000 | 0.000 | 0.000 |
| 有效个案数 | 333 | | | | | |

a. 0 个单元格 (0.0%) 的期望计数小于 5。最小期望计数为 10.89。
b. 标准化统计为 -6.714。

图 11-15  R×C 表确切概率法结果

## 11.5 线性趋势卡方

上面的几个结果中，均有线性关联分析的结果，那么线性关联是怎么回事，如何用呢？线性关联是研究数据的变化是否具备线性趋势，如高一学生近视眼比例 30%，高二为 40%，高三为 50%，我们想研究是否随着年级的增加，近视眼存在线性变化的趋势。趋势检验常用的是 Cochran-Armitage Test for Trend，SAS 中可实现，SPSS 中用的是 linear by linear association。

**案例实战**

已知某地区的某一人群在 2011—2015 年的某急性传染性疾病的发病情况数据，数据如表 11-4 所示，请分析此人群该疾病的发病率逐年是否具有线性趋势。（数据文件：data11.3）

表 11-4  2011—2015 年某人群某病的发病率

| 年 份 | 发 病 数 | 总 人 数 | 发 病 率 |
|---|---|---|---|
| 2011 | 20 | 200 | 10.0% |
| 2012 | 30 | 200 | 15.0% |
| 2013 | 40 | 200 | 20.0% |
| 2014 | 35 | 200 | 17.5% |
| 2015 | 50 | 200 | 25.0% |

**实战步骤**

1. 构建 SPSS 数据库，见图 11-16。
2. 加权：数据—个案加权，将 freq 放入加权框；
3. 交叉表：分析—描述统计—交叉表，year 放入行，result 放入列；
4. 参数设置："统计"勾选卡方，"单元格"勾选行百分比；点击"继续""确定"运行；
5. 主要结果：由图 11-17 可见 Pearson 卡方，$\chi^2$=17.316，$P$=0.002，说明这 5 年的发

病率是有差别的；线性关联卡方，$\chi^2$=14.617，$P$=0.000<0.05，说明不同年份发病率存在线性增长的趋势。

图 11-16　数据格式　　　　图 11-17　趋势卡方结果

## → 11.6　配对设计方表

前面 $t$ 检验时，说到配对 $t$ 检验，配对是一种设计，$t$ 检验主要用于计量资料的比较；如果我们采用配对设计，而效应指标为计数资料，此时则需采用配对设计卡方检验。我们常用的是配对设计四格表资料（2×2）卡方检验（*McNemar*），还有配对设计的（*K*×*K*）方表卡方检验（*McNemar-Bowker*）。两种方法在 SPSS 中分析采用的步骤一样，用的都是 McNemar 检验。

**案例实战**

某实验室分别用乳胶凝集法和免疫荧光法对 58 名可疑系统性红斑狼疮患者血清中抗核抗体进行测定，结果见表 11-5，问两种方法的检测结果有无差别？（数据文件请见 data11.4.sav）

表 11-5　数据结果

| 免疫荧光法 | 乳胶凝集法 | | 合　计 |
|---|---|---|---|
| | + | - | |
| + | 11 | 12 | 23 |
| - | 2 | 33 | 35 |
| 合计 | 13 | 45 | 58 |

**案例解析**

本例对 58 名可疑系统性红斑狼疮患者，采用了两种方法同时进行检测，检测结果为阳性与阴性，二分类结果，因此构成配对设计的四格表资料，应该优先考虑 McNemar 卡方检验。

**实战步骤**

1. 打开 data11.4.sav；
2. 加权个案：数据—加权个案，将频数放入加权个案框中；
3. 菜单：分析—描述统计—交叉表，两种方法，分别放到行和列，顺序没关系。
4. 参数设置："统计"选择"McNemar 卡方"，如图 11-19 所示。点击"继续""确定"运行。
5. 主要结果解读：如图 11-20 所示，本例 McNemar 卡方得到 $P=0.013^a<0.05$，"大同小异"，有差异，因此可得免疫荧光法和乳胶凝集法的结果检测结果不同。

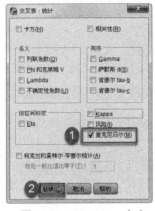

图 11-18　案例数据库　　图 11-19　McNemar 卡方　　图 11-20　分析结果

**案例实战**

两名医生对 200 名棉肺沉着病的可疑患者的诊断结果见表 11-6，试分析两名医生诊断的结果是否相同？

表 11-6　甲乙两名医生检测结果

| 甲医生 | 乙医生 | | | 合计 |
|---|---|---|---|---|
| | 正常 | I 期 | II 期 | |
| 正常 | 78 | 5 | 0 | 83 |
| I 期 | 6 | 56 | 13 | 75 |
| II 期 | 20 | 17 | 5 | 42 |

**案例解析**

本例 200 名可疑患者，分别由 2 名医生进行诊断，符合同一受试对象采用不同的诊断方法进行检测的配对设计，同时检测结果为计数资料三分类，本例为 3×3 方表。因为研究者考虑的是两名医生诊断结果是否有差异，因此考虑 McNemar-Bowker 检验；注意如果研究者研究目的为两个医生结果是否一致，选用的方法为 Kappa 一致性检验，后面会介绍。数据文件：data11.5。

**实战步骤**

1. 构建 SPSS 数据库，3 列式，如图 11-21 所示；

2. 个案加权：数据—个案加权，将频数放入加权框中；

3. 分析—描述统计—交叉表，将甲医生和乙医生分别放入行与列框，顺序没关系；

4. 参数设置："统计"选择"McNemar 检验"，如图 11-19 所示。

5. 主要结果：如图 11-22 所示，McNemar-Bowker 检验，$\chi^2$=0.482，$P$=0.786>0.05，"大同小异"，故甲、乙两位医生的诊断结果差异无统计学意义。

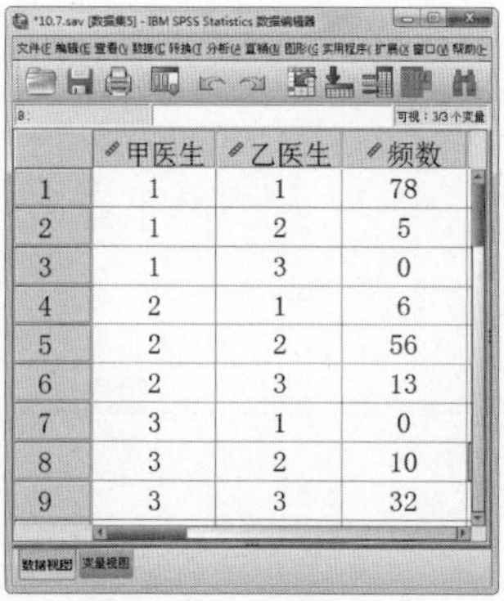

| | 甲医生 | 乙医生 | 频数 |
|---|---|---|---|
| 1 | 1 | 1 | 78 |
| 2 | 1 | 2 | 5 |
| 3 | 1 | 3 | 0 |
| 4 | 2 | 1 | 6 |
| 5 | 2 | 2 | 56 |
| 6 | 2 | 3 | 13 |
| 7 | 3 | 1 | 0 |
| 8 | 3 | 2 | 10 |
| 9 | 3 | 3 | 32 |

图 11-21 案例数据库

卡方检验

| | 值 | 自由度 | 渐进显著性（双侧） |
|---|---|---|---|
| 麦克尼马尔-鲍克检验 | 0.482 | 2 | 0.786 |
| 有效个案数 | 200 | | |

图 11-22 分析结果

## ➔ 11.7 分层卡方

前面讲解的所有计数资料的统计表均为二维表，只有一个行变量和一个列变量，可是有时候会遇到多个行变量的情况。如研究不同性别不同血型的疾病疗效，就是一个 3 维表。维度≥ 3 维的称为高维列联表。对于 3 维表我们可以采用分层卡方进行分析，但对于更高的维度，可以采用 Logistic 回归分析。

**案例实战**

上海与北京两地发生桑毛虫病，观察儿童与成人的疾病构成是否相同？数据文件：data11.6.sav。

### 案例解析

本例是在例 11.2 数据的基础上，增加了研究地区，因此行变量为地区（北京和上海）、年龄（儿童和成人），列变量为疾病构成，构成了 3 维表。请注意：统计表的行变量一般为试验的干预因素，列变量为效应指标。数据格式见图 11-23。

图 11-23　案例数据库

### 实战步骤

1. 打开数据库 data11.6.sav；

2. 加权：数据—个案加权；将"人数"放入权重变量框中；

3. 交叉表：分析—描述统计—交叉表，见图 11-24。将年龄分组放入行，疾病构成放入列，地区放入层。

4. 参数设置："统计"勾选卡方和 CMH 卡方，如图 11-25 所示。"单元格"勾选行百分比。点击"继续"—"确定"运行。

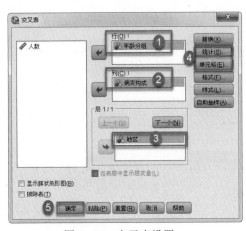

图 11-24　交叉表设置

图 11-25　分层卡方

### 5. 主要结果解读

（1）卡方检验：图 11-26 分别计算了北京地区、上海地区及两地区合并数据的卡方检验结果。样本量均大于 40，看备注，理论频数均大于 5，因此参看 Pearson 卡方检验结果，得到 $P$ 值均小于 0.05。

卡方检验

| 地区 | | 值 | 自由度 | 渐进显著性（双侧） | 精确显著性（双侧） | 精确显著性（单侧） |
|---|---|---|---|---|---|---|
| 上海 | 皮尔逊卡方 | 43.332[c] | 1 | 0.000 | | |
| | 连续性修正[b] | 41.323 | 1 | 0.000 | | |
| | 似然比(L) | 45.670 | 1 | 0.000 | | |
| | 费希尔精确检验 | | | | 0.000 | 0.000 |
| | 线性关联 | 43.128 | 1 | 0.000 | | |
| | 有效个案数 | 213 | | | | |
| 北京 | 皮尔逊卡方 | 29.794[d] | 1 | 0.000 | | |
| | 连续性修正[b] | 28.284 | 1 | 0.000 | | |
| | 似然比(L) | 30.406 | 1 | 0.000 | | |
| | 费希尔精确检验 | | | | 0.000 | 0.000 |
| | 线性关联 | 29.661 | 1 | 0.000 | | |
| | 有效个案数 | 225 | | | | |
| 总计 | 皮尔逊卡方 | 71.213[a] | 1 | 0.000 | | |
| | 连续性修正[b] | 69.479 | 1 | 0.000 | | |
| | 似然比(L) | 73.418 | 1 | 0.000 | | |
| | 费希尔精确检验 | | | | 0.000 | 0.000 |
| | 线性关联 | 71.051 | 1 | 0.000 | | |
| | 有效个案数 | 438 | | | | |

a. 0 个单元格 (0.0%) 的期望计数小于 5。最小期望计数为 63.18。
b. 仅针对 2x2 表进行计算
c. 0 个单元格 (0.0%) 的期望计数小于 5。最小期望计数为 26.69。
d. 0 个单元格 (0.0%) 的期望计数小于 5。最小期望计数为 36.52。

图 11-26　分层卡方结果

（2）比值比齐性检验：图 11-27（A）其实是层间差异性检验，结果发现 $P=0.150>0.05$，说明地区层间差异无统计学意义。

（3）条件独立性检验：图 11-27（B）是在扣除了地区影响之后，不同年龄与病变类型间关系，采用了 Cochran's 和 Mantel-Haenszel 两种卡方检验，前者是后者的改进版，发现 $P$ 均小于 0.05，说明儿童和成人的病变类型差异存在统计学意义。

（4）Mantel-Haenszel OR 值估算：图 11-28 结果可见 $OR_{MH}=0.151$，因为本例变量设置年龄（1= 儿童，2= 成人），病变（1= 皮炎型，2= 其他类型），故 $OR=0.151$ 是指成人得其他类型的松毛虫病是儿童的 0.151 倍，换言之，成人得皮炎型松毛虫病的机会是儿童的 1/0.151=6.62 倍。

A

比值比齐性检验

| | 卡方 | 自由度 | 渐进显著性（双侧） |
|---|---|---|---|
| Breslow-Day | 2.077 | 1 | 0.150 |
| 塔罗内 | 2.077 | 1 | 0.150 |

B

条件独立性检验

| | 卡方 | 自由度 | 渐进显著性（双侧） |
|---|---|---|---|
| 柯克兰 | 71.665 | 1 | 0.000 |
| 曼特尔-亨塞尔 | 69.601 | 1 | 0.000 |

在条件独立性假定下，仅当层数固定，而曼特尔-亨塞尔统计始终渐近分布为 1 自由度卡方分布时，柯克兰统计才渐近分布为 1 自由度卡方分布。请注意，当实测值与期望值之差的总和为 0 时，曼特尔-亨塞尔统计将不会进行连续性修正。

图 11-27　比值比与条件独立检验

曼特尔-亨塞尔一般比值比估算

| | | | |
|---|---|---|---|
| 估算 | | | 0.151 |
| ln(估算值) | | | -1.891 |
| ln(Estimate) 标准误差 | | | 0.237 |
| 渐进显著性（双侧） | | | 0.000 |
| 渐近 95% 置信区间 | 一般比值比 | 下限 | 0.095 |
| | | 上限 | 0.240 |
| | ln(一般比值比) | 下限 | -2.355 |
| | | 上限 | -1.426 |

曼特尔-亨塞尔一般比值比估算在假定一般比值比为 1.000 的前提下进行渐近正态分布。自然对数估算也是如此。

图 11-28　MH OR 估算

## 11.8　卡方分割

大家是否还记得，方差分析得到 $P<0.05$，认为多组间存在差异之后，我们做了事后两两比较检验。然而进行 $R \times C$ 表资料卡方检验，当发现多组组间存在差异，软件并未提供两两比较的方法，此时我们需要人为的对统计表进行分割分析，即卡方分割。

卡方分割就是对检验水准 $\alpha$ 进行调整，有两种分割方式：

（1）比如 $A$、$B$ 和 C 三组资料比较，则两两比较需要进行 3 次，$AB$、$AC$ 和 $BC$，则检验水准 $\alpha'=2\alpha/K（K-1）=\alpha/3=0.0167$；

（2）若是 $A$ 组、$B$ 组和对照组三组资料，各组只和对照组比较，则比较次数为组数 $K-1$ 次，即 $\alpha'=\alpha/（k-1）=0.05/2=0.025$。得到 $\alpha'$ 之后，我们进行卡方检验，只有统计分析得到的 $P$ 值小于 $\alpha'$ 才为具有统计学意义，不再是小于 0.05 为有统计学意义的标准了。

**案例实战**

某研究者研究了三种药物治疗支气管炎疗效比较，见表 11-7，数据文件：data11.7.sav。

**表 11-7　三种药物治疗支气管炎疗效比较**

| 组　别 | 有　效 | 无　效 | 合　计 | 有效率（%） |
|---|---|---|---|---|
| A 药 | 25 | 5 | 40 | 87.50 |
| B 药 | 20 | 10 | 30 | 66.67 |
| C 药 | 7 | 25 | 32 | 21.88 |
| 合计 | 62 | 40 | 102 | 60.78 |

**案例解析**

本例为 3×2 行列表资料，采用 Pearson 卡方检验，$\chi^2$=25.66，$P$<0.05，可以认为三组疗效差异存在统计学意义，可是到底是全部有差异还是某两药有差异，则需要卡方分割。本例三组需两两比较，共需比较 3 次，因此 $\alpha'$=0.0167。

然后进行 $A$ 药和 $B$ 药构成的四格表进行卡方检验，$\chi^2$=2.22，$P$=0.136>0.0167，认为 $A$ 药和 $B$ 药差异无统计学意义；再进行 $A$ 药和 $C$ 药四格表卡方，$\chi^2$=23.418，$P$=0.000<0.0167，认为 $A$ 药和 $C$ 药差异存在统计学意义；再次进行 $B$ 药和 $C$ 药四格表卡方，$\chi^2$=12.636，$P$=0.000<0.0167，认为 $B$ 药和 $C$ 药差异存在统计学意义。

本例所采用的方法，前面内容均已介绍，为节约篇幅，此处不赘。

至此，卡方检验所涉及的几乎所有类型均已介绍，下面给大家做一个简单的方法总结！

- 成组设计：
- 成组设计四格表（2×2）
- 成组设计行列表（2×$C$、$R$×2、$R$×$C$）
- 2×$C$：（$C$若无序）：Pearson卡方
- （$C$若有序）：非参数检验
- $R$×2：$R$有序等同无序：Pearson卡方
- $R$有序，看线性趋势：线性趋势卡方
- $R$无序：Pearson卡方
- $R$×$C$：双向无序：Pearson卡方
- $R$有$C$无：Pearson卡方
- $R$无$C$有：非参数
- $R$有$C$有属性不同：Spearman相关
- 配对设计：
- 配对设计四格表（2×2）-McNemar
- 配对设计行列表（方表）
- 双向无序属性相同：McNemar-Bowker（MB）
- 双向有序属性不同：Spearman、线性趋势卡方
- 双向有序属性相同：Kappa一致性、MB

# 第 12 章  等级资料比较

变量家族中较为常见的计量资料（老大）、计数资料（老三）前面均已介绍，本章讲解等级资料（老二）。等级资料具有计数资料的性质的同时又有定性比较的特性，采用的方法与上述章节也不一样了。下面分 4 种情况和大家介绍。

## 12.1 R×C 表（单向有序）

R×C 表资料，分为行变量和列变量，行变量通常为我们的干预因素，列变量为试验效应指标。当行变量和列变量为有序时，方法也有区分。

### 12.1.1 列有序

**案例实战**

采用 3 种药物治疗慢性胃炎疗效数据见表 12-1。试分析三种药物的疗效有无差别。

表 12-1  三种药物治疗慢性胃炎疗效比较

| 组 别 | 治 愈 | 显 效 | 好 转 | 无 效 |
|---|---|---|---|---|
| A 药 | 15 | 49 | 31 | 5 |
| B 药 | 4 | 9 | 50 | 22 |
| C 药 | 1 | 15 | 45 | 24 |

**案例解析**

本例行变量药物为干预因素，分为 3 个水平（A、B 和 C），列变量疗效为效应指标，分为 4 个水平，但此处疗效（治愈、显效、好转和无效）为等级资料。本例目的为比较 3 种药物的疗效差异，因此应该采用非参数检验或者 Ridit 分析。具体分析见第 13 章，非参数检验。

### 12.1.2 行有序

有人研究食管癌 TNM 分期与 CAM-1 基因表达的关系，获得数据如表 12-2 所示。其中研究因素为食管癌的分期，分为 I、II 和 III 期，为等级资料。效应指标为 CAM-1 是否表达，为二分类计数资料。所以本例为行有序，列无序，此类资料等同于双向无序，即第 11 章 R×C 表资料。方法前面已述，此处不赘。

表 12-2　食管癌 TNM 分期与 CAM-1 基因表达

| 组　别 | 表　达 | 未表达 | 合　计 |
|---|---|---|---|
| I | 15 | 49 | 64 |
| II | 4 | 9 | 13 |
| III | 1 | 15 | 16 |

## 12.2　R×C 表（双向有序）

当 R×C 表双向都是有序时，分为属性相同与属性不同两种情形。下面分别讲解。

### 12.2.1　属性相同

**案例实战**

两名医生对 200 例病理切片进行分化程度诊断，结果如表 12-3 所示，问两名医生的诊断结果是否一致？数据文件 data12.1.sav。

表 12-3　两名医生对 200 例病理切片诊断结果

| 甲医生 | 乙医生 | | |
|---|---|---|---|
| | 低度分化 | 中度分化 | 高度分化 |
| 低度分化 | 50 | 10 | 5 |
| 中度分化 | 10 | 50 | 15 |
| 高度分化 | 10 | 20 | 30 |

**案例解析**

本例每一张切片，均被 2 两名医生进行独立的诊断，属于同一标本采用不同的检测方法的设计，即配对设计。研究的效应指标为分化程度，分为低度分化、中度分化和高度分化，属于等级资料。所谓属性相同，是指配对设计的效应指标均为同一指标，均是等级资料。本例的研究目的判断两名医生诊断结果是否一致，可以采用 Kappa 一致性检验。

**实战步骤**

1. 参照表 12-3 构建 SPSS 数据库，如图 12-1 所示。
2. 加权：数据—个案加权，将 F 人数放入加权框；
3. 分析—描述统计—交叉表，将甲医生放入行，乙医生放入列；
4. 参数设置：如图 12-2 所示，"统计"勾选 Kappa，点击"继续""确定"运行；

图 12-1 案例数据库　　图 12-2 交叉表：统计设置

5. 主要结果

由图 12-3 可得：Kappa =0.471，$P$=0.000<0.05，说明前面的 Kappa 值是真实存在而不是抽样误差导致的。Kappa 值的专业意义如下：Kappa ≥ 0.75 时，表明两者一致性较好；0.75>Kappa ≥ 0.4 时，表明一致性一般；Kappa<0.4 时，表明两者一致性较差。所以本例 Kappa=0.471，说明两名医生的诊断一致性一般。

图 12-3 Kappa 一致性结果

## 12.2.2 属性不同

**案例实战**

有研究者研究晶状体浑浊程度与年龄的关系，想知道是否随着年龄的增加晶状体浑浊程度也增加。

**案例解析**

本例为受试对象按照年龄分组，分成 3 组（20–、30– 和 40–），年龄分组为等级资料，效应指标为晶状体浑浊程度，分为 +、++ 和 +++，也是等级资料。本例是双向有序，但因为描述的指标不同，因此为双向有序属性不同的资料。此类资料，一般的研究目的为是否随着一个等级的增加,另一个也增加的相关关系,因为数据为等级资料,因此可以计算 Spearman 相关性。此处不赘,请见第 15 章相关内容。

表 12-4 晶状体浑浊程度与年龄关系

| 年　龄 | 晶状体浑浊程度 | | |
|---|---|---|---|
| | + | ++ | +++ |
| 20- | 50 | 10 | 5 |
| 30- | 10 | 50 | 15 |
| 40- | 10 | 20 | 30 |

# 第 13 章  非参数检验

前面介绍的处理计量资料的统计分析方法为参数检验,参数检验对于总体的分布有一定的要求,参数检验的条件较为苛刻,如 $t$ 和 $F$ 的独立、正态和方差齐。当资料不满足时,理论上运用上述方法会有一定的误差,如果不用 $t$ 和 $F$,还有没有其他方法来进行补充呢?这就是本章所讲的非参数检验,非参数检验就像广谱抗生素一样,适用范围更广,适用计量、等级和计数资料统计分析。而参数检验只适用于符合条件的计量资料的组间比较。

非参数检验不需要知道原始数据的数值大小,只需要知道数据的位次即可进行分析。松哥用一个案例简单描述一下,比如我们想知道某高校大学生中男生和女生的身高是否有差异,在该高校随机抽取了 200 名大学生。现在我们不需要测定每一名学生的身高,也可以进行男女生的身高比较。

怎么做呢,我们让 200 名学生按照身高从矮到高站一纵队,然后从第一位开始报数,每人记着自己的位次,然后男生向右跨出一步,则分为两组,理论上女生比男生矮,因此女生所有人的位次之和将小于男生的位次之和;可是如果男女生人数不等,会影响位次之和,所以我们用位次之和除以每组的人数,得到的就叫做秩均值。理论上男生的秩均值应该比女生大,当大的比例超出一定范围,则有理由认为男生的身高要高于女生,具体的统计分析方法,就叫做非参数检验。下面我们按照 SPSS 软件非参数菜单里的顺序进行介绍。

## 13.1 非参数卡方

SPSS 中的非参数卡方主要用于分析单组计数资料是否符合特定的分布。

**案例实战**

某高校随机抽取 600 名学生(数据文件 data01.sav),想知道性别(男生和女生)是否符合 1∶1 分布?或者是否符合 0.4∶0.6 分布?

**案例解析**

本例研究某组资料的计数变量是否符合某种分布?可以用非参数卡方进行验证。

**实战步骤**

1. 打开 data01.sav 数据库;

2. 菜单：分析—非参数—旧对话框—卡方，弹出图 13-1 卡方检验功能窗口。将性别放入检验变量框，同时选择所有类别相等。点击"确定"运行。

3. 主要结果：如图 13-2 所示，得 $\chi^2$=0.736，$P$=0.391>0.05，"大同小异"，因此，该群里的男、女生比例符合 1∶1 的假设。

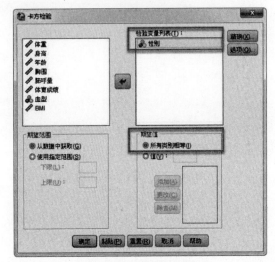

图 13-1 卡方检验界面

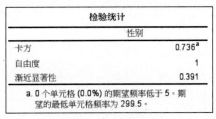

图 13-2 卡方检验结果

4. 如果分析是否符合 0.4∶0.6 的比例，则按图 13-3 设置，得到结果如图 13-4 所示。可见 $\chi^2$=34.475，$P$=0.000<0.05，"大同小异"，性别的男、女生比例不符合 0.4∶0.6 的比例。

图 13-3 拟合优度卡方

图 13-4 拟合优度卡方结果

## 13.2 二项检验

二项分析功能是验证计数资料是否符合二项分布的检验，我们仍以 data 01.sav 数据库为例，验证性别是否符合二项分布。

**实战步骤**

1. 打开数据集 data01.sav；
2. 菜单：分析—非参数—旧对话框—二项，弹出图 13-5 二项检验功能窗口。将性别放入检验变量框，设置检验比例，本例为 0.50。点击"确定"运行。如果放入框中的为计量资料，则需要设置分割点，如身高设置分割点为 165cm，则软件以此分割点将数据分为两部分，然后验证两部分是否符合二项分布。

图 13-5 二项分布检验

3. 主要结果：如图 13-6 所示，得到二项检验 P=0.414>0.05，"大同小异"，以此认为性别符合 0.50 比例的二项分布。二项分布检验只适用结局变量为二分类情形，如果放入血型变量，则软件不予计算并给出警告，大家自行尝试。

二项检验

| | | 类别 | 个案数 | 实测比例 | 检验比例 | 精确显著性（双尾） |
|---|---|---|---|---|---|---|
| 性别 | 组 1 | 男 | 310 | 0.52 | 0.50 | 0.414 |
| | 组 2 | 女 | 289 | 0.48 | | |
| | 总计 | | 599 | 1.00 | | |

图 13-6 二项分布检验结果

对于 13.1 和 13.2 节内容，大家会发现两种方法均可以检验性别，而且结果也基本一致，但 13.1 的方法可以针对各种类型计数资料（二分类、多分类和等级），而 13.2 只能进行二分类资料分析。

## 13.3 游程检验

游程检验是验证一组数据是否符合随机分布。在实际研究中,经常需要考虑一个序列中的数据的出现是否与顺序无关,这关系到数据是否独立。如果数据有上升或者下降的趋势,或有周期性变化的规律等特征,均可能表示数据与顺序是有关的,或者说序列不是随机出现的。

游程检验是将研究数据转化为由 0 或 1 连续构成的串,称为一个游程,一个游程中的数据的个数称为游程的长度,一个序列中游程的个数用 $R$ 表示,表示 0 和 1 交替轮换的频繁程度。如序列 1100001110110000111100,$R=8$,游程长度分别为 2、4、3、1、2、4、4、2。游程数过多说明周期特征明显,游程过少说明数据存在聚集。

**案例实战**

某工厂生产出来 20 个工件,其尺寸分别为 12.27cm、9.92cm、10.81cm、11.79 cm、11.87 cm、10.90 cm、11.22 cm、10.80 cm、10.33 cm、9.30 cm、9.81 cm、8.85 cm、9.32 cm、8.67 cm、9.32 cm、9.53 cm、9.58 cm、8.94 cm、7.89 cm、10.77 cm,现在想知道,工件尺寸的变化是否只是由于随机因素引起,还是有其他因素影响。数据文件:data13.3.sav。

**实战步骤**

1. 将尺寸数据构建 SPSS 数据库(data 13.3.sav)。

2. 分析—非参数—旧对话框—游程检验,如图 13-7 所示。将"工件尺寸"放入检验变量框,分割点选择中位数。点击"确定"运行。

3. 主要结果

如图 13-8 所示,游程检验 $Z=-3.446$,$P=0.001<0.05$,"大同小异",说明数据分布与随机分布有差异,因此上述工件生产大小不仅仅是由随机因素产生,还存在其他影响尺寸的因素。研究者可以继续研究,如果能找到该因素,对产品质量的提高将很有益处。

简单举几个游程检验在生物医药领域的例子,如某医院产科在收集一段时间内产妇生产婴儿的性别,可以分析出生性别是否是随机的;沿着某河流发生了某种传染病,按照河流水的流向排序,看沿河住户是否发病,可以构成 010100001010 数据,可以分析发病病例是否具有聚集性等。

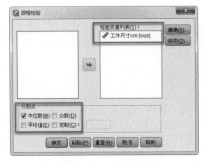

图 13-7　游程检验　　　图 13-8　游程检验结果

## 13.4　单样本 K-S 检验

单样本 K-S 检验是用于验证数据是否符合正态分布、均匀分布、指数分布和泊松分布四种分布的。

**案例实战**

我们以 data01 数据库为例，看身高数据是否符合正态分布。

**实战步骤**

1. 打开数据库；

2. 分析—非参数—旧对话框—单样本 K-S 检验，如图 13-9 所示，将身高放入检验变量框，勾选正态分布，点击"确定"运行。

3. 主要结果

由图 13-10 可知，K-S 检验 =0.071，P=0.000<0.05，"大同小异"，身高分布不符合正态分布。

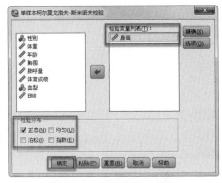

图 13-9　单样本 K-S 检验　　　图 13-10　分析结果

## 13.5 2独立样本检验

**案例实战**

继续以 data01 数据库为例,分析不同性别学生的肺呼量(mmL)是否有差异。

**案例解析**

不同性别学生的肺呼量,如果符合独立、正态和方差齐,首先我们想到两独立样本 $t$ 检验;因为非参数检验使用范围更广,我们也可用 2 独立样本的非参数检验。SPSS 给出 4 种检验方法。

**1. Mann-Whitney U 检验**

该检验等同于两组数据的 Wilcoxon 秩和检验和 Kruskal-Wallis 检验,都是检验两个样本的总体在位置上是否相等。

基本思路:首先将两组的样本混合并按升序排序,这时我们就得到了每个数据在整个数据中的位置,我们称之为等级或秩。如果数据在总体数据上的位置相同,我们称之为结,在计算这样的数据在总体数据中的位置时我们计算它们的平均秩。其次计算第一个样本每个观察值的秩大于第二个样本每个观察值的秩的次数,再计算第二个样本每个观察值的秩大于第一个样本观察值的秩的次数,分别用 $U_1$ 和 $U_2$ 表示,如果 $U_1$ 和 $U_2$ 比较接近,则说明两个样本来自于相同分布的总体,反之不是。

**2. K-S检验(Kolmogorov-Smirnov检验)**

K-S 检验(Kolmogorov-Smirnov 检验)是一种检验两组样本秩分累计频数和累计频率的差异检验。基本思路:首先计算两组样本的秩分累计频数和每个点上的累计频数,然后将两组的累计频率相减,得到一组差值序列,通过检验该差值序列总和的大小来检验两个独立样本分布是否有差异。

**3. W-W检验(Wald-Wolfwitz runs 检验)**

W-W 检验(Wald-Wolfwitz runs 检验)是一种对两组样本秩分别排列的游程检验。两独立样本的游程检验和单样本游程检验的思想基本相同,不同之处是如何得到游程数据。在两独立样本的游程检验中,计算游程的方法与样本观察值的秩有关,其方法是将两独立样本各个观察值依据其分组号分别用 "0" 和 "1" 进行编号(用 "0" 表示第一组,用 "1" 表示第二组),然后再混合成一个样本,并按每个观察值从小到大的顺序重新排序,最后按每个观察值分组编号计算游程数。通过对该序列游程的检验,判断两样本是否来自同一总体。如果游程数较小,则样本来自的两个总体的分布形态有较大差距。

如果游程数比较大，则可以认为是两样本数据充分混合的结果，即可认为两样本来自同一总体。

### 4. 摩西极端反应检验（Moses extreme reaction）

摩西极端反应检验也是一种检验样本来自的两个总体分布是否存在显著差异的方法。其零假设 $H_0$：样本来自的两个总体分布无显著差异。

基本思路：将两组样本混合后排序，求出全部数据的秩分变量，以一个样本为控制样本，另一个为试验样本，以控制样本作对照，检验试验样本是否存在极端反应。首先将两组样本混合后按升序排序，然后找出控制样本最低秩和最高秩之间包含的观察值个数，称为跨度（Span）。为控制极端值对分析结果的影响，也可以先去掉样本两个最极端的观察值后再求跨度。如果跨度很小，说明两个样本无法充分混合，可以认为试验样本存在极端反应。

**实战步骤**

1. 打开数据库 data01.sav；

2. 分析—非参数—旧对话框—2 独立样本；如图 13-11 所示，将肺呼量放入检验变量，分组变量设置 1 和 2，检验类型选择 Mann-Whitney U 检验。点击"确定"运行。

3. 主要结果

图 13-12（A）为男女生的秩均值，图 13-12（B）为检验统计量，Mann-Whitney U=4095，Wilcoxon W=45423，其对应的 $Z$=-19.032，$P$=0.000<0.05，"大同小异"，男女生的肺呼量差异有统计学意义，其中男生的均值为 425.49，女生的均值为 158.27，因此男生的肺呼量大于女生。

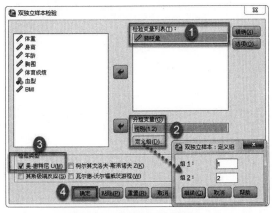

图 13-11 双独立样本检验　　　图 13-12 双独立检验结果

## 13.6 K 独立样本检验

如前所述,统计学存在着"2K 效应",2 组与 K 组,虽然试验设计一样,但统计方法不一样。SPSS 中给出三种 K 组比较的非参数检验方法:Kruskal-Wallis H 检验、中位数(Median)检验和 Jonckheere-Terpstra 检验。

### 1. Kruskal-Wallis H 检验

Kruskal-Wallis H 检验为 Mann-Whitney U 检验的扩展,用来检验 k 个独立样本是否来自不同总体。

### 2. Median(中位数)检验

Median(中位数)检验用于检验多个样本是否来自具有相同中位数的总体。其零假设是:样本来自的多个独立总体的中位数无显著差异。当个案具有很多相同等级或数据具有二分特性时,用该检验方法较合适。

### 3. Jonckheere-Terpstra检验

Jonckheere-Terpstra 检验样本来自多个独立总体的分布是否存在显著差异。其零假设是:样本来自的多个总体的分布无显著差异。Jonckheere-Terpstra 检验的基本思想与 Mann-Whitney U 检验相似,也是计算一组样本的观测值小于其他组样本观测值的个数。

**案例实战**

某医生分析三种药物治疗慢性胃炎疗效是否有差异。数据库如图 13-13 所示。

**案例解析**

受试对象分为三组,分别接受 A、B、C 三种药物治疗,明显为成组设计;疗效指标为治愈、有效、好转和无效,为等级资料,可以采用非参数进行组间疗效的比较。

**实战步骤**

1. 打开数据集 13.6.sav;

2. 加权:数据—个案加权,将 freq 放入加权框中;

3. 菜单:分析—非参数—旧对话框—K 个独立样本检验,如图 13-14 所示。将 result 放入检验变量框中,分组变量定义 1—3,检验类型选择 Kruskal-Wallis H 检验,点击"确定"运行。

4. 主要结果

图 13-15(A)显示三组的秩均值,图 13-15(B)为 Kruskal-Wallis H 检验的卡方 = 61.146,$P=0.000<0.05$,"大同小异",可认为三种药物的疗效存在差异。正如方差分析一样,只能得出三种药物疗效总体有差异,具体谁和谁有差异,需要进一步比较。

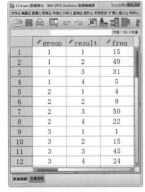
图 13-13　数据格式

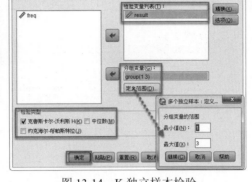
图 13-14　K 独立样本检验

图 13-15　检验结果

### 5. 进一步比较

分析—非参数—独立样本，如图 13-16 所示，将 result 放入检验字符，注意：只能放入计量或等级资料；点击"设置"，如图 13-17 所示，选择定制检验，并勾选 Kruskal-Wallis H 检验成对比较，点击"运行"。

### 6. 主要结果

首先得到图 13-18，Kruskal-Wallis H 检验结果，知 $P=0.000<0.05$，认为三组间有差异的结论；双击该图标，弹出图 13-19 所示结果，在查看处选择"成对比较"，发现 A-B 比较、A-C 比较 P 值小于 0.05，差异有统计学意义；B-C 比较 $P=1.0>0.05$，差异无统计学意义。

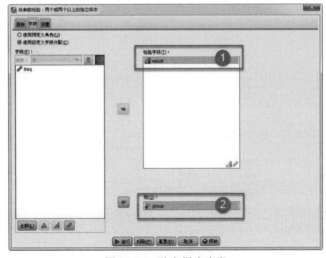
图 13-16　独立样本字段

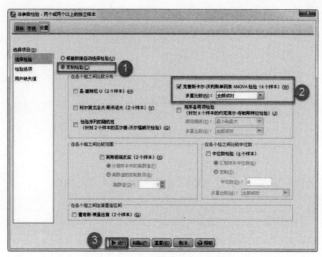

图 13-17 独立样本设置

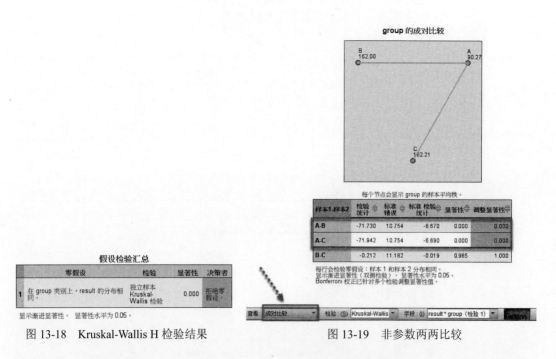

图 13-18 Kruskal-Wallis H 检验结果

图 13-19 非参数两两比较

## → 13.7  2个相关样本检验

相关样本的非参数检验是在对总体不了解的情况下,对样本所在的相关配对或配伍总体的分布是否存在显著性差异进行检验。该检验一般应用于对同一研究对象（或配对对象）分别给予 K 种不同处理或处理前后的效果进行比较，前者推断 K 种效果有无显著差异，后者推断某种处理是否有效。本节中的两相关样本检验就是解决后者的一种方法，在下一节中我们将介绍 K 个相关样本检验。

在 SPSS 中两个相关样本检验的方法主要有：Wilcoxon 检验、Sign（符号）检验、McNemar 检验和 Marginal Homogeneity 检验。

### 1. Wilcoxon检验

Wilcoxon 检验也称为 Wilcoxon 符号平均秩检验，主要用于检验两个相关样本是否来自相同的总体，但对总体分布形式没有限制。该检验方法要求检验变量为两个连续变量，首先将一个样本观测值减去另一个样本相应的观测值，记下差值的符号和绝对值，然后将绝对值差值数据按升序排序后，求出相应的秩；最后分别计算正值的秩的平均秩及总和、负值的秩的平均秩及总和。

### 2. Sign检验

Sign 检验又称符号检验，该检验适用于相关样本资料和定性变量，测量特征是用正、负号而不是用定量测量。其零假设是样本来自的两配对样本对总体分布无显著差异。

### 3. McNemar检验

McNemar 检验，又称变量显著性检验。该检验将研究对象自身作为对照，检验其"前后"变化是否有显著差异。其零假设是样本来自的两配对总体分布无显著差异。该检验要求数据是二分类的，基本方法采用二项分布检验，统计量为 $\chi^2$。

### 4. Marginal Homogeneity检验

Marginal Homogeneity 检验，又称边际同质性检验，是 McNemar 检验从二分类事件向多分类事件的推广。方法是用 $\chi^2$ 检验事件发生前后观测数据的变化。

一般情况下，Wilcomxon 检验和符号检验用于检验两个配对样本是否来自相同的总体；McNemar 变化显著性用于进行二分类变量；边际同质性检验用于定序变量的检验。

### 案例实战

某市环保局采用新旧两种方法对室内 10 个监测点空气进行检测，问新旧方法检测结果是否存在差异。（案例数据 13.7.sav）

### 案例解析

本例室内 10 个监测点，采用了 2 种方法检测，属于对同一对象采用不同检测方法的配对设计；如果差值符合正态分布，优先考虑配对样本 $t$ 检验。非参数检验使用范围更广，本例采用相关样本的非参数检验进行分析。

**实战步骤**

1. 打开数据集 13.7.sav;

2. 分析—非参数—旧对话框—2 个相关样本,如图 13-20 所示。将新旧方法放入到检验对框,选择 Wilcoxon 检验,点击"确定"运行。

3. 主要结果:如图 13-21 所示。Wilcoxon 符号秩检验,$Z=-0.816$,$P=0.415>0.05$,"大同小异",认为老方法和新方法检测的结果没有差别。

很多人看到 $P>0.05$,心情就不爽,认为没有差异没有统计学意义,其实 $P$ 大于还是小于 0.05,其意义主要看研究目的,对于本例,$P>0.05$ 就是非常好的一件事情,因为两者没差异,所以我们就可以用新的方法代替老的方法呀,是不是呢?

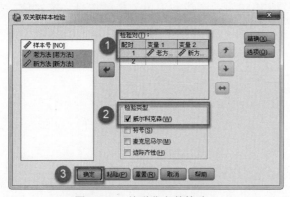

图 13-20　关联非参数检验　　　　图 13-21　比较结果

## 13.8　K 个相关样本检验

SPSS 中 $K$ 个相关样本采用了 3 种检验方法:

1. Friedman:单样本重复测量或配伍组设计定量或等级资料的一种非参数检验方法。对于配伍组设计,需要进行两次 Friedman 检验,可以通过转置功能实现数据转化。

2. Kendall's W:和谐系数检验,取值在 0 和 1 之间,用来量度不同评判者之间的一致性程度,系数越接近 1,一致性程度越高。

3. Cochran's Q 检验:是 Friedman 检验在所有反应变量均为二分类结果时的一个特例,也是 McNemar 检验在多个样本情况下的推广。

**案例实战**

某医生采用中药治疗 10 名某病患者,于治疗前、中、后 3 次检测每名患者的功能评分，数据如图 13-22。试分析治疗前、中、后功能评分是否存在差异。

**案例解析**

大家看到本例，应该立马想到重复测量数据的方差分析，因为只有一组，因此为单组重复测量数据方差分析；而单组重复测量方差分析，在球对称性满足的情况下，也可以采用随机区组设计的方差分析；当然也可以用 $K$ 个相关样本的非参数检验进行分析。

**实战步骤**

1. 打开数据集 13.8.sav；

2. 分析—非参数—$K$ 个相关样本，如图 13-23 所示，将三次检测放入检验变量框，检验类型选择 Friedman 检验，点击"确定"运行。

3. 主要结果

由图 13-24 可知 Friedman 卡方 =15.8，$P$=0.000<0.05，认为三次检测结果存在差异，同样我们不知道谁和谁存在差异。

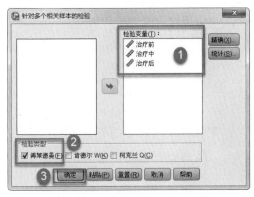

图 13-23　多个相关样本非参数　　图 13-24　运行结果

4. 进一步比较

分析—非参数—相关样本，如图 13-25 所示，将三次检测结果放入检验字段框中，点击"设置"，如图 13-26 所示，选择"定制分析"，选择"比较分布"，Friedman 成对比较，点击"确定"运行。

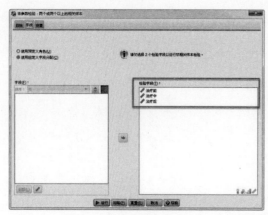
图 13-25 非参数新对话框

图 13-26 设置选择

图 13-27 检验结果

### 5. 主要结果

由图 13-27 知 Friedman 检验，$P=0.000<0.05$，三次检测结果差异有统计学意义。双击该图，弹出图 13-28。选择成对比较，得两两比较结果，治疗前—治疗后，治疗中—治疗后差异 $P<0.05$，差异有统计学意义；而治疗前—治疗中，$P=1.0>0.05$，差异无统计学意义。SPSS 此处有 bug，三者间缺了一条线。

图 13-28 两两比较的结果

## → 13.9 非参数检验和参数检验

参数检验和非参数检验共同构成差异性统计分析的内容。参数检验往往对总体参数有一定的假定，如前述的 $t$ 检验、$F$ 检验；这些检验都假设样本来自于正态分布的总体，将总体的数字特征看做未知的"参数"，通过样本的数据特征对其总体进行统计推断。然而在实际研究中，很多情况下，数据并不满足参数检验的条件，非参数检验应运而生。非参数检验适用的范围很广，对资料没有要求，对总体分布几乎没有什么假定，只是有时对分布的形状做一些诸如连续、对称等的简单假设。

### 13.9.1 非参数检验的优点

相对于参数检验，非参数检验有以下优点：
（1）对数据的要求不严格，对资料的分布类型要求比较宽松。
（2）检验方法灵活，使用的范围广泛。
（3）非参数检验的计算相对简单，易于理解和掌握。

### 13.9.2 非参数检验的缺点

任何检验方法都有其优点和缺点，非参数检验也不例外。
（1）非参数检验方法对总体要求不高，适用于任何分布类型的资料，但其方法本身缺乏针对性，当资料满足参数检验的条件时，使用非参数检验会大大降低检验的功效。
（2）非参数检验的方法简单，主要使用等级或符号秩，而不是使用资料提供的原始数据，因此降低了原始信息的使用率，其检验的有效性也就比较差了。

### 13.9.3 两种检验的选择与效度

（1）如果资料符合参数检验的条件，当然优先选择参数检验，当条件不符合时才采用非参数检验；
（2）如果资料采用非参数检验，可以得到 $P<0.05$，那么当资料符合参数检验的条件时，参数检验的 $P$ 肯定小于 0.05；若非参数 $P>0.05$，此时参数检验的 $P$ 值不一定大于 0.05，也有可能小于 0.05。举个例子，参数检验就是 CT，非参数就是 X 胸片。
（3）非参数检验由于没有利用数据的具体数值信息，只利用了其位次信息，因此，非参数检验的效度没有参数检验高。
（4）很多人采用非参数，得到 $P<0.05$，发文章不愿意说是非参数检验的结果，怕审阅者说数据质量不高，其实大可不必，非参数也是一种很好的检验方法；如果非参数 $P>0.05$，此时反而不太好解释，因为很可能是数据的问题，导致其中的差异并未能被发现。

# 第14章 多元方差分析

前面章节我们研究的都是结果变量（因变量）是一个的情况，然而当一个观察单位的观测指标（因变量）有多个，且各指标间又往往相互联系、互相影响时，如果此时采用多次单变量分析，无疑会增大I类错误，并当单变量结果不一致时，很难做出正确的判断，此时我们应该采用多变量分析。

## 14.1 单组资料

**案例实战**

某高校随机抽取了20名大学生，调查其身高、体重和胸围指标，数据见图14-1。15年前该校大学生的身高、体重、胸围的均值分别为：168.3cm、50.5kg、78.2cm。试问：本次调查结果与15年前结果是否相同？

**实战步骤**

首先将调查数据构建为图14-1所示格式SPSS数据文件。

1. 计算3个差值变量，选择菜单Transform—Compute variable，在弹出的Compute variable对话框中，分别计算产生身高1、体重1和胸围1变量，表达式分别为身高1=身高-168.3、体重1=体重-50.5、胸围1=胸围-78.2。其中身高1计算产生如图14-2所示，体重1和胸围1产生图略。

2. 进行单组多变量分析

图14-1 数据文件

选择菜单Analyze—General Linear Model—Multivariate（多变量），弹出Multivariate对话框，将身高1、体重1和胸围1移入Dependent Variables（因变量）框中，如图14-3，点击"Options（选项）"按钮，弹出框中勾选"Descriptive statistics"（描述统计量）后，点击"continue"返回主对话框，单击"OK"。

运行结果如图14-4、图14-5、图14-6所示，图14-4给出身高1、体重1和胸围1的样本量、均数与标准差；图14-5给出4种方法Pillai's Trace、Wilks' Lambda、Hotelling's Trace和Roy's Largest Root计算统计量$F$值，以及对应的$P$值，结果可见4种结果的$P$值均小于0.01，可以认为该校大学生的身体状况与15年前差异有统计学意义，进一步结合图 14-4，可以得出该校大学生的身体状况优于 15 年前的结论。图 14-6 进一步对身高 1、体重 1 和胸围 1 三个指标进行了比较，结果发现三者的 $P$ 值均小于 0.01，因此三个指标均优于 15 年前。

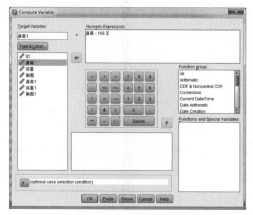

图 14-2　身高 1 变量计算图示

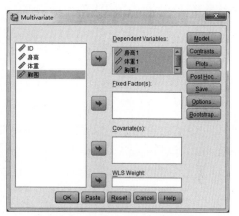

图 14-3　Multivariate 对话框设置

**Descriptive Statistics**

|  | Mean | Std. Deviation | N |
|---|---|---|---|
| 身高1 | 3.6500 | 4.77356 | 20 |
| 体重1 | 9.4000 | 5.47626 | 20 |
| 胸围1 | 5.2250 | 3.80192 | 20 |

图 14-4　三个变量的简单统计描述

**Multivariate Tests**[b]

| Effect |  | Value | F | Hypothesis df | Error df | Sig. |
|---|---|---|---|---|---|---|
| Intercept | Pillai's Trace | .775 | 19.497[a] | 3.000 | 17.000 | .000 |
|  | Wilks' Lambda | .225 | 19.497[a] | 3.000 | 17.000 | .000 |
|  | Hotelling's Trace | 3.441 | 19.497[a] | 3.000 | 17.000 | .000 |
|  | Roy's Largest Root | 3.441 | 19.497[a] | 3.000 | 17.000 | .000 |

a. Exact statistic
b. Design: Intercept

图 14-5　多变量 4 种检验结果

**Tests of Between-Subjects Effects**

| Source | Dependent Variable | Type III Sum of Squares | df | Mean Square | F | Sig. |
|---|---|---|---|---|---|---|
| Corrected Model | 身高1 | .000[a] | 0 | . | . | . |
|  | 体重1 | .000[a] | 0 | . | . | . |
|  | 胸围1 | .000[a] | 0 | . | . | . |
| Intercept | 身高1 | 266.450 | 1 | 266.450 | 11.693 | .003 |
|  | 体重1 | 1767.200 | 1 | 1767.200 | 58.927 | .000 |
|  | 胸围1 | 546.012 | 1 | 546.012 | 37.774 | .000 |
| Error | 身高1 | 432.950 | 19 | 22.787 |  |  |
|  | 体重1 | 569.800 | 19 | 29.989 |  |  |
|  | 胸围1 | 274.638 | 19 | 14.455 |  |  |
| Total | 身高1 | 699.400 | 20 |  |  |  |
|  | 体重1 | 2337.000 | 20 |  |  |  |
|  | 胸围1 | 820.650 | 20 |  |  |  |
| Corrected Total | 身高1 | 432.950 | 19 |  |  |  |
|  | 体重1 | 569.800 | 19 |  |  |  |
|  | 胸围1 | 274.638 | 19 |  |  |  |

a. R Squared = .000 (Adjusted R Squared = .000)

图 14-6　效应分析

## 14.2 两组比较

**案例实战**

某高校随机抽取了 10 名男大学生与 10 名女大学生，测得其身高、体重和胸围指标，数据见图 14-7。问男女生间身体测量指标间有无差异。

**实战步骤**

首先将调查数据构建为图 14-7 格式 SPSS 数据文件。

选择菜单 Analyze—General Linear Model—Multivariate，弹出 Multivariate 对话框，将身高、体重和胸围放入 Dependent Variables（因变量）框中，将性别放入 Fixed Factor（s）（固定因子），如图 14-8，点击 "Options（选项）" 按钮，弹出框中勾选 "Descriptive statistics（描述统计量）"，将性别移入 display means for 框中，点击 "continue" 返回主对话框，单击 "OK"。

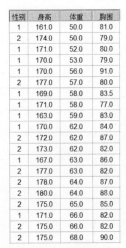

图 14-7 数据文件

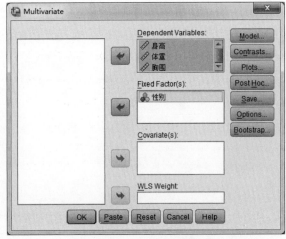

图 14-8 多变量框设置

结果解释如图 14-9，图 14-10 和图 14-11。图 14-9 为不同性别身高、体重和胸围的 3 个基本统计量描述。图 14-10 为采用 Pillai's Trace、Wilks' Lambda、Hotelling's Trace 和 Roy's Largest Root 计算的统计量 F 值，以及对应的 P 值，本例为两组间比较，应该看 Hotelling's Trace 的结果，F=22214.354[a]，P 值小于 0.01，结果显示不同性别的身高、体重和胸围总体上有差异。图 14-11 为不同性别间的身高、体重和胸围进行比较，结果显示不同性别的身高存在差异（$P<0.05$），体重（$P=0.071$）和胸围（$P=0.376$）差异无统计学意义。注意多变量 2 组间比较应该采用 Hotelling's $T^2$ 检验，本模块中无 Hotelling's $T^2$ 检验，因为多变量方差分析可用于多组或两组间的比较，用于两组时 Hotelling's Trace

与 Hotelling $T^2$ 检验等价。Hotelling's Trace×（$n$- 组数）= Hotelling $T^2$ 统计量。

**Descriptive Statistics**

| | 性别 | Mean | Std. Deviation | N |
|---|---|---|---|---|
| 身高 | 女 | 168.300 | 3.5606 | 10 |
| | 男 | 175.600 | 2.4129 | 10 |
| | Total | 171.950 | 4.7736 | 20 |
| 体重 | 女 | 57.700 | 5.1001 | 10 |
| | 男 | 62.100 | 5.1521 | 10 |
| | Total | 59.900 | 5.4763 | 20 |
| 胸围 | 女 | 82.650 | 3.9303 | 10 |
| | 男 | 84.200 | 3.7059 | 10 |
| | Total | 83.425 | 3.8019 | 20 |

图 14-9　不同性别三项指标统计描述

**Multivariate Tests[b]**

| Effect | | Value | F | Hypothesis df | Error df | Sig. |
|---|---|---|---|---|---|---|
| Intercept | Pillai's Trace | 1.000 | 22214.354[a] | 3.000 | 16.000 | 0.000 |
| | Wilks' Lambda | 0.000 | 22214.354[a] | 3.000 | 16.000 | 0.000 |
| | Hotelling's Trace | 4165.191 | 22214.354[a] | 3.000 | 16.000 | 0.000 |
| | Roy's Largest Root | 4165.191 | 22214.354[a] | 3.000 | 16.000 | 0.000 |
| 性别 | Pillai's Trace | 0.620 | 8.720[a] | 3.000 | 16.000 | 0.001 |
| | Wilks' Lambda | 0.380 | 8.720[a] | 3.000 | 16.000 | 0.001 |
| | Hotelling's Trace | 1.635 | 8.720[a] | 3.000 | 16.000 | 0.001 |
| | Roy's Largest Root | 1.635 | 8.720[a] | 3.000 | 16.000 | 0.001 |

a. Exact statistic
b. Design: Intercept + 性别

图 14-10　不同性别三项指标的多变量检验

**Tests of Between-Subjects Effects**

| Source | Dependent Variable | Type III Sum of Squares | df | Mean Square | F | Sig. |
|---|---|---|---|---|---|---|
| Corrected Model | 身高 | 266.450[a] | 1 | 266.450 | 28.805 | 0.000 |
| | 体重 | 96.800[b] | 1 | 96.800 | 3.684 | 0.071 |
| | 胸围 | 12.012[c] | 1 | 12.012 | 0.823 | 0.376 |
| Intercept | 身高 | 591336.050 | 1 | 591336.050 | 63928.222 | 0.000 |
| | 体重 | 71760.200 | 1 | 71760.200 | 2730.832 | 0.000 |
| | 胸围 | 139194.613 | 1 | 139194.613 | 9540.230 | 0.000 |
| 性别 | 身高 | 266.450 | 1 | 266.450 | 28.805 | 0.000 |
| | 体重 | 96.800 | 1 | 96.800 | 3.684 | 0.071 |
| | 胸围 | 12.013 | 1 | 12.013 | 0.823 | 0.376 |
| Error | 身高 | 166.500 | 18 | 9.250 | | |
| | 体重 | 473.000 | 18 | 26.278 | | |
| | 胸围 | 262.625 | 18 | 14.590 | | |
| Total | 身高 | 591769.000 | 20 | | | |
| | 体重 | 72330.000 | 20 | | | |
| | 胸围 | 139469.250 | 20 | | | |
| Corrected Total | 身高 | 432.950 | 19 | | | |
| | 体重 | 569.800 | 19 | | | |
| | 胸围 | 274.637 | 19 | | | |

a. R Squared =0.615 (Adjusted R Squared = 0.594)
b. R Squared =0.170 (Adjusted R Squared = 0.124)
c. R Squared =0.044 (Adjusted R Squared = -0.009)

图 14-11　不同性别三项指标的单变量检验

## 14.3　多组比较

**案例实战**

三个地区大学生体检，测得身高、体重和胸围三项指标，数据见图 14-12，问三个地区大学生体格指标有无差异？

### 实战步骤

首先将调查数据文件构建为图 14-12 格式 SPSS 数据文件。

选择菜单 Analyze—General Linear Model—Multivariate（多变量），弹出 Multivariate 对话框，将身高、体重和胸围放入 Dependent Variables（因变量）框中，将地区放入 Fixed Factor（s）（固定因子），如图 14-13 所示，点击"Options（选项）"按钮，将地区移入 display means for 框中，并勾选 compare main effects，下面 display （显示）框勾选 Descriptive statistics（描述统计量）、SSCP Matrices（协方差矩阵）和 Homogeneity tests（方差同质性检验），点击"continue"返回主对话框，单击"OK"。

图 14-12 数据文件

结果如图 14-15 至图 14-20 所示。图 14-15 为三项指标不同地区的统计描述，图 14-16 为协方差是否相等检验，$P=0.292$，认为多组间协方差相等。

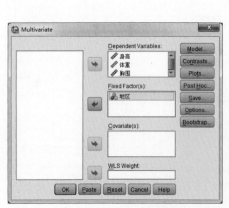

图 14-13 多变量框设置

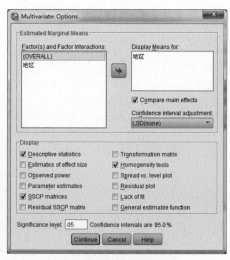

图 14-14 选项框设置

图 14-17 为不同地区三项指标多变量检验结果，发现四种检验的 $P$ 值均小于 0.05，认为不同地区三项指标差异有统计学意义。图 14-18 为三项指标身高、体重和胸围的方差齐性检验，本例 $P$ 均大于 0.05，方差齐，适合做方差分析。

图 14-19 为不同组别间单变量检验结果，结果显示不同地区身高（$P=0.008<0.05$）和体重（$P=0.001<0.05$）差异有统计学意义，不同地区间胸围差异无统计学意义（$P=0.173>0.05$）。

**Descriptive Statistics**

| | 地区 | Mean | Std. Deviation | N |
|---|---|---|---|---|
| 身高 | A地区 | 168.667 | 3.8297 | 6 |
| | B地区 | 170.333 | 4.9666 | 6 |
| | C地区 | 175.625 | 2.6152 | 8 |
| | Total | 171.950 | 4.7736 | 20 |
| 体重 | A地区 | 54.500 | 3.3317 | 6 |
| | B地区 | 59.500 | 5.6125 | 6 |
| | C地区 | 64.250 | 2.0529 | 8 |
| | Total | 59.900 | 5.4763 | 20 |
| 胸围 | A地区 | 81.917 | 4.9439 | 6 |
| | B地区 | 82.333 | 2.5820 | 6 |
| | C地区 | 85.375 | 3.1139 | 8 |
| | Total | 83.425 | 3.8019 | 20 |

图 14-15　不同地区三项指标统计描述

**Box's Test of Equality of Covariance Matrices[a]**

| Box's M | 19.460 |
|---|---|
| F | 1.180 |
| df1 | 12 |
| df2 | 1161.917 |
| Sig. | 0.292 |

Tests the null hypothesis that the observed covariance matrices of the dependent variables are equal across groups.

a. Design: Intercept + 地区

图 14-16　协方差齐性检验

**Multivariate Tests[c]**

| Effect | | Value | F | Hypothesis df | Error df | Sig. |
|---|---|---|---|---|---|---|
| Intercept | Pillai's Trace | 1.000 | 17196.645[a] | 3.000 | 15.000 | 0.000 |
| | Wilks' Lambda | 0.000 | 17196.645[a] | 3.000 | 15.000 | 0.000 |
| | Hotelling's Trace | 3439.329 | 17196.645[a] | 3.000 | 15.000 | 0.000 |
| | Roy's Largest Root | 3439.329 | 17196.645[a] | 3.000 | 15.000 | 0.000 |
| 地区 | Pillai's Trace | 0.767 | 3.317 | 6.000 | 32.000 | 0.012 |
| | Wilks' Lambda | 0.288 | 4.324[a] | 6.000 | 30.000 | 0.003 |
| | Hotelling's Trace | 2.289 | 5.340 | 6.000 | 28.000 | 0.001 |
| | Roy's Largest Root | 2.203 | 11.748[b] | 3.000 | 16.000 | 0.000 |

a. Exact statistic
b. The statistic is an upper bound on F that yields a lower bound on the significance level.
c. Design: Intercept + 地区

图 14-17　不同地区多变量检验结果

**Levene's Test of Equality of Error Variances[a]**

| | F | df1 | df2 | Sig. |
|---|---|---|---|---|
| 身高 | 0.862 | 2 | 17 | 0.440 |
| 体重 | 2.810 | 2 | 17 | 0.088 |
| 胸围 | 0.915 | 2 | 17 | 0.419 |

Tests the null hypothesis that the error variance of the dependent variable is equal across groups.

a. Design: Intercept + 地区

图 14-18　三指标方差齐性检验

**Tests of Between-Subjects Effects**

| Source | Dependent Variable | Type III Sum of Squares | df | Mean Square | F | Sig. |
|---|---|---|---|---|---|---|
| Corrected Model | 身高 | 188.408[a] | 2 | 94.204 | 6.549 | 0.008 |
| | 体重 | 327.300[b] | 2 | 163.650 | 11.472 | 0.001 |
| | 胸围 | 51.221[c] | 2 | 25.610 | 1.949 | 0.173 |
| Intercept | 身高 | 577830.307 | 1 | 577830.307 | 40169.495 | 0.000 |
| | 体重 | 69323.045 | 1 | 69323.045 | 4859.760 | 0.000 |
| | 胸围 | 135954.852 | 1 | 135954.852 | 10344.942 | 0.000 |
| 地区 | 身高 | 188.408 | 2 | 94.204 | 6.549 | 0.008 |
| | 体重 | 327.300 | 2 | 163.650 | 11.472 | 0.001 |
| | 胸围 | 51.221 | 2 | 25.610 | 1.949 | 0.173 |
| Error | 身高 | 244.542 | 17 | 14.385 | | |
| | 体重 | 242.500 | 17 | 14.265 | | |
| | 胸围 | 223.417 | 17 | 13.142 | | |
| Total | 身高 | 591769.000 | 20 | | | |
| | 体重 | 72330.000 | 20 | | | |
| | 胸围 | 139469.250 | 20 | | | |
| Corrected Total | 身高 | 432.950 | 19 | | | |
| | 体重 | 569.800 | 19 | | | |
| | 胸围 | 274.637 | 19 | | | |

a. R Squared = 0.435 (Adjusted R Squared = 0.369)
b. R Squared = 0.574 (Adjusted R Squared = 0.524)
c. R Squared = 0.187 (Adjusted R Squared = 0.091)

图 14-19　不同组别间单变量检验结果

## Pairwise Comparisons

| Dependent Variable | (I) 地区 | (J) 地区 | Mean Difference (I-J) | Std. Error | Sig.a | 95% Confidence Interval for Difference a | |
|---|---|---|---|---|---|---|---|
| | | | | | | Lower Bound | Upper Bound |
| 身高 | A地区 | B地区 | -1.667 | 2.190 | 0.457 | -6.287 | 2.953 |
| | | C地区 | -6.958* | 2.048 | 0.003 | -11.280 | -2.637 |
| | B地区 | A地区 | 1.667 | 2.190 | 0.457 | -2.953 | 6.287 |
| | | C地区 | -5.292* | 2.048 | 0.019 | -9.613 | -0.970 |
| | C地区 | A地区 | 6.958* | 2.048 | 0.003 | 2.637 | 11.280 |
| | | B地区 | 5.292* | 2.048 | 0.019 | 0.970 | 9.613 |
| 体重 | A地区 | B地区 | -5.000* | 2.181 | 0.035 | -9.601 | -0.399 |
| | | C地区 | -9.750* | 2.040 | 0.000 | -14.053 | -5.447 |
| | B地区 | A地区 | 5.000* | 2.181 | 0.035 | 0.399 | 9.601 |
| | | C地区 | -4.750* | 2.040 | 0.032 | -9.053 | -0.447 |
| | C地区 | A地区 | 9.750* | 2.040 | 0.000 | 5.447 | 14.053 |
| | | B地区 | 4.750* | 2.040 | 0.032 | 0.447 | 9.053 |
| 胸围 | A地区 | B地区 | -0.417 | 2.093 | 0.845 | -4.833 | 3.999 |
| | | C地区 | -3.458 | 1.958 | 0.095 | -7.589 | 0.672 |
| | B地区 | A地区 | 0.417 | 2.093 | 0.845 | -3.999 | 4.833 |
| | | C地区 | -3.042 | 1.958 | 0.139 | -7.172 | 1.089 |
| | C地区 | A地区 | 3.458 | 1.958 | 0.095 | -0.672 | 7.589 |
| | | B地区 | 3.042 | 1.958 | 0.139 | -1.089 | 7.172 |

Based on estimated marginal means
a. Adjustment for multiple comparisons: Least Significant Difference (equivalent to no adjustments).
*. The mean difference is significant at the 0.05 level.

图 14-20　三指标两两比较的结果

图 14-20 采用 LSD 法对身高、体重和胸围进行不同地区间的两两比较，结果与多变量结果一致。结合图 14-15，可以得出各指标间的具体比较关系。

## → 14.4　轮廓分析

轮廓分析是比较两组或多组多变量均数向量的轮廓是否相等的。$m$ 个变量可以是统一处理的 $m$ 次重复测量结果，也可以是 $m$ 次处理的观察结果，但 $m$ 次处理的观察结果必须属于同一类型的指标且计量单位相同，轮廓分析可以细分为平行轮廓、重合轮廓与水平轮廓，下面用案例进行解读。

**案例实战**

为比较两个产地某中草药的有效成分，对两产地中草药各随机抽取 10 份标本进行 5 种有效成分检测，数据如图 14-21 所示，请问两产地中草药成分有无差异？

**实战步骤**

首先构建图 14-21 的 SPSS 数据文件。

| 产地 | x1 | x2 | x3 | x4 | x5 |
|---|---|---|---|---|---|
| 1 | 0.0016 | 0.0013 | 0.0012 | 0.1560 | 0.2163 |
| 1 | 0.0026 | 0.0021 | 0.0004 | 0.0021 | 0.2012 |
| 1 | 0.0016 | 0.0016 | 0.0015 | 0.0032 | 0.2110 |
| 1 | 0.0042 | 0.0038 | 0.0022 | 0.0830 | 0.3750 |
| 1 | 0.0012 | 0.0011 | 0.0001 | 0.1400 | 0.2103 |
| 1 | 0.0030 | 0.0039 | 0.0026 | 0.1190 | 0.1130 |
| 1 | 0.0042 | 0.0052 | 0.0095 | 0.1640 | 0.3109 |
| 1 | 0.0026 | 0.0054 | 0.0163 | 0.0780 | 0.2021 |
| 1 | 0.0024 | 0.0021 | 0.0015 | 0.2010 | 0.2132 |
| 1 | 0.0040 | 0.0032 | 0.0025 | 0.1120 | 0.2020 |
| 2 | 0.0990 | 0.0830 | 0.0750 | 0.0690 | 0.2080 |
| 2 | 0.1740 | 0.1400 | 0.0290 | 0.1350 | 0.1960 |
| 2 | 0.1150 | 0.1190 | 0.1130 | 0.1498 | 0.1560 |
| 2 | 0.1830 | 0.1640 | 0.0940 | 0.1430 | 1.1660 |
| 2 | 0.0870 | 0.0780 | 0.0080 | 0.0750 | 0.4350 |
| 2 | 0.1540 | 0.2010 | 0.1320 | 0.3860 | 1.0510 |
| 2 | 0.0890 | 0.1120 | 0.2020 | 0.7889 | 0.4600 |
| 2 | 0.0340 | 0.0690 | 0.2080 | 0.8610 | 0.6569 |
| 2 | 0.1520 | 0.1350 | 0.0960 | 0.2630 | 0.7710 |
| 2 | 0.2420 | 0.1980 | 0.1560 | 0.2610 | 1.1900 |

图 14-21　数据文件

1. 选择菜单 Analyze—General Linear Model—Repeated Measures，弹出 Repeated Measures Define Factor（s）（重复度量定义因子）对话框，如图 14-22 所示，因为本例有 5 次测量，因此在 numbers of levels 框中输入 5，点击 Add 按钮，然后点击左下角 Define（定义）按钮，弹出 Repeated Measures 对话框，如图 14-23 所示。

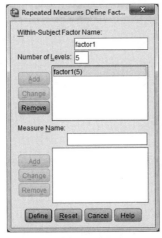

图 14-22　重复度量定义因子框

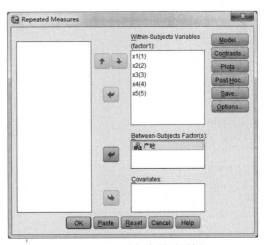

图 14-23　重复度量对话框

2. 在图 14-23 框中，将 x1-x5 选中，放入右侧 within-subjects variables（factor1）（主体内变量）框中。将"产地"放入 Between subjects factors（主体间变量）框中。

3. 点击 Plots 按钮，将 Factor1 放入 Horizontal Axis 框中，将"产地"放入 separate lines 框中，点击"Add"，再点击"Continue"，返回主对话框，点击"OK"。

（1）平行轮廓检验：结果如图 14-24 所示，选择"Multivariate Test"中 factor1*产地，$F=2.899^a$，$P=0.058$，可以认为两总体的轮廓相互平行。即两种产地的调查结果轮廓基本相同。

Multivariate Tests[b]

| Effect | | Value | F | Hypothesis df | Error df | Sig. |
|---|---|---|---|---|---|---|
| factor1 | Pillai's Trace | 0.818 | 16.806[a] | 4.000 | 15.000 | 0.000 |
| | Wilks' Lambda | 0.182 | 16.806[a] | 4.000 | 15.000 | 0.000 |
| | Hotelling's Trace | 4.482 | 16.806[a] | 4.000 | 15.000 | 0.000 |
| | Roy's Largest Root | 4.482 | 16.806[a] | 4.000 | 15.000 | 0.000 |
| factor1 * 产地 | Pillai's Trace | 0.436 | 2.899[a] | 4.000 | 15.000 | 0.058 |
| | Wilks' Lambda | 0.564 | 2.899[a] | 4.000 | 15.000 | 0.058 |
| | Hotelling's Trace | 0.773 | 2.899[a] | 4.000 | 15.000 | 0.058 |
| | Roy's Largest Root | 0.773 | 2.899[a] | 4.000 | 15.000 | 0.058 |

a. Exact statistic
b. Design: Intercept + 产地
   Within Subjects Design: factor1

图 14-24　多变量检验结果

（2）重合轮廓检验：结果见图 14-25，选择"Tests of Between-Subjects effects"中的"Group"，$F=24.938$，$P=0.000<0.01$，可见两总体的轮廓没有重合，结合图 14-26 可知，产地 2 的均值要高于产地 1。

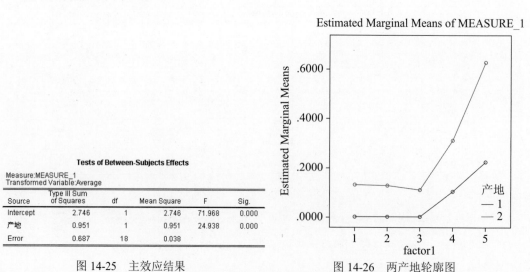

Tests of Between-Subjects Effects
Measure:MEASURE_1
Transformed Variable:Average

| Source | Type III Sum of Squares | df | Mean Square | F | Sig. |
|---|---|---|---|---|---|
| Intercept | 2.746 | 1 | 2.746 | 71.968 | 0.000 |
| 产地 | 0.951 | 1 | 0.951 | 24.938 | 0.000 |
| Error | 0.687 | 18 | 0.038 | | |

图 14-25　主效应结果　　　　图 14-26　两产地轮廓图

（3）水平轮廓检验：如果两组轮廓不仅平行而且重合，可将两组资料合并成一组，检验合并后的轮廓是否水平。SPSS 操作步骤与上述相同，只不过不考虑分组因素，所以不需要将产地选入"Between-Subjects（factors）"框中。结果见图 14-27 中的 factor1，$F=10.284^a$，$P=0.000<0.01$，显示 5 项指标均数不同，即不平行。

| Effect | | Value | F | Hypothesis df | Error df | Sig. |
|---|---|---|---|---|---|---|
| factor1 | Pillai's Trace | 0.720 | 10.284$^a$ | 4.000 | 16.000 | 0.000 |
| | Wilks' Lambda | 0.280 | 10.284$^a$ | 4.000 | 16.000 | 0.000 |
| | Hotelling's Trace | 2.571 | 10.284$^a$ | 4.000 | 16.000 | 0.000 |
| | Roy's Largest Root | 2.571 | 10.284$^a$ | 4.000 | 16.000 | 0.000 |

a. Exact statistic
b. Design: Intercept
Within Subjects Design: factor1

图 14-27　不分组多变量检验结果

**知识总结**

在我们处理数据时，经常遇到一个观察单位的观测指标（因变量）常有多个，并且各指标间又往往相互联系、互相影响。对于这种资料，如果将各个反应变量割裂开分别进行统计分析，这时会导致检验效率低、增大 I 类错误及忽视变量间的相互关系。因此，应该进行多变量分析。

多变量分析资料应该满足各因变量服从多元正态分布，各观察对象之间相互独立、各组观察对象反应变量的方差协方差矩阵相等，以及反应变量间在专业上的确存在一定的关系。

轮廓分析是比较两组或多组多变量均数向量的轮廓是否相等，分析方法上从属于多变量分析。本章采用了 Analyze—General Linear Model—Multivariate 和 Analyze—General Linear Model—Repeated Measures 两个模块实现多变量分析与轮廓检验。

# 第五篇　高级找关系（统计模型）

学习了初级说一说，中级比一比，终于来到高级找关系，即统计模型。本篇章将介绍线性相关、线性回归、Logistic 回归、生存分析、聚类分析、判别分析、主成分与因子分析，掌握这些统计分析，你基本就可以在学术的江湖里游个泳啦！

——松哥统计

# 第 15 章  关联与相关分析

前面章节讲述的是差异性分析，主要研究的是组间差异性比较，非要分出一个谁高谁低，谁好谁坏。可是数据之间的关系和我们人与人之间的关系一样，除了有竞争关系，敌我关系，还有朋友关系、亲情关系，而且，这种关系还分远近。数据之间也有关系，关系也有疏密，本章就带着大家一起学习分析数据之间的关系性强弱的方法。

## 15.1 相关与关联简介

### 15.1.1 基本概念

相关分析的一个显著特点为变量不分主次，处于同等地位。研究过程中的一些基本概念如下所述。

**1. 关联（association）**

是指变量间一种广义的关联，是两个随机变量之间统计上的依赖关系。

**2. 相关（correlation）**

反映两个随机变量关系强度的指标，一般提到的相关均是指变量之间的线性相关。相关与关联的区别：关联是指两个变量之间的一般的关系，相关或多或少是指变量之间的线性关系。关联是一种概念范畴，而相关是关联的一种测量尺度。简单地说，关联范畴大于相关。

**3. 线性相关**

最简单的一种关联，两个随机变量 $X$、$Y$ 之间呈线性趋势的关系，即两变量共同增大，或者一增一减，都属于线性相关讨论的范围。

**4. 曲线相关**

两变量之间存在相关趋势，但并非呈线性，而是曲线。此时不可进行线性相关分析。

**5. 非线性相关**

$X$、$Y$ 之间没有明显的线性关系，却存在着某种非线性关系，说明 $X$ 仍是影响 $Y$ 的因素。

**6. 秩相关**

也称等级相关，对原变量的分布不作要求，属于非参数统计方法。适用于那些不服从正态分布的资料，还有总体分布未知和原始数据用等级表示的资料。

**7. 正相关与负相关**

两变量 $X$、$Y$ 同时增大或减小，变化趋势是同向的，称为正相关，两变量一增一减，变化趋势是反向的，称为负相关。

**8. 完全相关**

两变量之间线性相关的密切程度最高，相关系数的绝对值为 1，分为完全正相关和完全负相关。

### 15.1.2 关联与相关的类型

**1. 两个计量资料之间的相关**

（1）Pearson 相关：必须双变量符合正态分布。

（2）Spearman 相关：双变量不符合正态分布或者一个不符合正态分布，或者分布不清计量资料。对于服从 Pearson 相关系数的数据也可以计算 Spearman 相关系数，但统计效能比 Pearson 相关系数要低一些（不容易检测出两者事实上存在的相关关系）。

**2. 两个等级资料之间相关**

（1）Spearman 相关。

（2）关联：对于行和列都包含已排序值的表，请选择伽马（对于 2 阶表，为零阶；对于 3 阶到 10 阶表，为条件）、Kendall's tau-b 和 Kendall's tau-c。要根据行类别预测列类别，请选择 Somers'd。

1）伽马（*Gamma*）

两个有序变量之间的对称相关性测量，它的范围是 $-1 \sim 1$。绝对值接近 1 的值表示两个变量之间存在紧密的关系。接近 0 的值表示关系较弱或者没有关系。对于双向表，显示零阶伽马。对于三阶表到 $n$ 阶表，显示条件伽马。

2）*Somers' d*

两个有序变量之间相关性测量，它的范围是 $-1 \sim 1$。绝对值接近 1 的值表示两个变量之间存在紧密的关系，值接近 0 则表示两个变量之间关系很弱或没有关系。Somers' d 是伽马的不对称扩展，不同之处仅在于它包含了未约束到自变量上的成对的数目。还将计算此统计的对称版本。

3）*Kendall's tau-b*

将结考虑在内的有序变量或排序变量的非参数相关性测量。系数的符号指示关系的方向，绝对值指示强度，绝对值越大表示关系强度越高。可能的取值范围是 $-1 \sim 1$，但 -1 或 +1 值只能从正方表中取得。

4) *Kendall's tau-c*

忽略结的有序变量的非参数相关性测量。系数的符号指示关系的方向，绝对值指示强度，绝对值越大则表示关系强度越高。可能的取值范围是 $-1 \sim 1$，但 $-1$ 或 $+1$ 值只能从正方表中取得。

### 3. 两个分类变量之间的关联

（1）列联系数（contingency coefficient）：等于卡方/（卡方+$n$），其值位于 $0 \sim 1$ 之间，越大说明相关性越强。

（2）Phi and Cramers V：Phi 等于卡方/$N$，越大说明相关性越强，Cramers V 是 Phi 的一个调整，绝对值越大，说明相关性越强。

（3）Lambda 系数：用于反映自变量对因变量的预测效果，即知道自变量取值时对因变量的预测有多少改进，或者说知道自变量的取值时期望预测误差个数减少的比例，Lambda 将误差定义为列（行）变量预测时的错误，其预测值是基于个体所在行（列）的众数。值为 1 时表明自变量就可以完全确定因变量取值，为 0 时表明自变量对因变量完全无预测作用。

（4）不确定系数：其值介于 $0 \sim 1$ 之间，和 lambda 类似，也用于反映当知道自变量后，因变量的不确定性下降了多少（比例），只是在误差的定义上稍有差异。以熵为不确定性大小的度量指标，能输出行变量为自变量、列变量为自变量、对称不确定系数三个结果，后者为前两者的对称平均指标。

### 4. 分类变量与数值变量关联

希望测量一个名义变量和连续变量间的相关程度时，还可以使用一个叫作 Eta 的指标，它所对应的问题以前是用方差分析来解决的。实际上，Eta 的平方表示由组间差异所解释的因变量的方差的比例，即 $ss_{组间}/ss_{总}$，为范围在 $0 \sim 1$ 之间的相关性测量，其中 0 值表示行变量和列变量之间无相关性，接近 1 的值表示高度相关。Eta 适用于在区间刻度上度量的因变量（如收入）以及具有有限类别的自变量（如性别）。计算两个 Eta 值：一个将行变量视为区间变量，另一个将列变量视为区间变量。

### 5. 偏相关（Partial correlation）

当我们处理 $X$ 和 $Y$ 之间的相关性时，由于 $Z$ 与 $X$ 和 $Y$ 都有密切相关，因此 $Z$ 的存在会影响 $X$ 和 $Y$ 之间真实的相关性，故需要控制 $Z$ 后，研究 $X$ 和 $Y$ 之间的相关性。因此偏相关又叫作净相关。$Z$ 可能为 $X$ 和 $Y$ 的共同因素或者中介因素。常见的偏相关是指 Pearson 偏相关，当然还有 Spearman 偏相关。

### 6. 部分相关（Part correlation）

有时候，研究者想知道当去除了第三变量 $Z$ 在 $X$ 和 $Y$ 变量中的效应后，两个变量 $X$ 和 $Y$ 之间的相关，在这种情况下，当用 $X$ 来解释 $Y$ 时，我们仅将 $Z$ 从 $X$ 中去除，而保持 $Y$ 的"完整性"，在从 $X$ 中去除 $Z$ 后，"完整的" $Y$ 因变量和自变量 $X$ 残差之间的相关，称为控制 $Z$ 后的 $X$ 和 $Y$ 之间的部分相关。

### 7. 典型相关（Canonical correlation analysis）

前面的相关都是研究两个变量之间的相关，当我们要处理的资料为两组变量之间的相关性时，就不能采用上面的相关性分析了，如一个班级学生的身体健康资料（身高、体重）与考试成绩（语文、数学、外语）之间的相关性，此时就是两组资料之间的相关性，应该采用典型相关分析。一般典型相关是指两组计量资料之间的相关，两组分类变量资料之间的典型相关叫作非线性典型相关。

### 8. 距离相关（Distance correlation）

距离相关用于计算数值变量之间的距离相关性，通常不单独分析，一般为聚类分析或者因子分析的中间过程。Distances 过程就可以用于计算记录（或变量）间的距离（或相似程度），根据变量的不同类型，可以有许多距离、相似程度测量指标供用户选择。但由于本模块只是一个预分析的过程，因此距离分析并不会给出常用的 $p$ 值，而只给出各变量/记录之间的距离大小，以供用户自行判断相似性。

### 9. 点二列相关与二列相关（Point-Biserial correlation & Biserial correlation）

点二列相关系数就是当一列变量为连续变量时，另一列变量是值域为 $\{0, 1\}$ 情况下的 Pearson 积差相关系数。因此，在 SPSS 中计算点二列相关的方法就是计算这二列变量的 Pearson 相关系数。需要注意的是其中的那列二分变量的取值范围必须是 $\{0, 1\}$。

二列相关系数就是当一列或两列数据已经被整理为分组数据或成为次数分布表时采用的手工计算 Pearson 相关系数的替代性方案。

例如学生成绩是连续变量（0~100），某一道题给分也是连续的（0~6），现在把这题得分超过 3 分的算作一类，低于 3 分的算作另一类，就得到了二列相关。二列相关的系数就是这道题的区分度。但是，如果是一道是非题，给分时有两档，就不是二列相关，而是点二列相关。一般而言主观题的区分度比选择题高，如果把二列相关当成点二列相关，就低估了主观题的区分度；反之，把是非题当作二列相关计算，会高估题目的区分度。

很多人认为，相关只不过是研究回归的前奏，相关其实并没有多大的学问，经过上面的阐述，松哥相信你的认识会有所改变。在众多相关与关联的研究中，很多都停留在理论的范畴，我们也没有必要掌握其所有，下面松哥将给大家详细介绍科研实践中最为常用的一些相关分析。

## 15.2 Pearson 相关及偏相关

Pearson 相关是用于两个计量资料之间的相关性，应用的条件为两组资料必须都符合正态分布，但此条件过于严格，近似正态分布也可以。

### 15.2.1 Pearson相关

**案例实战**

**例 15.1**：某研究者研究 20 名男童的身高（cm）、体重（kg）和肺活量（L）的关系，试分析身高和体重之间的相关性。数据文件：data15.1.sav。

**案例解读**

本例研究的是身高和体重之间相关性，身高和体重均为计量资料，可以计算 Pearson 相关，但资料应该满足正态分布或近似正态分布。同时基于专业，我们也可以判断身高和体重之间的相关是有专业依据的。

**实战步骤**

**1. 正态分布验证**

打开例 15.1 数据库，点击分析—描述—探索，按照如图 15-1 和图 15-2 所示操作，点击"确定"运行。正态性检验结果见图 15-3。

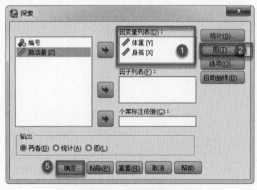

图 15-1　探索设置

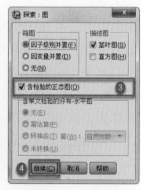

图 15-2　正态性检验

| 正态性检验 | | | | | | |
|---|---|---|---|---|---|---|
| | 柯尔莫戈洛夫-斯米诺夫[a] | | | 夏皮洛-威尔克 | | |
| | 统计 | 自由度 | 显著性 | 统计 | 自由度 | 显著性 |
| 体重 | 0.176 | 20 | 0.107 | 0.920 | 20 | 0.101 |
| 身高 | 0.141 | 20 | 0.200* | 0.932 | 20 | 0.170 |

*. 这是真显著性的下限。
a. 里利氏显著性修正

图 15-3　正态性检验结果

结果显示，D 检验与 W 检验的 $P$ 值均大于 0.05，因此体重与身高均符合正态分布，可以进行 Pearson 相关性分析。

注意：如果 D 检验和 W 检验的结果存在矛盾，按照大 D 小 W 原则进行选择，即样本量大时选 D 检验，样本量小时选 W 检验。生物医药里面当样本量大于 50 即为大。另正态性也不是严格的规定，近似正态也可以进行 Pearson 相关分析，如何判断近似正态呢，可以看数据的直方图、PP 图、QQ 图。

**2. 散点图分析**

点击图形—旧对话框—散点/点图（见图 15-4），弹出图 15-5，选择"简单散点图"，按照如图 15-6 所示操作。结果见图 15-7。

图 15-4　散点图菜单

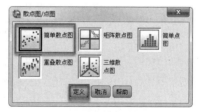

图 15-5　散点图类型选择

由图 15-7 可见，体重有随着身高变化而变化的线性趋势。本例中体重随着身高的增高而增大，因此，身高与体重之间存在着正线性相关。然而散点图只能帮我们发现是否有线性趋势，线性趋势的强弱由 Pearson 相关系数进行判定。

散点图是帮我们定性地发现变量之间的线性趋势的，图 15-8 展示了 8 种可能的情况，只有在（1）～（4）情况下，方可计算 Pearson 相关系数，其他情况不适合计算。

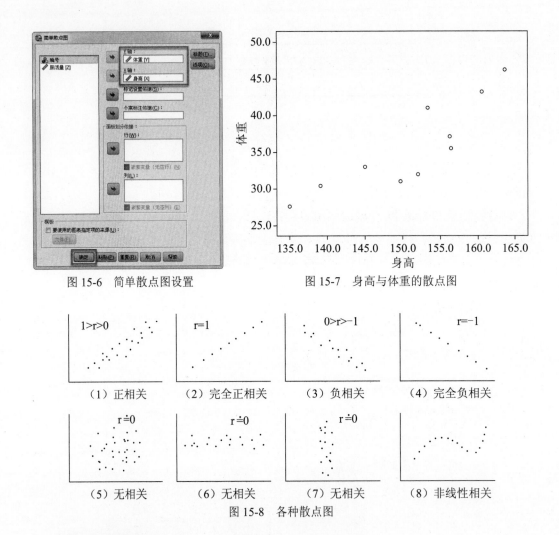

图 15-6　简单散点图设置　　　　图 15-7　身高与体重的散点图

图 15-8　各种散点图

### 3. Pearson相关分析

再次回到数据库,点击分析—相关—双变量,按照图 15-9 所示设置,运行结果见图 15-10。

结果显示身高与体重的 Pearson 相关系数 $r=0.868$,$P=0.000<0.05$,说明身高与体重的相关性是真实存在的,而且呈现显著相关。前面的相关系数 $r$ 用于判定相关强度的大小,后面的 $P$ 值用于验证前面相关系数 $r$ 存在的真实性。如果本例后面的 $P>0.05$,则认为前面的 $r=0.868$ 是假的,并不存在,只有 $P<0.05$,前面的 $r$ 才有意义。上面讲解的是计算 Pearson 相关系数的标准流程,熟练者散点图步骤也可以忽略。

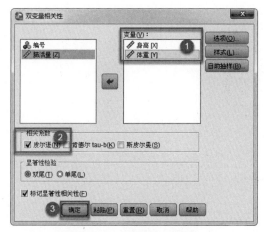

图 15-9 双变量相关设置

图 15-10 Pearson 相关结果

**4. Pearson 相关系数的意义**

相关系数的绝对值越大，相关性越强；相关系数越接近 1 或 -1，相关度越强，相关系数越接近 0，相关度越弱。通常情况下通过以下取值范围判断变量的相关强度：相关系数 0.8～1.0 高度相关；0.6～0.8 强相关；0.4～0.6 中等程度相关；0.2～0.4 弱相关；0.0～0.2 极弱相关或无相关。

### 15.2.2 偏相关分析

当我们处理 $X$ 和 $Y$ 之间的相关性时，由于 $Z$ 与 $X$ 和 $Y$ 都有密切相关，因此，$Z$ 会影响 $X$ 和 $Y$ 之间的真实关系。故我们要研究 $X$ 和 $Y$ 之间的相关关系时，应该扣除 $Z$ 的影响，这种相关分析就称为"偏相关"。例如，控制年龄和工作经验的影响，估计工资收入与受教育水平之间的相关关系（排除第三者）。

我们在上述案例基础上，增加一个变量——肺呼量（$Z$），我们知道身高和体重均和肺呼量有关系，如果想知道身高和体重之间的偏相关系数，可以按如下步骤进行：

1. 打开数据，分析—相关—偏相关，如图 15-11 所示，将身高和体重放入变量框；肺活量放入控制变量框，如图 15-12 所示，勾选"零阶相关性"，点击"继续""确定"运行。

2. 结果解读，见图 15-13。结果表格分为上下两部分，上面为不控制肺呼量的情况下，三个变量之间的两两相关性。

图 15-11 偏相关性对话框

图 15-12 偏相关性：选项设置

图 15-13 偏相关分析结果

图 15-13 结果分为上下两部分，上面部分是没有控制"肺活量"的情况下，三个变量间的两两相关性矩阵，我们可以发现身高和体重的相关性 $r=0.868$，$P=0.000<0.05$，存在高度相关，如果不勾选图 15-12 中的"零阶相关性"，则不会出现这部分，松哥勾选是想让大家在一张表里进行对比；下半部分为身高与体重的偏相关系数 partial correlation $r=0.794$，$P=0.000<0.05$，意即扣除肺活量影响后，身高和体重之间的净相关还是有意义的，但比简单相关系数小了一点点。

### 3. 偏相关散点图制作

简单相关分析，直接在作图—散点图中，就可以做出两个变量之间的散点图，可是偏相关是扣除某个变量影响之后的散点图，该如何制作呢？现在我们就来做身高与体重偏相关系数的散点图。

（1）回归：以身高为因变量，肺呼量为自变量，操作如图 15-14 和图 15-15 所示。本部分的学习可以在学习了后面的回归之后，再回来学习。

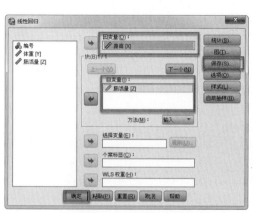

图 15-14　线性回归对话框　　　　图 15-15　线性回归：保存设置

（2）继续以体重为因变量，以肺呼量为自变量，进行回归，操作参照步骤（1）。

（3）回到数据视图，发现产生 2 个新的残差变量，RES1 和 RES2，如图 15-16 所示。

（4）我们对 RES1 和 RES2 做相关分析，步骤请参照前述。结果见图 15-17。

我们发现，两次回归的残差相关系数 $r=0.794$，$P=0.000<0.05$，结果居然和上面的偏相关系数是一模一样的。说明偏相关系数是可以用回归的残差相关系数进行计算的。那么它们之间的散点图，也是可以代表偏相关散点图的哦！

| 编号 | X | Y | Z | RES 1 | RES 2 |
|---|---|---|---|---|---|
| 1 | 139.1 | 30.4 | 2.00 | −10.46698 | −4.01085 |
| 2 | 163.6 | 46.2 | 2.75 | 6.46792 | 5.34340 |
| 3 | 156.2 | 37.1 | 2.75 | −0.93208 | −3.75660 |
| 4 | 156.4 | 35.5 | 2.00 | 6.83302 | 1.08915 |
| 5 | 149.7 | 31.0 | 1.50 | 5.17642 | 0.88632 |
| 6 | 145.0 | 30.2 | 2.50 | −9.61038 | −5.70802 |
| 7 | 135.0 | 27.6 | 1.25 | −7.00189 | −0.36509 |
| 8 | 153.3 | 41.0 | 2.75 | −3.83208 | 0.14340 |
| 9 | 152.0 | 32.0 | 1.75 | 4.95472 | −0.26226 |
| 10 | 160.5 | 43.2 | 2.25 | 8.41132 | 6.64057 |

图 15-16　分析后数据视图

相关性

| | | Unstandardized Residual | Unstandardized Residual |
|---|---|---|---|
| Unstandardized Residual | 皮尔逊相关性 | 1 | 0.794** |
| | 显著性（双尾） | | 0.000 |
| | 个案数 | 20 | 20 |
| Unstandardized Residual | 皮尔逊相关性 | 0.794** | 1 |
| | 显著性（双尾） | 0.000 | |
| | 个案数 | 20 | 20 |

**. 在 0.01 级别（双尾），相关性显著。

图 15-17　残差相关系数

（5）偏相关散点图。

操作：图形—旧对话框—散点图 / 点图，RES1 放入 Y，RES2 放入 X，得到散点图 15-18。注意该图形就是身高与体重的偏相关散点图图形，但是数值对应不上，需要 RES1+ 身高的均数和 RES2+ 体重的均数作图，就可以还原为标准的偏相关散点图了。

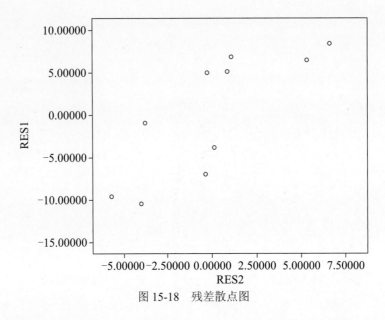

图 15-18 残差散点图

(6) 偏相关散点图修饰。

利用描述功能,可以分别得到身高均值=151.08,体重均值=35.70;再利用计算功能计算 2 个新的变量,身高 1=RES1+151.08,体重 1=RES2+35.70;继续做身高 1 和体重 1 的散点图,见图 15-19。哇!你会发现两图的图形是一样的,但是坐标轴的尺度发生了变化。

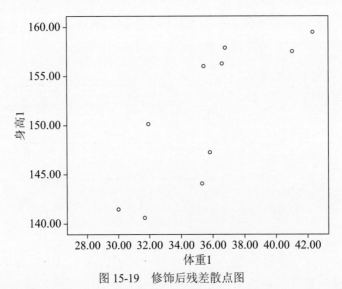

图 15-19 修饰后残差散点图

注:图 15-19 是演示如何制作偏相关的散点图,如果你正式作图发表,还请将坐标

轴做成标准的形式，如图 15-20 所示。只要双击需要修改的部分，激活后修改就可以了。

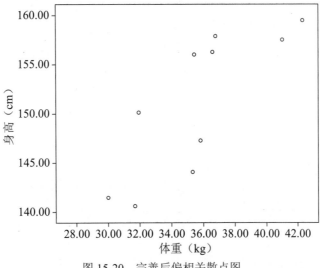

图 15-20　完善后偏相关散点图

## 15.3　Spearman 相关及偏相关

Spearman 相关用于两种情况，一种情况是上述 Pearson 相关条件不符合时（Pearson 相关条件为双变量均符合正态分布），即双变量都不符合或者其中一个不符合正态分布时，要用 Spearman 相关；另一种情况为，两个变量至少有一个为等级变量时。

### 15.3.1　Spearman相关

**案例实战**

某课题组研究身高与体重之间的相关性，测量 20 个学生，得到身高（1= 矮、2= 中、3= 高）和体重（1= 轻、2= 中、3= 重）的数据，见 data15.2.sav。试计算身高和体重之间的相关性。

**案例解析**

本例计算身高和体重之间相关性，然而身高和体重的测量尺度均为等级变量，因此，采用等级 Spearman 相关更为合适。

**实战步骤**

1. 操作：打开数据集，点击分析—相关—双变量，如图 15-21 所示，将身高和体重放入变量框,勾选"斯皮尔曼"相关。

**2. 结果解读**

如图 15-22 所示,身高与体重的等级相关系数 $r_s$=0.711,$P$=0.000<0.05,说明身高和体重之间真实存在强相关关系。图 15-21 中的肯德尔 tau-b(k)系数是非参数相关,仅用于双变量均为等级资料的时候,其适用范围没有 Spearman 相关广。

图 15-21 双变量相关性对话框

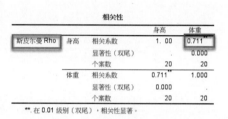

图 15-22 Spearman 相关分析结果

### 15.3.2 Spearman偏相关

前面说 Pearson 相关时,提到会存在第三个变量的影响,为了消除影响,于是采用了偏相关,等级相关依然会受到第三个变量的影响,可是在 SPSS 中的偏相关只是针对 Pearson 偏相关,等级相关不可以做,下面松哥教你如何编程实现。

**案例实战**

某研究者检测了 20 名学生的身高、体重和肺呼量,欲研究身高和体重的净相关系数。

**案例解读**

本例身高和体重为等级资料,应该计算 Spearman 相关,但本例已知变量中,肺活量与身高和体重均有相关关系,欲研究净相关,应该扣除肺活量对二者的影响,应该采用偏 Spearman 相关。

**实战步骤**

1. 分析—相关—双变量,选择 Spearman 相关;如图 15-23 所示,点击"粘贴",程序视图自动弹出,并把刚才的操作程序显示出来。如图 15-24 所示。

2. 修改程序,见图 15-24 中的程序,修改为图 15-25 中的程序,运行程序即可,编写程序如图 15-25。

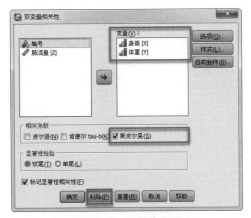

图 15-23　双变量相关

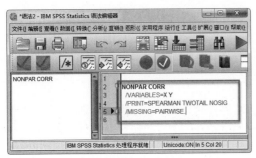

图 15-24　双变量 Spearman 相关程序

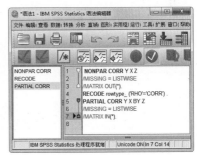

图 15-25　修改后程序

3. 编程完成之后，在程序窗口，点击菜单“运行—全部”。得到图 15-26 和图 15-27 所示结果。

**结果解读**

1. 由图 15-26 可见，肺活量与身高（$r_s$=0.854，$P$=0.000）和体重（$r_s$=0.453，$P$=0.045）均有相关性，同时身高和体重的 $r_s$=0.711，$p$=0.000。

2. 图 15-27 为控制肺活量之后的身高与体重之间的 $r_s$=0.699，$P$=0.001<0.05。

相关性[a]

| | | | 体重 | 身高 | 肺活量 |
|---|---|---|---|---|---|
| 斯皮尔曼 Rho | 体重 | 相关系数 | 1.000 | 0.711 | 0.854 |
| | | 显著性（双尾） | . | 0.000 | 0.000 |
| | 身高 | 相关系数 | 0.711 | 1.000 | 0.453 |
| | | 显著性（双尾） | 0.000 | . | 0.045 |
| | 肺活量 | 相关系数 | 0.854 | 0.453 | 1.000 |
| | | 显著性（双尾） | 0.000 | 0.045 | . |

a. 成列个案数 = 20

图 15-26　Spearman 相关矩阵

相关性

| 控制变量 | | | 体重 | 身高 |
|---|---|---|---|---|
| 肺活量 | 体重 | 相关性 | 1.000 | 0.699 |
| | | 显著性（双尾） | . | 0.001 |
| | | 自由度 | 0 | 17 |
| | 身高 | 相关性 | 0.699 | 1.000 |
| | | 显著性（双尾） | 0.001 | . |
| | | 自由度 | 17 | 0 |

图 15-27　Spearman 偏相关

**知识拓展**

1. 有人会说，上面控制与未控制相关系数相差很小，不控制也可以吧？本例相差很小，那是基于本例的数据，有时候没有控制的时候 $P<0.05$，当控制之后，就发现 $P>0.05$ 了，直接出现颠覆性的结论。

2. 上面的偏相关不仅是只能控制一个变量，也可以同时控制有影响的多个变量，在 Pearson 偏相关时，只需将多个变量放入控制变量，Spearman 偏相关，需要在 BY 语句后添加多个变量。

3. 上面的相关，不管控制与未控制，实质上计算的都是 2 个变量之间的相关性。如果计算 1 个变量与 1 组变量（≥2 个）的相关性，如研究肺呼量（$Y$）与身高（$x_1$）、体重（$x_2$）的相关性，则可以利用回归，得到复相关系数 $R$，复相关系数 $R$ 就反映 1 个变量与 1 组变量的相关性。

4. 如果想知道多个变量之间总的相关性，如想知道身高、体重与年龄三者之间总的相关性，那应该怎么办呢，我们可以计算非参数 -K 个相关样本里面的肯德尔和谐系数。

5. 如果要计算一组变量与另外一组变量之间的相关性，我们可以计算典型相关分析。

## → 15.4 典型相关

典型相关是计算一组变量与另一组变量之间相关性分析的方法。典型相关的思想有点类似于主成分分析，如果本节看不懂，可以到主成分章节学习后，再回来学习。松哥简单描述一下思想，希望你能够理解，如图 15-28 所示，典型相关就是将两组变量，每组各自虚构出 1 个综合变量 $A_1$ 和综合变量 $B_1$，然后研究综合变量 $A_1$ 和 $B_1$ 之间的相关性。但是多数的时候虚构出的变量不能代表本组所有变量的信息或者特征，于是再进一步虚构出 $A_2$ 和 $B_2$、$A_3$ 和 $B_3$ 等，当每组的信息能够被虚构出的几个变量解释绝大部分时，则结束，不再虚构。

图 15-28 典型相关思想示意图

**案例实战**

为了研究气象因素与传染病发病之间的相关性,获得某省近年的月平均气压($X_1$)、月平均气温($X_2$)、月平均降水量($X_3$)、月平均风速($X_4$)与菌痢发病率($Y_1$)、流感发病率($Y_2$)和流脑发病率($Y_3$),数据请见 data15.3.sav,试分析气象与疾病发病之间的相关性。

**案例解析**

本例研究 2 组因素之间的相关性,气象因素包括平均气压($X_1$)、月平均气温($X_2$)、月平均降水量($X_3$)、月平均风速($X_4$)共 4 个变量,疾病因素包括菌痢发病率($Y_1$)、流感发病率($Y_2$)和流脑发病率($Y_3$)共 3 个因素,现在想知道这 2 组因素之间的相关性,因此,应该采用典型相关。

**实战步骤**

1. 打开数据集 data15.3.sav,菜单点击:分析—相关—典型相关,如图 15-29 所示。注意 SPSS 中功能模块前面有"+"表示的,为非 SPSS 固有功能,是通过安装过程中加载 Python 程序添加的功能,如果你的 SPSS 没有,表示你安装时在加载 Python 时选择了"否"。

2. 典型相关设置,如图 15-30 所示。将气象因子因素放入集合 1,疾病因素放入集合 2。

图 15-29 典型相关菜单

图 15-30 典型相关设置

**结果解读**

图 15-31 为典型相关系数及其检验结果,发现提取 3 个典型相关系数分别为 0.803、0.330 和 0.141,但是后面检验,只有第一相关系数是有意义的,$F=7.250$,$P=0.000<0.05$。

**典型相关性**

| | 相关性 | 特征值 | 威尔克统计 | F | 分子自由度 | 分母自由度 | 显著性 |
|---|---|---|---|---|---|---|---|
| 1 | 0.803 | 1.814 | 0.310 | 7.250 | 12.000 | 156.391 | 0.000 |
| 2 | 0.330 | 0.122 | 0.873 | 1.402 | 6.000 | 120.000 | 0.219 |
| 3 | 0.141 | 0.020 | 0.980 | | | | |

H0 for Wilks 检验是指当前行和后续行中的相关性均为零

图 15-31 典型相关检验结果

图 15-32（A）为 4 个气象因素与提取出的 3 个典型变量的非标准化相关系数矩阵；图 15-32（B）为 3 个疾病因素与 3 个典型变量的非标准化相关系数矩阵。如果研究变量单位相同，则看非标准化相关系数；研究变量单位不同，则看标准化相关系数。本例研究单位不同，因此看标准化相关系数。

图 15-33（A）为 4 个气象因素与提取出的 3 个典型变量的标准化相关系数矩阵；图 15-33（B）为 3 个疾病因素与 3 个典型变量的标准化相关系数矩阵。可以得出集合 1 第一典型变量 $V_1=-0.183\times x_1+0.989\times x_2+0.058\times x_3+0.721\times x_4$，其中 $x_2$ 和 $x_4$ 的系数绝对值较大，反映气象因素第一典型变量主要由 $x_2$（月平均气温）和 $x_4$（月平均风速）构成；集合 2 第一典型变量 $W_1=-0.809\times y_1+0.419\times y_2+0.383\times y_3$，其中 $y_1$（菌痢）的系数绝对值较大，因此集合 2 的第一典型变量主要由 $y_1$（菌痢）构成。

**A 集合 1 非标准化典型相关系数**

| 变量 | 1 | 2 | 3 |
|---|---|---|---|
| x1 | -0.021 | -0.248 | 0.218 |
| x2 | -0.104 | -0.109 | 0.230 |
| x3 | 0.001 | -0.013 | -0.015 |
| x4 | 1.332 | 0.006 | -0.225 |

**B 集合 2 非标准化典型相关系数**

| 变量 | 1 | 2 | 3 |
|---|---|---|---|
| y1 | -0.004 | 0.004 | 0.001 |
| y2 | 0.006 | -0.002 | 0.013 |
| y3 | 0.225 | 0.567 | -0.110 |

图 15-32 相关系数矩阵结果

**A 集合 1 标准化典型相关系数**

| 变量 | 1 | 2 | 3 |
|---|---|---|---|
| x1 | -0.183 | -2.125 | 1.874 |
| x2 | -0.989 | -1.029 | 2.183 |
| x3 | 0.058 | -0.881 | -1.003 |
| x4 | 0.721 | 0.003 | -0.122 |

**B 集合 2 标准化典型相关系数**

| 变量 | 1 | 2 | 3 |
|---|---|---|---|
| y1 | -0.809 | 0.722 | 0.120 |
| y2 | 0.419 | -0.134 | 0.947 |
| y3 | 0.383 | 0.966 | -0.187 |

图 15-33 典型相关系数

因为第一典型变量间的相关性为 0.803，为高度相关，因此结合上述分析结果，我们可以得出月平均气温越高，越容易发生菌痢；风速越大，越不容易发生菌痢。

图 15-34（A）和（B）分别为典型变量与两组变量的相关系数；图 15-35（A）为气象因素与疾病因素的典型变量的相关系数；图 15-35（B）为疾病因素与气象因素典型变量的相关系数。

图 15-36 所示为冗余分析结果，其是以原变量与典型变量间相关为基础。通过计算 $X$、$Y$ 变量组由自己的典型变量解释与由对方的典型变量解释的方差百分比与累计百分比，反映由典型变量预测原变量的程度。"集合 * 自身"表示第一组原始变量总方差中由本组变式代表的比例，"集合 1* 集合 2"表示第一组原始变量总方差中由第二组的变式所解释的比例，"集合 2* 自身"表示第二组原始变量总方差中由本组变式代表的比例，"集合 2* 集合 1"表示第二组原始变量总方差中由第一组的变式所解释的比例。

| A | 集合1 典型载荷 | | |
|---|---|---|---|
| 变量 | 1 | 2 | 3 |
| x1 | 0.552 | -0.589 | 0.445 |
| x2 | -0.683 | 0.431 | -0.279 |
| x3 | -0.532 | -0.217 | -0.748 |
| x4 | 0.633 | 0.459 | -0.210 |

| B | 集合2 典型载荷 | | |
|---|---|---|---|
| 变量 | 1 | 2 | 3 |
| y1 | -0.814 | 0.403 | 0.417 |
| y2 | 0.229 | 0.096 | 0.969 |
| y3 | 0.640 | 0.747 | -0.178 |

图 15-34 典型相关系数

| A | 集合1 交叉载荷 | | |
|---|---|---|---|
| 变量 | 1 | 2 | 3 |
| x1 | 0.443 | -0.194 | 0.063 |
| x2 | -0.548 | 0.142 | -0.039 |
| x3 | -0.427 | -0.072 | -0.105 |
| x4 | 0.508 | 0.152 | -0.029 |

| B | 集合2 交叉载荷 | | |
|---|---|---|---|
| 变量 | 1 | 2 | 3 |
| y1 | -0.654 | 0.133 | 0.059 |
| y2 | 0.184 | 0.032 | 0.136 |
| y3 | 0.514 | 0.247 | -0.025 |

图 15-35 交叉载荷

| | 已解释的方差比例 | | | |
|---|---|---|---|---|
| 典型变量 | 集合1*自身 | 集合1*集合2 | 集合2*自身 | 集合2*集合1 |
| 1 | 0.364 | 0.234 | 0.375 | 0.242 |
| 2 | 0.198 | 0.022 | 0.243 | 0.027 |
| 3 | 0.220 | 0.004 | 0.381 | 0.008 |

图 15-36 冗余分析结果

## 15.5 拓展：相关的校正

我们在进行方差分析时，当总的方差分析有意义时，则需要进一步进行两两比较，但是为了防止出现假阳性，我们常需要 Bonferroni 校正。但当我们进行2组指标多重相关性计算时，也需要进行相关校正。图 15-37 摘自一篇 SCI 论文，分别为4个指标与2个指标之间进行 Pearson 相关系数分析，可是我们发现其检验水准 $α=0.006$，为什么呢？其实是这样的，4个指标与2个指标共需相关比较8次，因此校正的 $α'=0.05/8=0.00625≈0.006$。这就是 Bonferroni 校正的思想。

**Table 4**
Pearson correlations of MacCAT-T with BCIS (n = 60).

| | BCIS – Self-Certainty | BCIS – Self-Reflectiveness |
|---|---|---|
| MacCAT-TC understanding | 0.12 | 0.19 |
| MacCAT-T appreciation | −0.20 | 0.33 |
| MacCAT-T reasoning | −0.21 | 0.43* |
| MacCAT-TCL expressing choice | −0.11 | 0.18 |

BCIS: Beck Cognitive Insight Scale; MacCAT-T: MacArthur Competence Assessment Tool for Treatment; *Bonferroni's correction for multiple correlations: p<0.006.

图 15-37 SCI 论文相关系数校正摘抄

讲到此时，最为常用的相关，松哥已经介绍完毕。相关是一种共现关系，相关的两个因素相互平等，无因果关系，如果存在因果关系的相关，那就可以做回归了。因此，后面将讲解回归。较为常用的回归为线性回归、Logistic 回归和 COX 回归，将逐章讲解。松哥常说的初级说一说，中级比一比，高级找关系，回归也就是寻找变量之间的数量依存关系。中级之前的统计，基本都是定论了，可是到找关系，往往同样的数据，让不同的人分析，可能建立不同的模型。因此找关系的分析，最能体现一个人的统计功底。

找关系的学习，更多的是学习回归建模的策略，然后根据专业确定一个较优的模型，目前没有金标准，没人敢说怎么做就一定正确。

# 第16章 线性回归

统计分析三级,初级说一说,中级比一比,高级找关系。找关系的核心就是建立模型,构建变量之间的数量依存关系,以便进行预测或者控制,然而,建模是统计中的战斗机,没人敢传授你最标准的建模方法,只能你告诉建模的策略。很多人过度依赖建模结果,而忽视了自己的专业,那是不对的,应该以专业为主导,辅以建模,才能构建一个专业上较优的模型。本章讲解回归关系中,发展最为成熟,应用也最为广泛的线性回归,松哥按照由浅到深的原则先讲解简单线性回归,再谈多重线性回归。线性回归(linear regression)是分析两个变量间数量依存关系的统计分析方法。如果某一个变量随着另一个变量的变化而变化,并且它们的变化关系呈直线趋势,就可以用直线回归方程来定量地描述它们之间的数量依存关系,这就是线性回归分析。

## 16.1 简单线性回归

### 16.1.1 线性回归条件

简单线性回归是指自变量($X$)只有一个,因变量($Y$)也只有一个,构建的方程较为简单:$\hat{Y} = a + bX$。任何一种统计分析方法均有其适用的条件,简单线性回归也不例外,其适用条件如下所述。

(1)线性:因变量$Y$与自变量$X$呈线性(linear)关系。

通过绘制($X$, $Y$)散点图,观察散点的分布形态是否有直线趋势,以此来判断线性关系是否成立。

(2)独立性:每个个体观察值之间相互独立(independent),表现为$Y$值相对独立,在模型中就是看残差是否独立。

(3)正态性:应变量$Y$属于正态随机变量(normal distribution)。

通过专业知识或残差的散点图来判断这项条件是否满足,如果数据不满足正态性条件,首先考虑对原始数据进行变量变换使其正态化。

(4)方差齐性:在一定范围内,不同的$X$值所对应的随机变量$Y$的方差相等(equal variance)。

通常可利用($X$, $Y$)的散点图或残差的散点图来判断等方差性,如果数据不满足等方差条件，可采用变量变换使其方差齐性化，或采用加权回归的方法。

### 16.1.2 线性回归建模策略

回归分析需要结合专业、数据、模型诊断和研究目的，方可建立较优的模型，而且模型也有应用的条件，你在美国建的模型，到中国未必就能用，因此，也就有咱们来自各行各业的人构建自己模型的必要。构建模型的步骤如下：

（1）专业考虑；

（2）散点图验证；

（3）建模；

（4）模型验证；

（5）优化模型。

**案例实战**

某研究者调查了某高校 590 名大学生的体重与身高数据，基于专业，身高会影响一个人的体重，试构建简单线性回归模型。

**实战步骤**

1. 专业考虑：本例研究身高与体重的关系，专业上认为身高是可以影响或反映体重的。小孩的个子矮，体重就小。本条专业上能够得到解释，但身高也不是体重的决定因素。

2. 散点图：打开 data16.1 数据库，图形—旧对话框—散点图/点图，如图 16-1 所示设置，点击"确定"运行。结果见散点图 16-2，身高与体重之间存在正相关关系，符合专业假定。散点图可能存在的情况见图 16-3。

图 16-1　散点图设置

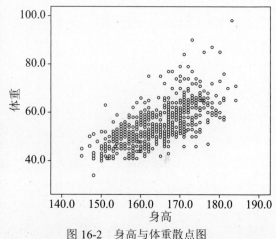

图 16-2　身高与体重散点图

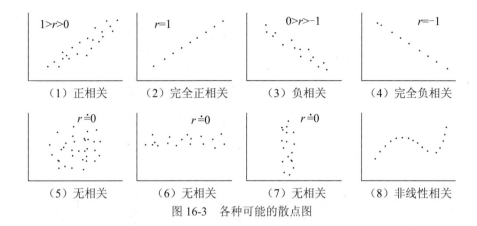

图 16-3 各种可能的散点图

3. 回归分析

（1）分析—回归—线性，如图 16-4 所示，将体重放入因变量，身高放入块（B）——自变量框。

（2）统计设置：如图 16-5 所示，保持默认设置，同时勾选"德宾 - 沃森"和"个案诊断"，此步骤的目的是独立性检验和强影响点诊断。

图 16-4　线性回归主对话框　　　　图 16-5　统计设置

（3）图设置：如图 16-6 所示，将标准化残差（ZRESID）放入 $Y$ 轴框，标准化预测残差（ZPRED）放入 $X$ 轴框，同时勾选残差直方图和正态概率图。此步目的是验证残差是否正态，反映 $Y$ 是否独立。

（4）保存设置：如图 16-7 所示，SPSS 中点击保存设置，是指结果保存到数据库中，保存的选项很多，未标准化预测值和单值 95%CI 较为常用。

（5）选项：用于设置纳入和排除标准，严进 0.05，宽出 0.1，一般无须改动。

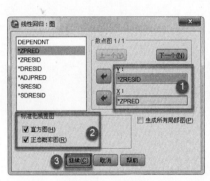
图 16-6　图设置

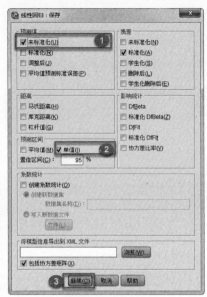
图 16-7　保存设置

（6）方法：因为只有一个自变量，本例选择输入法。

输入法：强制进入的意思，不管你有没有意义，必须进入模型；

步进法：自变量一边进入，一边检验，不符合再排除。

除去法：此法一般结合"块"一起使用，将不想纳入模型的变量放入某个单独的"块"，后续分析软件会给出删除与未删除该变量的两个模型，方便作者比较。此法较少用。

后退法：所有自变量全部先进入模型，然后把无意义的删除；

前进法：先选择最重要的自变量进入，再从剩下自变量中筛选次重要的进入，如此反复。

一般而言，若多个自变量不存在简单线性相关关系，步进法、前进法与后退法结果一致，当有一定的简单线性相关性时，前进法侧重筛选对 Y 较重要的变量，后退法侧重引入模型联合作用较强的变量，步进法位于两者之间。

4. 结果解读

（1）模型摘要与方差分析结果，图 16-8（A）告诉我们采用的是输入法，自变量为身高；图 16-8（B）为模型摘要，$R$ 为复相关系数，$R=0.558$；$R^2$ 为决定系数，用于反映模型的解释度，或者说预测的准确性，本例 $R^2=0.312$，意即身高仅能解释体重的 31.2% 的变异，或者说用身高去预测体重，准确性只有 31.2%。$R^2$ 会受自变量个数的影响，自变量越多，$R^2$ 越大，为校正自变量个数的影响，一般采用后面的调整 $R^2$。德宾 - 沃森

（D-W）检验，D-W 取值 0～4，一般认为值为 1.8～2.2 时，数据间相互独立，符合线性回归独立性的条件，本例 D-W=2.103，可以认为符合线性回归独立性的条件。

图 16-8（C）为模型统计检验结果，采用的是方差分析，$F$=127.800，$P$=0.000<0.05，因此构建的回归模型是有统计学意义的。

**A** 输入/除去的变量$^a$

| 模型 | 输入的变量 | 除去的变量 | 方法 |
|---|---|---|---|
| 1 | 身高$^b$ |  | 输入 |

a. 因变量：体重
b. 已输入所请求的所有变量。

**B** 模型摘要$^b$

| 模型 | R | R 方 | 调整后 R 方 | 标准估算的误差 | 德宾-沃森 |
|---|---|---|---|---|---|
| 1 | 0.558$^a$ | 0.312 | 0.309 | 4.9526 | 2.103 |

a. 预测变量：(常量)，身高
b. 因变量：体重

**C** ANOVA$^a$

| 模型 |  | 平方和 | 自由度 | 均方 | F | 显著性 |
|---|---|---|---|---|---|---|
| 1 | 回归 | 3134.691 | 1 | 3134.691 | 127.800 | 0.000$^b$ |
|  | 残差 | 6916.918 | 282 | 24.528 |  |  |
|  | 总计 | 10051.608 | 283 |  |  |  |

a. 因变量：体重
b. 预测变量：(常量)，身高

图 16-8 模型结果

（2）模型系数与个案诊断：图 16-9（A）为构建的模型的系数，可得出模型：

$$\hat{Y} = -50.7+0.614\times 身高$$

线性回归方程的回归系数意思为，$X$ 每改变一个单位，$Y$ 的平均改变量也随之改变，本例身高每升高 1cm，则体重增加 0.614kg。个案诊断见图 16-9（B），发现 1 个异常点，个案号为 195 号，其标准化残差绝对值超过 3 个标准差。建议对上述 195 号个案进行核查，看数据是否有误。有误更改，无误可以考虑删除。

（3）本例将异常点删除后，再次分析，结果如图 16-10，结果解释同上，此处不再重复解释。

（4）标准化残差直方图，图 16-11 为残差直方图，图 16-12 为残差 P-P 图，可见总体上残差符合正态分布。说明符合线性回归的正态性的条件。

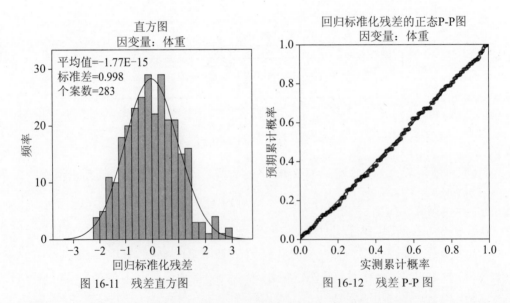

A

**系数[a]**

| 模型 | | 未标准化系数 B | 未标准化系数 标准误差 | 标准化系数 Beta | t | 显著性 |
|---|---|---|---|---|---|---|
| 1 | (常量) | -50.700 | 8.983 | | -5.644 | 0.000 |
| | 身高 | 0.641 | 0.057 | 0.558 | 11.305 | 0.000 |

a. 因变量：体重

B

**个案诊断[a]**

| 个案号 | 标准残差 | 体重 | 预测值 | 残差 |
|---|---|---|---|---|
| 195 | 3.418 | 63.0 | 46.071 | 16.9289 |

a. 因变量：体重

图 16-9　模型系数与个案诊断

A

**模型摘要[b]**

| 模型 | R | R 方 | 调整后 R 方 | 标准估算的误差 | 德宾-沃森 |
|---|---|---|---|---|---|
| 1 | 0.575[a] | 0.331 | 0.328 | 4.8564 | 2.096 |

a. 预测变量：(常量), 身高

b. 因变量：体重

B

**ANOVA[a]**

| 模型 | | 平方和 | 自由度 | 均方 | F | 显著性 |
|---|---|---|---|---|---|---|
| 1 | 回归 | 3274.935 | 1 | 3274.935 | 138.860 | 0.000[b] |
| | 残差 | 6627.247 | 281 | 23.585 | | |
| | 总计 | 9902.182 | 282 | | | |

a. 因变量：体重

b. 预测变量：(常量), 身高

C

**系数[a]**

| 模型 | | 未标准化系数 B | 未标准化系数 标准误差 | 标准化系数 Beta | t | 显著性 |
|---|---|---|---|---|---|---|
| 1 | (常量) | -53.379 | 8.842 | | -6.037 | 0.000 |
| | 身高 | 0.657 | 0.056 | 0.575 | 11.784 | 0.000 |

a. 因变量：体重

图 16-10　删除异常值后结果

图 16-11　残差直方图

图 16-12　残差 P-P 图

（5）等方差性验证：图 16-13 为回归标准化残差与标准化预测值散点图，数据点基本全部在 ±3 个标准差之内，说明总体效果较好，无异常点，但数据点并没有在 0 上下对称分布（0 参考线为后续编辑加上的），自左向右有放大趋势。说明等方差性可能不太满足，但当线性模型不是用于预测时，等方差性和正态性不是非常严格。本例呈现喇叭状或者漏斗状，也暗示模型中有一些重要的影响变量没有引入。从解释的 $R^2$ 角度，也可以看出，模型仅可以解释 $Y$ 变异的 31.2% 左右。

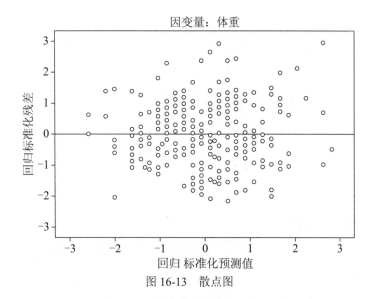

图 16-13 散点图

## → 16.2 多重线性回归

现实数据中，某件事情 $Y$ 仅仅由一个 $X$ 决定的情况不多，往往都是由多个 $X$ 决定。如上一节，身高也仅能解释体重的 31.0% 左右的变异。当多个自变量 $X$ 进行预测 $Y$ 时，所建立的线性回归，就叫作多重线性回归。

**案例实战**

依旧以 16.1 数据为例，尝试构建身高、体重、胸围对肺呼量的预测模型。

**实战步骤**

1. 专业支持：从专业角度，身高、体重和胸围是可以影响肺呼量的，专业上成立；

2. 做散点图矩阵：分析—图形—散点图/点图，选择矩阵散点图，将 4 个变量放入变量框，点击"确定"，得到图 16-14 所示矩阵散点图结果。由图可知肺呼量与 3 个自变量——身高、体重和胸围均有线性关系。同时也发现 3 个自变量之间也存在相关性，可能会影响分析结果。

3. 线性回归

（1）分析—回归—线性，如图 16-15 所示，将肺呼量放入因变量框，其他 3 个自变量放入块（B）框中。方法选择：输入法。

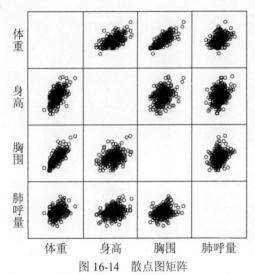

图 16-14　散点图矩阵

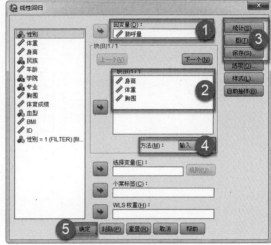

图 16-15　多重线性

（2）统计设置：统计设置如图 16-16 所示，与简单线性回归相比，多了一个共线性诊断。共线性诊断是对多个自变量之间相关性进行评价，如果多个自变量之间的相关性较高，会导致模型出错，因此软件会进行评价。

（3）图设置：同前述简单线性。

（4）保存设置：如图 16-17 所示，勾选"未标准化"和"单值"。勾选后软件会将结果保存到数据库视图。

图 16-16　统计设置

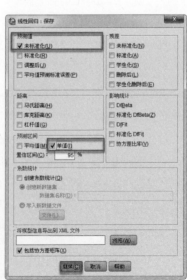

图 16-17　保存设置

（5）结果解读：如图 16-18 所示，发现异常个案号 280 号，删除后重新分析，继续发现 96 号异常，将 96 号继续删除后，进行分析，已经无异常值。后面的结果为删除 280 号和 96 号分析的结果。因为本例总样本量 280 左右，删除 1～2 个不会影响总体结果。如果你分析时，删除 1～2 次后，总是有异常值的存在，不建议无限制删除下去，否则数据失真，即使得到模型较好的模型也无法应用。

个案诊断ª

| 个案号 | 标准残差 | 肺呼量 | 预测值 | 残差 |
|---|---|---|---|---|
| 280 | 3.074 | 4101 | 2745.77 | 1355.235 |

a. 因变量：肺呼量

图 16-18　个案诊断

图 16-19 为模型摘要与模型检验，图 16-19（A）告诉我们采用输入法，自变量为胸围、身高和体重。图 16-19（B）看模型解释度，$R^2$ 只有 14.8%，说明模型解释度不好。一般在描述性研究，简单回归中，$R^2$>0.5 较好，>0.8 就非常好；多重回归 >0.3 尚可，>0.5 良好，>0.6 非常好；但对于实验性研究，>0.8 以上才有应用的价值。

D-W=1.813，说明数据满足独立性；ANOVA 分析，$F$=16.074，$P$=0.000<0.05，模型有统计学意义。本例意即构建了一个有意义的统计模型，但模型的解释度不是很好。

**A** 输入/除去的变量ª

| 模型 | 输入的变量 | 除去的变量 | 方法 |
|---|---|---|---|
| 1 | 胸围,身高,体重b |  | 输入 |

a. 因变量：肺呼量
b. 已输入所请求的所有变量。

**B** 模型摘要b

| 模型 | R | R 方 | 调整后 R 方 | 标准估算的误差 | 德宾-沃森 |
|---|---|---|---|---|---|
| 1 | 0.384ª | 0.148 | 0.139 | 427.557 | 1.813 |

a. 预测变量：(常量),胸围,身高,体重
b. 因变量：肺呼量

**C** ANOVAª

| 模型 | | 平方和 | 自由度 | 均方 | F | 显著性 |
|---|---|---|---|---|---|---|
| 1 | 回归 | 8815420.481 | 3 | 2938473.494 | 16.074 | 0.000b |
|  | 残差 | 50819683.13 | 278 | 182804.616 |  |  |
|  | 总计 | 59635103.61 | 281 |  |  |  |

a. 因变量：肺呼量
b. 预测变量：(常量),胸围,身高,体重

图 16-19　模型摘要与 ANOVA 分析

模型构建：根据图 16-20 所示的未标准化系数，可以写出本例的回归模型，参照前面此处不再赘述。标准化回归系数适用于比较身高、体重和胸围 3 个变量，哪一个对肺呼量的影响最大，本例可见体重标准化回归系数为 0.28 最大，说明 3 个变量中，体重对肺呼量影响最大。

从表中显著性结果来看，常数项、身高与胸围 $P$ 值均大于 0.05，即回归系数无意义。目前这个地方存在几种看法：（1）关于常数项，有人认为有无意义，没有关系，可以直接写入方程，有人认为既然无意义，可以在"选项"中，将常数项去除，即构建无常数项的方程。（2）关于自变量无意义的选项，一般均应该从模型中移除，重新建模。但也有 2 种说法，当模型为解释性模型的时候，重在解释各自变量对 $Y$ 的作用，此时可以留在方程中；当方程为预测性模型时，即构建的方程用于预测时，则应该建立最优预测效果的模型，则应该删除无意义的自变量。本例中我们尝试构建较佳的预测模型，因此，我们重新建模，方法选择"步进法"，让软件构建模型。得到模型如图 16-21 所示。

系数 a

| 模型 | | 未标准化系数 | | 标准化系数 | t | 显著性 | 共线性统计 | |
|---|---|---|---|---|---|---|---|---|
| | | B | 标准误差 | Beta | | | 容差 | VIF |
| 1 | (常量) | -582.617 | 1071.406 | | -0.544 | 0.587 | | |
| | 身高 | 11.600 | 6.119 | 0.130 | 1.896 | 0.059 | 0.647 | 1.545 |
| | 体重 | 21.554 | 8.118 | 0.280 | 2.655 | 0.008 | 0.276 | 3.618 |
| | 胸围 | 2.296 | 9.631 | 0.022 | 0.238 | 0.812 | 0.363 | 2.758 |

a. 因变量：肺呼量

图 16-20　模型系数

图 16-21 为逐步回归的结果，发现 3 个自变量仅留取了体重，常量与体重的回归系数均有统计学意义。

系数 a

| 模型 | | 未标准化系数 | | 标准化系数 | t | 显著性 | 共线性统计 | |
|---|---|---|---|---|---|---|---|---|
| | | B | 标准误差 | Beta | | | 容差 | VIF |
| 1 | (常量) | 1084.964 | 218.886 | | 4.957 | 0.000 | | |
| | 体重 | 28.498 | 4.281 | 0.370 | 6.657 | 0.000 | 1.000 | 1.000 |

a. 因变量：肺呼量

图 16-21　逐步回归结果

共线性诊断结果主要看容差和 VIF（方差膨胀因子），容差取值 0～1，越接近 0 共线性越强，VIF 大于 10 共线性越强。图 16-20 中可见容差与 VIF 均显示共线性可以接受，图 16-21 因为只有一个自变量，所以容差与 VIF 为 1，无共线性。当出现共线性较大时，会导致回归系数符号异常或者回归系数的大小异常现象，因此当共线性比较大时，可以采用如下方法回归：

（1）逐步法回归，但共线性太大时，逐步法也无法全部解决；

（2）岭回归：SPSS 中无直接窗口操作，通过宏实现，较少用；

（3）主成分回归：此部分参见主成分章节。

**知识小结**

（1）线性回归应该满足线性、独立性、正态性和等方差性，前 2 个较为重要，当构建模型用于解释而非预测时，正态性和等方差性不是很严格。线性可以通过散点图识别，独立性可以通过 D-W 检验识别，正态性通过残差直方图与 P-P 图识别，等方差性通过 ZRESID 和 PRESID 散点图识别。

（2）线性回归分为简单线性与多重线性，多重线性时，需要注意自变量之间的共线性，需要做共线性诊断。当存在较为严重共线性时，可以采用逐步回归、岭回归和主成分回归。

（3）线性回归分为解释性回归与预测性回归，解释性回归用于阐明几个自变量对因变量的作用大小，更是从专业的角度去理解模型，一些 $P>0.05$ 的变量依据专业可以进入模型，常采用输入法。预测性模型是为了有更好的预测效果，也就是在统计学上追求最佳的模型，此时常采用逐步回归法。

（4）模型构建方法：输入法是所选自变量全部进入模型；逐步是边进边出；向前是由少到多；向后是由多到少；删除结合块（B）使用，软件会计算删除与未删除 2 个模型结果。

（5）样本量：线性回归样本量大小一般为自变量个数的 15～20 倍，样本量过小得到的结果不稳定。

（6）线性回归要求因变量 Y 为连续性变量，自变量 X 可以是连续性，也可以是二分类、等级或无序多分类，当是无序多分类时，需要设置哑变量。当不是连续资料时，无须散点图进行验证线性关系。

（7）一个好的模型，不仅仅是统计学上的最佳模型，更需要得到专业上的可解释。

（8）当多个自变量所属类别不同时，可以通过设置块（B）中的"下一张"将不同变量放入不同的块，每个块选择不同的进入模型的方法。这就是所谓的层次回归。当我们想知道某个特别的变量对构建模型有无意义时，可以将其放入单独的块，然后设置 $R^2$ 改变量，如果 $R^2$ 改变量有统计学意义，则说明该指标对于构建模型有意义。

（9）当存在异方差时，可以采用加权最小二乘法建立回归模型，操作方法为先进行线性回归，将残差保存为变量，再次回归将残差作为权重。

# 第 17 章 Logistic 回归

线性回归的因变量 $Y$ 必须为连续性资料（老大），可是当我们研究的因变量为等级（老二）或分类（老三）时，因为不再是随机变量，不符合正态分布，因此不能采用线性回归。假设结果变量是二分类，发病（$y=1$）与不发病（$y=0$），如用率 $p$ 作为因变量，则其取值为 $0\sim1$，不满足多元线性回归中的线性组合（即 $p=a+b_1\times x_1+\cdots+b_m\times x_m$ 不成立），因为该模型在 $X$ 不同取值的情况下，等式左边的 $P$ 肯定会大于 1，超出了 $P$ 的 $0\sim1$ 的范围。能否通过某种变换，让等式左边依然符合正态分布，于是 1970 年 COX 引入了人口学领域的 Logit 变换，成功解决了这个问题。

$\text{logit}P=\ln[P/(1-P)]$，当 $P$ 取值 $0\sim1$ 时，LogitP 取值 $-\infty\sim+\infty$，而实践证明 LogitP 往往与自变量 $X$ 呈现线性关系。于是我们就用 LogitP 为因变量，构建线性回归模型，即 Logistic 回归模型。构建模型的表达式为：$\text{logit}P = a+\beta_1\times x_1+\beta_2\times x_2+\cdots+\beta_m\times x_m$。当 $x$ 每增加 1 个单位时，方程由 $\text{LogitP}_0$ 变为 $\text{LogitP}_1$。

$\text{logit}P_0 = a+\beta_1\times x_1+\beta_2\times x_2+\cdots+\beta_m\times x_m$

$\text{logit}P_1 = a+\beta_1\times(x_1+1)+\beta_2\times x_2+\cdots+\beta_m\times x_m$

则 $\text{logit}P_1 - \text{logit}P_0 = \beta_1\times(x_1+1) - \beta_1\times x_1 = \beta_1$

而 $\text{logit}P_1 = \ln(P_1/1-P_1)$，$\text{logit}P_0 = \ln(P_0/1-P_0)$，

$\text{logit}P_1 - \text{logit}P_0 = \ln(P_1/1-P_1) - \ln(P_0/1-P_0)$

$\qquad\qquad\qquad = \ln[(P_1/1-P_1)/(P_0/1-P_0)]$

即 $\ln[(P_1/1-P_1)/(P_0/1-P_0)]=\beta_1$

设 $P_1/(1-P_1)$ 是暴露组的比值，$P_0/(1-P_0)$ 是非暴露组的比值，则 $[P_1/(1-P_1)]/[P_0/(1-P_0)]$ 被称为比值比（odds ratio）*OR*，$\ln OR=\beta_1$；*OR* 可以作为相对危险度的估计值。大家请注意，Logistic 回归建立模型的目的重在发现可能的风险因素，以及比较多个因素对结局的影响大小。线性回归更多的是关注变量之间的数量依存关系，用于预测与控制。

## ➔ 17.1 二项 Logistic 回归

二项 Logistic 回归的因变量为二分类变量，自变量可以是任何形式的资料。二项 Logistic 回归是 Logistic 回归的基础，掌握二项 Logistic 回归基本就可以理解有序 Logistic

回归、多项 Logistic 回归，并且二项 Logistic 回归应用得非常广泛。

**案例实战**

研究某疾病的复发情况，收集该病患者的病情程度、治疗方法、年龄和血型，请帮助探讨该病复发的危险因素。（数据文件：data17.1.sav）。

**案例解析**

本例研究的因变量为疾病复发（0：未复发，1：复发），影响因素包括病情程度（0：不严重，1：严重），治疗方法（0：传统治疗，1：新疗法），年龄（岁），血型（1：A 型，2：B 型，3：O 型，4：AB 型）。注意线性回归 $X$ 回归系数的意义为 $X$ 每改变 1 个单位，$Y$ 的平均改变量，Logistic 回归系数的意义为 $X$ 每改变 1 个单位 LogitP 的平均改变量，是没有专业实际意义的。在上述变量中，血型为无序多分类资料，血型的变量设置 1、2、3、4 只是血型的代码，是平等的，构建模型时不能用 1、2、3、4 代入模型，应该设置哑变量。哑变量的个数 = 类别数 -1。血型共 4 个类别，因此设置 3 个哑变量即可表示 4 种血型。下面就是以 A 型血为对照构建的三个哑变量，D1、D2 和 D3。

哑变量的设置：

$D_1$=0、$D_2$=0、$D_3$=0，表示 A 型；

$D_1$=1、$D_2$=0、$D_3$=0，表示 B 型；

$D_1$=0、$D_2$=1、$D_3$=0，表示 AB 型；

$D_1$=0、$D_2$=0、$D_3$=1，表示 O 型。

3 个哑变量的不同组合对应不同血型。分析结果中，每个指示变量均有一个估计系数，$β_1$、$β_2$、$β_3$ 分别表示 B 型血、AB 型血、O 型血的人分别与 A 型血的人比较，患白血病的优势比的对数值 $\ln(OR)$。相对应的有 3 个 $OR$ 值：$OR_1$ 表示 B 型血人患白血病的危险度是 A 型血人的 $OR_1$ 倍；$OR_2$ 表示 AB 型血人患白血病的危险度是 A 型血人的 $OR_2$ 倍；$OR_3$ 表示 O 型血人患白血病的危险度是 A 型血人的 $OR_3$ 倍。

**分析思路**

先做单因素分析，选取有意义的自变量再进行多因素分析，同时为了防止一些有意义自变量被单因素分析时剔除，单因素分析时将检验水准设为 $P<0.1$，只要小于 0.1 即认为有意义，然后进行多因素分析。

**实战步骤**

1. 打开数据 17.1.sav，先做复发与疾病严重程度相关性分析。分析—回归—二元 Logistic，如图 17-1 所示，将发病情况（$Y$）放入因变量，疾病严重程度（$X$）放入自变量框，点击"确定"运行。

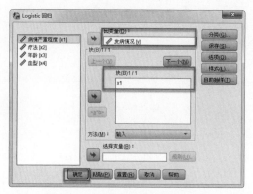

图 17-1　二项 Logistic 回归设置

结果较多，因为单因素分析为变量筛选，因此只看主要结果，见图 17-2，发现疾病严重程度 Wald 检验，$P=0.035<0.05$，有统计学意义。只要小于 0.1，即单因素有意义，此处降低了检验水准，目的是防止一些有意义的变量被错杀。

方程中的变量

| | | B | 标准误差 | 瓦尔德 | 自由度 | 显著性 | Exp(B) | EXP(B) 的 95% 置信区间 | |
|---|---|---|---|---|---|---|---|---|---|
| | | | | | | | | 下限 | 上限 |
| 步骤 1[a] | 病情严重程度 | 0.985 | 0.466 | 4.468 | 1 | 0.035 | 2.679 | 1.074 | 6.678 |
| | 常量 | -0.223 | 0.335 | 0.443 | 1 | 0.506 | 0.800 | | |

a. 在步骤 1 输入的变量：病情严重程度。

图 17-2　疾病严重程度结果

2. 继续逐个筛选治疗方法（0：传统治疗，1：新疗法），年龄（岁），步骤与前述一样。因为血型（1：A 型，2：B 型，3：O 型，4：AB 型）为无序分类，情况不一样，在上述基础上增加一步"分类"设置，如图 17-3 和图 17-4 所示。

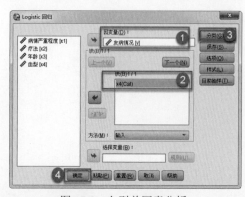

图 17-3　血型单因素分析

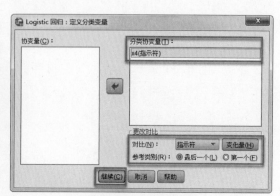

图 17-4　哑变量设置

3. 疗法、年龄与血型单因素分析结果，如图 17-5 所示，结果可见疗法与年龄 $P$ 值均小于 0.1，血型的 3 个哑变量中，血型（2）和血型（3）有意义。因此，本例 4 个单因素均有意义，可以进入多因素分析模型。注意：在哑变量中，如果有任何一个有统计学意义，则所有哑变量必须都进入模型，这叫作哑变量的同进同出原则。

4. 多因素分析：分析—回归—二项 Logistic 回归，先按照图 17-6 操作，"分类"设置中 $X_4$ 放入哑变量设置框，以最后一个为参照。如果你想设置为以第一个为参照，修改即可。

图 17-5　疗法、年龄与血型单因素分析结果　　　图 17-6　多因素 Logistic 回归

保存设置，如图 17-7 所示，勾选"概率"与"组成员"，此步可以保存每个个案的预测概率以及预测发病与未发病结果。选项设置，勾选"EXP（B）可信区间"，即 $OR$ 值的 95% 可信区间。

 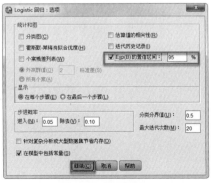

图 17-7　保存设置　　　　　图 17-8　选项设置

5. 多因素分析结果：图 17-9 为分类编码，告诉我们哑变量如何设置，因为我们设置以最后一个为比较，因此选择 O 型血为参照。图 17-10 为模型检验与分类表结果，图 17-10（A）为 omnibus 检验，$P<0.05$，说明模型有意义。图 17-10（B）为模型的效果，$-2$ 对数似然比检验越接近 0，效果越好；后面 2 个为伪 $R^2$，类似于线性回归的 $R^2$，越大越好，最大为 1。图 17-10（C）分类表，反映预测准确性，此模型准确预测率为 77.5%。

模型系数的 Omnibus 检验

| | | 卡方 | 自由度 | 显著性 |
|---|---|---|---|---|
| 步骤 1 | 步骤 | 31.064 | 6 | 0.000 |
| | 块 | 31.064 | 6 | 0.000 |
| | 模型 | 31.064 | 6 | 0.000 |

模型摘要

| 步骤 | -2 对数似然 | 考克斯-斯奈尔 R 方 | 内戈尔科 R 方 |
|---|---|---|---|
| 1 | 78.033[a] | 0.322 | 0.432 |

a. 由于参数估算值的变化不足 0.001，因此估算在第 5 次迭代时终止。

分类变量编码

| | | 频率 | 参数编码 | | |
|---|---|---|---|---|---|
| | | | (1) | (2) | (3) |
| 血型 | A 型血 | 20 | 1.000 | 0.000 | 0.000 |
| | B 型血 | 20 | 0.000 | 1.000 | 0.000 |
| | AB 型血 | 15 | 0.000 | 0.000 | 1.000 |
| | O 型血 | 25 | 0.000 | 0.000 | 0.000 |

图 17-9 分类编码

分类表[a]

| | | 预测 | | |
|---|---|---|---|---|
| | | 发病情况 | | 正确百分比 |
| 实测 | | 未发病 | 发病 | |
| 步骤 1 | 发病情况 未发病 | 26 | 8 | 76.5 |
| | 发病 | 10 | 36 | 78.3 |
| | 总体百分比 | | | 77.5 |

a. 分界值为 0.500

图 17-10 模型检验与分类表结果

最终模型见图 17-11，可见 4 个变量均有统计学意义，方程为：

Logit$P=-6.259+1.352X_1+2.453X_2+0.118X_3+0.940X_{4(1)}+1.988X_{4(2)}+2.114X_{4(3)}$。

Logistic 回归方程意义不大，更重要的是后面的 EXP（B）及其 95% 可信区间，其说明了自变量对因变量的发生风险，如 $OR$（病情程度）$=3.864$，95% 可信区间 $1.176\sim12.691$，意即病情重的复发风险是病情轻的 3.864 倍，95% 可信区间为 $1.176\sim12.691$ 倍。

方程中的变量

| | | B | 标准误差 | 瓦尔德 | 自由度 | 显著性 | Exp(B) | EXP(B) 的 95% 置信区间 | |
|---|---|---|---|---|---|---|---|---|---|
| | | | | | | | | 下限 | 上限 |
| 步骤 1[a] | 病情严重程度 | 1.352 | 0.607 | 4.963 | 1 | 0.026 | 3.864 | 1.176 | 12.691 |
| | 疗法 | 2.453 | 0.683 | 12.888 | 1 | 0.000 | 11.628 | 3.046 | 44.381 |
| | 年龄 | 0.118 | 0.054 | 4.729 | 1 | 0.030 | 1.125 | 1.012 | 1.251 |
| | 血型 | | | 6.986 | 3 | 0.072 | | | |
| | 血型(1) | 0.940 | 0.721 | 1.698 | 1 | 0.193 | 2.559 | 0.623 | 10.518 |
| | 血型(2) | 1.988 | 0.839 | 5.612 | 1 | 0.018 | 7.300 | 1.409 | 37.809 |
| | 血型(3) | 2.114 | 0.997 | 4.493 | 1 | 0.034 | 8.282 | 1.173 | 58.499 |
| | 常量 | -6.259 | 1.986 | 9.934 | 1 | 0.002 | 0.002 | | |

a. 在步骤 1 输入的变量：病情严重程度，疗法，年龄，血型。

图 17-11 模型方程

6. Logistic 回归系数 $\beta$ 的意义：$\beta$ 与优势比 $OR$ 有密切的关系，同时与暴露因素 $x$（如服用雌激素）的量化方法密切相关：

（1）当 $x$ 为二水平，设暴露时 $x=1$，未暴露时 $x=0$，$\ln(OR) = \text{logit}P_1 - \text{logit}P_0$
$$= (a+\beta*1) - (a+\beta*0) = \beta。$$

（2）当 $x$ 为等级变量，按等级顺序依次取为 1、2、…，一般以最小或最大等级作为参考组，$OR$ 表示 $x$ 增加一个等级时的优势比。

（3）当 $x$ 为连续性变量（如年龄）时，$OR$ 表示 $x$ 增加 1 个单位（如 1 岁）时的优势比；也可将 $x$ 等级化（如分成几个年龄组）后再进行分析。

（4）当 $x$ 为多分类变量，如研究血型与白血病发病关系时，血型变量有 4 个类别，分别用 1、2、3、4 表示，但因为各类别之间是独立的、无等级差别，所以分析时需将 $x$ 转换为 3 个哑变量或指示变量（$x_1$、$x_2$、$x_3$）。

## 17.2 有序 Logistic 回归

上一节讲解的是因变量为二分类（0-1）变量时的 Logistic 回归，当研究的因变量为等级资料（有序资料）时，如治疗结局为无效、好转、康复三个水平，病情为轻、中、重三个等级，此类资料需要采用有序 Logistic 回归模型进行分析。以 3 个等级因变量为例，与传统的应变量为二分类的相比，进行 logit 变换的分别为 $\pi_1$、$\pi_1+\pi_2$，即应变量有序取值水平的累积概率。这种模型实际上是依次将因变量按不同的取值水平分割成两个等级，对这两个等级建立应变量为二分类的 Logistic 回归模型。

**案例实战**

有研究者研究性别和两种治疗方法对某病疗效的影响，疗效的等级为 3 个等级，具体赋值如下：性别：男 =0，女 =1；新疗法 =1，旧疗法 =0；疗效：1= 显效，2= 有效，3= 无效。试进行分析。

**案例解析**

研究因变量为等级资料，两个自变量为二分类资料，初步符合有序 Logistic 回归，分析时注意平行性检验，平行性检验目的是验证自变量不同取值对因变量影响系数相同，如果不同，则认为不可以进行有序 Logistic 回归。

**实战步骤**

1. 打开数据，分析—回归—有序（D），如图 17-12 所示，将疗效因变量（D），协变量（C）放入性别与治疗方法。注意协变量框放入的是连续性计量资料，二分类资料和等级资料，如果是无序多分类资料放入因子（F）。

2. 输出设置：如图 17-13 所示，主要勾选"平行线检验"，如果需要保存预测概率，则勾选保存变量里面的概率，此处不勾。

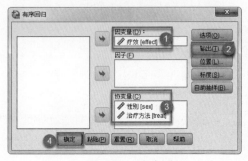

图 17-12　有序回归　　　　　　　　　图 17-13　输出设置

3. 结果解读：图 17-14 为个案处理摘要与模型拟合信息，图 17-14（A）告诉我们因变量三个级别的分布，图 17-14（B）方程仅包含截距时，-2 对数似然比为 48.354，最终模型为 25.487，-2 对数似然比越小越好，说明模型添加了自变量项后，拟合变好了，最终模型卡方检验 $P=0.000<0.05$，说明最终模型是一个有效模型。

图 17-15 为拟合优度检验和伪 $R$ 方，图 17-15（A）本例拟合优度的 2 个检验 $P$ 均大于 0.05，效果不佳，但这两种方法本身存在缺陷，没有似然比卡方准确。图 17-15（B）伪 $R$ 方，类似于线性回归的 $R^2$。

个案处理摘要

| | | 个案数 | 边际百分比 |
|---|---|---|---|
| 疗效 | 显效 | 32 | 38.1% |
| | 有效 | 16 | 19.0% |
| | 无效 | 36 | 42.9% |
| 有效 | | 84 | 100.0% |
| 缺失 | | 0 | |
| 总计 | | 84 | |

模型拟合信息

| 模型 | -2 对数似然 | 卡方 | 自由度 | 显著性 |
|---|---|---|---|---|
| 仅截距 | 48.354 | | | |
| 最终 | 25.487 | 22.867 | 2 | 0.000 |

关联函数：分对数。

拟合优度

| | 卡方 | 自由度 | 显著性 |
|---|---|---|---|
| 皮尔逊 | 2.624 | 4 | 0.623 |
| 偏差 | 2.631 | 4 | 0.621 |

关联函数：分对数。

伪 R 方

| 考克斯-斯奈尔 | 0.238 |
|---|---|
| 内戈尔科 | 0.272 |
| 麦克法登 | 0.130 |

关联函数：分对数。

图 17-14　个案处理摘要与模型拟合信息　　　图 17-15　拟合优度与伪 $R^2$

图 17-16 为参数估算与平行线检验结果，根据结果，可以得到 2 个方程，两个方程

常数项不一样，系数一致。系数的解释同前述的 Logistic 回归。但需要注意的是，二项 Logistic 回归，可以直接得到 EXP（B）即 OR 和 95% 可信区间，有序 Logistic 软件没有该选项，需要手动或软件计算 OR 值。平行线检验，卡方 =0.674，P=0.714>0.05，符合平行线假定，本例可以采用有序 Logistic 回归。如果不符合，则需要把疗效等级当作多项无序分类进行处理，也就是下一节多项 Logistic 回归。

$$\text{logit}(P_{\text{effect}=显效}) = \text{logit}\left(\frac{P_{\text{effect}=显效}}{1-P_{\text{effect}=显效}}\right)$$
$$= -2.407 - 1.133 \times \text{sex} - 2.007 \times \text{reat}$$

$$\text{logit}(P_{\text{effect}=显效/有效}) = \text{logit}\left(\frac{P_{\text{effect}=显效}+P_{\text{effect}=有效}}{P_{\text{effect}=无效}}\right)$$
$$= -1.149 - 1.133 \times \text{sex} - 2.007 \times \text{treat}$$

**A 参数估算值**

| | | 估算 | 标准误差 | 瓦尔德 | 自由度 | 显著性 | 95% 置信区间 下限 | 上限 |
|---|---|---|---|---|---|---|---|---|
| 阈值 | [effect = 1] | -2.407 | 0.575 | 17.544 | 1 | 0.000 | -3.534 | -1.281 |
| | [effect = 2] | -1.419 | 0.531 | 7.147 | 1 | 0.008 | -2.459 | -0.379 |
| 位置 | sex | -1.133 | 0.510 | 4.937 | 1 | 0.026 | -2.133 | -0.134 |
| | treat | -2.007 | 0.475 | 17.879 | 1 | 0.000 | -2.938 | -1.077 |

关联函数：分对数。

**B 平行线检验**ᵃ

| 模型 | -2 对数似然 | 卡方 | 自由度 | 显著性 |
|---|---|---|---|---|
| 原假设 | 25.487 | | | |
| 常规 | 24.813 | 0.674 | 2 | 0.714 |

原假设指出，位置参数（斜率系数）在各个响应类别中相同。

a. 关联函数：分对数。

图 17-16　参数估算与平行线检验

## → 17.3　多项 Logistic 回归

当因变量为老大时，可用线性回归找关系，当因变量为老三中的二分类时，可用二项 Logsitic 找关系，当因变量为老二等级资料时，可以用有序 Logistic 回归找关系，当因变量为老三中的多项无序分类时，则可以用这节的多项 Logistic 回归。在二项 Logistic 回归的基础上，多项 Logistic 回归基本思想是将无序分类选择一个为对照，构成多个二项 Logistic。

**案例实战**

研究者随机抽取了三个不同的中学，研究不同性别对学生学习方式偏好的影响。具体见数据库 17.3sav。本例有两个自变量，年级和性别；一个因变量：学习方式。其中年级变量有 3 个水平（1、2、3），性别有 2 个水平（1：男，2：女），学习方式变量有 3 个水平（1：自修、2：小组、3：上课）。要求列出主要的模型拟合的结果；列出主要的参数估计的结果，并给出合理的解释。

**案例解析**

本例想研究学习方式的影响因素，学习方式分为 3 个水平（1：自修 2：小组 3：上课），这 3 个水平为无序分类，研究影响因素 2 个，性别 2 个水平和年级 3 个水平，符合多项 Logistic 回归设计。

**实战步骤**

1. 打开数据库，因为有频数项，首先进行频数加权，自行操作；

2. 分析—回归—多项 Logistic 回归，如图 17-17 所示，将学习方式放入因变量，年级与性别放入协变量。一般协变量放老大、老二和老三中的二分类，无序老三放入因子。

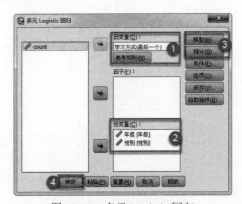

图 17-17　多元 Logistic 回归

3. 模型设置：如图 17-18 所示，当不考虑因素之间的交互作用，只考虑主效应时选择主效应模型，如果考虑因素之间的交互作用则选择全因子模型；当因素较多，采用逐步回归时，可以选择定制步进。本例选择主效应模型。统计设置如图 17-19 所示，按照图中默认设置即可。

4. 结果解读

（1）个案摘要与模型拟合信息，图 17-20（A）显示因变量个案数及构成比，图 17-20（B）显示似然比检验，卡方 =25.732，$P$=0.000<0.05，说明构建的模型有统计学意义。

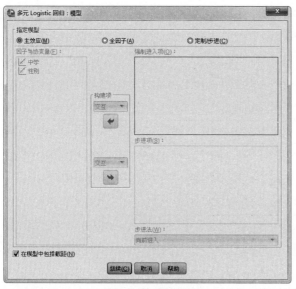

图 17-18　模型设置

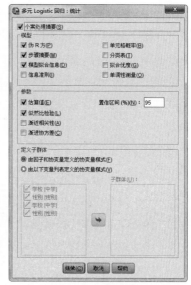

图 17-19　统计设置

（2）伪 *R* 方与似然比检验：图 17-21（A）为伪 *R* 方，3 个伪 *R* 方的值均比较小，伪 $R^2$ 取值 0 ～ 1，越接近 1 说明模型预测效果越好。图 17-21（B）为模型系数检验结果，发现截距项无意义，2 个自变量年级和性别均有统计学意义，*P*=0.029 和 *P*=0.000。

A

**个案处理摘要**

| | | 个案数 | 边际百分比 |
|---|---|---|---|
| 偏好学习方式 | 自修 | 124 | 30.8% |
| | 小组 | 91 | 22.6% |
| | 上课 | 188 | 46.7% |
| 有效 | | 403 | 100.0% |
| 缺失 | | 0 | |
| 总计 | | 403 | |
| 子群体 | | 6 | |

B

**模型拟合信息**

| | 模型拟合条件 | 似然比检验 | | |
|---|---|---|---|---|
| 模型 | -2 对数似然 | 卡方 | 自由度 | 显著性 |
| 仅截距 | 82.775 | | | |
| 最终 | 57.043 | 25.732 | 4 | 0.000 |

图 17-20　个案摘要与模型拟合信息

A

**伪 R 方**

| | |
|---|---|
| 考克斯-斯奈尔 | 0.062 |
| 内戈尔科 | 0.070 |
| 麦克法登 | 0.030 |

B

**似然比检验**

| | 模型拟合条件 | 似然比检验 | | |
|---|---|---|---|---|
| 效应 | 简化模型的 -2 对数似然 | 卡方 | 自由度 | 显著性 |
| 截距 | 57.268 | 0.225 | 2 | 0.894 |
| 年级 | 64.145 | 7.102 | 2 | 0.029 |
| 性别 | 75.141 | 18.098 | 2 | 0.000 |

卡方统计是最终模型与简化模型之间的 -2 对数似然之差。简化模型是通过在最终模型中省略某个效应而形成。原假设是，该效应的所有参数均为 0。

图 17-21　伪 $R^2$ 与似然比检验

（3）参数估算，如图 17-22 所示，从结果可以得到 2 个方程。

Logit（$P_{自修/上课}$）=0.220+0.381× 年级 −0.909× 性别

Logit（$P_{小组/上课}$）=0.055+0.238× 年级 −0.806× 性别

Logistic 回归方程实际意义不大，更重要在于 OR 值的解释。以方程自修为例，发现年级每升高 1 个年级，选择自修的风险是上课的 1.463 倍，意即高年级学生更愿意自修；性别每增加一个等级，也就是女生，相对于上课而言，选择自修的风险是男生的 0.403 倍，意思是女生喜欢上课而不是自修。

参数估算值

| 偏好学习方式[a] | | B | 标准误差 | 瓦尔德 | 自由度 | 显著性 | Exp(B) | Exp(B) 的 95% 置信区间 | |
|---|---|---|---|---|---|---|---|---|---|
| | | | | | | | | 下限 | 上限 |
| 自修 | 截距 | 0.220 | 0.471 | 0.219 | 1 | 0.640 | | | |
| | 年级 | 0.381 | 0.147 | 6.727 | 1 | 0.009 | 1.463 | 1.098 | 1.951 |
| | 性别 | -0.909 | 0.239 | 14.424 | 1 | 0.000 | 0.403 | 0.252 | 0.644 |
| 小组 | 截距 | 0.055 | 0.513 | 0.012 | 1 | 0.914 | | | |
| | 年级 | 0.238 | 0.160 | 2.204 | 1 | 0.138 | 1.268 | 0.927 | 1.736 |
| | 性别 | -0.806 | 0.261 | 9.549 | 1 | 0.002 | 0.447 | 0.268 | 0.745 |

a. 参考类别为：^1。

图 17-22 参数估算

## 17.4 条件 Logistic 回归

在设计阶段，为了控制潜在混杂因素的干扰、提高优势比的估计精度，对每一个符合入组条件的病例，按照配比因素（即混杂因素）寻找一个或几个非病例作为对照，然后比较病例和对照各自以往的暴露经历，进行分析。正如我们前面学过配对 $t$ 检验、配对设计四格表资料卡方检验一样，如果采用的是配对（或配比）设计，研究多个因素对二分类因变量的影响，则可以采用条件 Logistic 回归分析。条件 logistic 回归模型表达为：

logit $P = \beta1 \times x1 + \beta2 \times x2 + \cdots + \beta m \times xm$。

**案例实战**

有研究者采用 1∶1 匹配，研究感冒与接种流感疫苗、吸烟的关系，尝试进行统计分析，数据见 data17.4。注：本例为虚构数据，仅用于演示 SPSS 分析方法，变量赋值为感冒（0：未感冒，1：感冒），吸烟（0：不吸烟，1：吸烟），接种疫苗（0：接种，1：未接种）。

**案例解析**

本例采用 1∶1 匹配，因变量为是否感冒，自变量为吸烟与接种流感疫苗。SPSS 中实现条件 Logistic 较为复杂，但通过 COX 回归实现则较为简单，本例采用 COX 回归实现，COX 回归实现条件 Logistic 回归的格式务必参照图 17-23，该图加框部分为一个对子，其中一个为病例感冒，一个为对照，最后还需增加一个虚拟的时间变量，并且让对照的时间为 2，病例时间为 1。

|    | ID | 是否感冒 | 是否吸烟 | 是否接种某疫苗 | 虚拟时间 |
|----|----|------|------|---------|------|
| 1  | 1  | 1    | 1    | 1       | 1    |
| 2  | 1  | 0    | 0    | 0       | 2    |
| 3  | 2  | 1    | 1    | 1       | 1    |
| 4  | 2  | 0    | 0    | 1       | 2    |
| 5  | 3  | 1    | 1    | 1       | 1    |
| 6  | 3  | 0    | 0    | 0       | 2    |
| 7  | 4  | 1    | 1    | 1       | 1    |
| 8  | 4  | 0    | 1    | 0       | 2    |
| 9  | 5  | 1    | 1    | 0       | 1    |
| 10 | 5  | 0    | 1    | 0       | 2    |

图 17-23　条件 Logistic 回归 COX 实现的数据格式

**实战步骤**

1. 打开数据，分析—生存分析—COX，如图 17-24 所示，将虚拟时间放入时间框，将状态变量放入"是否感冒"，并定义结局状态为 1，将接种疫苗与是否吸烟放入协变量框。

2. 选项设置：如图 17-25 所示，"勾选 Exp（B）的置信区间"。点击"继续""确定"运行。

图 17-24　COX 回归

图 17-25　COX 回归 - 选项设置

3. 结果解读：本例为借用 COX 回归方法实现条件 Logistic 回归，故仅看主要结果，其他结果请参见生存分析章节。如图 17-26 所示，本例未发现吸烟与感冒的关系，$P=0.068$，是否接种疫苗与感冒有关系，$P=0.012$，EXP（B）即 $OR=2.858$，即未接种流感疫苗的人群得流感的风险是接种流感人群的 2.858 倍。

方程中的变量

|         | B     | SE    | 瓦尔德 | 自由度 | 显著性 | Exp(B) | 95.0% Exp(B) 的 CI 下限 | 上限  |
|---------|-------|-------|------|------|------|--------|----------------------|------|
| 是否吸烟    | 0.618 | 0.339 | 3.331 | 1    | 0.068 | 1.855  | 0.955                | 3.602 |
| 是否接种某疫苗 | 1.050 | 0.417 | 6.330 | 1    | 0.012 | 2.858  | 1.261                | 6.475 |

图 17-26　COX 方程结果

**经验传授**

1. Logsitic 的具体种类，二项 Logistic 回归，有序 Logistic 回归，多项 Logsitic 回归和条件 Logistic 回归，最重要的是二项 Logistic 回归。一是因为最常用，二是因为其是理解后续 Logistic 回归的基础。有序 Logistic 回归和多项 Logsitic 回归其实就是拆分为多个二项 Logistic 回归，只不过有序 Logistic 回归是累积式拆分法 [以职称为例，高级/非高级，（高级＋中级）/初级]，而多项 Logsitic 回归直接是多对一的拆分法〔以血型为例，A/O，B/O，AB/O〕。

2. 线性回归我们更注重回归方程，得到变量间的数量依存关系，Logistic 回归我们更关注发现风险因素，根据 OR 值判别。

3. 目前，Logistic 回归建模理论上也是先单因素，在发现有意义变量的基础上，再进行多因素分析。同时当研究的自变量个数不是很多时，可以将多个自变量直接放入模型进行检验，无须进行单变量检验筛选这一步。

4. 几种可能的情况

（1）单因素分析有意义，可是多因素分析没意义了，这叫"单有多无"，单因素有意义并不能代表该因素与 Y 肯定有意义，很可能该因素在别的因素作用下，才与 Y 有关系的。如小 A 和小 B 是工厂工人，小 A 一天生产 60 双鞋子，小 B 一天生产 60 双鞋子，现在工厂搞技能大比拼。小 A 参加了，小 B 没参加，小 B 把自己一天的 60 双鞋子的工作量给了小 A，小 A 就有了 120 双鞋子，于是小 A 评上了技术能手。第二年又比赛了，小 A 和小 B 都参加了，小 B 没有把自己工作量给小 A，所以小 A 就没有评选上。第一年小 A 被评上，是因为背后有小 B 的功劳，当扣除 B 的影响之后，小 A 也就是凡人一个了，没意义了。所以，我们单独研究某个因素的时候，所得到的结果，很可能掩盖了一些信息，当扣除这些信息后，结论可能颠覆！

（2）单无多有，即单因素分析无意义，可是多因素分析时，该因素却有意义了。如小 A 平时学习挺努力，可是今天考试考砸了，别人都认为小 A 学习成绩不太行，可事实是小 A 昨天助人为乐，帮助一个摔跤的老太太，送老太太到医院并在医院守候一夜没有休息，第二天早晨来到学校参加考试的，如果没有老太太因素的干扰，即扣除该因素的影响，将其也放入模型，则小 A 的成绩就能体现出来。所以统计分析还是多因素分析的结果更为可信。

5. 当我们进行多个影响因素筛选时的方法如上，可是有时我们就想知道某因素 A 对结局 Y 的影响大小，此时建模时，A 必须进入模型，其他因素进入模型的依据很多时候不再是 $P<0.05$，而是当因素 B 进入与不进入模型，如果因素 A 的系数变化大于 10%，则

此因素 B 必须进入模型进行控制，这也是近年 SCI 高分论文的常见做法。

6. 条件 Logistic 回归用于探索危险因素的效率较高，但不适合进行发病预测，因为匹配后的数据，已经不是来自现场的真实数据。

7. 经常，我们在 SCI 论文时，统计分析有 P for trend，一般都用于进行回归分析时，用于识别判定自变量与因变量的线性趋势关系。常见于 Logistic 回归，COX 回归，以及线性回归。自变量本身为计量资料。为什么要这样做呢？你肯定会问，自变量本身就是计量资料，为什么不能直接代入模型进行分析，线性回归结果解释为自变量每增加 1 个单位，Y 改变多少单位（线性）；Logistic/COX，为自变量增加 1 个单位，结局事件发生的风险（OR/HR）。很多的时候自变量增加 1 个单位，Y 未必有太大的变化或风险，如图 17-27 所示微球蛋白增加 1mg/L 的时候，疾病发生风险很可能并未有多少变化。

| | OR (95% CI) | | | | p Value for Trend |
|---|---|---|---|---|---|
| | Q1 (n = 151) | Q2 (n = 117) | Q3 (n = 105) | Q4 (n = 88) | |
| Model 1: crude, no adjustment | 1.0 | 0.68 (0.42–1.12) | 0.59 (0.36–0.98) | 0.40 (0.23–0.69) | 0.0007 |
| p Values | | 0.65 | 0.7 | 0.01 | |
| Model 2: adjusting for age, gender, body mass index | 1.0 | 0.777 (0.463–1.302) | 0.603 (0.356–1.023) | 0.476 (0.270–0.838) | 0.006 |
| p Values | | 0.338 | 0.061 | 0.01 | |
| Model 3: adjusting for age, gender, body mass index, smoking, alcohol, and family history of coronary heart disease | 1.0 | 0.79 (0.46–1.34) | 0.60 (0.35–1.04) | 0.54 (0.30–0.81) | 0.018 |
| p Values | | 0.38 | 0.07 | 0.03 | |
| Model 4: adjusting for age, gender, body mass index, smoking, alcohol, and family history of coronary heart disease plus biochemical risk factors low-density lipoprotein, high-density lipoprotein, triglyceride, and diabetes | 1.0 | 0.738 (0.361–1.506) | 0.495 (0.241–1.018) | 0.497 (0.215–1.006) | 0.02 |
| p Values | | 0.403 | 0.056 | 0.052 | |

图 17-27　P for trend 讲解

为了增加模型发现风险的能力，对于年龄，有时候我们将 10 岁划分为 1 组；然而对于一些生化指标，怎么划分呢？于是我们采用四分位数间距（Q），我们将自变量 X 以四分位数间距进行分组，可以分为 4 组，我们 $Q_1$=1；$Q_2$=2；$Q_3$=3；$Q_4$=4，见图 17-27；其中的 P for trend 值，它是怎么计算出来的呢？就是将原始的 x 转化为等级变量，1、2、3、4 代入模型，以 1 为参照，Logistic 回归得到的 P 值就是 P for trend。图 17-27 中的第二行，还有一个 P 值，这是怎么算的呢？试想，咱们凭什么认为 X 和 Y 之间是线性的呢？万一不符合线性，咱们非要按照等级的线性进行分析，那是不对的。为了保险起见，我们还要把等级的（1、2、3、4）再次当作分类变量，设置哑变量进入模型进行分析，以 1 为参照，就又可以得到 3 个对比的 P 值。

8. 很多时候，文章中还会出现 Per 1 Sd，Per 1 sd 是指原始数据每升高 1 个标准差，效应量发生的风险，本例为 $HR$。可是这是怎么实现的呢？1 个标准差是多少呢？怎么实现这样的统计分析呢？统计其实就是这样，看着很唬人，一旦告诉你，你就会说，哦！原来这么简单！像魔术一样，不知道答案认为很高深，知道答案，只会觉得自己智商低，被骗了！Per 1 sd 的实现，其实就是把原始数据进行标准化，另存为一个新的变量 $X$，新变量 $X$ 因为是被标准化后的数据，因此其均数和标准差为 0 和 1。然后让 $X$ 进入模型进行分析。请问大家此时 $X$ 每增加 1 个单位，效应量增加的风险为 $HR$。因为标准差为 1，此时 $X$ 增加 1 个单位，就是 Per 1 sd。1=Per 1 sd。就是自变量每增加 1 个标准差。你明白了吗？

9. 同级对等原则：这是松哥经验，在建立回归模型时，如果 $Y$ 为计量资料，此时 $X$ 为计量资料分析的效果会比较好，当然当 $Y$ 为计量，$X$ 可以为任何形式；当 $Y$ 为等级资料，此时 $X$ 为等级效果或分类会较好；当 $Y$ 为二分类，此时 $X$ 为等级或分类效果较好。很多国外的文章，当 $Y$ 为二分类时，虽然 $X$ 实际为计量，研究者会让其以计量形式、等级形式进入模型进行分析，然后讨论结果；当 $Y$ 为二分类时，虽然 $X$ 实际为等级，研究者会让其以等级形式和分类的形式进入模型进行分析，然后讨论结果。大家细细体会其中的意味吧！

# 第 18 章 生存分析

有一个医生 A 治疗 COPD 的有效率为 80%，而医生 B 治疗 COPD 的有效率为 60%，经过成组四格表资料卡方检验，$P<0.05$，因此可以得出两个医生治疗 COPD 的疗效有差别，甚至可以得出医生 A 的疗效要优于医生 B 的结论。貌似一点问题都没有，一切都是那么完美，但是如果松哥告诉你，医生 A 虽然治疗有效率为 80%，可是治疗了 12 个月才达到效果，而医生 B 虽然只有 60%，但仅是治疗 2 个月就达到疗效呢？似乎上面的结论就不再那么肯定了。

我们前面所学习的方法，只关注研究结果与影响因素，并没有关注结局发生的时间，而时间是一个绕不开的因素，当我们将研究结局与结局发生的时间同时进行考虑时，所采用的分析方法，就叫作生存分析。很多人听到生存分析，认为只是在生物医药领域应用，其实不是，该方法应用广泛，甚至金融、电信领域皆可应用。

## 18.1 生存分析概述

生存分析，是一种将生存时间和生存结果综合起来对数据进行分析的一种统计分析方法。生存分析源于古老的寿命表研究，在医学领域相应的数据主要来自对随访事件的研究。随访资料的特点主要有：存在截尾数据且数据呈正偏态分布。

### 18.1.1 基本概念

**1. 生存时间**

生存时间指从某个起始事件开始，到出现我们想要得到的终点事件发生所经历的时间，也称为失效时间。生存时间具有的特点：分布类型不确定，一般表现为正偏态分布；数据中常含有删失数据。

**2. 完全数据**

完全数据指从事件开始到事件结束，观察对象一直都处在观察范围内，我们得到了事件从开始到结束的准确时间。

**3. 删失数据**

指在研究分析过程中由于某些原因，未能得到所研究个体的准确时间，这个数据就是删失数据，又称为不完全数据。产生删失数据的原因有很多：在随访研究中大多是由于失访所造成的；在动物实验研究中大多由于观察时间已到，不能继续下去所造成的。

### 4. 生存概率

生存概率指从某单位时间段开始，存活的个体到该时间段结束时个体仍存活的可能性。

生存概率 = 下一时段开始的人数 / 该时段开始的人数 = 1 - 死亡概率。

### 5. 生存函数

生存函数指个体生存时间 $T$ 大于等于 $t$ 的概率，又称为累积生存概率，或生存曲线。

$S(t) = P(T>t) = $ 生存时间大于等于 $t$ 的病人数 / 随访开始的病人总数。$S(t)$ 为单调不增函数，$S(0)$ 为 1，$S(\infty)$ 为 0。

### 6. 半数生存时间

半数生存时间指 50% 的个体存活且有 50% 的个体死亡的时间，又称为中位生存时间。因为生存时间的分布常为偏态分布，故应用半数生存时间较平均生存时间更加严谨。

### 7. 风险函数

风险函数指在生存过程中，$t$ 时刻存活的个体在 $t$ 时刻的瞬时死亡率，又称为危险率函数、瞬时死亡率、死亡率等。一般用 $h(t)$ 表示。

$h(t) = $ 死于区间 $(t, t+\Delta t)$ 的病人数 / 在 $t$ 时刻尚存的病人数 $\times \Delta t$。

### 18.1.2 生存分析方法

按照使用参数与否一般可以分为三种。

（1）参数方法，数据必须满足相应的分布。常用的参数模型有：指数分布模型、Weibull 分布模型、对数正态分布模型、对数 Logistic 分布模型、Gamma 分布模型。

（2）半参数方法，是目前非常流行的生存分析方法，相对而言，半参数方法比参数方法灵活，比非参数方法更易解释分析结果。常用的半参数模型为 Cox 模型。

（3）非参数方法，当数据没有参数模型可以拟合时，通常可以采用非参数方法进行生存分析。常用的非参数模型包括寿命表法分析和 Kalpan-Meier 方法。

目前生存分析最常用的方法即寿命表法、Kaplan-Meier 法和 COX 回归法，我们一直在谈统计分三级，初级说一说，中级比一比，高级找关系，而寿命表法就是生存分析的初级说一说，Kaplan-Meier 法就是中级比一比，而 COX 回归法就是生存分析的高级找关系。OK，闲话不多说，开始吧！

## → 18.2 寿命表法

寿命表法适用于大样本资料且事先按照时间段划分区间，再进行分析，可以进行生存资料的描述性研究，也可以组间比较。

**案例实战**

某医院对 304 例胃癌患者术后生存情况进行 11 年随访，据此计算胃癌患者术后各年的生存率。具体数据见 Data18.1.sav 数据库。

**案例解读**

本例观察 304 例胃癌患者术后，随访 11 年，不仅观察是否发生死亡，而且关注死亡发生的时间，应该采用生存分析，因为没有考虑多组间比较，仅为一组资料统计描述，适合采用寿命表法。

**实战步骤**

1. 打开数据，因为里面有频数项，首先进行加权，此步自行操作。

2. 分析→生存分析→寿命表法，如图 18-1 所示，将术后年数因素放入"时间"框，数据时间 0～10 年，间隔为 1 年，填入"显示时间间隔"框，生存情况放入"状态"框，定义事件为 1。

3. 选项设置：如图 18-2 设置即可。

图 18-1　寿命表设置

图 18-2　寿命表选项

4. 主要结果

（1）寿命表，如图 18-3 所示，一般看生存分析比例与期末累计生存分析比例，以时间间隔 1 为例，生存分析比例为 0.93，其为进入时间间隔人数 293 减去终端事件数 20 再除以 293 的结果，反映的是 1 期的生存概率；期末累计生存分析比例为 0.91，其为 (304-20-6)/304，反映的是经过 0 期和 1 期后的生存概率。注意表左下角备注了中位数生存期为 6.25 年，意思是 6.25 年时有 1 半人死亡。

（2）图 18-4 为生存函数图，以图形的形式显示死亡事件的风险，下降的越快说明死亡风险越大。

寿命表 ᵃ

| 时间间隔开始时间 | 进入时间间隔的数目 | 时间间隔内撤销的数目 | 有风险的数目 | 终端事件数 | 终止比例 | 生存分析比例 | 期末累计生存分析比例 | 期末累计生存分析比例的标准误差 | 概率密度 | 概率密度的标准误差 | 风险率 | 风险率的标准误差 |
|---|---|---|---|---|---|---|---|---|---|---|---|---|
| 0 | 304 | 5 | 301.500 | 6 | 0.02 | 0.98 | 0.98 | 0.01 | 0.020 | 0.008 | 0.02 | 0.01 |
| 1 | 293 | 8 | 289.000 | 20 | 0.07 | 0.93 | 0.91 | 0.02 | 0.068 | 0.015 | 0.07 | 0.02 |
| 2 | 265 | 10 | 260.000 | 23 | 0.09 | 0.91 | 0.83 | 0.02 | 0.081 | 0.016 | 0.09 | 0.02 |
| 3 | 232 | 8 | 228.000 | 42 | 0.18 | 0.82 | 0.68 | 0.03 | 0.153 | 0.022 | 0.20 | 0.03 |
| 4 | 182 | 2 | 181.000 | 15 | 0.08 | 0.92 | 0.62 | 0.03 | 0.056 | 0.014 | 0.09 | 0.03 |
| 5 | 165 | 2 | 164.000 | 24 | 0.15 | 0.85 | 0.53 | 0.03 | 0.091 | 0.018 | 0.16 | 0.03 |
| 6 | 139 | 4 | 137.000 | 32 | 0.23 | 0.77 | 0.41 | 0.03 | 0.124 | 0.020 | 0.26 | 0.05 |
| 7 | 103 | 3 | 101.500 | 22 | 0.22 | 0.78 | 0.32 | 0.03 | 0.088 | 0.018 | 0.24 | 0.05 |
| 8 | 78 | 0 | 78.000 | 25 | 0.32 | 0.68 |  | 0.03 | 0.102 | 0.019 | 0.38 | 0.07 |
| 9 | 53 | 1 | 52.500 | 19 | 0.36 | 0.64 |  | 0.02 | 0.078 | 0.017 | 0.44 | 0.10 |
| 10 | 33 | 7 | 29.500 | 26 | 0.88 | 0.12 | 0.02 | 0.01 | 0.000 | 0.00 | 0.00 | |

a. 生存分析时间中位数为 6.25

图 18-3　寿命表结果

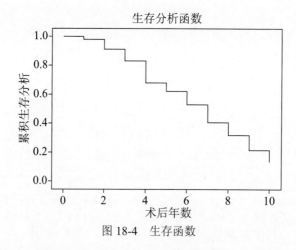

图 18-4　生存函数

5. 本例中，当我们还考虑不同性别胃癌患者的生存情况时，可以将性别放入"因子（F）"或层（B），如图 18-5 所示，操作同前，将性别放入"因子（F）"框，放入因子后，选项设置中，可以设置总体间比较，如图 18-6 所示。

图 18-5　寿命表设置

图 18-6　寿命表选项

图 18-7 显示，数据按照性别男女产生两个寿命表的结果。图 18-8 显示男性与女性中位数生存时间分别为 7.67 年和 5.53 年。图 18-9 为分性别的生存函数，图中横线为双击后，编辑添加。图 18-10 为不同性别生存时间比较，$P=0.000<0.05$，因此男女得了胃癌后生存时间差异有统计学意义。

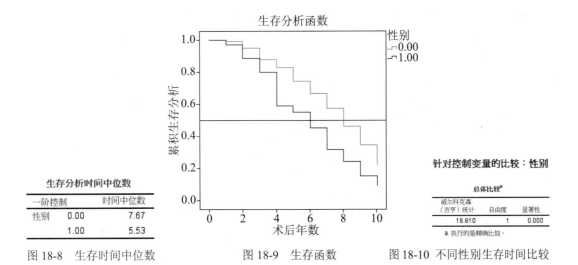

**寿命表**

| 一阶控制 | | 时间间隔开始时间 | 进入时间间隔的数目 | 时间间隔内撤销的数目 | 有风险的数目 | 终端事件数 | 终止比例 | 生存分析比例 | 期末累计生存分析比例 | 期末累计生存分析比例的标准误差 | 概率密度 | 概率密度的标准误差 | 风险率 | 风险率的标准误差 |
|---|---|---|---|---|---|---|---|---|---|---|---|---|---|---|
| 性别 | 0.00 | 0 | 129 | 5 | 126.500 | 1 | 0.01 | 0.99 | 0.99 | 0.01 | 0.008 | 0.008 | 0.01 | 0.01 |
| | | 1 | 123 | 8 | 119.000 | 5 | 0.04 | 0.96 | 0.95 | 0.02 | 0.042 | 0.018 | 0.04 | 0.02 |
| | | 2 | 110 | 10 | 105.000 | 8 | 0.08 | 0.92 | 0.88 | 0.03 | 0.072 | 0.025 | 0.08 | 0.03 |
| | | 3 | 92 | 8 | 88.000 | 5 | 0.06 | 0.94 | 0.83 | 0.04 | 0.050 | 0.022 | 0.06 | 0.03 |
| | | 4 | 79 | 2 | 78.000 | 8 | 0.10 | 0.90 | 0.74 | 0.04 | 0.085 | 0.029 | 0.11 | 0.04 |
| | | 5 | 69 | 2 | 68.000 | 7 | 0.10 | 0.90 | 0.67 | 0.05 | 0.077 | 0.028 | 0.11 | 0.04 |
| | | 6 | 60 | 4 | 58.000 | 8 | 0.14 | 0.86 | 0.57 | 0.05 | 0.092 | 0.031 | 0.15 | 0.05 |
| | | 7 | 48 | 3 | 46.500 | 9 | 0.19 | 0.81 | 0.46 | 0.05 | 0.111 | 0.035 | 0.21 | 0.07 |
| | | 8 | 36 | 1 | 35.500 | 9 | 0.25 | 0.75 | 0.35 | 0.05 | 0.118 | 0.036 | 0.29 | 0.10 |
| | | 9 | 26 | 1 | 25.500 | 9 | 0.35 | 0.65 | 0.22 | 0.05 | 0.122 | 0.038 | 0.43 | 0.14 |
| | | 10 | 16 | 1 | 15.500 | 15 | 0.97 | 0.03 | 0.01 | 0.01 | 0.000 | 0.000 | 0.00 | 0.00 |
| | 1.00 | 0 | 176 | 0 | 176.000 | 5 | 0.03 | 0.97 | 0.97 | 0.01 | 0.028 | 0.013 | 0.03 | 0.01 |
| | | 1 | 171 | 0 | 171.000 | 15 | 0.09 | 0.91 | 0.89 | 0.02 | 0.085 | 0.021 | 0.09 | 0.02 |
| | | 2 | 156 | 0 | 156.000 | 15 | 0.10 | 0.90 | 0.80 | 0.03 | 0.085 | 0.021 | 0.10 | 0.03 |
| | | 3 | 141 | 0 | 141.000 | 37 | 0.26 | 0.74 | 0.59 | 0.04 | 0.210 | 0.031 | 0.30 | 0.05 |
| | | 4 | 104 | 0 | 104.000 | 7 | 0.07 | 0.93 | 0.55 | 0.04 | 0.040 | 0.015 | 0.07 | 0.03 |
| | | 5 | 97 | 0 | 97.000 | 17 | 0.18 | 0.82 | 0.45 | 0.04 | 0.097 | 0.022 | 0.19 | 0.05 |
| | | 6 | 80 | 0 | 80.000 | 24 | 0.30 | 0.70 | 0.32 | 0.04 | 0.136 | 0.026 | 0.35 | 0.07 |
| | | 7 | 56 | 0 | 56.000 | 13 | 0.23 | 0.77 | 0.24 | 0.03 | 0.074 | 0.020 | 0.26 | 0.07 |
| | | 8 | 43 | 0 | 43.000 | 16 | 0.37 | 0.63 | 0.15 | 0.03 | 0.091 | 0.022 | 0.46 | 0.11 |
| | | 9 | 27 | 0 | 27.000 | 10 | 0.37 | 0.63 | 0.10 | 0.02 | 0.057 | 0.017 | 0.45 | 0.14 |
| | | 10 | 17 | 6 | 14.000 | 11 | 0.79 | 0.21 | 0.02 | 0.01 | 0.000 | 0.000 | 0.00 | 0.00 |

图 18-7　寿命表结果

**生存分析时间中位数**

| 一阶控制 | | 时间中位数 |
|---|---|---|
| 性别 | 0.00 | 7.67 |
| | 1.00 | 5.53 |

图 18-8　生存时间中位数

图 18-9　生存函数

**针对控制变量的比较：性别**

**总体比较[a]**

| 威尔科克森（吉亨）统计 | 自由度 | 显著性 |
|---|---|---|
| 18.810 | 1 | 0.000 |

a. 执行的是精确比较。

图 18-10 不同性别生存时间比较

**注意，在寿命表分析时，因子（F）与层（B）效果一样，本例将性别分别放入两处进行分析结果一致。在 SPSS 中，因子（F）的作用类似于拆分文件中的比较组；层（B）类似于拆分文件中的按组组织输出。**

## 18.3 Kaplan-Meier 法

当研究的数据不再是区组格式，而是单条记录格式，并且考虑不同分组之间生存效果的比较时，可采用 Kaplan-Meier 法。Kaplan-Meier 法利用概率乘法定理计算生存率，又称乘积极限法，适用于小样本或大样本未分组资料的分析。

**案例实战**

某医院对 50 例某病患者随机化分组后，一组为对照组，一组为实验组，实验组采用某种干预措施，对照组不采用任何干预措施，观察患者生存时间。试通过 Kaplan-Meier 法进行生存分析，要求评价干预措施有无效果？同时绘制生存曲线图。具体数据见 18.2.sav 数据库。

**案例解读**

本例数据为按照每个个案结果记录，即每行就代表 1 个病人，并记录病人的结局和出现结局的时间，同时考虑了一个分组因素，先欲比较 2 组疗效是否有差别，属于生存分析的中级比一比，适合采用 Kaplan-Meier 法。本例组别（1：试验组，2：对照组）、时间单位为月，生存情况（0：死亡，1：删失，2：试验结束时仍存活）。

**操作步骤**

1. 分析→生存分析→Kaplan Meier 法，如图 18-11 所示，将生存时间放入"时间"框，生存情况放入"状态"框，组别放入"因子"框。

2. 比较因子：如图 18-12 所示，SPSS 提供了 3 种组间比较的方法，（1）秩的对数：用于检验各组的生存分布是否相同，各时刻赋予相同的权重；（2）布雷斯洛（Breslow）：用于检验各组的生存分布是否相同，各时刻按个案数赋予权重；（3）塔罗内-韦尔（Tarone-Ware）：用于检验各组的生存分布是否相同，各时刻按个案数的平方根赋予权重。"因子水平的线性趋势"用于检验因素变量的水平间是否存在线性趋势，此选项只有在"因子"框中的变量为有序变量时才有实际意义，如疾病的严重程度轻、中、重。在此种情况下，系统默认各水平间的效应是等距的。

3. 结果解读

（1）个案处理摘要，如图 18-13 所示，显示 2 组人数与事件数。

（2）生存分析表：如图 18-14 所示，分组显示生存数据，由于数据较长此处只展现部分。

图 18-11　Kaplan-Merier 设置

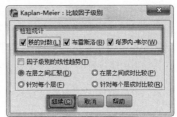

图 18-12　比较因子级别

个案处理摘要

| 组别 | 总数 | 事件数 | 检剔后 | |
|---|---|---|---|---|
| | | | 个案数 | 百分比 |
| prednisolone组 | 25 | 11 | 14 | 56.0% |
| 对照组 | 25 | 23 | 2 | 8.0% |
| 总体 | 50 | 34 | 16 | 32.0% |

图 18-13　个案处理摘要

生存分析表

| 组别 | | 时间 | 状态 | 当前累计生存分析比例 | | 累积事件数 | 其余个案数 |
|---|---|---|---|---|---|---|---|
| | | | | 估算 | 标准误差 | | |
| prednisolone组 | 1 | 2.000 | 出现结局 | 0.960 | 0.039 | 1 | 24 |
| | 2 | 6.000 | 出现结局 | 0.920 | 0.054 | 2 | 23 |
| | 3 | 12.000 | 出现结局 | 0.880 | 0.065 | 3 | 22 |
| | 4 | 54.000 | 出现结局 | 0.840 | 0.073 | 4 | 21 |
| | 5 | 56.000 | 删失 | . | . | 4 | 20 |
| | 6 | 68.000 | 出现结局 | 0.798 | 0.081 | 5 | 19 |
| | 7 | 89.000 | 出现结局 | 0.756 | 0.087 | 6 | 18 |
| | 8 | 96.000 | 出现结局 | . | . | 7 | 17 |
| | 9 | 96.000 | 出现结局 | 0.672 | 0.095 | 8 | 16 |
| | 10 | 125.000 | 试验结束时仍存活 | . | . | 8 | 15 |
| | 11 | 128.000 | 试验结束时仍存活 | . | . | 8 | 14 |
| | 12 | 131.000 | 试验结束时仍存活 | . | . | 8 | 13 |
| | 13 | 140.000 | 试验结束时仍存活 | . | . | 8 | 12 |
| | 14 | 141.000 | 试验结束时仍存活 | . | . | 8 | 11 |
| | 15 | 143.000 | 出现结局 | 0.611 | 0.104 | 9 | 10 |
| | 16 | 145.000 | 试验结束时仍存活 | . | . | 9 | 9 |
| | 17 | 146.000 | 出现结局 | 0.543 | 0.113 | 10 | 8 |
| | 18 | 148.000 | 试验结束时仍存活 | . | . | 10 | 7 |

图 18-14　生存分析表

(3) 生存分析平均值和中位数，由图 18-15 可知，实验组的生存时间均值和中位数均高于对照组，因为生存分析数据一般不符合正态分布，因此中位数描述较为准确。

## 生存时间均值与中位数

| 组别 | 平均值 估算 | 标准误差 | 95% 置信区间 下限 | 95% 置信区间 上限 | 中位数 估算 | 标准误差 | 95% 置信区间 下限 | 95% 置信区间 上限 |
|---|---|---|---|---|---|---|---|---|
| prednisolone组 | 133.376 | 12.414 | 109.044 | 157.709 | 168.000 | | | |
| 对照组 | 79.800 | 13.915 | 52.527 | 107.073 | 54.000 | 17.486 | 19.727 | 88.273 |
| 总体 | 107.103 | 10.236 | 87.041 | 127.166 | 127.000 | 34.288 | 59.795 | 194.205 |

a. 如果已对生存分析时间进行检剔，那么估算将限于最大生存分析时间。

图 18-15　生存时间均值与中位数

（4）总体比较：三种方法比较结果，Log Rank 卡方 =7.163，$P$=0.007<0.05，Breslow 和 Tarone-Ware 卡方的 $P$ 值均小于 0.05。Log Rank 检验给结局事件的远期差别更大的权重，即对远期差异敏感；而 Breslow 检验给结局事件的近期差别更大的权重，Tarone-Ware 介于两者之间。因此，对于一开始粘在一起，随着时间的推移越拉越开的生存曲线，Log Rank 检验较 Breslow 检验容易得到差异有显著性的结果；反之，对于一开始相差较大，随着时间的推移反而越来越近的生存曲线，Breslow 法容易得到差异有显著性的结果。一般 Log Rank 和 Breslow 使用较多。

## 总体比较

| | 卡方 | 自由度 | 显著性 |
|---|---|---|---|
| Log Rank (Mantel-Cox) | 7.163 | 1 | 0.007 |
| Breslow (Generalized Wilcoxon) | 7.516 | 1 | 0.006 |
| Tarone-Ware | 7.631 | 1 | 0.006 |

针对 组别 的不同级别进行的生存分析分布等同性检验。

图 18-16　组间比较

（5）生存曲线：由图 18-17 可见并且两条曲线分开明显，试验组下降趋势小于对照组，试验组的生存率要高于对照组。

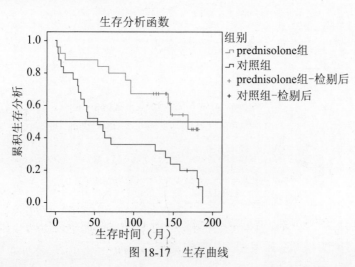

图 18-17　生存曲线

**知识拓展**

（1）当 Kaplan-Meier 法将组别放入"层（A）"时，则相当于按照组别对文件进行拆分，分别分析每一层数据的生存分析，每一层就相当于一组，因此无法再进行比较因子分析。

（2）当组别放入"因子（F）"时，才可以进行组间比价，当因子为有序或者等级资料时，如病情轻、中和重，若想研究是否具有线性趋势，则可以勾选"线性趋势检验"。

图 18-18　Kaplan-Meier 层设置

图 18-19　比较因子级别

当生存曲线存在交叉时，则不再是等比例风险模型，不再适合上述方法，可以采用 R 软件 Landmark 程序，SPSS 暂不能实现。

（3）图 18-14，如何得出 5 年生存率，图中无 60 个月对应数据，可以找到离 60 最近的 54 个月。得到 5 年生存率近似值为 0.840。

## → 18.4　Cox 回归

当影响结局发生的因素较多，并且我们不仅仅想知道不同因素各水平之间是否有差异，就像 Logistic 回归一样，而且想知道每个因素对结局发生的风险，此时 Kaplan-Meier 法将不再适用，而针对生存分析的回归方法，最常用的就是 Cox 回归。Cox 回归模型是假定因素对死亡风险作用强度在所有时间上都保持一致的前提下进行的。对于不满足此前提条件的，需要用到下一节的时间依存变量 Cox 模型。Cox 回归模型能够建立生存时间与危险因素之间依存关系的数学模型。

**案例实战**

某研究者想研究肺癌四种亚型的生存时间有无差别，收集了一些肺癌病例的数据。要求列出 Cox 回归模型的主要分析结果并能合理地解释结果，数据见 data 18.3sav。

**案例解析**

本例研究肺癌死亡的风险因素，结局变量包括存活时间与生存状态，影响因素包括肺癌类型（1：腺癌，2：大细胞癌，3：小细胞癌，4：鳞癌）、健康指数、确诊时间、性别和年龄。其中肺癌类型为无序多分类，应该设置哑变量。

**实战步骤**

1. 分析→生存分析→Cox 回归，如图 18-20 所示，将"生存时间"放入"时间"框，"生存状态"放入"状态"框。单击"定义事件"在"单值"框中填入"1"，单击"继续"按钮返回主界面。将其他的各因素全部选入"协变量"框中。"方法"框中本例选择"进入"方法，不同的数据初步分析后可以选择相应的方法，当自变量个数较多时建议选择"向前：LR"方法，或者先将每个协变量独自选进模型，再将有意义的协变量一起选进模型，运用"进入"方法。本例采用"向前：LR 法"。

2. 分类协变量定义：如图 18-21 所示，将"肺癌类型"放入"分类协变量"框，软件默认与最后一个类别比较，如果想与第一个类别比较，可以勾选后面"第一个"复选框后，点击"变化量"按钮更改。如果分类变量编码为 1、2、3、4，你想都与 2 比较，请将 2 重新编码为 1 或者 4，然后相应设置即可比较。

图 18-20　生存分析 Cox 回归

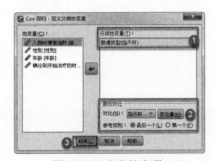

图 18-21　定义协变量

3. 图设置：如图 18-22 所示，一般勾选"生存分析"即可，如果想看风险函数图，勾选"风险"即可。

4. 选项设置：如图 18-23 所示，勾选"Exp（B）的置信区间"即可。

图 18-22　Cox 回归：图设置

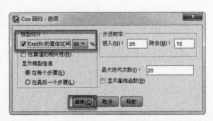

图 18-23　选项设置

**结果解读**

1. 模型检验：由图 18-24 可以发现向前：LR 法构建 2 个有意义的模型，$P$ 均小于 0.05。

|  | 模型系数的 Omnibus 检验 | | | | | | | |
|---|---|---|---|---|---|---|---|---|
|  | 总体（得分） | | | 从上一步进行更改 | | | 从上一块进行更改 | | |
| 步长(T) | -2 对数似然 | 卡方 | 自由度 | 显著性 | 卡方 | 自由度 | 显著性 | 卡方 | 自由度 | 显著性 |
| 1<sup>a</sup> | 386.404 | 37.422 | 1 | 0.000 | 34.059 | 1 | 0.000 | 34.059 | 1 | 0.000 |
| 2<sup>b</sup> | 372.267 | 48.765 | 4 | 0.000 | 14.138 | 3 | 0.003 | 48.197 | 4 | 0.000 |

a. 在步骤号 1：入院时健康指数 处输入的变量
b. 在步骤号 2：肺癌类型 处输入的变量
c. 起始块号 1。方法 = 向前步进（似然比）

图 18-24　模型系数检验

2. 方程中的变量，如图 18-25 所示，可以发现第一个方程包含入院健康指数，$HR$= 0.959，$HR$ 可以理解为 $OR$，参照 $OR$ 解释即可，可见入院健康指数每升高一个级别，病人死亡风险减少 0.041。第二个方程包含入院健康指数和肺癌类型，健康指数解释同上，肺癌类型解释如下，当是肺癌类型（1）不是肺癌类型（4）时，死亡风险增大 3.750 倍；当是肺癌类型（2）不是肺癌类型（4）时，死亡风险增大 2.268 倍；当是肺癌类型（3）不是肺癌类型（4）时，死亡风险增大 4.417 倍。

| | | 方程中的变量 | | | | | | 95.0% Exp(B) 的 CI | |
|---|---|---|---|---|---|---|---|---|---|
| | | B | SE | 瓦尔德 | 自由度 | 显著性 | Exp(B) | 下限 | 上限 |
| 步骤 1 | 入院时健康指数 | -0.042 | 0.007 | 34.387 | 1 | 0.000 | 0.959 | 0.946 | 0.973 |
| 步骤 2 | 肺癌类型 | | | 12.173 | 3 | 0.007 | | | |
| | 肺癌类型(1) | 1.322 | 0.437 | 9.140 | 1 | 0.003 | 3.750 | 1.592 | 8.835 |
| | 肺癌类型(2) | 0.819 | 0.414 | 3.911 | 1 | 0.048 | 2.268 | 1.007 | 5.108 |
| | 肺癌类型(3) | 1.485 | 0.444 | 11.172 | 1 | 0.001 | 4.417 | 1.849 | 10.554 |
| | 入院时健康指数 | -0.040 | 0.007 | 29.020 | 1 | 0.000 | 0.961 | 0.947 | 0.975 |

图 18-25　方程中的变量

3. 生存函数曲线：当各协变量取均值时，构建的生存函数曲线如图 18-26 所示。

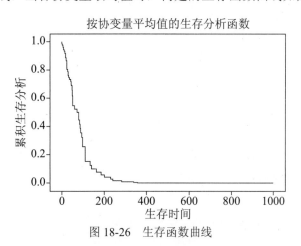

图 18-26　生存函数曲线

**知识拓展**

1. Cox 回归策略可以先进行单因素分析，然后对筛选出的有意义单变量，再进行多因素分析。如果研究因素皆为分类变量，则可以采用 Kaplan-Meier 法进行单因素筛选，如果包含连续性计量资料，如本例的年龄，可以直接用 Cox 回归进行单因素筛选。

2. 不同建模策略，肯定会得到不同的模型，模型一定要结合专业进行解释。如本例采用的是向前：LR 法，软件会自动筛选有意义的模型，而我们基于专业知道年龄和性别应该会影响治疗的结局，虽然上述变量无统计学意义，也可以加入模型，采用输入法进行分析，图 18-27 为采用输入法结果。

方程中的变量

| | B | SE | 瓦尔德 | 自由度 | 显著性 | Exp(B) | 95.0% Exp(B) 的 CI | |
|---|---|---|---|---|---|---|---|---|
| | | | | | | | 下限 | 上限 |
| 肺癌类型 | | | 13.637 | 3 | 0.003 | | | |
| 肺癌类型(1) | 1.432 | 0.451 | 10.075 | 1 | 0.002 | 4.187 | 1.729 | 10.136 |
| 肺癌类型(2) | 0.899 | 0.423 | 4.505 | 1 | 0.034 | 2.457 | 1.071 | 5.634 |
| 肺癌类型(3) | 1.663 | 0.469 | 12.554 | 1 | 0.000 | 5.275 | 2.102 | 13.235 |
| 入院时健康指数 | -0.043 | 0.008 | 30.436 | 1 | 0.000 | 0.957 | 0.943 | 0.972 |
| 确诊到开始治疗的时间(月) | -0.003 | 0.011 | 0.081 | 1 | 0.776 | 0.997 | 0.976 | 1.019 |
| 年龄 | -0.025 | 0.014 | 3.355 | 1 | 0.067 | 0.975 | 0.950 | 1.002 |
| 性别 | -0.407 | 0.386 | 1.112 | 1 | 0.292 | 0.666 | 0.313 | 1.418 |

图 18-27　Cox 回归输入法结果

## 18.5　时间依赖 Cox 回归

进行生存分析时，前提是假设每个因素在不同时间点对结局的影响风险作用一致，构建的模型成为等比例风险模型。然而很多因素在不同时间，所发生的作用发生变化，如年龄变量，年龄本身随着时间的变化而变化，同时不同年龄人群其发生疾病的风险是不一样的。因此就需要特定的模型进行分析，就是本节要讲解的时间依存变量 Cox 回归模型。

**案例实战**

某研究者想研究肺癌的术后生存时间与手术时年龄的关系，收集了一些肺癌病例的数据，详见 18.4.sav 数据库。

**实战步骤**

1. 分析→生存分析→Cox 依时协变量，如图 18-28 所示，将软件产生的时间变量

Time×年龄放入"T_COV 的表达式（E）"框。

2. 模型：如图 18-29 设置，特殊之处是不要将年龄再放入协变量，而应该放入"T_COV"。

图 18-28　计算依时协变量

图 18-29　时间依赖 Cox 回归

3. 结果解读：图 18-30（A）为模型系数检验，$P=0.000$，模型有意义；图 18-30（B）发现性别无意义，时间依赖的年龄（T_COV）有意义，发现年龄每增加一岁，死亡风险增大 1.049 倍。

模型系数的 Omnibus 检验[a]

| | 总体（得分） | | | 从上一步进行更改 | | | 从上一块进行更改 | | |
|---|---|---|---|---|---|---|---|---|---|
| -2 对数似然 | 卡方 | 自由度 | 显著性 | 卡方 | 自由度 | 显著性 | 卡方 | 自由度 | 显著性 |
| 106.854 | 70.478 | 2 | 0.000 | 233.228 | 2 | 0.000 | 233.228 | 2 | 0.000 |

a. 起始块号 1．方法 = 输入

方程中的变量

| | B | SE | 瓦尔德 | 自由度 | 显著性 | Exp(B) | 95.0% Exp(B) 的 CI | |
|---|---|---|---|---|---|---|---|---|
| | | | | | | | 下限 | 上限 |
| T_COV_ | 0.047 | 0.008 | 38.165 | 1 | 0.000 | 1.049 | 1.033 | 1.064 |
| 性别 | 0.657 | 0.454 | 2.093 | 1 | 0.148 | 1.929 | 0.792 | 4.699 |

图 18-30　时间依赖 Cox 结果

# 第 19 章 聚类与判别分析

"物以类聚,人以群分",这句话可以非常形象地解释聚类和判别分析。聚类分析是基于数据之间的距离远近,对研究变量进行聚类分组,聚类分析事先不知道分组情况,是一种探索性分析;判别分析事先给我们几个分好类的组,然后让我们基于现有分组数据的特征,构建分组的方程,即判别式,然后依据判别式对未知的样本进行分类判别。

聚类分析就是分析如何对样品(或变量)进行量化分类的问题。通常聚类分析分为 $Q$ 型聚类和 $R$ 型聚类。$Q$ 型聚类是对样品进行分类处理,$R$ 型聚类是对变量进行分类处理。聚类常见类型有系统聚类、K-means 聚类和两步聚类,判别分析常见有 Fisher 判别和 Bayes 判别。

## 19.1 系统聚类

### 19.1.1 简介

系统聚类是实际工作中,最常使用的一种聚类方法,它的特点为不仅可以对变量聚类($R$ 聚类),还可以对样品进行聚类($Q$ 聚类),还可以同时指定多个聚类进行尝试性的聚类。

### 19.1.2 基本思想

先将 $n$ 个样品或变量看成 $n$ 个分类,然后将距离接近(样品聚类)或性质接近(变量聚类)的两类合并为一类,再从 $n-1$ 类中继续寻找最接近的两类合并为一类,如此继续,最终将所有类别合并为一支。

### 19.1.3 案例实战

西藏林芝某自然村 20 位村民一起上山采集冬虫夏草,采集完毕即将回村出售虫草的前一夜,价值数十万的虫草不翼而飞。警方介入调查,荒山野岭排除外盗,怀疑 20 名村民内盗,但初步审问案情毫无进展。警方接受某大学统计老师建议,将 20 名村民的鞋子脱下密封采样,带回实验室进行检测,数据见 data17.1.sav。

### 19.1.4 案例解析

为了让统计学习起来有意思，本例为虚构案例，但不妨碍我们学习聚类知识。本例 20 位村民，如果发生监守自盗的话，理论上那个偷虫草的小偷应该是夜里自己偷出去藏好，然后天亮前赶回营地，那么该小偷鞋底的泥土的新鲜程度及一些土壤特征将与其他 19 位村民不一样。因此我们可以尝试对 20 份土壤进行聚类，看能否根据泥土特征将小偷识别出来。

### 19.1.5 实战步骤

（1）打开数据 data19.1.sav，分析→分类→系统聚类，弹出图 19-1 聚类分析对话框。将泥土检测 5 项指标放入变量框中，聚类选择"个案"聚类，即样品聚类。如果你的案例是对变量进行聚类，此处选择"变量"，如此处想对含沙量、淤泥含量、黏土含量、有机物和 pH 值进行聚类，看 5 个变量的远近，则选择"变量"聚类。

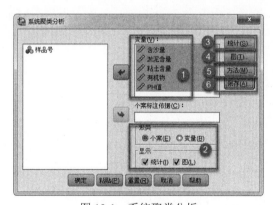

图 19-1　系统聚类分析

（2）统计设置：点击"统计"，弹出图 19-2，聚类成员本例选择"单个解"，输入 2。因为根据本例的研究目的，分成两类，即小偷与非小偷。绝大多数情况我们是不知道应该聚成几类，那就选择解的范围，一般输入 3～5 类，让软件进行聚类，并结合专业进行解释。

（3）图设置：点击图按钮，如图 19-3 所示，勾选"谱系图"，此图可以做出树状结构图，只有系统聚类可以做。冰柱图保持默认的全部聚类。冰柱图是用类似冰柱的条图反映聚类构成，近年用得较少，没谱系图应用广。方向是指做谱系图的方向。

（4）方法：点击方法，如图 19-4 所示，组间链接较为常用，是一种优秀而稳健的方法，在大多数情况下表现最为优异，本例保持默认。从图 19-4 可以看出，系统聚类适用的指标类型包括区间性的连续资料（计量资料、数值变量），计数资料及二分类资料。

图 19-2 统计设置　　　　图 19-3 图设置

（5）保存设置：点击保存，图 19-5SPSS 中，选择保存按钮的，通常都是指将该指标保存在数据库中，而不是仅仅在结果输出中。本例因为根据研究目的聚成 2 类，因此选择单个解，输入数目 2。回到主对话框，点击"确定"运行。

图 19-4 距离计算方法设置　　图 19-5 保存设置

### 19.1.6　结果解读

（1）集中计划，如图 19-6 所示，该结果用于反映样本聚类的过程，以图中前 2 条为例进行解释，第一阶段是样品 2 和样品 6 聚成一支，然后第二阶段，这一支又和样品 19 进行聚类。该图仅为聚类过程展示，可以不看。

（2）聚类成员，图 19-7 告诉我们按照 2 类的聚类要求，软件按照系统聚类的方法，给出的最终聚类结果。结果发现样品 16 自成一类。其他 19 份样品聚成一类。言下之意，

16号样品所代表的那个人,是本次作案的重要嫌疑人。于是警方根据聚类结果,对16号样品所来自的人进行了重点审问,该人最终承认自己内盗的事实,并带着警方找到失窃的虫草。

| | 集中计划 | | | | | | 聚类成员 | |
|---|---|---|---|---|---|---|---|---|
| | 组合聚类 | | | 首次出现聚类的阶段 | | | 个案 | 2个聚类 |
| 阶段 | 聚类1 | 聚类2 | 系数 | 聚类1 | 聚类2 | 下一个阶段 | | |
| 1 | 2 | 6 | 2.020 | 0 | 0 | 2 | 1 | 1 |
| 2 | 2 | 19 | 2.690 | 1 | 0 | 8 | 2 | 1 |
| 3 | 8 | 9 | 3.000 | 0 | 0 | 12 | 3 | 1 |
| 4 | 7 | 18 | 4.640 | 0 | 0 | 8 | 4 | 1 |
| 5 | 3 | 5 | 5.870 | 0 | 0 | 14 | 5 | 1 |
| 6 | 12 | 20 | 6.180 | 0 | 0 | 10 | 6 | 1 |
| 7 | 15 | 17 | 8.090 | 0 | 0 | 11 | 7 | 1 |
| 8 | 2 | 7 | 13.100 | 2 | 4 | 13 | 8 | 1 |
| 9 | 10 | 11 | 15.900 | 0 | 0 | 15 | 9 | 1 |
| 10 | 12 | 14 | 25.510 | 6 | 0 | 14 | 10 | 1 |
| 11 | 13 | 15 | 25.535 | 0 | 7 | 15 | 11 | 1 |
| 12 | 4 | 8 | 32.320 | 0 | 3 | 17 | 12 | 1 |
| 13 | 1 | 2 | 37.758 | 0 | 8 | 18 | 13 | 1 |
| 14 | 3 | 12 | 50.695 | 5 | 10 | 16 | 14 | 1 |
| 15 | 10 | 13 | 55.200 | 9 | 11 | 16 | 15 | 1 |
| 16 | 3 | 10 | 151.141 | 14 | 15 | 17 | 16 | 2 |
| 17 | 3 | 4 | 440.397 | 16 | 12 | 18 | 17 | 1 |
| 18 | 1 | 3 | 842.679 | 13 | 17 | 19 | 18 | 1 |
| 19 | 1 | 16 | 1181.806 | 18 | 0 | 0 | 19 | 1 |
| | | | | | | | 20 | 1 |

图 19-6 聚类计划   图 19-7 聚类成员

(3)冰柱图:冰柱图也是聚类结果的展示方式,但很多人不会判读。以图中所做的横线为例,横线对应的聚类数目为5,我们从5类处画一条横线,该横线将20份样品划分为5个部分,见图19-8中标示。冰柱图已经较少应用。

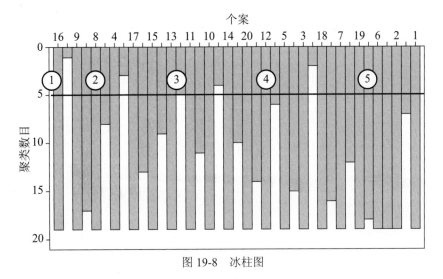

图 19-8 冰柱图

（4）谱系图：如图 19-9 所示，该图更加形象地展示聚类的结果，根据本例研究目的聚成 2 类，发现 16 号样品自成一支。

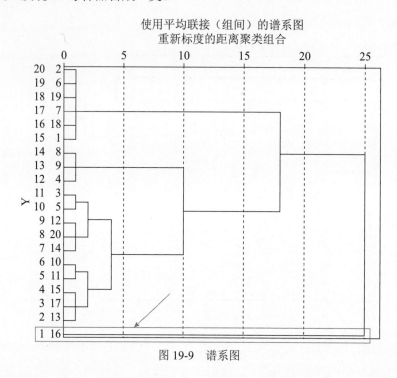

图 19-9　谱系图

（5）数据库：此时大家回到数据库，会发现数据库最右边产生一个新的聚类变量，该变量展示的就是图 19-7 的结果。

### 19.1.7　拓展理解

（1）系统聚类既可以进行样品聚类，也可以进行变量聚类。

（2）系统聚类可以进行尝试聚类，即输入如 3～5，既可以同时展示聚类成 3 类、4 类和 5 类的结果。这是我们经常的操作，因为很多的时候，我们并不知道要聚成几类。

（3）系统聚类可以做冰柱图和谱系图，谱系图比较重要。

（4）到底应该聚成几类呢？

①聚类结果一般要求各聚类组成员数目相差不大，除非目的是异常值的发现，比如本例。

②如果规律是存在的，那么不同方法应该得到相似或一致的结果，意即可用不同聚类方法对数据进行聚类。

③拆分验证：如果数据样本量较大，则可以将数据随机分为两个部分，对两部分分别进行聚类。因为数据为来自同一总体的 2 个部分，因此聚类得到的结果应该一致。

④采用两步聚类，看看结果。两步聚类为智能聚类，软件会评价聚成几类较为合适。

⑤主成分分析提供参考，对于变量聚类，可以采用主成分分析，看可以凝练成几个主成分，则建议变量聚类成相应的几类。

理想的聚类，首先应该稳定，并且专业上很好解释。同时在聚类图上，有一个特点，就是组间的差异很大，而组内的差异较小。

## 19.2 快速聚类

### 19.2.1 简介

K-means 聚类，又称快速聚类，顾名思义，计算速度较快，特别适合大样本研究。该方法只是用样品聚类，还必须指定聚类的数目，并且所有的指标必须为连续性的计量资料。

### 19.2.2 基本思想

对 $n$ 个数值变量参与快速聚类，则 $n$ 个变量组成一个 $n$ 维的空间，每个样品是空间中的一个点，最终按照事先要求聚类聚成 $K$ 个类别。聚类前计算机随机产生初始的聚类中心，计算各个点到中心的距离，然后计算机迭代新的聚类中心。如果各个点到第二次聚类中心的距离比第一次小，则放弃第一次中心，留取第二次中心。接着计算机继续迭代寻找第三次聚类中心，直至各个点到前后聚类中心的距离之差为零，此时认为已经无法再进一步优化，即找到最佳的聚类中心。

### 19.2.3 案例实战

某研究者搜集了某年我国 31 个省份自治区的第一产业、第二产业、第三产业的产值，数据见 data19.2.sav，请根据数据对我国 31 个省份自治区按照经济状况进行聚类分析。

### 19.2.4 案例解析

本例 31 个省份，每个省份有 3 个经济指标，均为连续性资料。题目要求对 31 个省份进行聚类，属于样品聚类；另根据专业，我们喜欢按照经济状况分为发达地区、中等发达地区和欠发达地区3类。本例可以采用系统聚类和K-means聚类，此处演示快速聚类。

### 19.2.5 案例实战

（1）打开数据，分析→分类→K均值聚类，如图19-10所示，将三个产值"变量"放入"变量"框；将地区变量设置为"个案标注依据"，设置后聚类信息显示的就直接为地区，否则为系统给出的ID；聚类数根据研究目的按专业设定为3类；

（2）迭代设置：点击"迭代"，如图19-11所示，系统默认最大迭代次数为10，收敛标准为0。意即软件最多做10次寻找最佳聚类中心，如果10次还未找到则停止寻找，但软件一般10次之内都会找到。收敛条件为0，即前后2次如果各点到聚类中心的距离之差为0，则达到收敛标准，意即已经找到最佳聚类中心，可以进行聚类了。

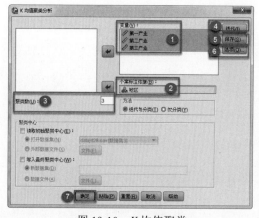

图 19-10　K均值聚类　　　　图 19-11　迭代设置

（3）保存设置：如图19-12所示，勾选"聚类成员"和"与聚类中心的距离"，然后点击"继续"，同样保存按钮里的指标是指保存到数据库中。

（4）选项设置：如图19-13设置，解释见结果部分。

图 19-12　保存设置　　　图 19-13　选项设置

### 19.2.6 结果解读

（1）初始中心与迭代记录，如图19-14所示，初始中心为计算机随机产生，对结果判读意义不大；迭代记录显示结果3次迭代，3个聚类中心均达到收敛标准0，于是3次就停止了对最佳聚类中心的寻找，因为已经找到。

**初始聚类中心**

A

| | 聚类 | | |
|---|---|---|---|
| | 1 | 2 | 3 |
| 第一产业 | 1093.52 | 40.62 | 90.64 |
| 第二产业 | 7307.08 | 47.99 | 3130.72 |
| 第三产业 | 5225.27 | 95.89 | 3029.45 |

**迭代历史记录**[a]

B

| | 聚类中心中的变动 | | |
|---|---|---|---|
| 迭代 | 1 | 2 | 3 |
| 1 | 670.059 | 981.691 | 1065.650 |
| 2 | 564.377 | 0.000 | 240.227 |
| 3 | 0.000 | 0.000 | 0.000 |

a. 由于聚类中心中不存在变动或者仅有小幅变动，因此实现了收敛。任何中心的最大绝对坐标变动为0.000。当前迭代为3。初始中心之间的最小距离为4255.761。

图19-14 初始中心与迭代记录

（2）聚类成员：图19-15中显示各个地区及其聚类的类别，同时显示各地区到各自聚类中心的距离。如北京属于3类地区，北京到3类聚类中心的距离为1385.724，其他解释类似。你可能会纳闷，首都北京怎么会属于3类地区呢，注意，此处1、2、3类仅是类别区分，并不代表哪一类较好或者较差。

（3）最终聚类中心与相互间聚类，如图19-16所示，最终聚类中心结果较为重要，图中可见1类聚类中心在3产产值上均最大，因此1类为发达地区，同样可见3类为中等发达地区，2类为欠发达地区。

（4）ANOVA表：图19-17对三个产业均进行了方差分析，3次检验的$P<0.05$，说明三个产业在3个聚类间均存在统计学差异，说明三个产业对聚类结果均发挥作用。如果某个$P>0.05$，说明其对聚类结果无影响，删除也并不影响聚类结果。

（5）聚类个案数目：由图19-18可知1类地区（发达地区）有4个；3类（中等发达地区）有11个；2类地区（欠发达地区）有16个。具体聚类参见图19-15。

聚类成员

| 个案号 | 地区 | 聚类 | 距离 |
|---|---|---|---|
| 1 | 北京 | 3 | 1385.724 |
| 2 | 天津 | 2 | 665.342 |
| 3 | 河北 | 3 | 1193.462 |
| 4 | 山西 | 2 | 626.991 |
| 5 | 内蒙古 | 2 | 226.652 |
| 6 | 辽宁 | 3 | 517.500 |
| 7 | 吉林 | 2 | 448.395 |
| 8 | 黑龙江 | 3 | 756.679 |
| 9 | 上海 | 3 | 1245.952 |
| 10 | 江苏 | 1 | 381.287 |
| 11 | 浙江 | 1 | 1693.132 |
| 12 | 安徽 | 3 | 1012.800 |
| 13 | 福建 | 3 | 94.867 |
| 14 | 江西 | 2 | 621.919 |
| 15 | 山东 | 1 | 471.444 |
| 16 | 河南 | 3 | 1143.947 |
| 17 | 湖北 | 3 | 136.039 |
| 18 | 湖南 | 3 | 788.131 |
| 19 | 广东 | 1 | 1173.076 |
| 20 | 广西 | 2 | 570.067 |
| 21 | 海南 | 2 | 761.799 |
| 22 | 重庆 | 2 | 321.275 |
| 23 | 四川 | 3 | 504.150 |
| 24 | 贵州 | 2 | 291.361 |
| 25 | 云南 | 2 | 401.637 |
| 26 | 西藏 | 2 | 981.691 |
| 27 | 陕西 | 2 | 433.741 |
| 28 | 甘肃 | 2 | 292.899 |
| 29 | 青海 | 2 | 840.178 |
| 30 | 宁夏 | 2 | 845.426 |
| 31 | 新疆 | 2 | 105.452 |

图 19-15 聚类成员

**最终聚类中心**

| 聚类 | | | |
|---|---|---|---|
| | 1 | 2 | 3 |
| 第一产业 | 1102.14 | 307.62 | 713.28 |
| 第二产业 | 6423.01 | 795.41 | 2545.20 |
| 第三产业 | 4454.26 | 673.63 | 2122.87 |

A

**最终聚类中心之间的距离**

| 聚类 | 1 | 2 | 3 |
|---|---|---|---|
| 1 | | 6825.998 | 4541.363 |
| 2 | 6825.998 | | 2307.946 |
| 3 | 4541.363 | 2307.946 | |

B

图 19-16

**ANOVA**

| | 聚类 | | 误差 | | F | 显著性 |
|---|---|---|---|---|---|---|
| | 均方 | 自由度 | 均方 | 自由度 | | |
| 第一产业 | 1226085.648 | 2 | 80836.239 | 28 | 15.168 | 0.000 |
| 第二产业 | 52054594.77 | 2 | 413948.369 | 28 | 125.751 | 0.000 |
| 第三产业 | 24573697.76 | 2 | 183220.565 | 28 | 134.121 | 0.000 |

由于已选择聚类以使不同聚类中个案之间的差异最大化,因此 F 检验只应该用于描述目的。实测显著性水平并未因此进行修正,所以无法解释为针对"聚类平均值相等"这一假设的检验。

图 19-17　ANOVA 结果

**每个聚类中的个案数目**

| 聚类 | 1 | 4.000 |
|---|---|---|
| | 2 | 16.000 |
| | 3 | 11.000 |
| 有效 | | 31.000 |
| 缺失 | | 0.000 |

图 19-18　聚类个案数目

### 19.2.7　拓展理解

快速聚类只适用于样品聚类,如果想利用快速聚类进行变量聚类,可以对数据库进行行列转置,然后对转置后的数据进行快速聚类,也就相当于是变量聚类了。快速聚类不能够做出相应的聚类图,这是一个缺憾。

## → 19.3　两步聚类

### 19.3.1　简介

两步聚类于 1996 年提出,是一种智能的聚类方法,其聚类变量既可以是连续性的计量资料,也可以是离散性的计数资料,并且自动进行聚类的类别数确定,结果也更为稳定可靠。

### 19.3.2　基本思想

利用统计量作为距离进行聚类,两步聚类顾名思义分为两步,先进行预聚类,然后在预聚类基础上，根据 AIC 和 BIC 最小原则，自动判定聚类数目。两步聚类算法复杂，但软件实现起来也不复杂。

### 19.3.3 案例实战

笔者调查了某高校 590 名大学生，测得性别、血型、身高、体重、肺呼量、胸围、年龄和体育成绩指标，数据见 data19.3.sav。请读者选用合适的方法进行聚类并解释结果。

### 19.3.4 案例解析

本例研究样本量 590 人，研究指标包括分类变量（性别、血型）和连续性变量（身高、体重、肺呼量、胸围、年龄和体育成绩），因为包含 2 种变量类型，因此不再使用前面讲述的聚类方法，本例采用两步聚类法。

### 19.3.5 案例实战

（1）打开数据，分析→分类→两步聚类，如图 19-19 所示，将分类变量性别与血型放入"分类变量"框中，将其他 6 个连续变量放入"连续变量"框中。

（2）选项设置：用于设置对于连续性变量进行标准化，软件自动进行，无须设置。

（3）输出设置：如图 19-20 勾选"透视表"和"创建聚类成员"变量。

图 19-19　二阶段聚类　　　　图 19-20　输出设置

### 19.3.6 结果解读

（1）模型概要，如图 19-21 所示，采用两步聚类算法，自变量数为 8 个最终聚为 2 类。

下面为聚类模型评价尺度图，发现聚类效果良好。注意：本例图中 SPSS24 有 BUG，显示两个良好，最右边应为优秀。双击该图，可以弹出模型查看器，如图 19-22 所示。

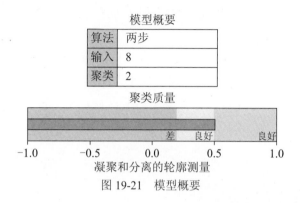

图 19-21　模型概要

（2）模型查看器，点击左下角下拉菜单，选择"聚类"，图 19-22 显示最终聚成的 2 类中，各个指标的分布，分布差异越大，说明该指标的重要性越高。

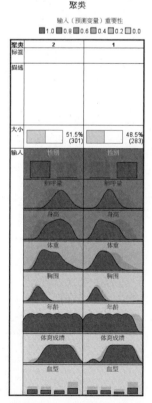

图 19-22　变量聚类可视化

点击下拉菜单，勾选"预测变量重要性"，如图 19-23 所示，该图可以告诉我们在输入的 8 个自变量中，对于最终建立的 2 个聚类，按变量的重要性大小排序，结果可见，性别 > 肺呼量 > 身高 > 体重 > 胸围 > 年龄 > 体育成绩 > 血型。前 3 个变量重要性大于 60% 以上，其他均较小。

对于这点，根据各自不同的专业，应该有不同的启示，本例是否可以考虑将较小的删除，本例笔者仅保留性别、身高与体重，再次进行两步聚类，得到图 19-24，发现输入变量 3 个，聚成 2 类，模型质量已经优秀了，比前面 8 个变量的模型还要好。注意：本例图中 SPSS 24.0 有 BUG，显示两个良好，最右边应为优秀。

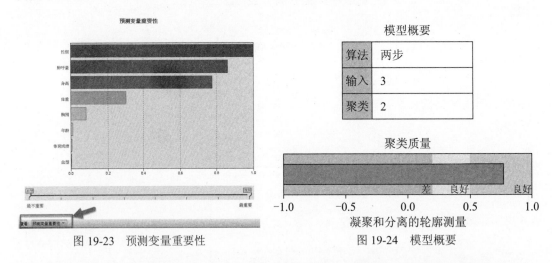

图 19-23　预测变量重要性　　图 19-24　模型概要

上面 8 个指标建立的聚类结果还没有 3 个指标优秀，似乎建议选择 3 个指标就可以了，本例其他几个指标检测也不算复杂，如果是一些需要较多时间、费时费力的指标，我们删除后，确实可以节约很多的精力。

### 19.3.7　拓展理解

本章讲解的聚类分析，都是一种探索性分析，聚类分析是没有模型方程的；系统聚类适用小样本；快速聚类适用于大样本；两步聚类适用于既包含连续又包含分类变量的数据，并且可以对变量的重要性进行预测。

## 19.4 Fisher 判别与 Bayes 判别

### 19.4.1 简介

判别分析就是依据现有的数据分类标准，识别并建立判别函数，并运用该判别函数去分类新的数据。比如医生根据胰腺炎的不同类型建立判别函数，就可以在病人入院时快速地判定其为何种类型，进而采取适宜的处理措施。

### 19.4.2 基本思想

Fisher 判别，又称典型判别，其基本思想为利用投影，将原来在 R 维空间的自变量组合投影到较低的 S 维空间，然后在 S 维空间再分类。投影原则为同类离差尽量小，不同类离差尽可能大。

Bayes 判别：该判别方法认为所有 P 个类别都是空间中互斥的子域，每个观测对象都是空间中的一个点。他首先计算某个观测对象的先验概率，然后利用 Bayes 公式按照一定准则构造一个判别函数，分别计算该样品落入各个子域的概率，所有概率中最大的一类就被认为是该观测对象所属的类别。

### 19.4.3 案例实战

为了明确诊断出小儿肺炎三种类型，某研究者测得 30 名结核性肺炎、22 名化脓性肺炎和 28 名细菌性肺炎共 80 名患儿的 7 项生理、生化指标，见 data19.4.sav，试建立判别函数。

### 19.4.4 案例解析

本例数据已经事先知道包括 30 名结核性肺炎、22 名化脓性肺炎和 28 名细菌性肺炎的 7 项指标，分类已经明确，现尝试让软件根据数据间的关系，建立线性判别模型。

### 19.4.5 案例实战

（1）打开数据，分析—分类—判别分析，如图 19-25 所示，将 group 放入分组变量；$X_1$-$X_7$ 放入自变量；勾选"使用步进法"。

（2）统计设置：如图 19-26 所示，选择"费希尔"和"未标准化"，注意，这里的费希尔为 Bayes 判别，未标准化为 Fisher 判别。

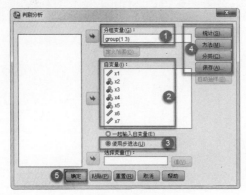
图 19-25 判别分析

图 19-26 统计设置

（3）分类设置：如图 19-27 所示勾选即可，Bayes 判别会考虑先验概率，如果不指定即假定所有组相等，也可以让软件根据组的大小计算，后续自行尝试两种算法。

（4）保存设置：勾选"预测组成员""判别得分"和"组成员概率"。

图 19-27 分类

图 19-28 判别分析保存设置

### 19.4.6 主要结果解读

（1）步进统计结果，如图 19-29 所示，结果显示 $X_2$、$X_4$ 被排除，留下 $X_1$、$X_3$、$X_5$、$X_6$ 和 $X_7$，$P$ 均小于 0.05。

（2）典型判别函数摘要，图 19-30 中可见建立了 2 个典型判别函数，第一个函数可以解释总变异的 70.8%；第二个可以解释总变异的 29.2%。两个判别函数均有意义，P=0.000<0.05。

步进统计

输入/除去的变量[a,b,c,d]

| 步骤 | 输入 | 威尔克 Lambda | | | | 精确 F | | | |
|---|---|---|---|---|---|---|---|---|---|
| | | 统计 | 自由度 1 | 自由度 2 | 自由度 3 | 统计 | 自由度 1 | 自由度 2 | 显著性 |
| 1 | x1 | 0.515 | 1 | 2 | 77.000 | 36.217 | 2 | 77.000 | 0.000 |
| 2 | x5 | 0.356 | 2 | 2 | 77.000 | 25.691 | 4 | 152.000 | 0.000 |
| 3 | x6 | 0.276 | 3 | 2 | 77.000 | 22.580 | 6 | 150.000 | 0.000 |
| 4 | x3 | 0.221 | 4 | 2 | 77.000 | 20.888 | 8 | 148.000 | 0.000 |
| 5 | x7 | 0.190 | 5 | 2 | 77.000 | 18.872 | 10 | 146.000 | 0.000 |

在每个步骤中，将输入可以使总体威尔克 Lambda 最小化的变量。
a. 最大步骤数为 14。
b. 要输入的最小偏 F 为 3.84。
c. 要除去的最大偏 F 为 2.71。
d. F 级别、容差或 VIN 不足，无法进行进一步计算。

图 19-29　步进统计结果

典则判别函数摘要

特征值

| 函数 | 特征值 | 方差百分比 | 累计百分比 | 典型相关性 |
|---|---|---|---|---|
| 1 | 1.929[a] | 70.8 | 70.8 | 0.812 |
| 2 | 0.795[a] | 29.2 | 100.0 | 0.665 |

a. 在分析中使用了前 2 个典则判别函数。

威尔克 Lambda

| 函数检验 | 威尔克 Lambda | 卡方 | 自由度 | 显著性 |
|---|---|---|---|---|
| 1 直至 2 | 0.190 | 124.452 | 10 | 0.000 |
| 2 | 0.557 | 43.857 | 4 | 0.000 |

图 19-30　典型判别函数摘要

（3）标准化典型判别函数，根据图 19-31 可以据此写出标准化典型判别函数方程：

$D_1=1.109\times ZX_1+0.522\times ZX_2+0.056\times ZX_5+0.560\times ZX_6-0.401\times ZX_7$

$D_2=0.146\times ZX_1+0.408\times ZX_2+0.828\times ZX_3-0.376\times ZX_6-0.343\times ZX_7$

标准化典型判别函数应用时需要将原始变量进行标准化，使用起来不太方便，因此常用未标准化典型判别函数。

（4）未标准化典型判别函数，根据图 19-32 可以写出未标准化判别函数。

$D_1=-2.461+0.034\times x_1+0.717\times x_3+0.098\times x_5+0.024\times x_6-0.046\times x_7$

$D_2=-0.326\times x_1+0.005\times x_3+1.461\times x_5-0.016\times x_6-0.040\times x_7$

未标准化典型判别函数的应用是将患者 5 项 x 指标分别代入方程，得到 $D_1$ 和 $D_2$ 得分，然后根据得分，在区域图中，确定该患者的分类。即未标准化典型判别函数需要结合区域图进行结果解释。

标准化典型判别函数系数

| | 函数 | |
|---|---|---|
| | 1 | 2 |
| x1 | 1.109 | 0.146 |
| x3 | 0.522 | 0.408 |
| x5 | 0.056 | 0.828 |
| x6 | 0.560 | -0.376 |
| x7 | -0.401 | -0.343 |

典型判别函数系数

| | 函数 | |
|---|---|---|
| | 1 | 2 |
| x1 | 0.034 | 0.005 |
| x3 | 0.717 | 0.561 |
| x5 | 0.098 | 1.461 |
| x6 | 0.024 | -0.016 |
| x7 | -0.046 | -0.040 |
| （常量） | -2.461 | -0.326 |

未标准化系数

图 19-31　标准化典型判别函数　　图 19-32　未标准化典型判别函数

（5）分类函数系数，在图 19-33 中，结果虽然写着 Fisher 判别，其实为 Bayes 判别函数。

$Y_1$（结核性肺炎）$=-4.830+0.035\times x_1+2.160\times x_3+4.246\times x_5+0.059\times x_6+0.094\times x_7$

$Y_2$（化脓性肺炎）$=-14.195+0.152\times x_1+4.559\times x_3+4.446\times x_5+0.144\times x_6-0.061\times x_7$

$Y_3$（细菌性肺炎）$=-6.980+0.072\times x_1+2.062\times x_3+1.642\times x_5+0.122\times x_6+0.106\times x_7$

运用该判别式时，将某患者的 5 项指标分别代入这 3 个方程，得分最大的，就判别该患者属于该类别。

（6）分类结果，如图 19-34 所示，结果显示对原始数据准确分类率为 86.3%，交叉验证准确率为 81.3%。

**分类函数系数**

| | 肺炎类型 | | |
|---|---|---|---|
| | 1 | 2 | 3 |
| x1 | 0.035 | 0.152 | 0.072 |
| x3 | 2.160 | 4.559 | 2.062 |
| x5 | 4.246 | 4.446 | 1.642 |
| x6 | 0.059 | 0.144 | 0.122 |
| x7 | 0.094 | -0.061 | 0.106 |
| (常量) | -4.830 | -14.195 | -6.980 |

费希尔线性判别函数

图 19-33　Bayes 判别函数

**分类结果[a,c]**

| | | | 预测组成员信息 | | | |
|---|---|---|---|---|---|---|
| | | 肺炎类型 | 1 | 2 | 3 | 总计 |
| 原始 | 计数 | 1 | 25 | 0 | 5 | 30 |
| | | 2 | 0 | 20 | 2 | 22 |
| | | 3 | 2 | 2 | 24 | 28 |
| | % | 1 | 83.3 | 0.0 | 16.7 | 100.0 |
| | | 2 | 0.0 | 90.9 | 9.1 | 100.0 |
| | | 3 | 7.1 | 7.1 | 85.7 | 100.0 |
| 交叉验证[b] | 计数 | 1 | 23 | 1 | 6 | 30 |
| | | 2 | 4 | 18 | 0 | 22 |
| | | 3 | 2 | 2 | 24 | 28 |
| | % | 1 | 76.7 | 3.3 | 20.0 | 100.0 |
| | | 2 | 18.2 | 81.8 | 0.0 | 100.0 |
| | | 3 | 7.1 | 7.1 | 85.7 | 100.0 |

a. 正确地对 86.3% 个原始已分组个案进行了分类。

b. 仅针对分析中的个案进行交叉验证。在交叉验证中，每个个案都由那些从该个案以外的所有个案派生的函数进行分类。

c. 正确地对 81.3% 个进行了交叉验证的已分组个案进行了分类。

图 19-34　分类结果

（7）数据库视图，如图 19-35 所示，Dis_1 为判别分析的结果，Dis1_1 和 Dis2_1 为 Fisher 判别得分，根据该得分结合区域图判定结果；Dis1_2、Dis2_2、Dis3_2 为 Bayes 判别得分，得分最大的，说明就属于哪一类，以第一条为例，0.99858 最大，因此该患者属于 1 类。

| Dis_1 | Dis1_1 | Dis2_1 | Dis1_2 | Dis2_2 | Dis3_2 |
|---|---|---|---|---|---|
| 1 | -2.02191 | 2.46815 | 0.99858 | 0.00030 | 0.00112 |
| 3 | -1.22598 | -1.16273 | 0.25797 | 0.00163 | 0.74040 |
| 1 | -2.09476 | 0.99121 | 0.98387 | 0.00026 | 0.01586 |
| 1 | -1.07159 | 0.17216 | 0.76961 | 0.00727 | 0.22311 |
| 3 | 0.26005 | -0.38909 | 0.14734 | 0.13892 | 0.71374 |
| 1 | -1.94160 | 0.61130 | 0.96091 | 0.00045 | 0.03864 |
| 1 | -1.49646 | 2.20745 | 0.99453 | 0.00182 | 0.00364 |
| 1 | -2.03108 | 2.43537 | 0.99854 | 0.00029 | 0.00118 |
| 1 | -2.23274 | 0.44940 | 0.96416 | 0.00017 | 0.03567 |
| 1 | -1.40909 | 0.23221 | 0.85575 | 0.00254 | 0.14171 |

图 19-35　数据库视图结果

## 19.4.7　知识小结

聚类分析是尝试性的，探索性分析，只是根据空间距离的远近进行聚类，聚类无方程和模型；判别分析是给予一批已知分类的样品，软件自动识别并构建判别模型，利用模型可以对未知样品进行分类。

上面介绍的都是常见的聚类，聚类分析类型与选择见图19-36。

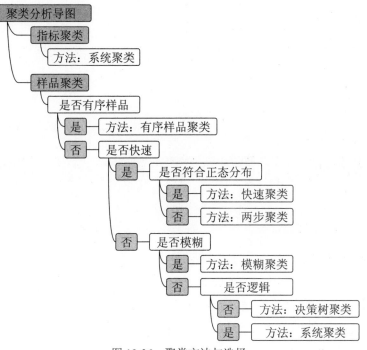

图 19-36　聚类方法与选择

# 第 20 章 主成分与因子分析

学习统计较为困难的，就是高级找关系，即建模研究，发现数据之间的内在规律。而我们在前面学习线性回归、Logistic 回归或者 Cox 回归时，当自变量数目较多时，意味着需要更多的样本量，然而在某些情况下，样本量不是那么容易获取的，如一些罕见疾病、政治区域性研究等。因此，自变量数目并不是越多越好，应该适度最好，然而在我们根据专业意义，拿到的众多自变量中，到底该如何取舍，统计学上能否给我们以一定的启示呢？

## 20.1 主成分分析

### 20.1.1 主成分思想

万物一理，听故事，学统计，故事听懂了，统计也就学会了！

#### 小故事 1：母鸡孵蛋

在没有人工孵化技术时，小鸡的孵化都是老母鸡的事，鸡窝里通常放 30～40 只蛋，母鸡坐于鸡蛋之上，用体温孵化小鸡，一般 21 天左右，小鸡就可以破壳而出，当然也有出不来的，通常被称为"坏蛋"。试想一下，如果一下给母鸡 200 个蛋让它去孵化，一只母鸡是肯定驾驭不了的。如果把鸡蛋比喻为自变量（$X$），母鸡比喻为因变量（$Y$），这就意味着，自变量 $X$ 如果太多的话，对于一个模型，也是不能承受的。如果母鸡只孵化几个鸡蛋，对鸡蛋而言，会受到很好的照顾，但浪费了母鸡的能力，也就是说，几个自变量（$X$）并不能完全解释因变量（$Y$）。这个故事告诉我们，自变量太少则不能完美解释 $Y$，自变量太多，对样本量需求较大，同时会导致对 $Y$ 过度解释。

#### 小故事 2：金融融资

虚构一个例子，比如有 50 名投资人，每人手里都有 1000 元，松哥想通过自己的花言巧语，让 50 名投资人的钱都投资给我，可是松哥忽悠人的能力太差，仅凭自己 1 个人去劝服 50 人难度太大；于是松哥就邀请了马云、马化腾和刘强东，比如马云从每人手里拿走 400，马化腾拿走 300，刘强东拿走 250，大家手里只剩 50 元。于是松哥也没有必要去花精力劝服大家，因为大家手里已经没啥钱了，松哥只要能把"二马一刘"劝说好，让三位的钱投资给自己,就可以了。因为三位大牛的钱,就来自50位投资人,三位大牛就是50位投资人的信息浓缩。这就是主成分分析思想,对信息进行浓缩降维。如果松哥是($Y$),50位投资人是$X$,松哥是处理不了50个自变量$X$的,但浓缩后,处理三个$X$还是绰绰有余的。

对于本例,一些人认为变量筛选就是直接将50个$X$删除47个,然后对剩下的3个进行后续分析,事实上主成分的思想并不是这样,其实任何一个$X$都没有删除,每一个$X$都参与到后续分析了,因为松哥通过"二马一刘"其实拿到了每一位投资人的钱。在统计分析时,"二马一刘"并不是真实存在,是虚构出来的变量,我们把它们叫作主成分。以松哥为$Y$,以"二马一刘"为$X$构建的回归,即称为主成分回归。

大家再试想一下,本例中我们请了3位大咖来获取大家的投资额,请问松哥最多可以请多少个大咖来呢,最多50个,为什么呢?因为如果请的人数超过50,松哥还不如直接对这50名投资人进行忽悠呢,干吗去请那么多大咖,请大咖就是为了能够省事,让几个大咖就把大家的钱给挖取出来。正常的情况下,如果数据质量较好,一般3~5个大咖就可以把投资人手里的资金提取的差不多了。

主成分的思想,其实就含在式(20-1)到式(20-3)中。

$$Y_1=\mu_{11}X_1+\mu_{12}X_2+\cdots+\mu_{1P}X_P \quad (20\text{-}1)$$

$$Y_2=\mu_{21}X_1+\mu_{22}X_2+\cdots+\mu_{2P}X_P \quad (20\text{-}2)$$

$$Y_P=\mu_{P1}X_1+\mu_{P2}X_2+\cdots+\mu_{PP}X_P \quad (20\text{-}3)$$

**小故事3:喝中药汤**

一天松哥生病了,去医院找个老中医看病,老中医给开了一大包中药,让回家熬中药喝。于是松哥回家洗药加水煮了一大锅,煮好后,拿出处方看看喝药方法,上面写着两个大字"顿服",妈呀,顿服是一顿喝完,可是松哥水加太多了,满满一锅水呢?怎么办呢,于是松哥继续开着小火,将水分蒸发掉,自己跑旁边看去写SPSS书,一下写入迷忘了煮药这事,过了很长一段时间,突然想起,赶紧关火,发现里面的药汤只剩一酒杯,一仰脖子就可以喝完。貌似没问题,可是我们知道,随着水分的蒸发,其实有效药物成分也会蒸发或者降解,因此,如此浓缩是有问题的。

如果药汤代表自变量$X$,松哥代表$Y$,开始时$X$太多,松哥喝不下,后来$X$太少,治不了松哥的病。而浓缩药汤的过程其实就是信息浓缩的过程,看来,浓缩的不一定都是精华,浓缩也要把握一个度。那么在统计学上到底浓缩到什么程度呢?一般在生物医药领域，浓缩的成分应该包括全部信息的 85% 以上。但社会科学因为影响与不可控因素较多，能达到 70% 已经不错。对于本例，也就是当有效药物成分在蒸发过程中，只剩 85% 的时候，建议赶紧停火，因为再继续蒸发，可能就不能治病了。

小故事 4：单位裁员

某单位经济不景气，老板决定裁员，请问老板根据啥条件裁员呢？对，就是员工的工作能力，在统计分析中，每个提取出的主成分也有自己的能力，指标就是"特征值"。试想一下，故事 1 中，松哥最多可以请 50 位大咖来提取 50 个投资人的资金，但每位大咖都有自己的忽悠能力（特征值），只有特征值 >1 的，松哥才考虑邀请，并且特征值越大，越应该先邀请。但万一特征值大于 1 的只有 1 个人（比如马云），其可以将 50 位投资人资金的 40% 挖取出来，但剩下还有 60%，太多了，因此，尽管后面的大咖特征值小于 1，也得将就着邀请来，帮着尽量多地提取到 80% 以上吧。

主成分分析虽然是信息浓缩，但浓缩不是主成分的目的，浓缩完做什么才是目的，主成分分析有两个主要的用途，一是主成分回归，二是主成分评价。注意：SPSS 软件没有独立的主成分分析模块，SPSS 实现主成分分析是借助因子分析模块实现的。

## 20.1.2 主成分分析

**案例实战**

松哥有个亲戚，他们村好多居民出现了污染物中毒症状。村周边有个开发区，村民认为都是开发区的 A 企业排除污染物导致，于是村民围堵 A 企业，双方发生冲突，村民联名将开发区 A 企业告上法庭。该企业辩解，开发区有多家企业，大家也都有污染物的排放，凭啥认为就是 A 企业导致的呢？是的呀，村民也没有依据呀，因为松哥在某医科大学教书，于是亲戚就咨询松哥怎么办，于是松哥邀请环境健康教研室的陈老师一起来到该村。我们在该村的村里村外共 15 个点进行了空气和土壤采样，将样品带回实验室进行污染物检测，最终获得数据，建数据库 data20.1.sav。

**实战步骤**

（1）分析—降维—因子：弹出图 20-1，将 6 种污染物放入变量框中，点击"描述"按钮。弹出图 20-2，勾选"系数"和"KMO 和巴特利特球形度检验"。

（2）提取设置：如图 20-3 所示，方法选择"主成分"，此时不能更改其他方法，否则就不叫主成分分析了；输出默认"未旋转因子解"，并勾选"碎石图"，该图用于从图示角度判定提取几个主成分较为合适；提取标准先默认"基于特征值大于 1"，看提取的结果，如果特征值大于 1 发现提取的信息量不够，则降低标准，如特征值 >0.8，>0.6，或者直接根据特征值 >1 的结果，直接选择"固定因子数目"。

图 20-1 因子分析界面

图 20-2 因子分析：描述

图 20-3 因子分析：提取

（3）点击"继续"，回到图 20-1，点击"确定"运行。

**结果解读**

（1）变量相关性矩阵（见图 20-4）：对于主成分分析而言，变量间相关性越高，越适合进行主成分提取。此处大致看看就可，不是主要判定结果。

相关性矩阵

| | | 氯化物 | 硫化氢 | 铅化物 | 汞化物 | 环氧氯丙烷 | 环己烷 |
|---|---|---|---|---|---|---|---|
| 相关性 | 氯化物 | 1.000 | -0.219 | -0.570 | 0.526 | -0.523 | -0.346 |
| | 硫化氢 | -0.219 | 1.000 | -0.233 | 0.049 | 0.536 | -0.546 |
| | 铅化物 | -0.570 | -0.233 | 1.000 | -0.494 | 0.117 | 0.716 |
| | 汞化物 | 0.526 | 0.049 | -0.494 | 1.000 | 0.033 | -0.506 |
| | 环氧氯丙烷 | -0.523 | 0.536 | 0.117 | 0.033 | 1.000 | -0.197 |
| | 环己烷 | -0.346 | -0.546 | 0.716 | -0.506 | -0.197 | 1.000 |

图 20-4 相关矩阵结果

（2）KMO 检验：如图 20-5 所示，$KMO=0.650$，球形度检验 $P=0.003<0.05$，因此本例适合进行主成分分析。此处判断标准是，$KMO>0.5$，$P<0.05$ 则适合做主成分分析。

（3）公因子方差：如果每个变量包含信息为 1 的话，此处进行主成分的提取，每个变量到底有多少信息能够被提取出来，结果图 21-6 发现除了汞化物外，其他提出的信息均还可以。就像前面故事所说，"二马一刘"把 50 个人的钱忽悠了多少一样的道理哦，提取的越多，说明信息浓缩得越好。

KMO 和巴特利特检验

| KMO 取样适切性量数 | | 0.650 |
|---|---|---|
| 巴特利特球形度检验 | 近似卡方 | 34.632 |
| | 自由度 | 15 |
| | 显著性 | 0.003 |

图 20-5 KMO 检验

公因子方差

| | 初始 | 提取 |
|---|---|---|
| 氯化物 | 1.000 | 0.852 |
| 硫化氢 | 1.000 | 0.782 |
| 铅化物 | 1.000 | 0.778 |
| 汞化物 | 1.000 | 0.572 |
| 环氧氯丙烷 | 1.000 | 0.767 |
| 环己烷 | 1.000 | 0.859 |

提取方法：主成分分析法。

图 20-6 公因子方差

（4）总方差解释：图 20-7 是告诉我们，提取的主成分到底能够解释总体的多少信息。由图 20-7 可知，基于特征值 >1 的标准，系统提取出 2 个主成分，成分 1 的特征值为 2.657，成分 2 的特征值为 1.953，两者总共可以解释总变异的 76.842%。或者可以理解现在只有马云和马化腾，这两位大咖将 50 个投资人的 76.842% 的钱提取出来了，可是不够，看来还得再请刘强东，从图 20-7 可见，如果再增加一个大咖，即成分 3，虽然特征值只有 0.667，但成分 3 的加入，将能够提取出 50 位投资人的 87.961% 的投资额度，已经非常不错了，于是决定，增加提取第 3 个主成分。

总方差解释

| 成分 | 初始特征值 | | | 提取载荷平方和 | | | 旋转载荷平方和 | | |
|---|---|---|---|---|---|---|---|---|---|
| | 总计 | 方差百分比 | 累积 % | 总计 | 方差百分比 | 累积 % | 总计 | 方差百分比 | 累积 % |
| 1 | 2.657 | 44.291 | 44.291 | 2.657 | 44.291 | 44.291 | 2.653 | 44.224 | 44.224 |
| 2 | 1.953 | 32.551 | 76.842 | 1.953 | 32.551 | 76.842 | 1.957 | 32.618 | 76.842 |
| 3 | 0.667 | 11.119 | 87.961 | | | | | | |
| 4 | 0.314 | 5.231 | 93.192 | | | | | | |
| 5 | 0.222 | 3.703 | 96.895 | | | | | | |
| 6 | 0.186 | 3.105 | 100.000 | | | | | | |

提取方法：主成分分析法。

图 20-7　总方差解释

（5）重新调整：因为刚才按照工作能力（特征值 >1），仅能提取 76.842%，不够，因此增加提取，重新操作图 20-3，改成图 20-8，提取因子数设置为"3"。对于本例，设置特征值 >0.6，也可以实现同样目的。

图 20-8　因子分析：提取

（6）再次分析结果：前面表格结果变化不大，找到提取总方差解释，如图 20-9 所示。发现软件最终提取了 3 个主成分。可以解释 87.961%，已经大于 85%，总体效果不错。

总方差解释

| 成分 | 初始特征值 | | | 提取载荷平方和 | | | 旋转载荷平方和 | | |
|---|---|---|---|---|---|---|---|---|---|
| | 总计 | 方差百分比 | 累积 % | 总计 | 方差百分比 | 累积 % | 总计 | 方差百分比 | 累积 % |
| 1 | 2.657 | 44.291 | 44.291 | 2.657 | 44.291 | 44.291 | 2.030 | 33.837 | 33.837 |
| 2 | 1.953 | 32.551 | 76.842 | 1.953 | 32.551 | 76.842 | 1.817 | 30.283 | 64.119 |
| 3 | 0.667 | 11.119 | 87.961 | 0.667 | 11.119 | 87.961 | 1.430 | 23.841 | 87.961 |
| 4 | 0.314 | 5.231 | 93.192 | | | | | | |
| 5 | 0.222 | 3.703 | 96.895 | | | | | | |
| 6 | 0.186 | 3.105 | 100.000 | | | | | | |

提取方法：主成分分析法。

图 20-9　总方差解释

（7）碎石图：又称为山体滑坡图，山坡上越高的点，其势能越大，对于研究而言就越重要。因此图 20-10 中，重要性方面 1>2>3。图示如何判定选取几个主成分呢？就是过了该点之后的点基本处于水平，因此本例图示也建议取 3 个主成分较为合适。

（8）成分矩阵：如图 20-11 所示，注意此处成分矩阵并不是成分系数，要想拿到我们提取的 3 个主成分，还需要经过几步计算。

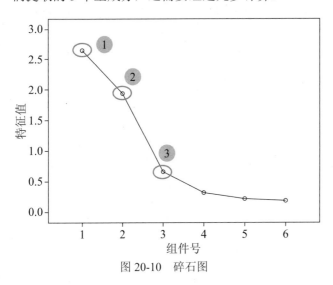

图 20-10　碎石图

成分矩阵[a]

| | 成分 | | |
|---|---|---|---|
| | 1 | 2 | 3 |
| 氯化物 | -0.699 | -0.603 | -0.020 |
| 硫化氢 | -0.313 | 0.827 | -0.282 |
| 铅化物 | 0.881 | 0.034 | 0.241 |
| 汞化物 | -0.752 | -0.083 | 0.613 |
| 环氧氯丙烷 | 0.066 | 0.873 | 0.364 |
| 环己烷 | 0.851 | -0.366 | 0.144 |

提取方法：主成分分析法。
a. 提取了 3 个成分。

图 20-11　成分矩阵

**主成分的计算**

主成分的计算，其实就是构建主成分与原始自变量之间的方程。因为 SPSS 没有直接进行主成分分析的模块，因此无法直接生成主成分，需要手动计算。通常有两种方式：一是用图 20-11 中的成分载荷除以各自根号下的特征值得到主成分系数，然后用主成分系数乘以标准化后的自变量 $X$。二是利用未旋转因子分析的得分系数乘以根号下的特征值，然后再乘以标准化的自变量 $X$。两种结果几乎一致，先学第一种。

（1）产生主成分系数：新建一个 SPSS 空白数据（Ctrl+N），将图 20-11 成分载荷双击激活后复制至空白数据，并命名 $a_1$、$a_2$ 和 $a_3$，如图 20-12 所示。

图 20-12　成分载荷

（2）计算主成分系数：转换→计算变量，生成 $b_1$、$b_2$ 和 $b_3$ 主成分系数，$b_1=a_1$ 除以根号下成分1的特征值，如图 20-13 所示。继续计算 $b_2=a_2/\sqrt{1.953}$；$b_3=a_3/\sqrt{0.667}$。

 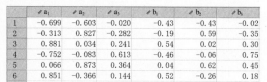

图 20-13　主成分系数计算　　　　图 20-14　成分载荷与主成分系数

（3）原始数据标准化：回到主成分分析数据库，分析→描述统计→描述。如图 20-15 所示，将 6 个变量放入框中，勾选"标准化值另存为变量"，点击"确定"。数据库中产生 6 个标准化后的变量。

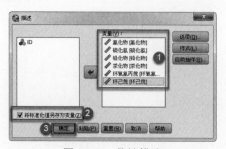

图 20-15　统计描述

（4）计算主成分：主成分的计算公式为主成分系数乘以标准化后的 $X$。大家复制 $b_1$ 所有的系数，回到主成分数据库 data20.1.sav；转换→计算变量，如图 20-16 所示。

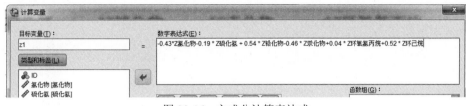

图 20-16　主成分计算表达式

（5）计算主成分：

$Z_1 = -0.43 \times Z_{氯化物} - 0.19 \times Z_{硫化氢} + 0.54 \times Z_{铅化物} - 0.46 \times Z_{汞化物} + 0.04 \times Z_{环氧氯丙烷} + 0.52 \times Z_{环己烷}$

$Z_2 = -0.43 \times Z_{氯化物} + 0.59 \times Z_{硫化氢} + 0.02 \times Z_{铅化物} - 0.06 \times Z_{汞化物} + 0.62 \times Z_{环氧氯丙烷} - 0.26 \times Z_{环己烷}$

$Z_3 = -0.02 \times Z_{氯化物} - 0.35 \times Z_{硫化氢} + 0.30 \times Z_{铅化物} + 0.75 \times Z_{汞化物} + 0.45 \times Z_{环氧氯丙烷} + 0.18 \times Z_{环己烷}$

由此可见，成分 $Z_1$ 主要依赖铅化物和环己烷；$Z_2$ 依赖环氧氯丙烷和硫化氢，$Z_3$ 依赖汞化物；也就是说当地的污染物虽然检测到 6 种，但主要由上面 5 种构成。于是建议环境部门对该企业生产工艺的主要污染物进行分析，发现恰恰正是上述 5 种污染物，因此，有足够的理由认为，该 A 企业为当地的主要污染企业。本故事纯属虚构，仅做演示，请勿当真。

（6）主成分呈现：回到数据视图，在最右边，产生 $Z_1$、$Z_2$ 和 $Z_3$ 三个主成分。

**知识拓展**

1. 主成分分析不是一步到位的，先按照特征值大于 1 进行预分析，如果可解释的总方差达到研究要求，如 85% 以上，则 OK；如果可解释总方差较小，则需要增加提取成分的数目；

2. 碎石图是定性地帮助判断提取几个主成分，一般目测为该点之后的点与 X 轴近似平行，但也有专门的平行性检验，请参考相关书籍。

3. KMO 最大值为 1，KMO>0.9 为效果最佳，0.7 以上可以接受，0.5 以下不宜做主成分分析。

### 20.1.3　主成分回归

当我们进行线性回归时，若自变量间存在多重共线性，则会影响方程的真实性，我们可以采用逐步回归、岭回归及主成分回归的方法消除共线性的影响。本节就来说说主成分回归。主成分回归就是对多个自变量先进行主成分分析，提取出相互独立的主成分，然后再进行线性回归分析。

**案例实战**

某研究者研究 $Y$ 与 5 个 $x$ 的线性回归关系，先进行了线性回归，发现存在多重共线性，考虑采用主成分回归，看如何实现（案例数据 data20.2.sav）。

**实战步骤**

1. 打开数据，将原始变量 $x_1$—$x_5$ 以及 $Y$ 进行数据标准化；分析→描述统计→描述，将待标准化变量放入框中，勾选"标准化另存为变量"即可。具体可参照前述案例。

2. 分析→回归→线性；如图 20-17 所示，将标准化 $Y$（$Zy$）放入因变量，标准化 $Zx_1$—$Zx_5$ 放入自变量。

3. 点击"统计"，如图 20-18 所示，勾选"共线性诊断"，点击"继续"。回到图 20-17 点击"确定"运行。

图 20-17　线性回归　　　　　图 20-18　线性回归：估计

4. 初步结果：结合前面的线性回归，结果大家应该都会看，此处仅看图 20-19，可以发现方差膨胀因子（VIF）多个指标大于 10，存在高度的共线性，不适合直接做线性回归。

系数$^a$

| 模型 | | 未标准化系数 | | 标准化系数 | t | 显著性 | 共线性统计 | |
|---|---|---|---|---|---|---|---|---|
| | | B | 标准误差 | Beta | | | 容差 | VIF |
| 1 | （常量） | 2.883E-16 | 0.030 | | 0.000 | 1.000 | | |
| | Zscore(x1) | -2.265 | 3.017 | -2.265 | -0.751 | 0.468 | 0.000 | 9443.791 |
| | Zscore(x2) | 0.195 | 0.087 | 0.195 | 2.241 | 0.047 | 0.127 | 7.853 |
| | Zscore(x3) | 3.354 | 2.907 | 3.354 | 1.154 | 0.273 | 0.000 | 8771.571 |
| | Zscore(x4) | -0.191 | 0.148 | -0.191 | -1.286 | 0.225 | 0.044 | 22.879 |
| | Zscore(x5) | -0.156 | 0.065 | -0.156 | -2.417 | 0.034 | 0.231 | 4.338 |

a. 因变量：Zscore(y)

图 20-19　共线性诊断

5. 主成分提取：分析→降维→因子，将 $Zx_1$—$Zx_5$ 放入变量框，如图 20-20 所示，点击"提取",如图20-21所示,选择固定因子数量为2。注意,本例松哥已经预分析发现提取两个信息量才足够,各位分析自己数据的时候,也要先行预分析一下哦!

图20-20 因子分析

图20-21 因子分析:提取

6. 点击"得分",如图20-22所示,选择"保存为变量",点击"继续",回到主成分窗口运行。

前面说计算主成分有两种方法,现在即将阐明的就是第二种方法咯。

7. 主成分结果:如图20-23所示,提取2个主成分,可解释总方差为97.276%,已经远远大于85%。说明提取2个已经足够。

图20-22 因子得分

| 成分 | 初始特征值 | | | 提取载荷平方和 | | |
|---|---|---|---|---|---|---|
| | 总计 | 方差百分比 | 累积% | 总计 | 方差百分比 | 累积% |
| 1 | 4.196 | 83.928 | 83.928 | 4.196 | 83.928 | 83.928 |
| 2 | 0.667 | 13.349 | 97.276 | 0.667 | 13.349 | 97.276 |
| 3 | 0.095 | 1.908 | 99.184 | | | |
| 4 | 0.041 | 0.815 | 99.999 | | | |
| 5 | 5.490E-5 | 0.001 | 100.000 | | | |

提取方法:主成分分析法。

图20-23 总方差解释

此时在数据库产生2个未旋转的因子得分,如图20-24所示,FAC1_1和FAC2_1,现在利用因子得分去计算两个主成分$Z_1$和$Z_2$。

8. 转换—计算变量

$Z_1$=FAC1_1×sqrt(4.196);$Z_2$=FAC2_1×sqrt(0.667),于是数据库中,生成$Z_1$和$Z_2$主成分,如图20-24所示。

9. 主成分回归:利用标准化$Zy$为因变量,主成分$Z_1$和$Z_2$为自变量,再次进行回归;由图20-25可知回归方程为有意义的,$F$=181.766,$P$=0.000<0.05。

回归方程见图20-26,共线性诊断发现没有共线性,回归方程为$Zy$=0.974×$Z_1$-0.117×$Z_2$(式1)。

| FAC1_1 | FAC2_1 | z1 | z2 |
|---|---|---|---|
| -0.88441 | -0.37448 | -1.81 | -0.31 |
| -0.56867 | 1.35995 | -1.16 | 1.11 |
| -0.88313 | -0.50161 | -1.81 | -0.41 |
| -0.85070 | -0.89646 | -1.74 | -0.73 |
| -0.60667 | 0.22084 | -1.24 | 0.18 |
| -0.67600 | -0.46826 | -1.38 | -0.38 |
| -0.55952 | 0.27529 | -1.15 | 0.22 |
| -0.59548 | -0.06333 | -1.22 | -0.05 |

图 20-24 主成分

ANOVA$^a$

| 模型 | | 平方和 | 自由度 | 均方 | F | 显著性 |
|---|---|---|---|---|---|---|
| 1 | 回归 | 15.407 | 2 | 7.703 | 181.766 | 0.000$^b$ |
|  | 残差 | 0.593 | 14 | 0.042 | | |
|  | 总计 | 16.000 | 16 | | | |

a. 因变量：Zscore(y)
b. 预测变量：(常量), z2, z1

图 20-25 回归方程检验

系数$^a$

| 模型 | | 未标准化系数 | | 标准化系数 | t | 显著性 | 共线性统计 | |
|---|---|---|---|---|---|---|---|---|
| | | B | 标准误差 | Beta | | | 容差 | VIF |
| 1 | (常量) | -5.124E-17 | 0.050 | | 0.000 | 1.000 | | |
|  | z1 | 0.476 | 0.025 | 0.974 | 18.930 | 0.000 | 1.000 | 1.000 |
|  | z2 | -0.144 | 0.063 | -0.117 | -2.278 | 0.039 | 1.000 | 1.000 |

a. 因变量：Zscore(y)

图 20-26 共线性诊断

10. 标准方程还原：

结合前面案例，大家可以计算出 2 个主成分的公式为：

$Z_1 = 0.67 \times Zx_1 + 0.63 \times Zx_2 + 0.67 \times Zx_3 + 0.64 \times Zx_4 + 0.46 \times Zx_5$

$Z_2 = -0.002 \times Zx_1 - 0.3355 \times Zx_2 - 0.0012 \times Zx_3 - 0.311 \times Zx_4 + 0.889 \times Zx_5$

将 $Z_1$ 和 $Z_2$ 代入式 1，可以得到标准化 $Zy$ 与 5 个标准化 $Zx$ 的方程，而 SPSS 中标准化 $Zy = (y - Y_{mean})/s_y$，$Zx = (x - x_{mean})/s_x$，利用标准化公式将原始变量 $y$ 与原始变量 $x$ 的方程反解出来即可，SPSS 实现主成分回归过程较为复杂，需要较多的手工运算辅助，因此主成分回归一般用其他软件实现。

### 20.1.4 主成分评价

主成分评价是对多个度量衡单位不同资料进行综合评价的方法。如我们上大学时进行的文化课综合成绩排名，我们可以用几门课程的成绩之和除以考了几门课的数目，既可以得到文化课的综合成绩，又可以进行排名。但很多排名，例如世界 500 强企业排名，世界 100 强高校排名，其评价指标不可以简单相加求平均。

以高校排名为例，包括指标很多，比如就用两个，每年课题经费（$X_1$）和发表 SCI 论文影响因子（$X_2$），A 高校课题经费 2 亿元，发表 SCI 论文 10000 篇；B 高校课题经费 1 亿元，发表 SCI 论文 20000 篇，你说两个学校综合实力到底谁更强呢？咱们不能直接拿课题经费加上篇数除以 2 求平均，因为度量衡单位不一致，没有可比性。那我们该如何操作呢？主成分综合评价就是解决这类问题的一种方法。

**案例实战**

搜集 2015 年国家统计局全国各省份自治区 11 项经济指标，现采用主成分法进行经济综合排名（数据文件 data20.3.sav）。

**实战步骤**

（1）先主成分预分析，看结果如何，决定提取几个主成分因子，因为上面已经多次进行主成分分析，因此此处文字描述，重要部分截图展示。

（2）分析→降维→因子分析：将 11 项经济指标放入变量框，如图 10-27 所示。

（3）描述：勾选系数与 KMO。

（4）提取：默认特征值 >1。

（5）得分：勾选"保存为变量"，采用回归法。

**结果解读**

（1）$KMO$=0.763，$P$=0.000，可以进行主成分分析。

（2）提取 3 个主成分，共提取 93.403% 信息，较好。

总方差解释

| 成分 | 初始特征值 | | | 提取载荷平方和 | | |
|---|---|---|---|---|---|---|
| | 总计 | 方差百分比 | 累积 % | 总计 | 方差百分比 | 累积 % |
| 1 | 6.271 | 57.012 | 57.012 | 6.271 | 57.012 | 57.012 |
| 2 | 2.707 | 24.607 | 81.619 | 2.707 | 24.607 | 81.619 |
| 3 | 1.296 | 11.784 | 93.403 | 1.296 | 11.784 | 93.403 |
| 4 | 0.233 | 2.115 | 95.517 | | | |
| 5 | 0.183 | 1.660 | 97.177 | | | |
| 6 | 0.141 | 1.280 | 98.457 | | | |
| 7 | 0.065 | 0.592 | 99.049 | | | |
| 8 | 0.047 | 0.430 | 99.479 | | | |
| 9 | 0.034 | 0.313 | 99.792 | | | |
| 10 | 0.013 | 0.122 | 99.914 | | | |
| 11 | 0.009 | 0.086 | 100.000 | | | |

提取方法：主成分分析法。

图 20-27　总方差解释

（3）未旋转因子得分，见图 20-28（A）。

（4）计算主成分，采用第二种方法，见图 20-28（B）。

主成分 1：$Z_1$=FAC1_1×sqrt（6.271）

主成分 2：$Z_2$=FAC2_1×sqrt（2.707）

主成分 3：$Z_3$=FAC3_1×sqrt（1.296）

（5）计算综合排名指数（$K$），利用 SPSS-compute 功能，按照公式：

$$K=（6.271×Z_1+2.707×Z_2+1.296×Z_3）/（6.271+2.707+1.296）$$

| FAC1_1 | FAC2_1 | FAC3_1 | Z1 | Z2 | Z3 | K |
|---|---|---|---|---|---|---|
| 2.89895 | -1.29270 | 0.43554 | 7.26 | -2.13 | 0.50 | 3.93 |
| 2.41459 | -0.94562 | -0.84751 | 6.05 | -1.56 | -0.96 | 3.16 |
| 1.47011 | 1.37626 | 0.51916 | 3.68 | 2.26 | 0.59 | 2.92 |
| 1.76583 | 0.51921 | -0.85177 | 4.42 | 0.85 | -0.97 | 2.80 |
| 0.91677 | 2.13321 | 0.89842 | 2.30 | 3.51 | 1.02 | 2.46 |
| 1.31356 | -0.99587 | -0.63104 | 3.29 | -1.64 | -0.72 | 1.49 |
| 0.20152 | 2.07748 | 0.38139 | 0.50 | 3.42 | 0.43 | 1.26 |
| 0.53164 | -0.31332 | 0.28872 | 1.33 | -0.52 | 0.33 | 0.72 |
| 0.21078 | 0.06391 | -0.14344 | 0.53 | 0.11 | -0.16 | 0.33 |
| -0.29177 | 0.93127 | 0.99073 | -0.73 | 1.53 | 1.13 | 0.10 |
| -0.12187 | 0.34261 | 0.62429 | -0.31 | 0.56 | 0.71 | 0.05 |
| -0.20205 | 0.73921 | 0.22140 | -0.51 | 1.22 | 0.25 | 0.04 |
| -0.49060 | 1.54279 | 0.75143 | -1.23 | 2.54 | 0.86 | 0.03 |

图 20-28 因子得分主成分及排名

该公式其实就是将各主成分的特征值作为权重，然后求加权均值。结果见图 20-28 (C)。对数据库的 $K$ 值进行降序排列，发现上海、北京、江苏、浙江、广东等依次降序排列。但因为主成分分析是对数据进行标准化后的分析，依次 $K$ 值得分在 $-3 \sim +3$ 区间，有些省份为负值，不太好看，可以再进行 $T$ 分数转化。

（6）$T$ 分数转化

计算新的排名 $K_1=60+10\times K$，让软件利用 $K$ 产生一组 $0 \sim 100$ 分的数据，其中的 60 与 10 需要大家调整，最高分一般不可超过 100 分哦。60 为产生新的数据的均值，10 为产生新的数据的标准差的近似值，根据数据，现实数据会围绕 10 有所波动。

| | ID | 地区 | K | 变量 |
|---|---|---|---|---|
| 1 | 9 | 上海市 | 3.93 | |
| 2 | 1 | 北京市 | 3.16 | |
| 3 | 10 | 江苏省 | 2.92 | |
| 4 | 11 | 浙江省 | 2.80 | |
| 5 | 19 | 广东省 | 2.46 | |
| 6 | 2 | 天津市 | 1.49 | |
| 7 | 15 | 山东省 | 1.26 | |
| 8 | 13 | 福建省 | 0.72 | |
| 9 | 6 | 辽宁省 | 0.33 | |
| 10 | 23 | 四川省 | 0.10 | |
| 11 | 17 | 湖北省 | 0.05 | |
| 12 | 18 | 湖南省 | 0.04 | |
| 13 | 16 | 河南省 | 0.03 | |
| 14 | 5 | 内蒙古自治区 | -0.30 | |
| 15 | 12 | 安徽省 | -0.51 | |
| 16 | 3 | 河北省 | -0.54 | |
| 17 | 14 | 江西省 | -0.68 | |
| 18 | 22 | 重庆市 | -0.69 | |

图 20-29 综合排名

| | ID | 地区 | K | K1 | 变量 |
|---|---|---|---|---|---|
| 1 | 9 | 上海市 | 3.93 | 99.33 | |
| 2 | 1 | 北京市 | 3.16 | 91.95 | |
| 3 | 10 | 江苏省 | 2.92 | 89.18 | |
| 4 | 11 | 浙江省 | 2.80 | 88.02 | |
| 5 | 19 | 广东省 | 2.46 | 84.55 | |
| 6 | 2 | 天津市 | 1.49 | 74.85 | |
| 7 | 15 | 山东省 | 1.26 | 72.63 | |
| 8 | 13 | 福建省 | 0.72 | 67.18 | |
| 9 | 6 | 辽宁省 | 0.33 | 63.29 | |
| 10 | 23 | 四川省 | 0.10 | 61.00 | |
| 11 | 17 | 湖北省 | 0.05 | 60.52 | |
| 12 | 18 | 湖南省 | 0.04 | 60.43 | |
| 13 | 16 | 河南省 | 0.03 | 60.27 | |
| 14 | 5 | 内蒙古自治区 | -0.30 | 56.95 | |
| 15 | 12 | 安徽省 | -0.51 | 54.90 | |
| 16 | 3 | 河北省 | -0.54 | 54.56 | |
| 17 | 14 | 江西省 | -0.68 | 53.21 | |
| 18 | 22 | 重庆市 | -0.69 | 53.09 | |

图 20-30 T 分数转化

**知识拓展**

主成分综合评价是众多综合评价方法，如层次分析法、专家权重法等中的一种；不同分析方法最终得到的结果可能会有所差异，基于不同的算法，这点完全可以理解。

## 20.2 因子分析

主成分分析是因子分析的基础，因子分析是在主成分分析的基础上，经过空间旋转，让几个虚拟的主成分具有专业上可解释的意义。

### 20.2.1 因子分析思想

如果说主成分分析是一夫一妻生一个孩子（2 个变 1 个，孩子身上拥有父母 2 个人的信息）的话，那么因子分析就是后天对孩子的培养，因为刚生下来的孩子就像白纸一样，没有社会人的属性，必须经过后天的教育和培养，才能成为社会人。

### 20.2.2 因子分析实战

**案例实战**

某个洗发水生产厂商，想调查消费者购买洗发水会考虑哪些因素，于是自制了调查表对 30 名消费者购买洗发水的喜好进行了调查，并对数据 data20.4.sav 进行分析，探索消费者的购买喜好。

**实战步骤**

（1）分析→降维→因子分析：如图 20-31 所示，将 6 个研究因素放入变量框中。

（2）描述：勾选"系数与 KMO"。

（3）提取：先默认特征值大于 1，看效果，若提取信息量不高，增加提取的主成分数量。

**结果解读**

（1）主成分分析条件：KMO=0.660>0.5，$P$=0.000<0.05，适合进行主成分降维分析，图 20-32。

图 20-31　因子分析

图 20-32　KMO 检验

（2）提取的主成分：由图 20-33 可以发现按照特征值大于 1，可以提取 2 个主成分，可解释总方差为 82.488%，对于市场调查类高于 80% 已经很好，于是就决定提取 2 个主成分。

总方差解释

| 成分 | 初始特征值 | | | 提取载荷平方和 | | | 旋转载荷平方和 | | |
|---|---|---|---|---|---|---|---|---|---|
| | 总计 | 方差百分比 | 累积 % | 总计 | 方差百分比 | 累积 % | 总计 | 方差百分比 | 累积 % |
| 1 | 2.731 | 45.520 | 45.520 | 2.731 | 45.520 | 45.520 | 2.688 | 44.802 | 44.802 |
| 2 | 2.218 | 36.969 | 82.488 | 2.218 | 36.969 | 82.488 | 2.261 | 37.687 | 82.488 |
| 3 | 0.442 | 7.360 | 89.848 | | | | | | |
| 4 | 0.341 | 5.688 | 95.536 | | | | | | |
| 5 | 0.183 | 3.044 | 98.580 | | | | | | |
| 6 | 0.085 | 1.420 | 100.000 | | | | | | |

提取方法：主成分分析法。

图 20-33　总方差解释

**因子分析步骤**

因子分析是在主成分分析的基础上进行空间旋转，最常用的旋转方法为最大方差法。大家重复上述操作，并点击"旋转"。如图 20-34 所示，选择"最大方差法"，并勾选"载荷图"。

**1. 因子分析结果**

（1）旋转后成分解，如图 20-35 所示，可知因子 1 上含有预防头皮屑、防治头皮痒和防治头皮油腻，都和头皮健康有关，我们称为"健康因子"；因子 2 上有头发柔顺、头发有清新香味和头发飘逸，都和头发魅力有关，我们称为"魅力因子"。也就是说，消费者购买洗发水主要考虑两方面，一是能否防治头皮疾病，二是能否让头发富有魅力。

图 20-34　因子旋转

图 20-35　旋转后成分矩阵

（2）载荷图，从图 20-36 可以发现 6 个因子自然聚成 2 类，分别对每一类对 $X$ 轴和 $Y$ 轴做垂线，发现 $V_2$、$V_4$、$V_6$ 在成分 2 上具有较大载荷；$V_1$、$V_3$、$V_5$ 在成分 1 上具有较大载荷，因此可以说因子 2 代表 $V_2$、$V_4$、$V_6$，而因子 1 代表 $V_1$、$V_3$、$V_5$。

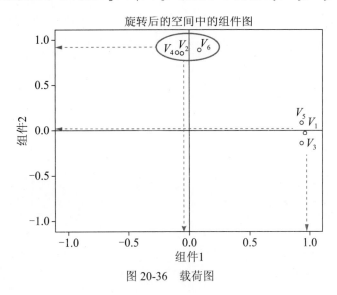

图 20-36　载荷图

**因子分析小结**

（1）因子载荷一般小于 0.3 称为低载荷，大于 0.4 称为高载荷。

（2）因子分析是在主成分分析基础上进行进一步旋转，旋转的目的是让提取出的因子更具有专业上的可解释性。

（3）主成分分析的成分提取方法必须是主成分法；而因子分析的因子提取分析方法则有多种，因此因子分析其实从范围上包括了主成分分析。

# 第六篇　专项统计

本章主要讲述一些仅在某些专业领域方才应用的方法，因为常常被问及，故整理此篇。

——松哥统计

# 第 21 章 信度与效度分析

我们在科研过程中,经常会用到量表反映或者评价被调查者心理、态度等主观方面的状态。正如我们用体重秤去称量一个人的体重,我们用量表反映受试者的主观感受。体重秤都是经过计量认证的,所以用体重秤称量一个人的体重才准确。可是我们用量表去衡量一个人的主观感受,这个量表是否也需要经过计量认证呢?对于量表计量认证,也就是对量表进行评价的过程,只有评价过的量表,用其进行测量结果才是可靠的。

问卷及量表的评价包括信度(reliability)和效度(validity)两个方面。信度是指量表测量结果的可靠性、可重复性、可靠性越高的量表,越不受时间、地点等环境的影响,用其进行检测结果较为稳定。效度是指量表的准确性,是指量表能否把要测量的目标真正地检测出来。比如你发明了一个专门抓田鼠的装置,如果确实能抓到田鼠,说明效度好,如果抓到的是蛇,说明效度差,要抓的没抓到;如果放到不同的田地不同时间,均能抓到田鼠,那就说明信度高。对于量表而言信度和效度都要好才行,若非要分个高低,那就是效度比信度要重要点,没有效度,信度再高也是白搭,比如上面的抓鼠装置,一只田鼠都没抓到,抓的全部是蛇,就像坏人一个没抓到,抓的全是好人,那还不如没有这个装置呢。信度与效度的关系见图 21-1,本章主要介绍如何进行量表评价。

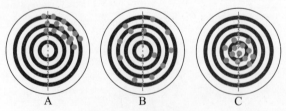

图 21-1 信度与效度

注:A 代表信度高,效度低;B 代表信度低,效度低;C 代表信度高,效度高。

## 21.1 信度分析

### 21.1.1 信度分类

**1. 重测信度(test-retest reliability)**

假定短时间内一批对象的状况并没有改变,对每个对象用同一个问卷先后测验两次,两次测验得分的相关系数就称为重测信度。重测信度是用皮尔逊积差相关系数 $r$ 公式计算的。重测信度属于稳定系数。重测信度法特别适用于事实式问卷，如性别、出生年月等在两次施测中不应有任何差异，大多数被调查者的兴趣、爱好、习惯等在短时间内也不会有十分明显的变化。如果没有突发事件导致被调查者的态度、意见突变，这种方法也适用于态度、意见式问卷。

由于重测信度法需要对同一样本试测两次，被调查者容易受到各种事件、活动和他人的影响，而且间隔时间长短也有一定限制，因此在实施中有一定困难。通常重测时间跨度以 2～4 周为宜，太短会受记忆的影响，太长又受环境的影响。

### 2. 复本信度法（alternate form reliability）

复本信度法是让同一组被调查者一次填答两份问卷复本，计算两个复本的相关系数。复本信度属于等值系数。复本信度法要求两个复本除表述模式不同外，在内容、格式、难度和对应题项的提问方向等方面要完全一致，但在实际调查中，很难使调查问卷达到这种要求，因此采用这种方法者较少。复本编制不容易，易出现顺序效应，受练习的影响；复本信度只能反映问卷内容所造成的误差，无法反映答卷者本身所造成的误差等。

### 3. 折半信度法（split-half reliability）

当测验没有复本且测验不可避免地受到时间的影响，只适合用于一次测验时，可用分半信度。分半的方法很多，一般是将奇数题和偶数题各作为一半，而非前后分半，目的是避免顺序效应。分半信度也叫折半信度，其计算方法是将问卷的题目分成对等的两半，分别求出两半题目的总分，再计算两部分总分的相关系数。使用分半信度时要注意两个问题：（1）问卷题目所测的应是同一种特质；（2）两半题目应是等值的。对问卷题目进行分半会造成对整个问卷信度的低估，为此需要对分半信度进行校正，其校正公式为斯皮尔曼-布朗（Spearman-Brown）公式；Spearman-Brown 公式要求两个分半表的信度和方差均满足齐性；Guttman 分半信度，可不满足上述要求。这种方法一般不适用于事实式问卷（如年龄与性别无法相比），常用于态度、意见式问卷的信度分析。在问卷调查中，态度测量最常见的形式是 5 级李克特（Likert）量表。

### 4. 库得-理查森信度（Kuder - Richardson）

库德-理查森信度适用于计算"对或错"的是非题的同质性信度，其是计算所有可能的分半信度的平均数。该信度系数实际应用较少。

### 5. 克隆巴赫信度系数（cronbach's α）

cronbach's α 系数是 Cronbach 于 1951 年创立的，用于评价问卷的内部一致性。α 系数取值在 0～1，α 系数越高，信度越高，问卷的内部一致性越好。Cronbach's α 系数不仅适用于两级记分的问卷，还适用于多级计分的问卷。克隆巴赫信度系数具有如下特点：① α 系数是所有可能的分半信度的平均值；② α 系数是估计信度的最低限度；③当问卷计分为二分名义变量时，即答案为 0 或 1，α 系数与 KR20 值相同，即库德 - 理查森信度公式是克隆巴赫的 α 系数的一个特例。

一般地，问卷的 α 系数在 0.8 以上该问卷才具有使用价值。Cronbach's α 值皆达 0.85 以上，表明问卷信度良好。α 系数评价的是量表中各题项得分间的一致性，属于内在一致性系数。这种方法适用于态度、意见式问卷（量表）的信度分析。

一份信度系数好的量表或问卷，最好在 0.80 以上，0.70～0.80 还算是可以接受的范围；分量表最好在 0.70 以上，0.60～0.70 可以接受。若分量表的内部一致性系数在 0.60 以下或者总量表的信度系数在 0.80 以下，应考虑重新修订量表或增删题项。

### 6. 评分者信度（inter-scorer reliability）

考察评分者信度的方法为，随机抽取相当份数的问卷，由两位评分者按记分规则分别给分；然后根据每份问卷的分数计算相关系数，即可得到评分者信度。评分者信度也可以是一位评分者两次评分的相关系数。如果是多个评分者或一位评分者两次以上的评分，可采用肯德尔和谐系数和 Kappa 系数。肯德尔和谐系数用于等级资料，Kappa 系数用于定性资料。

上述 6 种信度系数，以克隆巴赫信度系数应用最广，其次为折半信度，后续将对这两个信度系数进行案例讲解。

### 21.1.2 信度优化方法

问卷的信度越高，受到人、时、地、物的干扰就越低，其所能反映事实或让人相信的程度越高，因此在问卷实施前能否有效提高信度是问卷测验成败的关键。如果我们对制定的量表进行预测试，然后进行信度分析时发现量表的信度较低，则往往可以通过如下的方法来提高信度。

（1）适当延长问卷的长度。
（2）问卷的难度适中。
（3）问卷的内容尽量同质。
（4）测验的时间要充分。
（5）测验的程序要统一。

**案例实战**

此处以松哥做过的一个医学生职业精神量表为例，该量表包括 7 个方面，29 道题目，测试了不同专业的 100 名大学生,数据见 data21.1.sav,试对该量表进行信度分析。

**实战步骤**

(1) 打开数据库 data21.1.sav。分析→标度→可靠性分析,如图 21-2 所示。

(2) 可靠性设置:如图 21-3 所示,将 29 个题项放入题项框,模型选择"Alpha(科隆巴赫系数)",点击"统计"按钮,弹出图 21-4。

图 21-2　信度分析菜单　　　　　　图 21-3　可靠性分析

(3) 统计设置:如图 21-4 所示,重点勾选"删除项后的标度",这就是敏感性分析指标。俗话说"一颗老鼠屎坏了一锅粥",敏感性分析就是找到那颗老鼠屎。如果整个量表信度不高,可以帮助我们判定到底是哪一个或几个题项导致的,以便我们后续修订剔除。点击"继续",回到主对话框点击"确定"运行即可。

**主要结果解读**

(1) 科隆巴赫系数,如图 21-5 所示,上部为案例处理摘要,告诉我们有无缺失值,如果有排除变量,建议去查看下原始数据。下部为 Alpha 系数 =0.874>0.8,整体量表的可靠性不错,接近 0.9,可以推广。

图 21-4　可靠性分析:统计设置　　图 21-5　信度分析结果

（2）敏感性分析，在图 21-6 中，重点是最后一列"删除项后的克隆巴赫 Alpha 系数"。该项意思是删除某个题项后，剩下 28 项题目的克隆巴赫 Alpha 系数。如第一行 $V_1$ 对应的 Alpha=0.870，意思是如果删除 $V_1$ 题项的话，剩下 $V_2$—$V_{29}$ 共 28 题的克隆巴赫 Alpha 系数为 0.870。

项总计统计

| | 删除项后的标度平均值 | 删除项后的标度方差 | 修正后的项与总计相关性 | 删除项后的克隆巴赫 Alpha |
|---|---|---|---|---|
| $V_1$ | 127.42 | 79.317 | 0.426 | 0.870 |
| $V_2$ | 127.31 | 81.408 | 0.443 | 0.870 |
| $V_3$ | 127.55 | 80.593 | 0.349 | 0.872 |
| $V_4$ | 127.83 | 79.819 | 0.254 | 0.879 |
| $V_5$ | 127.38 | 80.743 | 0.488 | 0.869 |
| $V_6$ | 127.39 | 81.917 | 0.366 | 0.872 |
| $V_7$ | 127.49 | 80.858 | 0.428 | 0.870 |
| $V_8$ | 127.32 | 82.866 | 0.328 | 0.872 |
| $V_9$ | 127.48 | 79.606 | 0.516 | 0.868 |
| $V_{10}$ | 127.82 | 79.765 | 0.256 | 0.879 |
| $V_{11}$ | 127.31 | 83.105 | 0.288 | 0.873 |
| $V_{12}$ | 127.51 | 80.030 | 0.255 | 0.878 |
| $V_{13}$ | 127.38 | 82.662 | 0.305 | 0.873 |
| $V_{14}$ | 127.53 | 79.949 | 0.483 | 0.869 |
| $V_{15}$ | 127.29 | 81.279 | 0.466 | 0.870 |
| $V_{16}$ | 127.23 | 82.724 | 0.372 | 0.872 |
| $V_{17}$ | 127.29 | 82.309 | 0.409 | 0.871 |
| $V_{18}$ | 127.32 | 81.008 | 0.502 | 0.869 |
| $V_{19}$ | 127.39 | 81.149 | 0.461 | 0.870 |
| $V_{20}$ | 127.70 | 78.879 | 0.473 | 0.869 |
| $V_{21}$ | 127.70 | 78.636 | 0.535 | 0.867 |
| $V_{22}$ | 127.49 | 79.869 | 0.521 | 0.868 |
| $V_{23}$ | 127.64 | 78.718 | 0.487 | 0.869 |
| $V_{24}$ | 127.45 | 77.684 | 0.717 | 0.864 |
| $V_{25}$ | 127.50 | 80.212 | 0.488 | 0.869 |
| $V_{26}$ | 127.79 | 77.602 | 0.548 | 0.867 |
| $V_{27}$ | 127.40 | 79.818 | 0.578 | 0.867 |
| $V_{28}$ | 127.78 | 79.385 | 0.439 | 0.870 |
| $V_{29}$ | 127.43 | 81.237 | 0.443 | 0.870 |

图 21-6　敏感性分析结果

如果删除某项后，Alpha 系数增加幅度较大，说明整个量表 Alpha 系数较低是由该指标导致的，建议对该指标进行修改，如果题目量足够的情况下，也可以删除该题项。本例从上到下，所有 Alpha 相差不大，说明题目设置较好，一致性较高。

重复信度分析操作，在模型下拉菜单中选择"折半"，如图 21-7 所示；其他操作不变，点击"确定"运行。主要结果见图 21-8。

因为我们总共 29 道题，因此折半为不等长，故图 21-8 结果应该看不等长的 Spearman-Brown 系数，为 0.862，前面已经说了 Spearman-Brown 系数要求两个分半表的信度和方差均满足齐性；Guttman 分半信度，可不满足上述要求，因此也可以看 Guttman 分半系数 =0.860，两者近乎相等。

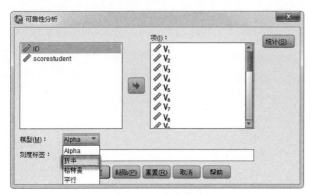

图 21-7　折半信度　　　　　　图 21-8　折半信度结果

## → 21.2　效度分析

### 21.2.1　效度分类

效度（Validity）即有效性，它是指测量工具或手段能够准确测出所需测量的事物的程度。效度分为三种类型。

（1）内容效度（Face Validity）。内容效度又称表面效度或逻辑效度，它是指所设计的题项能否代表所要测量的内容或主题。对内容效度常采用逻辑分析（专家法）与统计分析相结合的方法进行评价。

（2）准则效度（Criterion Validity）。准则效度又称为效标效度或预测效度。准则效度分析是根据已经得到确定的某种理论，选择一种指标或测量工具作为准则（效标），分析问卷题项与准则的联系，若二者相关显著，或者问卷题项对准则的不同取值、特性表现出显著差异，则为有效的题项。评价准则效度的方法是相关分析或差异显著性检验。在调查问卷的效度分析中，选择一个合适的准则往往十分困难，使这种方法的应用受到一定限制。

（3）结构效度（Construct Validity）。结构效度是指测量结果体现出来的某种结构与测值之间的对应程度。架构效度分析采用的方法是因子分析。有学者认为，效度分析最理想的方法是利用因子分析测量表或整个问卷的架构效度。因子分析的主要功能是从量表全部变量（题项）中提取一些公因子，各公因子分别与某一群特定变量高度关联，这些公因子即代表了量表的基本架构。透过因子分析可以考查问卷是否能够测量出研究者设计问卷时假设的某种架构。

在因子分析的结果中，用于评价架构效度的主要指标有累积贡献率、共同度和因子负荷。累积贡献率反映公因子对量表或问卷的累积有效程度，共同度反映由公因子解释原变量的有效程度，因子负荷反映原变量与某个公因子的相关程度。为了提升调查问卷的质量，进而提升整个研究的价值，问卷的信度和效度分析绝非赘疣蛇足，而是研究过程中必不可少的重要环节。

效度分析有多种方法，其测量结果反映效度的不同方面。一般来说，学科测验主要看内容效度，心理测验主要看结构效度。

### 20.2.2 效度分析实战

**案例实战**

仍然以上述医学生职业精神量表为例，该量表包括 7 个方面，29 道题目，测试了不同专业的 100 名大学生，数据见 data21.1.sav，试对该量表进行内容效度分析。

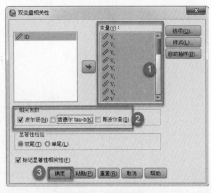

图 21-9 双变量相关

**实战步骤**

打开数据 data21.1，分析→相关→双变量，如图 21-9 所示，将 $V_1$—$V_{29}$ 及总分放入变量框中，选择"皮尔逊"（Pearson）相关系数，点击"确定"即可。

**主要结果**

因为本例题型较多，做出的相关矩阵较大，因此图 21-10 展示的为 $V_1$—$V_5$ 与总分的相关性。如果量表的内容效度较高，则每题得分与总得分的相关性均应该较高，判定标准为 $r>0.4$，本例 $V_1$—$V_5$ 中，$V_4$ 与总分的相关性 $r=0.362<0.4$，因此建议考虑删除 $V_4$。

相关性

| | | V1 | V2 | V3 | V4 | V5 | scorestudent |
|---|---|---|---|---|---|---|---|
| V1 | 皮尔逊相关性 | 1 | 0.091 | 0.162 | 0.153 | 0.279** | 0.494** |
| | 显著性（双尾） | | 0.370 | 0.106 | 0.128 | 0.005 | 0.000 |
| | 个案数 | 100 | 100 | 100 | 100 | 100 | 100 |
| V2 | 皮尔逊相关性 | 0.091 | 1 | 0.383** | 0.153 | 0.304** | 0.488** |
| | 显著性（双尾） | 0.370 | | 0.000 | 0.130 | 0.002 | 0.000 |
| | 个案数 | 100 | 100 | 100 | 100 | 100 | 100 |
| V3 | 皮尔逊相关性 | 0.162 | 0.383** | 1 | 0.242* | 0.256* | 0.419** |
| | 显著性（双尾） | 0.106 | 0.000 | | 0.015 | 0.010 | 0.000 |
| | 个案数 | 100 | 100 | 100 | 100 | 100 | 100 |
| V4 | 皮尔逊相关性 | 0.153 | 0.153 | 0.242* | 1 | 0.036 | 0.362** |
| | 显著性（双尾） | 0.128 | 0.130 | 0.015 | | 0.723 | 0.000 |
| | 个案数 | 100 | 100 | 100 | 100 | 100 | 100 |
| V5 | 皮尔逊相关性 | 0.279** | 0.304** | 0.256* | 0.036 | 1 | 0.533** |
| | 显著性（双尾） | 0.005 | 0.002 | 0.010 | 0.723 | | 0.000 |
| | 个案数 | 100 | 100 | 100 | 100 | 100 | 100 |
| scorestudent | 皮尔逊相关性 | 0.494** | 0.488** | 0.419** | 0.362** | 0.533** | 1 |
| | 显著性（双尾） | 0.000 | 0.000 | 0.000 | 0.000 | 0.000 | |
| | 个案数 | 100 | 100 | 100 | 100 | 100 | 100 |

**. 在 0.01 级别（双尾），相关性显著。
*. 在 0.05 级别（双尾），相关性显著。

图 21-10　相关性分析

**案例实战 2**

某研究者在一项中学知识管理与学校效能关系的研究中，自编"学校知识管理量表"，此表共有 19 题，为探究量表的可信效度及题项的适切性，随机抽取 200 人进行测试，求此 19 题的结构效度如何？（本案例数据来源吴明隆，《问卷统计分析实务》）量表题项设置见表 1，该量表围绕知识创新 1—6 题，知识分享 7—13 题和知识获取 14—19 题进行编排，预调查数据见 data21.2，试对结构效度进行分析。

表 21-1　学校知识管理量表

| 题号 | 题　　目 | 完全不符合 | 多数不符合 | 半数不符合 | 多数符合 | 完全符合 |
|---|---|---|---|---|---|---|
| 1 | 本校经常鼓励教师创新教学或工作创新 | | | | | |
| 2 | 本校教师会积极寻求班级经营上的创新 | | | | | |
| 3 | 教师会积极地在其负责的行政工作上创新展现 | | | | | |
| 4 | 本校教师会应用研习班心得于教育质量的提升 | | | | | |
| 5 | 本校会激励教师以创新理念提升学生学习成效 | | | | | |
| 6 | 本校鼓励教师以创新有效方法激励学生学习 | | | | | |
| 7 | 校长会积极鼓励同人，分享研习吸收的新知能 | | | | | |
| 8 | 本校教师会将班级经营的有效策略，与其他教师分享 | | | | | |
| 9 | 本校教师会在相关会议中提供意见供其他教师分享 | | | | | |
| 10 | 本校行政事务处理流程有完整记录，以供同人分享参考 | | | | | |

续表

| 题号 | 题　目 | 完全不符合 | 多数不符合 | 半数不符合 | 多数符合 | 完全符合 |
|---|---|---|---|---|---|---|
| 11 | 本校教师很少教学研讨会上，分享其教学经验 | | | | | |
| 12 | 本校同仁会于朝会上分享其研习的心得与知能 | | | | | |
| 13 | 本校教师会于同人会议中分享其处理学生问题的策略 | | | | | |
| 14 | 学校鼓励同人参访标杆学校以获取教学及行政知能 | | | | | |
| 15 | 学校会鼓励教师通过教学观摩，以获取专业知能 | | | | | |
| 16 | 学校积极鼓励教师参与研习活动，以获取专业知能 | | | | | |
| 17 | 学校鼓励教师通过教师社群活动，以获取专业知能 | | | | | |
| 18 | 学校鼓励教师通过数位化数据来获取新知识 | | | | | |
| 19 | 学校会影印相关教育新知给教师，以增进教师技能 | | | | | |

打开 data21.2，分析→降维→因子分析，弹出图 21-11，将所有变量放入变量框中，点击"描述"，图 21-12 中勾选"系数"和"KMO 和巴特利特球形度检验"；在图 21-13 中，选择基于特征值大于 1；图 21-14 中选择"最大方差法"和"旋转后的解"。

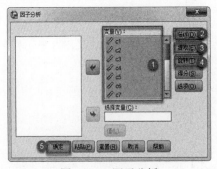

图 21-11　因子分析

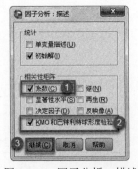

图 21-12　因子分析：描述

图 21-13　因子分析：提取

图 21-14　因子：旋转

**主要结果：**

在图 21-15 中，$KMO$=0.855>0.5，样本量足够，球形度检验，$P$=0.000<0.05，符合球形度检验。结合两项指标，本例适合进行因子分析。

**KMO 和巴特利特检验**

| | |
|---|---|
| KMO 取样适切性量数 | 0.855 |
| 巴特利特球形度检验 近似卡方 | 3079.151 |
| 自由度 | 171 |
| 显著性 | 0.000 |

图 21-15　KMO 检验

**总方差解释**

| 成分 | 初始特征值 | | | 提取载荷平方和 | | | 旋转载荷平方和 | | |
|---|---|---|---|---|---|---|---|---|---|
| | 总计 | 方差百分比 | 累积 % | 总计 | 方差百分比 | 累积 % | 总计 | 方差百分比 | 累积 % |
| 1 | 7.208 | 37.936 | 37.936 | 7.208 | 37.936 | 37.936 | 4.590 | 24.159 | 24.159 |
| 2 | 2.834 | 14.914 | 52.850 | 2.834 | 14.914 | 52.850 | 3.992 | 21.012 | 45.171 |
| 3 | 2.041 | 10.744 | 63.594 | 2.041 | 10.744 | 63.594 | 3.443 | 18.123 | 63.294 |
| 4 | 1.075 | 5.659 | 69.253 | 1.075 | 5.659 | 69.253 | 1.132 | 5.960 | 69.253 |
| 5 | 0.887 | 4.670 | 73.923 | | | | | | |
| 6 | 0.824 | 4.335 | 78.258 | | | | | | |
| 7 | 0.707 | 3.721 | 81.978 | | | | | | |
| 8 | 0.548 | 2.887 | 84.865 | | | | | | |
| 9 | 0.486 | 2.556 | 87.421 | | | | | | |
| 10 | 0.464 | 2.441 | 89.862 | | | | | | |
| 11 | 0.431 | 2.266 | 92.128 | | | | | | |
| 12 | 0.339 | 1.785 | 93.913 | | | | | | |
| 13 | 0.321 | 1.692 | 95.605 | | | | | | |
| 14 | 0.302 | 1.587 | 97.192 | | | | | | |
| 15 | 0.200 | 1.054 | 98.246 | | | | | | |
| 16 | 0.172 | 0.908 | 99.154 | | | | | | |
| 17 | 0.092 | 0.483 | 99.637 | | | | | | |
| 18 | 0.053 | 0.281 | 99.918 | | | | | | |
| 19 | 0.016 | 0.082 | 100.000 | | | | | | |

提取方法：主成分分析法。

图 21-16　总方差解释

图 21-17 旋转后成分矩阵，结果发现 19 道题目在结构上分成 4 类，其中 $c_{12}$ 自成 1 类，因此 $c_{12}$ 应该删除；删除 $c_{12}$ 之后，我们重复刚才的操作，再次获得总解释方差图 21-18 和旋转后成分矩阵图 21-19。结果可见旋转后成分矩阵正好落在 3 个成分之上，并且每个成分里面的题目设置符合设置预期。

**旋转后的成分矩阵**

| | 成分 | | | |
|---|---|---|---|---|
| | 1 | 2 | 3 | 4 |
| $c_{13}$ | 0.886 | 0.173 | 0.075 | 0.001 |
| $c_9$ | 0.877 | 0.182 | 0.077 | 0.013 |
| $c_8$ | 0.814 | 0.181 | 0.178 | 0.092 |
| $c_{10}$ | 0.803 | 0.216 | -0.016 | 0.024 |
| $c_{11}$ | 0.728 | 0.153 | 0.212 | 0.174 |
| $c_7$ | 0.696 | 0.311 | 0.127 | -0.147 |
| $c_{15}$ | 0.189 | 0.945 | 0.116 | -0.037 |
| $c_{17}$ | 0.170 | 0.930 | 0.077 | 0.049 |
| $c_{19}$ | 0.177 | 0.912 | 0.024 | 0.046 |
| $c_{16}$ | 0.391 | 0.645 | 0.202 | -0.086 |
| $c_{14}$ | 0.469 | 0.643 | 0.107 | -0.101 |
| $c_{18}$ | 0.425 | 0.505 | 0.261 | -0.295 |
| $c_5$ | 0.056 | 0.101 | 0.887 | 0.076 |
| $c_2$ | 0.063 | 0.093 | 0.810 | 0.094 |
| $c_4$ | 0.071 | 0.009 | 0.743 | -0.053 |
| $c_6$ | 0.139 | 0.058 | 0.711 | -0.194 |
| $c_1$ | 0.088 | 0.063 | 0.663 | 0.394 |
| $c_3$ | 0.137 | 0.157 | 0.509 | -0.092 |
| $c_{12}$ | 0.091 | -0.062 | -0.003 | 0.862 |

提取方法：主成分分析法。
旋转方法：凯撒正态化最大方差法。
a. 旋转在 5 次迭代后已收敛。

图 21-17　旋转后成分矩阵

## 总方差解释

| 成分 | 初始特征值 | | | 提取载荷平方和 | | | 旋转载荷平方和 | | |
| --- | --- | --- | --- | --- | --- | --- | --- | --- | --- |
| | 总计 | 方差百分比 | 累积 % | 总计 | 方差百分比 | 累积 % | 总计 | 方差百分比 | 累积 % |
| 1 | 7.208 | 40.043 | 40.043 | 7.208 | 40.043 | 40.043 | 4.488 | 24.932 | 24.932 |
| 2 | 2.830 | 15.722 | 55.766 | 2.830 | 15.722 | 55.766 | 4.104 | 22.802 | 47.734 |
| 3 | 2.001 | 11.119 | 66.885 | 2.001 | 11.119 | 66.885 | 3.447 | 19.151 | 66.885 |
| 4 | 0.931 | 5.173 | 72.058 | | | | | | |
| 5 | 0.833 | 4.627 | 76.684 | | | | | | |
| 6 | 0.708 | 3.931 | 80.616 | | | | | | |
| 7 | 0.597 | 3.318 | 83.934 | | | | | | |
| 8 | 0.493 | 2.740 | 86.674 | | | | | | |
| 9 | 0.464 | 2.580 | 89.254 | | | | | | |
| 10 | 0.432 | 2.399 | 91.653 | | | | | | |
| 11 | 0.340 | 1.888 | 93.541 | | | | | | |
| 12 | 0.322 | 1.787 | 95.328 | | | | | | |
| 13 | 0.302 | 1.676 | 97.005 | | | | | | |
| 14 | 0.205 | 1.138 | 98.143 | | | | | | |
| 15 | 0.173 | 0.960 | 99.103 | | | | | | |
| 16 | 0.092 | 0.510 | 99.613 | | | | | | |
| 17 | 0.054 | 0.300 | 99.913 | | | | | | |
| 18 | 0.016 | 0.087 | 100.000 | | | | | | |

提取方法：主成分分析法。

图 21-18　剔除 $C_{12}$ 后总方差解释

## 旋转后的成分矩阵[a]

| | 成分 | | |
| --- | --- | --- | --- |
| | 1 | 2 | 3 |
| $C_{13}$ | 0.885 | 0.186 | 0.077 |
| $C_9$ | 0.877 | 0.194 | 0.081 |
| $C_8$ | 0.814 | 0.187 | 0.185 |
| $C_{10}$ | 0.803 | 0.224 | -0.012 |
| $C_{11}$ | 0.729 | 0.151 | 0.224 |
| $C_7$ | 0.678 | 0.347 | 0.117 |
| $C_{15}$ | 0.173 | 0.947 | 0.113 |
| $C_{17}$ | 0.158 | 0.921 | 0.079 |
| $C_{19}$ | 0.165 | 0.904 | 0.026 |
| $C_{16}$ | 0.371 | 0.665 | 0.195 |
| $C_{14}$ | 0.453 | 0.661 | 0.100 |
| $C_{18}$ | 0.397 | 0.553 | 0.240 |
| $C_3$ | 0.058 | 0.095 | 0.891 |
| $C_2$ | 0.066 | 0.085 | 0.815 |
| $C_4$ | 0.059 | 0.030 | 0.737 |
| $C_5$ | 0.118 | 0.098 | 0.695 |
| $C_1$ | 0.106 | 0.018 | 0.688 |
| $C_6$ | 0.127 | 0.176 | 0.502 |

提取方法：主成分分析法。
旋转方法：凯撒正态化最大方差法。
a. 旋转在 5 次迭代后已收敛。

图 21-19　剔除 $C_{12}$ 后旋转成分矩阵

# 第 22 章 ROC 曲线

学习 ROC 曲线应该具有诊断试验的基础,ROC 曲线是根据一系列不同的二分类方式(分界值或决定阈),以真阳性率(灵敏度)为纵坐标,假阳性率(1-特异度)为横坐标绘制的曲线。ROC 曲线主要用于 X 为连续资料(老大),Y 为二分类资料(老三)时,如何确定老大的数值大于或者小于多少时,老三阳性事件发生。

## 22.1 诊断试验与 ROC 概述

诊断是指应用各种检查手段对病人进行检查,以确定和排除疾病的试验方法。广义的诊断试验包括各种实验室检查、仪器诊断以及病史、体检所获得的各种临床资料。讲的简单点,就是如果你是一个医生,来了个身体不舒服的人,你用某种检查方法,确定其到底有没有病。

能够百分之百正确诊断某种疾病的方法,我们就把它叫作"金标准",如肿瘤的病理切片,结石病人的外科手术所见等。金标准的诊断方法往往成本高昂、费时、费力,损伤大,不便于快速实施,因此,我们就想寻找简单易行的检测方法进行替代,如 X 射线、超声波、CT 扫描、磁共振、抽血检查等。然而替代的检测方法肯定要与金标准进行比较,达到一定的要求才能用,而这种比较就叫作诊断试验的评价,诊断试验评价表格如表 22-1 所示。

表 22-1 诊断试验评价表

| 诊断试验 | 金标准 | | 合计 |
|---|---|---|---|
| | 病 人 | 正常人 | |
| 阳性 | a(真阳性) | b(假阳性) | a+b |
| 阴性 | c(假阴性) | d(真阴性) | c+d |
| 合计 | a+c | b+d | a+b+c+d |

诊断试验的评价指标包括真实性、可靠性与效益评价,真实性评价常用指标如下,其中的灵敏度与特异度将会与 ROC 有关。

灵敏度:$Se = a/(a+c) \times 100\%$

假阴性率 =$c/(a+c)×100\%$

特异度：$Sp=d/(b+d)×100\%$

假阳性率：=$b/(b+d)×100\%$

约登指数：灵敏度＋特异度－1

**案例实战**

70例糖尿病患者及510例正常人在口服葡萄糖2小时后进行血糖试验，若以血糖≥7.2mmol/L为阳性标准，其检测结果如表22-2所示，用上述指标对此试验的真实性进行评价。

表22-2 诊断试验结果

| 试验<br>（血糖测定） | 金标准 | | 合计 |
|---|---|---|---|
| | 糖尿病病人 | 正常人 | |
| 阳性<br>（≥7.2mmol/L） | 62<br>（真阳性 $a$） | 162<br>（假阳性 $b$） | 224 |
| 阴性<br>（<7.2mmol/L） | 8<br>（假阴性 $c$） | 348<br>（真阴性 $d$） | 356 |
| 合计 | 70 | 510 | 580 |

灵敏度 =$a/(a+c)×100\%$

灵敏度 =$62/(62+8)×100\%=88.57\%$

确诊的糖尿病病人中血糖试验阳性或异常人数所占的比例为88.57%

特异度 =$d/(b+d)×100\%$

特异度 =$348/(162+348)×100\%=68.24\%$

正常人中血糖试验阴性或正常人数所占的比例为68.24%

假阴性率 =$c/(a+c)×100\%$

假阴性率 =$8/(62+8)×100\%=11.43\%$

确诊的糖尿病病人中血糖试验为阴性或正常的人数所占的比例为11.43%

假阳性率 =$b/(b+d)×100\%$

假阳性率 =$162/(162+348)×100\%=31.76\%$

正常人中血糖试验阳性或异常的人数所占的比例为31.76%

约登指数 =88.57%+68.24%-1=0.57

大家试想一下，我们要做诊断试验的评价，则我们需要用检测方法将待检测的病人分为阳性与阴性两类人群，并与金标准进行比较，构成诊断试验评价的四格表，方才可以对诊断试验的能力进行评价。上例中，70 例糖尿病病人和 510 例正常人，进行餐后血糖检测，选择血糖 ≥ 7.2mmol/L 为标准，将待检测的人群分为阳性组和阴性组，并与金标准构成诊断评价四格表进行评价。但是大家有没有想过，该人群血糖检测后，血糖值是在一个连续的范围里，作者为什么选择血糖 ≥ 7.2mmol/L 为阳性标准，凭什么选择这个诊断界值呢？

图 22-1 为正常人与糖尿病人的餐后 2 小时血糖分布，我们发现正常人与病人的血糖分布相互间存在交叉，并没有完全割裂，如果完全割裂开来，那么血糖值在割裂地带选诊断界值，就能百分之百将正常人与病人正确分开。然而当存在交叉的时候，不管你如何选择诊断界值，都会出现假阳性或者假阴性。那我们到底该如何选择这么一个诊断界值呢？这就是 ROC 曲线要帮助我们解决的问题。

ROC 的思想就是，在连续性的检测指标（等级资料同样适用）中，以各种可能的界值作为诊断界值，然后让软件去计算每一个诊断界值所对应的灵敏度与特异度，并以灵敏度为 $Y$ 轴，1-特异度作为 $X$ 轴，制作一条连续性的曲线，即 ROC 曲线，如图 22-2 所示，此曲线最左上角的界值即是灵敏度和特异度最大的界值，应该作为最佳的诊断界值。同时不同诊断指标的 ROC 曲线下的面积（area under curve，AUC）不同，如图 22-3 所示，AUC 越大，说明该指标的诊断能力越强，所以 AUC 可以用于不同诊断指标之间诊断效果的比较。

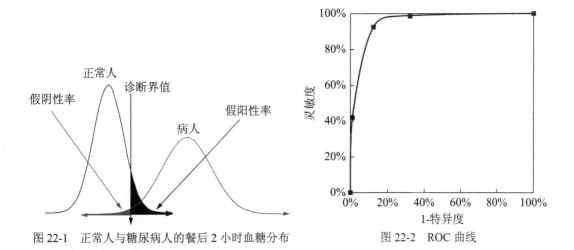

图 22-1　正常人与糖尿病人的餐后 2 小时血糖分布　　图 22-2　ROC 曲线

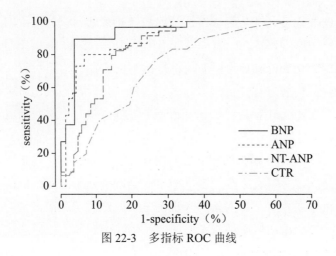

图 22-3 多指标 ROC 曲线

$AUC$ 取值范围为 $0 \leqslant AUC \leqslant 1$，在 AUC 大于 0.5 的情况下，$A$ 越接近 1 说明诊断的准确性越高；当 $AUC=0.5$ 时说明诊断完全不起作用；$AUC<0.5$，不符合实际情况。一般认为 $0.5<AUC \leqslant 0.7$ 表示诊断价值较低，$0.7<AUC \leqslant 0.9$ 表示诊断价值中等，$AUC>0.9$ 表示诊断价值高。

## 22.2 连续性计量资料 ROC

**案例实战**

某天松哥突发奇想，利用 590 名大学生的性别、身高、体重、胸围和肺呼量资料，想看看能否用身高、体重、胸围和肺呼量来诊断大学生的性别（男 =1=abnormal，女 =2=normal），性别虽然不是疾病（有病与无病），但思想一致，关键是这个案例可以进行多种后续的演示，数据见 data22.1.sav。基于此提出如下 3 个问题。

（1）用身高诊断性别的 AUC 是多少？身高诊断性别界值如何确定？
（2）身高、体重、胸围以及肺呼量 4 个指标哪个诊断的准确性较好？
（3）能否根据上述 4 个指标构建一个更好的综合指标？

### 22.2.1 问题（1）ROC实战

**实战步骤**

打开数据库，分析 -ROC 曲线，如图 22-4 所示，将"身高"放入"检验变量"框，"组别"放入"状态变量"，并且输入状态变量的变量值，本例为 1。选项按钮无须设置。点击"确定"即可。注意状态值一定设置正确，否则 ROC 曲线可能会倒置，甚至 $AUC$ 小于 0.5。在显示选项中，4 个选项都选。

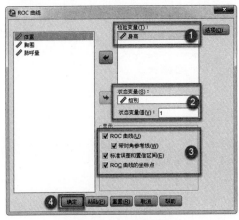

图 22-4　ROC 曲线

**结果解读**

图 22-5 为 ROC 曲线结果，图中可见，ROC 曲线下面积比较饱满，目测正确效果应该不错。其中对角线针对的面积为 0.5，我们做出的 ROC 远远高于对角线，说明效果不错。

图 22-6 为曲线下面积（AUC），本例 $AUC=0.936$，说明本例采用身高来诊断性别的效能将达到 93.6%，95% 可信区间为 0.917～0.955。

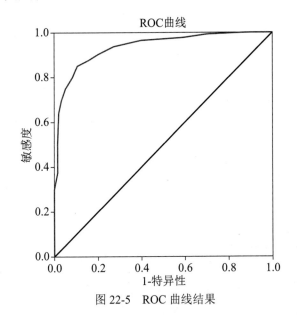

图 22-5　ROC 曲线结果　　　　图 22-6　曲线下面积

### 如何确定身高的诊断界值

ROC制定诊断界值,采用约登指数(Yuden Index,YI)最大法,$YI=$灵敏度+特异度$-1$。SPSS没有直接帮我们算出诊断界值,在结果图22-7中,第一列为具体的身高值,第二列和第三列为该身高值对应的灵敏度和1-特异度。因此,我们只需要产生一个新的变量$YI$,让其等于第二列减去第三列,即灵敏度$-$(1-特异度)$=$灵敏度+特异度$-1$。我们双击激活图22-7,将数据复制,重新构建到一个SPSS数据集中,利用compute(计算功能)计算出$YI$。然后对$YI$进行降序排列即可找到最大的$YI$,与其对应的身高值即为诊断界值。

上述操作过于简单,本处直接给出最终结果,见图22-8,可以发现最大约登指数$YI=0.75$,对应的身高值为164.25cm,即以身高$\geqslant$164.25cm作为诊断男大学生的标准,其$YI$为0.75。

**曲线的坐标**

检验结果变量:身高

| 大于或等于此值时为正ª | 敏感度 | 1-特异性 |
|---|---|---|
| 144.000 | 1.000 | 1.000 |
| 146.000 | 1.000 | 0.990 |
| 147.500 | 1.000 | 0.983 |
| 148.500 | 1.000 | 0.965 |
| 149.500 | 1.000 | 0.962 |
| 150.500 | 1.000 | 0.923 |
| 151.250 | 1.000 | 0.895 |
| 151.750 | 1.000 | 0.892 |
| 152.500 | 0.997 | 0.868 |
| 153.250 | 0.997 | 0.815 |
| 153.750 | 0.997 | 0.812 |
| 154.500 | 0.997 | 0.760 |
| 155.500 | 0.993 | 0.704 |
| 156.500 | 0.990 | 0.662 |
| 157.500 | 0.977 | 0.585 |
| 158.500 | 0.970 | 0.512 |

图22-7 曲线坐标

| | 身高 | 灵敏度 | 特异度1 | YI |
|---|---|---|---|---|
| 1 | 164.250 | 0.851 | 0.105 | 0.75 |
| 2 | 164.750 | 0.848 | 0.105 | 0.74 |
| 3 | 163.500 | 0.875 | 0.153 | 0.72 |
| 4 | 165.500 | 0.795 | 0.080 | 0.72 |
| 5 | 162.500 | 0.901 | 0.195 | 0.71 |
| 6 | 166.500 | 0.752 | 0.052 | 0.70 |

图22-8 诊断界值的确定

注意图22-8中变量特异度1代表的是1-特异度,因为1-特异度不符合SPSS变量命名规范。

### 22.2.2 问题(2)ROC实战

**实战步骤**

打开上述数据库,分析—ROC曲线,如图22-9所示,将身高、体重、胸围和肺呼量全部放入检验变量框中;组别放入状态变量,同时设定状态值;显示框中4个选项全选。点击"确定"运行结果。

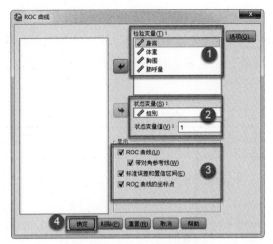

图 22-9 ROC 曲线

**结果解读**

图 22-10 为多指标 ROC 曲线结果，结果显示对诊断性别而言，由好到差的指标依次为肺呼量、身高、体重和胸围。

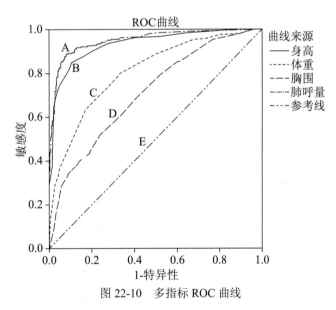

图 22-10 多指标 ROC 曲线

图中 A、B、C、D、E 分别代表肺呼量、身高、体重、胸围和参考线。图 22-11 为各指标的 $AUC$，根据其数值大小，也可以初步判定各指标诊断价值的大小，但是 SPSS 不能直接进行不同指标的 AUC 统计检验是否存在差异，我们只能通过后面的 95% 可信区间进行判定，可信区间没有重复，则可以认为两个指标之间差异存在统计学意义。如肺呼量为 0.937～0.969，而胸围为 0.671～0.752，两者之间没有交叉，因此可以认为肺呼量的 AUC 要高于胸围。如果要直接拿到两者比较的 $P$ 值，大家可以用 Medcalc 软件实现。

**曲线下方的区域**

| 检验结果变量 | 区域 | 标准误差[a] | 渐近显著性[b] | 渐近 95% 置信区间 | |
|---|---|---|---|---|---|
| | | | | 下限 | 上限 |
| 身高 | 0.936 | 0.010 | 0.000 | 0.917 | 0.955 |
| 体重 | 0.811 | 0.017 | 0.000 | 0.777 | 0.845 |
| 胸围 | 0.712 | 0.021 | 0.000 | 0.671 | 0.752 |
| 肺呼量 | 0.953 | 0.008 | 0.000 | 0.937 | 0.969 |

检验结果变量 身高，体重，胸围，肺呼量 至少有一个在正实际状态组与负实际状态组之间的绑定值。统计可能有偏差。

a. 按非参数假定
b. 原假设：真区域 = 0.5

图 22-11 曲线下面积

### AUC 曲线下面积比较

需要注意的是，AUC 相互比较存在两种情况，一种为多种方法对同一群体进行检测的结果（配对法）；还有一种为多种方法，每种方法检测的群体是不同的群体（成组法）。配对法采用 Delong 法，计算方法较为复杂，Medcalc 软件提供的就是 Delong 法。

（1）成组法利用的就是 $Z$ 检验，$Z=(A_1-A_2)/\text{sqrt}[\text{se}^2(A_1)+\text{se}^2(A_2)]$，如果 $Z>1.96$，则 $P<0.05$，两种方法诊断准确性差异有统计学意义。如用 CT 和 X 线分别诊断纵膈淋巴结肿大，CT 的曲线下面积 $A_1=0.942$，se$(A_1)=0.016$，X 线的 $A_2=0.874$，se$(A_2)=0.025$，则代入公式：

$Z=(0.942-0.874)/\text{sqrt}(0.016^2+0.025^2)=2.259>1.96$，$P<0.05$，因此 CT 和 X 线诊断纵膈淋巴结肿大准确度的差别有统计学意义，CT 要优于 X 线。

（2）Delong 法：本例采用 Medcalc 实现。Medcalc 软件可以关注微信公众号：data973，获取试用版。打开 Medcalc 软件，如图 22-12 所示，选择左上角打开文件夹—选择 SPSS 文件 ".Sav" 格式，找到我们的 data22.1.sav 文件，打开即可得到图 22-12。如果在打开过程中，中文出现乱码请忽视，等数据库打开后，再进行修改即可，为保险起见，变量名称最好不用中文，但对于高版本的 Medcalc 已经不存在中文兼容问题。为了保证大家都能复现，对上述指标采用中文拼音进行缩写。

图 22-12　Medcalc 打开数据

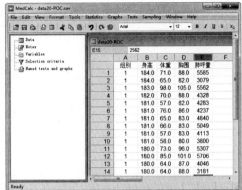

图 22-13　Medcalc 数据

点击 statistics—ROC curves—Comparison of ROC curves，如图 22-13 所示，弹出图 22-14。

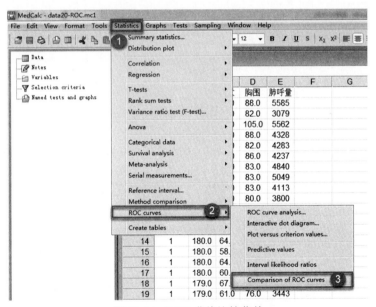

图 22-14　ROC 曲线比较菜单

如图 22-14 所示，将 4 指标放入变量框，Group 放入分类变量框，右上角方法选择 Delong 法，右下角作图，勾选添加标记点。点击"OK"运行。结果简单，直接找检验统计量和 $P$ 值即可，见图 22-16 到图 22-18。

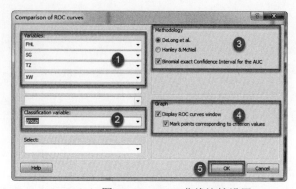

图 22-15　ROC 曲线比较设置

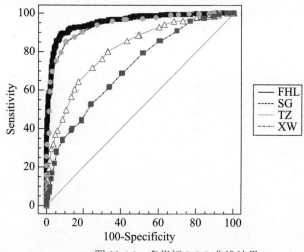

图 22-16　多指标 ROC 曲线结果

| Variable 1 | FHL |
| --- | --- |
| Variable 2 | SG |
| Variable 3 | TZ |
| Variable 4 | XW |
| Classification variable | group |

| Sample size | | 590 |
| --- | --- | --- |
| Positive group : | group = 1 | 303 |
| Negative group : | group = 0 | 287 |

| | AUC | SE [a] | 95% CI [b] |
| --- | --- | --- | --- |
| FHL | 0.953 | 0.00829 | 0.933 to 0.969 |
| SG | 0.936 | 0.00972 | 0.913 to 0.955 |
| TZ | 0.811 | 0.0174 | 0.777 to 0.842 |
| XW | 0.712 | 0.0208 | 0.673 to 0.748 |

[a] DeLong et al., 1988
[b] Binomial exact

图 22-17　ROC 曲线下面积

| FHL ~ SG | |
|---|---|
| Difference between areas | 0.0166 |
| Standard Error [c] | 0.0109 |
| 95% Confidence Interval | −0.00475 to 0.0379 |
| z statistic | 1.524 |
| Significance level | $P = 0.1276$ |
| FHL ~ TZ | |
| Difference between areas | 0.142 |
| Standard Error [c] | 0.0170 |
| 95% Confidence Interval | 0.109 to 0.175 |
| z statistic | 8.352 |
| Significance level | $P < 0.0001$ |
| FHL ~ XW | |
| Difference between areas | 0.241 |
| Standard Error [c] | 0.0203 |
| 95% Confidence Interval | 0.202 to 0.281 |
| z statistic | 11.882 |
| Significance level | $P < 0.0001$ |
| SG ~ TZ | |
| Difference between areas | 0.125 |
| Standard Error [c] | 0.0153 |
| 95% Confidence Interval | 0.0952 to 0.155 |
| z statistic | 8.171 |
| Significance level | $P < 0.0001$ |
| SG ~ XW | |
| Difference between areas | 0.225 |
| Standard Error [c] | 0.0206 |
| 95% Confidence Interval | 0.184 to 0.265 |
| z statistic | 10.928 |
| Significance level | $P < 0.0001$ |
| TZ ~ XW | |
| Difference between areas | 0.0996 |
| Standard Error [c] | 0.0154 |
| 95% Confidence Interval | 0.0693 to 0.130 |
| z statistic | 6.451 |
| Significance level | $P < 0.0001$ |

[c] DeLong et al., 1988

图 22-18　ROC 曲线面积比较

### 22.2.3 问题（3）多指标联合诊断

前面我们学过 Logistic 回归，我们可以利用身高、体重、胸围和肺呼量去预测性别，去构建一个二项 Logistic 回归模型，然后将 logistic 回归的预测概率值作为一个新的综合指标，然后再诊断大学生的性别。

**实战步骤**

（1）打开上述 22.1.sav 数据库。将组别放入因变量，将身高、体重、胸围和肺呼量放入协变量框，如图 22-19 所示。

（2）点击"保存"，如图 22-20 所示，勾选预测值"概率"。

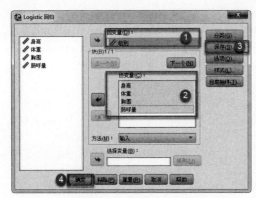
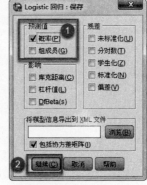

图 22-19　Logistic 回归　　　　　图 22-20　Logistic 回归：保存

（3）运行结果，如图 22-21 所示，在数据视图，产生预测的概率值。

（4）继续进行 ROC 曲线，如图 22-22 所示，将产生的预测概率放入协变量框。

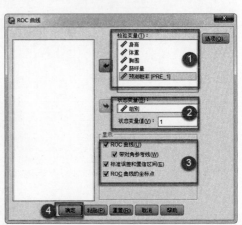

图 22-21　Logistic 回归结果数据视图　　　　图 22-22　ROC 曲线

**结果解读**

由图 22-23 可见，图中 1 号标记的曲线其曲线下面积最大，1 号曲线为预测概率，可见 Logistic 回归联合概率预测的诊断价值更大。图中 1 代表预测概率，2 代表肺呼量，3 代表身高，4 代表体重，5 代表胸围。

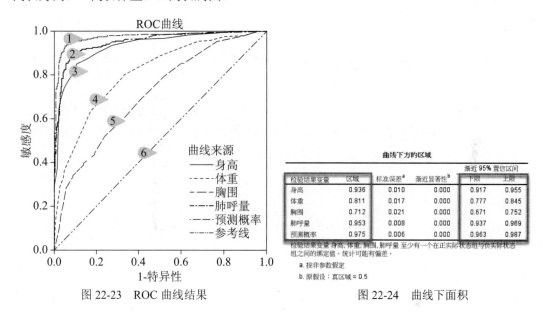

图 22-23　ROC 曲线结果　　　　　　图 22-24　曲线下面积

**知识拓展**

（1）虽然上面利用 Logistic 回归联合预测因子进行 ROC 诊断的效率最高，但很多人认为缺乏实际可操作性。因为预测概率必须通过模型得出，不是实际可观测的指标。于是利用 Logistic 回归得到方程，比如：Logit（P）=5× 身高 +25× 体重 -15× 胸围，此时把 Logit（P）就当作联合预测因子 L，让后面所有的系数除以最小的系数（其实除以其中的任何一个都可以，本例除以 5），则方程 L=1× 身高 +5× 体重 -3× 胸围，然后将受试者身高、体重和胸围代入方程，得到 L 评分，对 L 评分再次进行 ROC，寻找界值，这种方法的可操作性较强。因为以后只要检测了上述 3 指标，直接就能得到 L 评分，根据 L 评分大小就能进行诊断或者风险预测了。

（2）ROC 曲线除了计量资料外，等级资料也可以做 ROC 曲线，常见于影像学分析，做法同计量资料 ROC 曲线，此处不赘。

# 第 23 章 中介效应与调节效应

在研究 $X$ 与 $Y$ 之间的关系时，常常会受到第三个变量的影响，根据第三个变量对 $X$、$Y$ 的作用，可以分为中介效应和调节效应。

## → 23.1 中介效应与调节效应简介

在社会科学研究中，研究自变量（$X$）对应变量（$Y$）影响时，常会受到第三个变量（$M$）的影响。如果影响模式如图 23-1 所示，$M$ 仅对 $Y$ 有影响，但 $M$ 与 $X$ 没有关系时，我们可以把 $M$ 当做协变量来处理，$X$ 与 $M$ 均为分类变量时，采用方差分析；$X$ 为分类，$M$ 为连续变量，可以采用协方差；$X$ 为连续，$M$ 为连续，采用回归分析；$X$ 为连续，$M$ 为分类，可以采用分层回归分析进行解释。

然而很多时候，$M$ 对 $X$ 会发生一定的作用，如 $X$ 通过 $M$ 影响 $Y$ 的中介作用，如图 23-2（a）部分中介作用，$X$ 对 $Y$ 有直接作用，也可以通过 $M$ 对 $Y$ 起作用，犹如 $X$ 和 $Y$ 是同班同学，但是通过 $M$ 正式介绍，成为男女朋友关系；图 23-2（b）完全中介作用，$X$ 对 $Y$ 的作用完全通过 $M$ 传达。例如，某种治疗癌症的药物（$X$）需要通过特定的酶（$M$）才能有效杀死肿瘤细胞（$Y$），如果体内缺少这种酶，药物的作用将失效或作用大大降低。可见中介变量是参与整个因果过程中的重要一环，不可或缺，正因如此，中介效应分析的前提是变量间存在明确的（理论上或事实上的）因果关系。

另一种情况是，$X$ 对 $Y$ 发生作用，但作用强度的大小与方向会受到 $M$ 的影响，如图 21-3 所示，此时 $M$ 就是调节变量，所发生的效应称为调节效应。

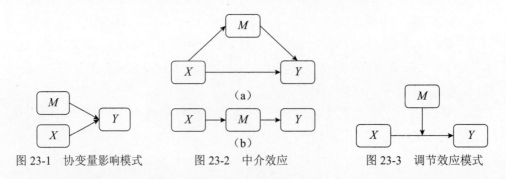

图 23-1 协变量影响模式　　　图 23-2 中介效应　　　图 23-3 调节效应模式

中介效应像生活中的媒婆，青年男女通过媒婆得以认识；调节效应更像小三，时时刻刻影响着夫妻之间的关系。

在统计处理上，中介效应通过依次回归实现，图 23-4 为中介效应分析路径图，自变量 $X$ 对因变量 $Y$ 的影响，如果 $X$ 变量通过影响 $M$ 变量来影响 $Y$ 变量，则 $M$ 为中介变量。通常将变量经过中心化转化后，得方程 1：$Y=cX+e_1$；方程 2：$M=aX+e_2$；方程 3：$Y=c'X+bM+e_3$。其中，$c$ 是 $X$ 对 $Y$ 的总效应，$a \cdot b$ 是经过中介变量 $M$ 的中介效应，$c'$ 是直接效应。当只有一个中介变量时，效应之间有 $c=c'+ab$，中介效应的大小用 $c-c'=ab$ 来衡量。

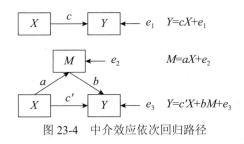

图 23-4　中介效应依次回归路径

显变量的调节效应分析方法。分为四种情况讨论。1）当自变量是类别变量，调节变量也是类别变量时，做两因素交互效应的多因素方差分析，交互效应即调节效应；2）自变量使用哑变量，调节变量是连续变量时，将因变量、自变量和调节变量中心化，做 $Y = aX + bM + e_1$；$Y = aX + bM + cXM + e_2$ 的层次回归分析：①做 $Y$ 对 $X$ 和 $M$ 的回归，得决定系数 $R_{12}$；②做 $Y$ 对 $X$、$M$ 和 $XM$ 的回归得 $R_{22}$，若 $R_{22}$ 显著高于 $R_{12}$，则调节效应显著。或者，做 $XM$ 的回归系数检验，若 $c$ 显著，则调节效应显著；3）当自变量是连续变量，调节变量是类别变量时，做分组回归分析：按 $M$ 的取值分组，将因变量和自变量中心化后做 $Y$ 对 $X$ 的回归，若回归系数的差异显著，则调节效应显著；4）当自变量是连续变量，调节变量是连续变量时，将因变量、自变量和调节变量中心化后，同 2）做层次回归分析。

潜变量的调节效应分析方法。分两种情形讨论：1）当调节变量是类别变量时，做分组结构方程分析。做法是，先将两组的结构方程回归系数限制为相等，得到一个 $\chi^2$ 值和相应的自由度，然后去掉这个限制，重新估计模型，又得到一个 $\chi^2$ 值和相应的自由度。前面的 $\chi^2$ 减去后面的 $\chi^2$ 得到一个新的 $\chi^2$，其自由度就是两个模型的自由度之差。如果 $\chi^2$ 检验结果是统计显著的，则调节效应显著；2）当调节变量和自变量都是潜变量时，有许多不同的分析方法，最方便的是 Marsh，Wen 和 Hau 提出的无约束的模型。

SPSS 实现中介效应与调节效应其实就是利用回归来做，近年 Hayes 开发了一款专门处理中介效应与调节效应的插件，功能比 SPSS 实现更加方便与强大，可以处理 76 种中介与调节效应的模型，下面对 SPSS 实现中介效应与调节效应分别进行介绍。

## 23.2 中介效应 SPSS 实现

### 23.2.1 案例实战

研究工作认同感与工作绩效之间心理因素（焦虑）的意义，数据见 data23.1.sav。原始数据包括：工作不被认同、焦虑、工作绩效 3 个变量，试分析焦虑是否为领导不认同导致工作效率下降的中介变量。

### 23.2.2 案例解读

本例研究的自变量（$X$）为"工作不被认同"；中介变量（$M$）为"焦虑"，因变量（$Y$）为"工作绩效"。探讨焦虑是否在工作不被认同与工作绩效间的作用。

### 23.2.3 实战步骤

（1）打开数据 data23.1.sav，按照图 23-4 分别做 3 次回归，先做第一条回归，$Y=cX+e_1$。

（2）分析→回归→线性，如图 23-5 所示，将工作绩效放入"因变量"框，工作不被认同放入"块（B）"，方法选择"输入法"，点击"确定"运行。

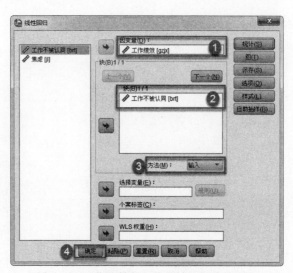

图 23-5 工作业绩与工作不被认同线性回归

（3）继续做如下 2 个方程，如图 23-6 和图 23-7 所示。

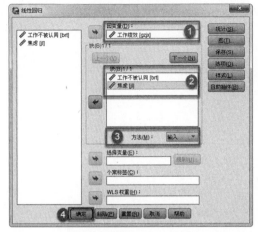

图 23-6　工作业绩与焦虑和工作不被认同线性回归

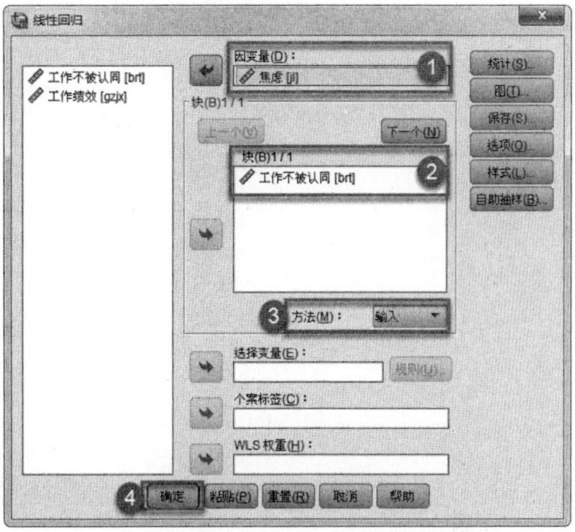

图 23-7　焦虑与工作不被认同线性回归

## 23.2.4　结果解读

（1）图 23-8 为工作绩效与工作不被认同线性回归结果，$F$=414.265，$P$=0.000，说明回归模型有意义，工作不被认同 $t$ 检验 $t$=20.354，$P$=0.000，回归系数有意义，标准化回归系数为 0.678，即模型 $Y=cX+e_1$ 中，$c$=0.678。

（2）图 23-9 为工作绩效与焦虑、工作不认同回归结果，即方程 $Y=c'X+bM+e_3$ 分析结果，得到 $F$=235.490，$P$=0.000，模型有意义；焦虑与工作不被认同回归系数 $t$ 检验，$P$ 均小于 0.05，说明回归系数有意义，本例 $c'$=0.564，$b$=0.213。

A　ANOVA[a]

| 模型 | | 平方和 | 自由度 | 均方 | F | 显著性 |
|---|---|---|---|---|---|---|
| 1 | 回归 | 206.308 | 1 | 206.308 | 414.265 | 0.000[b] |
| | 残差 | 242.531 | 487 | 0.498 | | |
| | 总计 | 448.839 | 488 | | | |

a. 因变量：工作绩效
b. 预测变量：(常量), 工作不被认同

B　系数[a]

| 模型 | | 未标准化系数 B | 未标准化系数 标准误差 | 标准化系数 Beta | t | 显著性 |
|---|---|---|---|---|---|---|
| 1 | (常量) | 0.608 | 0.088 | | 6.894 | 0.000 |
| | 工作不被认同 | 0.804 | 0.040 | 0.678 | 20.354 | 0.000 |

a. 因变量：工作绩效

图 23-8　工作绩效与不认同结果

A　ANOVA[a]

| 模型 | | 平方和 | 自由度 | 均方 | F | 显著性 |
|---|---|---|---|---|---|---|
| 1 | 回归 | 220.897 | 2 | 110.449 | 235.490 | 0.000[b] |
| | 残差 | 227.941 | 486 | 0.469 | | |
| | 总计 | 448.839 | 488 | | | |

a. 因变量：工作绩效
b. 预测变量：(常量), 焦虑, 工作不被认同

B　系数[a]

| 模型 | | 未标准化系数 B | 未标准化系数 标准误差 | 标准化系数 Beta | t | 显著性 |
|---|---|---|---|---|---|---|
| 1 | (常量) | 0.418 | 0.092 | | 4.536 | 0.000 |
| | 工作不被认同 | 0.670 | 0.045 | 0.564 | 14.773 | 0.000 |
| | 焦虑 | 0.225 | 0.040 | 0.213 | 5.577 | 0.000 |

a. 因变量：工作绩效

图 23-9　工作绩效与焦虑、工作不认同回归结果

（3）图 23-10 为焦虑与工作不被认同回归结果，即方程 $M=aX+e_2$ 结果，$F$=193.247，$P$=0.000，说明建立的回归方程有意义；工作不被认同回归系数 $t$ 检验，$t$=13.901，$P$=

0.000，回归系数有意义，方程中的系数 $a$=0.533。

**ANOVA**[a]

| 模型 | | 平方和 | 自由度 | 均方 | F | 显著性 |
|---|---|---|---|---|---|---|
| 1 | 回归 | 113.871 | 1 | 113.871 | 193.247 | 0.000[b] |
| A | 残差 | 286.966 | 487 | 0.589 | | |
| | 总计 | 400.837 | 488 | | | |

a. 因变量：焦虑

b. 预测变量：(常量), 工作不被认同

**系数**[a]

| 模型 | | 未标准化系数 | | 标准化系数 | t | 显著性 |
|---|---|---|---|---|---|---|
| | | B | 标准误差 | Beta | | |
| 1 | (常量) | 0.843 | 0.096 | | 8.790 | 0.000 |
| B | 工作不被认同 | 0.597 | 0.043 | 0.533 | 13.901 | 0.000 |

a. 因变量：焦虑

图 23-10　焦虑与工作不被认同回归结果

因此本例是部分中介效应。自变量“工作不被认同”对因变量“工作绩效”的中介效应不完全通过中介变量“焦虑”的中介来达到其影响，“工作不被认同”对“工作绩效”有部分直接效应，中介效应对总效应的贡献率为：

Effect $M=ab/c$=0.533×0.213/0.678=0.167（16.7%），中介效应解释了因变量的方差变异为 sqrt（0.490-0.459）=0.176（17.6%）。

## 23.3　调节效应 SPSS 实现（$X$ 与 $M$ 均为分类变量）

调节效应根据自变量 $X$ 与调节变量 $M$ 的变量属性的不同，统计分析见表 23-1。

**表 23-1　显变量调节效应的分析方法**

<table>
<tr><th rowspan="2">调节变量（M）</th><th colspan="2">自变量（X）</th></tr>
<tr><th>类　别</th><th>连　续</th></tr>
<tr><td>类别</td><td>两因素有交互效应的方差分析（ANOVA），交互效应即调节效应。</td><td>分组回归：按 $M$ 的取值分组，做 $Y$ 对 $X$ 的回归。若回归系数的差异显著，则调节效应显著。</td></tr>
<tr><td>连续</td><td>自变量使用伪变量，将自变量和调节变量中心化，做<br>$Y=aX+bM+cXM+e$<br>的层次回归分析：<br>1. 做 $Y$ 对 $X$ 和 $M$ 的回归，得测定系数 $R_1^2$。<br>2. 做 $Y$ 对 $X$、$M$ 和 $XM$ 的回归得 $R_2^2$，若 $R_2^2$ 显著高于 $R_1^2$，则调节效应显著。或者，做 $XM$ 的回归系数检验，若显著，则调节效应显著</td><td>将自变量和调节变量中心化，做<br>$Y=aX+bM+cXM+e$<br>的层次回归分析（同左）。<br>除了考虑交互效应项 $XM$ 外，还可以考虑高阶交互效应项（如 $XM^2$，表示非线性调节效应；$MX^2$，表示曲线回归的调节）</td></tr>
</table>

### 23.3.1 案例实战

在一项心理学研究中，某研究者研究教师的性格与性别对学生考试得分的影响，判断性格在教师性别与学生考试得分中是否表现为调节作用，数据见 data23.2.sav。

### 23.3.2 案例实战

打开数据，分析——一般线性模型—单变量；如图 23-11 所示，将得分放入"因变量"，将性别、性格放入"固定因子"框，模型里面默认就是全因子模型，即考虑交互作用的模型，因此保持默认。点击"确定"运行。

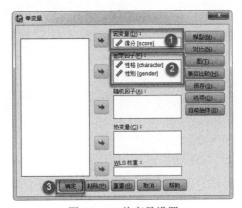

图 23-11　单变量设置

### 23.3.3 结果解读

分析结果见图 23-12，可见性格（character）和性别（gender）对得分均有作用，但性格与性别之间没有交互作用，即没有调节作用。

主体间效应检验

因变量：得分

| 源 | III 类平方和 | 自由度 | 均方 | F | 显著性 |
|---|---|---|---|---|---|
| 修正模型 | 175.867a | 5 | 35.173 | 5.914 | 0.000 |
| 截距 | 3162.133 | 1 | 3162.133 | 531.686 | 0.000 |
| character | 86.467 | 2 | 43.233 | 7.269 | 0.001 |
| gender | 76.800 | 1 | 76.800 | 12.913 | 0.000 |
| character * gender | 12.600 | 2 | 6.300 | 1.059 | 0.350 |
| 误差 | 678.000 | 114 | 5.947 | | |
| 总计 | 4016.000 | 120 | | | |
| 修正后总计 | 853.867 | 119 | | | |

a. R 方 = 0.206（调整后 R 方 = 0.171）

图 23-12　单变量结果

## 23.4 调节效应 SPSS 实现（$M$ 为分类变量，$X$ 为连续变量）

### 23.4.1 案例实战

某研究者研究胸围对肺呼量的影响，考虑到性别可能会起到调节作用，数据文件见 data23.3.sav，试对数据进行分析。

### 23.4.2 案例实战

（1）打开数据库，点击菜单，数据→拆分文件，如图 23-13 设置。

（2）分析→回归→线性，如图 23-14 所示，将肺呼量放入"因变量"，胸围放入"块（B）"，统计按钮勾选"$R^2$ 变化"。

图 23-13 拆分文件

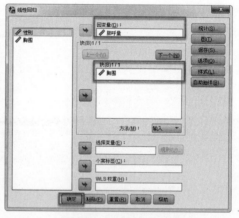

图 23-14 线性回归设置

### 23.4.3 结果解读

（1）模型验证分析结果见图 23-15，可见男生组和女生组的回归模型都是有意义的。$F_{男}=102.889$，$P=0.000$，$F_{女}=6.974$，$P=0.009$。

（2）模型方程结果见图 23-16，根据男生、女生胸围的回归系数的 t 检验结果，发现回归系数均是有意义的。然后需要对 2 个回归系数进行假设检验，但 SPSS 不能直接对 2 个回归系数进行检验，但可以计算其各自的 95% 可信区间。发现男生胸围回归系数的 95%CI：47.802～70.814；女生胸围回归系数的 95%CI：2.656～18.204，两个 95% 可信区间之间没有重合，或者说完全分离，因此，2 个回归系数之间差异有统计学意义。

进一步说明性别会调节胸围对肺呼量的作用。

**ANOVA**

| 性别 | 模型 | | 平方和 | 自由度 | 均方 | F | 显著性 |
|---|---|---|---|---|---|---|---|
| 男 | 1 | 回归 | 32369576.96 | 1 | 32369576.96 | 102.889 | 0.000b |
| | | 残差 | 94696213.44 | 301 | 314605.360 | | |
| | | 总计 | 127065790.4 | 302 | | | |
| 女 | 1 | 回归 | 1666067.649 | 1 | 1666067.649 | 6.974 | 0.009b |
| | | 残差 | 68082642.78 | 285 | 238886.466 | | |
| | | 总计 | 69748710.43 | 286 | | | |

a. 因变量：肺呼量
b. 预测变量：(常量), 胸围

图 23-15　模型检验

**系数**

| 性别 | 模型 | | 未标准化系数 | | 标准化系数 | t | 显著性 | B 的 95.0% 置信区间 | |
|---|---|---|---|---|---|---|---|---|---|
| | | | B | 标准误差 | Beta | | | 下限 | 上限 |
| 男 | 1 | (常量) | -1081.788 | 490.926 | | -2.204 | 0.028 | -2047.871 | -115.706 |
| | | 胸围 | 59.308 | 5.847 | 0.505 | 10.143 | 0.000 | 47.802 | 70.814 |
| 女 | 1 | (常量) | 1687.039 | 317.694 | | 5.310 | 0.000 | 1061.715 | 2312.364 |
| | | 胸围 | 10.430 | 3.950 | 0.155 | 2.641 | 0.009 | 2.656 | 18.204 |

a. 因变量：肺呼量

图 23-16　模型方程及回归系数检验

## → 23.5　调节效应 SPSS 实现（M 为连续变量，X 为分类或者连续变量）

### 23.5.1　案例实战

有研究者研究胸围对肺呼量的影响，考虑到身高可能对其产生调节作用，数据见 data23.4.sav，试做统计分析。

### 23.5.2　案例实战

（1）打开数据，点击转换→计算变量，计算新的变量 XM= 胸围 × 身高，如图 23-17 所示。

（2）点击菜单，分析—回归—线性，如图 23-18 所示，将肺呼量放入"因变量"框，将身高和胸围放入"块（B）1/2"。

（3）点击"统计"，勾选"R 方变化量"和系数 95% 区间，如图 23-19 所示。

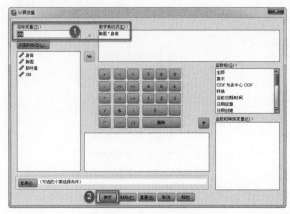
图 23-17 计算变量

图 23-18 层次回归设置

（4）点击"继续"，弹出图 23-20，将 XM 放入"块（B）2/2"，点击"确定"运行。

图 23-19 统计设置

图 23-20 层次线性回归设置

### 23.5.3 结果解读

（1）模型 $R$ 方，由图 23-21 可知模型 2 的 $R$ 方 0.574 比模型 1 的 $R$ 方 0.548 多出 0.026，这就是 $R$ 方变化量，$P=0.000<0.05$，因此 $R$ 方变化量是有意义的。

模型摘要

| 模型 | R | R 方 | 调整后 R 方 | 标准估算的误差 | 更改统计 | | | | |
|---|---|---|---|---|---|---|---|---|---|
| | | | | | R 方变化量 | F 变化量 | 自由度 1 | 自由度 2 | 显著性 F 变化量 |
| 1 | 0.741[a] | 0.550 | 0.548 | 601.196 | 0.550 | 358.445 | 2 | 587 | 0.000 |
| 2 | 0.759[b] | 0.576 | 0.574 | 584.105 | 0.026 | 35.854 | 1 | 586 | 0.000 |

a. 预测变量：(常量)，身高，胸围
b. 预测变量：(常量)，身高，胸围，XM

图 23-21 模型摘要

（2）方程检验，由图 23-22 可知，2 个模型 *P* 均为 0.000，小于 0.05，因此 2 个模型皆有统计学意义。

**ANOVA**[a]

| 模型 | | 平方和 | 自由度 | 均方 | F | 显著性 |
|---|---|---|---|---|---|---|
| 1 | 回归 | 259110248.1 | 2 | 129555124.0 | 358.445 | 0.000[b] |
| | 残差 | 212163066.8 | 587 | 361436.230 | | |
| | 总计 | 471273314.9 | 589 | | | |
| 2 | 回归 | 271342825.5 | 3 | 90447608.49 | 265.104 | 0.000[c] |
| | 残差 | 199930489.4 | 586 | 341178.310 | | |
| | 总计 | 471273314.9 | 589 | | | |

a. 因变量：肺呼量

b. 预测变量：(常量), 身高, 胸围

c. 预测变量：(常量), 身高, 胸围, XM

图 23-22　方程检验

（3）方程系数，由图 23-23 可知 *XM*（即胸围 × 身高）的回归系数为 2.059，*t*=5.988，*P*=0.000<0.05，因此 *XM* 回归系数是有意义的，即意味着身高对胸围与肺呼量间的作用存在着调节作用。

**系数**[a]

| 模型 | | 未标准化系数 | | 标准化系数 | t | 显著性 | B 的 95.0% 置信区间 | |
|---|---|---|---|---|---|---|---|---|
| | | B | 标准误差 | Beta | | | 下限 | 上限 |
| 1 | (常量) | -10962.992 | 530.571 | | -20.663 | 0.000 | -12005.042 | -9920.943 |
| | 胸围 | 25.913 | 3.908 | 0.194 | 6.631 | 0.000 | 18.237 | 33.588 |
| | 身高 | 73.377 | 3.285 | 0.655 | 22.338 | 0.000 | 66.926 | 79.829 |
| 2 | (常量) | 16579.651 | 4628.578 | | 3.582 | 0.000 | 7489.030 | 25670.273 |
| | 胸围 | -301.905 | 54.879 | -2.264 | -5.501 | 0.000 | -409.688 | -194.121 |
| | 身高 | -99.675 | 29.076 | -0.889 | -3.428 | 0.001 | -156.781 | -42.568 |
| | XM | 2.059 | 0.344 | 3.308 | 5.988 | 0.000 | 1.383 | 2.734 |

a. 因变量：肺呼量

图 23-23　回归方程

## ➔ 23.6　Process 插件安装

上面介绍的都是基于 SPSS 实现中介效应与调节效应的方法，过程稍微复杂那么一点，于是 Andrew F.Hayes 博士，专门编写了一个基于 SPSS 的中介效应与调节效应分析的 Process 插件，安装后，可以直接在 SPSS 中利用菜单和 GUI 窗口进行中介与调节效应分析。目前 Process3.0 已经可以处理 92 种模型，实力非常强劲。

**安装步骤**

（1）打开 SPSS24.0 软件，点击菜单扩展→实用程序→安装定制对话框（兼容方式），如图 23-24 所示。如果是 SPSS23 及以前版本，如图 23-25 所示。

图 23-24　SPSS 24.0 及之后版本插件安装位置　　图 23-25　SPSS 23.0 及之前版本插件安装位置

（2）找到 Process 安装程序，你可以到 Andrew F.Hayes 博士主页下载，也可以见随书数据文件，主页网址（http: //afhayes.com/index.html）。安装成功弹出图 23-27 确定页面，点击"确定"，此时 Process 插件就安装成功了。

图 23-26　安装对话框　　　　　　　　　　图 23-27　安装成功确定页面

（3）Prcoess 所在位置，在图 23-28，分析—回归中，细心的你会发现，松哥安装了 2 个版本的，上面为 Process 3.0，下面为 Process 2.16，建议大家安装 3.0 版本，因为 Process 2.16 只能处理 76 个模型，Process 3.0 可以处理 92 个模型。

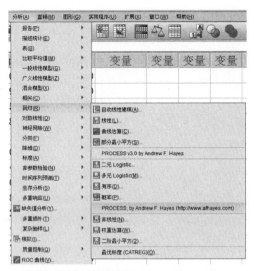

图 23-28 安装后 Process 所在位置

## → 23.7 Process 分析中介效应

继续以前面 data23.1 案例为例，采用 Process 进行中介效应分析。

### 23.7.1 实战步骤

（1）分析—回归—Process，弹出图 23-29，Process 主界面，将工作绩效放入"Y 变量框"，将焦虑放入"Mediator（S）"框，工作不被认同放入"X 变量框"，模型数选择 4。

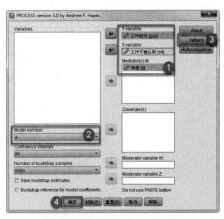

图 23-29 Process 主对话框

（2）Model number 如何设置。Process 虽然可以实行对话框操作，但如何选择模型，必须要有 Process 模型选择手册，见数据文件，图 23-30 和图 23-31 符合我们本例研究。因此选择 4。如果你以后进行自己数据的分析，一定先在手册中找到对应的模型，看好是几号模型，然后正确选择才可以进行正确的分析，否则就会出错了。

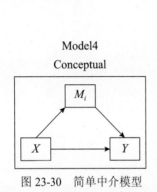
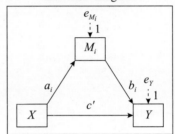

图 23-30　简单中介模型　　　图 23-31　简单中介对应的统计模型

（3）点击 option：选择"show total effect model"，点击"确定"，如图 23-32 所示。

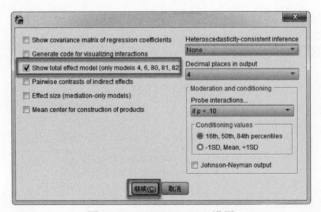

图 23-32　Process option 设置

### 23.7.2　结果解读

（1）模型摘要：图 23-33 告诉我们采用模型 4，Y、X 和 M 分别为什么变量，以及样本量为 489 人。后续给出 3 个模型，结果解释参见前面 SPSS 实现部分，此处不赘。

（2）效应结果，如图 23-34 所示，因为是自编插件，非官方正式产品，因此结果会有一点点的错位，由图23-34可知$X$和$Y$的总效应为0.8042，95%CI：0.7266～0.8819，$P$=0.000<0.05，因此$X$-$Y$总效应有统计学意义。$X$对$Y$的直接效应为0.6695，95%CI：0.5805～0.7586，$P$=0.000<0.05，因此$X$对$Y$存在直接效应。$X$对$Y$的间接效应为0.1347，95%CI：0.0806～0.1950。因此本例焦虑对工作不被认同对工作绩效的影响模型为间接中介模型。如果本例直接效应无统计学意义，那么就是完全中介模型。后面B部分告诉我们采用的是95%可信区间进行了5000次自抽样计算。

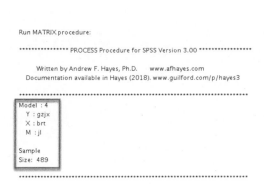

图23-33　模型摘要

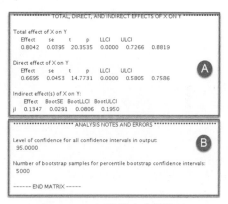

图23-34　间接效应分析结果

## → 23.8　Process 分析调节效应

以 data23.3 为例，采用 Process 进行统计分析。

### 23.8.1　实战步骤

（1）首先打开 Process 模型选择手册，找到对应的模型，如图23-35和23-36，应该选择 Model1。

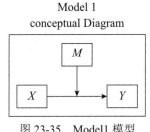

图23-35　Model1 模型

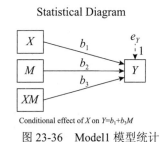

图23-36　Model1 模型统计

（2）打开数据，分析—回归—Process，如图 23-37 所示，将肺呼量放入 $Y$，胸围放入 $X$，性别放入调节效应 $W$；模型选择 Model1。

（3）Options 设置：如图 23-38，勾选"effect size"，点击"继续"，回主对话框，点击"确定"运行。

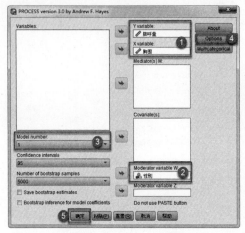

图 23-37　Process 主对话框

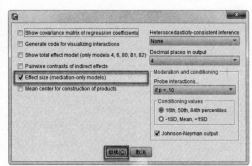

图 23-38　option 设置

### 23.8.2　结果解读

（1）模型一般情况，图 23-39 告诉我们 $Y$、$X$ 和 $W$ 如何定义的，以及 590 为样本量。

（2）模型结果，图 23-40（A）部分为模型摘要，$R\text{-}sq$（$R$ 方）=0.6546，$P$=0.000<0.05，因此建立的模型是有意义的。23-40（B）部分为构建的具体的模型，其中 int_1 为胸围与性别的交互项，系数为 -48.8777，$P$=0.000<0.05，说明存在交互作用，意味着调节效应存在。23-40（C）部分为交互项的 $R$ 方改变量值为 0.0291，$P$=0.000<0.05，因此，增加交互项，确实能改变模型的效能，也再次证实调节效应存在。

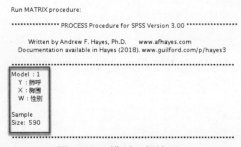

图 23-39　模型一般情况

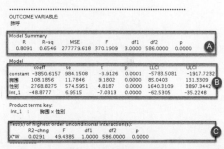

图 23-40　模型结果

（3）分层分析结果，如图 23-41 所示，按照性别分层，得到分别在男生和女生中，胸围都影响肺呼量。

图 23-41　分层分析结果

**知识拓展**

排除 R、SAS 软件，以 SPSS 系列分析为例，中介效应和调节效应可以采用 SPSS 实现、Process 实现以及 AMOS 实现；Process 可以完全替代 SPSS 的中介和调节效应分析，但和 SPSS 一样，均只能进行显变量分析，无法进行潜变量的分析；AMOS 可以实现潜变量与显变量的中介效应与调节效应，中介效应上比 Process 做得好；但对于显变量的调节效应，Process 优于 AMOS。

# 第 24 章 倾向性评分

科学研究组间比较往往要求基线资料可比,或者说一些重要的影响因素组间要均衡,然而来自真实世界的研究,往往达不到这样的要求。对于这种情况,一般研究开始前对研究对象进行随机分组,或资料进行匹配,数据收集后进行分层分析或者多因素分析来进行校正。

倾向性评分(propensity score,PS)是一种可用于在非随机对照研究中涉及较多混杂因素情况下做因果推断的方法,是研究数据已经收集后,再对基线进行匹配的方法,在医学、心理学、社会学等领域的应用日趋流行,但目前多需要编程实现,因而限制了该方法的普遍使用。非统计专业人员最常使用的软件 SPSS 中尚无现成的 PS 配比模块,但是可通过安装有关插件获得点击式分析模块,本章借助 SPSS 软件进行讲解无须编程的倾向评分模块(PSM)。倾向性评分按具体用途,可以分为倾向性匹配、倾向性分层、倾向性评分回归和倾向性评分加权。

## → 24.1 PSM 匹配

### 24.1.1 简介

倾向评分法(propensity score method)是由 Rosen-baum 和 Rubin 于 20 世纪 80 年代提出的,2000 年之后,这一方法日益受到人们的关注。国际上越来越多的研究者将倾向评分法应用到流行病学、健康服务研究、经济学以及社会科学等许多领域。

### 24.1.2 基本思想

倾向评分法能够将多个混杂变量综合为一个变量(倾向评分),通过平衡两对比组的倾向评分而有效地均衡混杂变量(也称协变量)的分布,从而达到控制混杂偏倚的目的。倾向评分是反映所有观察到的协变量(均衡变量)在两组间均衡性的一个近似函数。它最大限度地概括了特征变量的作用,因而可以有效地保持处理组和对照组间特征变量的均衡性,使两组间各个特征变量均衡一致,如图 24-1 所示。

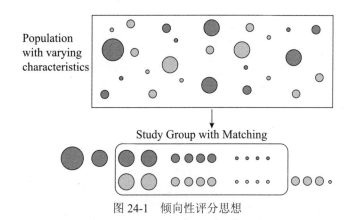

图 24-1　倾向性评分思想

### 24.1.3　案例实战

某位医生采用 2 种治疗方案治疗 COPD，研究效应指标为 COPD 病人的肺呼量，但由于是对科室既往病例的回顾性分析，因此，2 种治疗方案组人群的身高、体重和胸围基线数据存在差异，该医生想采用倾向性评分进行匹配基线近似的病例进行后续分析，该如何实现？

### 24.1.4　实战步骤

（1）我们先分析一下，如果不进行匹配，2 种治疗方法之间的肺呼量是否有差异，打开数据 data24.1.sav，分析—比较平均值—独立样本 $t$ 检验，如图 24-2 操作，将研究效应指标肺呼量放入"检验变量"框，group 放入"分组变量"，并定义为 0，1。点击"确定"运行。

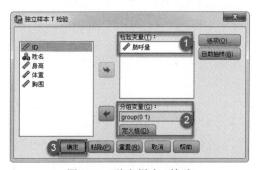

图 24-2　独立样本 $t$ 检验

（2）独立 $t$ 检验结果：前面 $t$ 检验部分已经详细介绍 2 独立 $t$ 检验的 3 步解读法，

在此不再赘述,直接看最终结果,如图 24-3 所示,$t=-28.542$,$P=0.000<0.05$,因此试验组与对照组治疗效果之间差异存在统计学意义。然而,这样的结果很可能是两组的基线如身高、体重和胸围不同导致的。

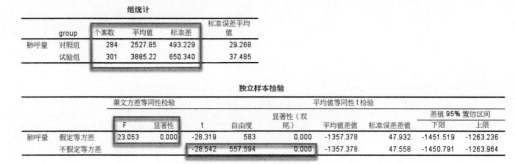

图 24-3　独立 $t$ 检验结果

（3）基线验证,继续进行 2 独立样本 $t$ 检验,但此时比较的是两组的 3 个基线指标之间有无差异。如图 24-4 所示,将 3 个基线指标放入"检验变量"框,分组变量为（0,1）。点击"确定"运行。

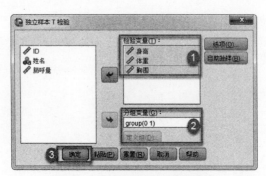

图 24-4　基线 2 独立 $t$ 检验比较

（4）基线比较结果：由图 24-5 可知,身高、体重和胸围在 2 组间均存在着统计学差异,那就说明,2 组间的肺呼量差异,很有可能是基线不同导致的,不一定就是治疗的效果。

（5）倾向性评分：点击数据—倾向得分匹配,如图 24-6 所示,弹出图 24-7,倾向性评分界面。

将 group 放入组指示符,将 3 个基线指标身高、体重和胸围放入协变量框用于校正；在倾向变量名中输入一个新的倾向性评分变量,本例写成 $PS$；匹配容差是指匹配的精准程度,取值范围为 0～1,越接近 0 越精准,越接近 1 匹配越模糊,建议初始值为 0.1,

然后根据结果再进行调整。个案标识放入 ID 变量；匹配标识变量需新建一个，本例为 aa；输出数据集名称，新建一个为 test，新建后分析结果将产生一个新的数据集。

组统计

| | group | 个案数 | 平均值 | 标准差 | 标准误差平均值 |
|---|---|---|---|---|---|
| 身高 | 对照组 | 284 | 158.357 | 5.1914 | 0.3081 |
| | 试验组 | 301 | 170.096 | 5.6149 | 0.3236 |
| 体重 | 对照组 | 284 | 50.805 | 5.9409 | 0.3525 |
| | 试验组 | 301 | 59.482 | 8.4508 | 0.4871 |
| 胸围 | 对照组 | 284 | 80.132 | 7.3393 | 0.4355 |
| | 试验组 | 301 | 83.777 | 5.5381 | 0.3192 |

独立样本检验

| | | 莱文方差等同性检验 | | 平均值等同性 t 检验 | | | | | | |
|---|---|---|---|---|---|---|---|---|---|---|
| | | F | 显著性 | t | 自由度 | 显著性（双尾） | 平均值差值 | 标准误差差值 | 差值 95% 置信区间 | |
| | | | | | | | | | 下限 | 上限 |
| 身高 | 假定等方差 | 0.600 | 0.439 | -26.213 | 583 | 0.000 | -11.7390 | 0.4478 | -12.6185 | -10.8594 |
| | 不假定等方差 | | | -26.273 | 582.763 | 0.000 | -11.7390 | 0.4468 | -12.6165 | -10.8614 |
| 体重 | 假定等方差 | 22.518 | 0.000 | -14.290 | 583 | 0.000 | -8.6772 | 0.6072 | -9.8698 | -7.4845 |
| | 不假定等方差 | | | -14.431 | 539.637 | 0.000 | -8.6772 | 0.6013 | -9.8583 | -7.4960 |
| 胸围 | 假定等方差 | 1.606 | 0.206 | -6.805 | 583 | 0.000 | -3.6454 | 0.5357 | -4.6974 | -2.5933 |
| | 不假定等方差 | | | -6.751 | 525.640 | 0.000 | -3.6454 | 0.5400 | -4.7061 | -2.5846 |

图 24-5　基线独立 t 检验结果

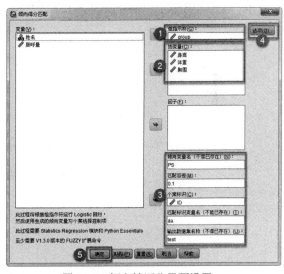

图 24-6　倾向性评分菜单　　　　　图 24-7　倾向性评分界面设置

（6）选项设置：如图 24-8 所示，合格个案数变量，自己新建，本例取名 CC，抽样方式选择"不放回"；并勾选"优先考虑完全匹配"结果。点击"继续""确定"运行。

（7）匹配结果：由图 24-9 可知，模糊匹配了 83 对数据，未发现精确配对的案例，218 个案例没匹配上。匹配设置的精度值为 0.1。

图 24-8　选项设置

图 24-9　匹配结果

（8）匹配数据集：分析结束，大家打开原始数据，会发现产生了 3 个变量，同时还产生了一个新的数据集 test。新数据集 test 与原数据变量都是一样的，只是 test 是匹配后的数据集，样本量少于旧数据集，主要看新数据集 test。如图 24-10 所示，其中 PS 为计算的倾向性评分值，软件按照此值的大小进行匹配，CC 为匹配分数变量，如 ID=30 的"章如平"，发现 2 个人和其 PS 非常接近，软件随机选择了 ID=352 的个案与其进行了匹配；aa 变量显示的数值就是与本行个案匹配的 ID。

| ID | 姓名 | group | 身高 | 体重 | 胸围 | 肺呼量 | PS | cc | aa |
|---|---|---|---|---|---|---|---|---|---|
| 24 | 管松 | 1 | 183.0 | 98.0 | 105.0 | 5562 | 0.99959 | 0 | . |
| 25 | 倪锐 | 1 | 165.0 | 52.0 | 84.0 | 3902 | 0.62280 | 1 | 556 |
| 26 | 张军 | 1 | 170.0 | 61.0 | 85.0 | 4085 | 0.91818 | 0 | . |
| 29 | 刘立曾 | 1 | 170.0 | 53.0 | 77.0 | 3741 | 0.90442 | 0 | . |
| 30 | 章如平 | 1 | 170.0 | 54.0 | 79.0 | 3984 | 0.90868 | 2 | 352 |
| 31 | 李前前 | 1 | 166.0 | 72.0 | 90.0 | 3787 | 0.71366 | 1 | 461 |
| 32 | 曾献付 | 1 | 172.0 | 70.0 | 93.0 | 4426 | 0.96654 | 0 | . |
| 33 | 项龙 | 1 | 174.0 | 52.0 | 78.0 | 4035 | 0.97915 | 0 | . |

图 24-10　匹配后新数据集

（9）选择匹配后数据：因为匹配后的数据集还包含一些未能匹配上的个案，因此，我们需要将匹配上的个案选出来进行统计分析。请大家选择个案，让 aa ≥ 1，如图 24-11 所示。

（10）匹配后基线比较：分析—比较平均值—独立样本 t 检验，如图 24-12 操作。

（11）匹配后数据基线比较结果：如图 24-13 所示，结果可见，按照 1∶1 匹配，共匹配了 83 对数据，并且匹配后数据基线比较，P 均大于 0.05，说明匹配后的数据 2 组在身高、体重和胸围上具有可比性。

图 24-11 选择个案

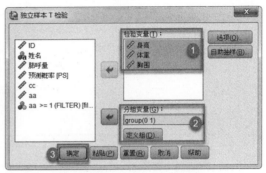

图 24-12 匹配后基线比较

组统计

| | group | 个案数 | 平均值 | 标准差 | 标准误差平均值 |
|---|---|---|---|---|---|
| 身高 | 对照组 | 83 | 162.771 | 5.0445 | 0.5537 |
| | 试验组 | 83 | 163.982 | 4.4560 | 0.4891 |
| 体重 | 对照组 | 83 | 54.325 | 6.3575 | 0.6978 |
| | 试验组 | 83 | 54.241 | 6.5343 | 0.7172 |
| 胸围 | 对照组 | 83 | 81.313 | 4.3285 | 0.4751 |
| | 试验组 | 83 | 81.139 | 4.2234 | 0.4636 |

独立样本检验

| | | 莱文方差等同性检验 | | 平均值等同性 t 检验 | | | | | | |
|---|---|---|---|---|---|---|---|---|---|---|
| | | F | 显著性 | t | 自由度 | 显著性(双尾) | 平均值差值 | 标准误差差值 | 差值 95% 置信区间 下限 | 上限 |
| 身高 | 假定等方差 | 0.441 | 0.507 | -1.639 | 164 | 0.103 | -1.2108 | 0.7388 | -2.6696 | 0.2479 |
| | 不假定等方差 | | | -1.639 | 161.540 | 0.103 | -1.2108 | 0.7388 | -2.6698 | 0.2481 |
| 体重 | 假定等方差 | 0.001 | 0.975 | 0.084 | 164 | 0.933 | 0.0843 | 1.0007 | -1.8916 | 2.0602 |
| | 不假定等方差 | | | 0.084 | 163.877 | 0.933 | 0.0843 | 1.0007 | -1.8916 | 2.0602 |
| 胸围 | 假定等方差 | 0.004 | 0.949 | 0.263 | 164 | 0.793 | 0.1747 | 0.6638 | -1.1360 | 1.4854 |
| | 不假定等方差 | | | 0.263 | 163.901 | 0.793 | 0.1747 | 0.6638 | -1.1360 | 1.4854 |

图 24-13 匹配后数据基线比较结果

（12）匹配后数据疗效比较：分析—比较均值—独立样本 $t$ 检验，如图 24-14 操作，点击"确定"运行，结果见 24-15，匹配后 2 组数据方差齐，$t$ 检验得到 $t=-11.364$，$P=0.000<0.05$，差异有统计学意义。进一步说明排除了身高、体重和胸围基线影响之后，2 组肺呼量的疗效确实存在统计学的差异。

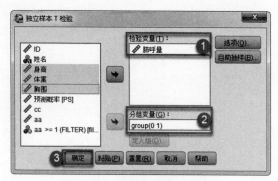

图 24-14　匹配后数据疗效比较

组统计

| | group | 个案数 | 平均值 | 标准差 | 标准误差平均值 |
|---|---|---|---|---|---|
| 肺呼量 | 对照组 | 83 | 2705.54 | 466.767 | 51.234 |
| | 试验组 | 83 | 3602.30 | 546.803 | 60.019 |

独立样本检验

| | | 莱文方差等同性检验 | | 平均值等同性t检验 | | | | | |
|---|---|---|---|---|---|---|---|---|---|
| | | | | | | | | 差值95%置信区间 | |
| | | F | 显著性 | t | 自由度 | 显著性(双尾) | 平均值差值 | 标准误差差值 | 下限 | 上限 |
| 肺呼量 | 假定等方差 | 1.631 | 0.203 | -11.364 | 164 | 0.000 | -896.759 | 78.913 | -1052.576 | -740.942 |
| | 不假定等方差 | | | -11.364 | 160.057 | 0.000 | -896.759 | 78.913 | -1052.604 | -740.914 |

图 24-15　匹配后疗效比较

倾向性评分匹配是目前倾向性评分应用最广泛的方法，包括1∶1匹配和1∶N匹配，其中1∶1较为常用，且SPSS自带PSM模块可以实现，1∶N匹配可以通过添加SPSS官方插件，但过程复杂，必须下载对应的SPSS版本、R、R-plugin和PSM才能安装成功，因此较为少用。

**知识拓展**

（1）SPSS中的PSM只提供了MatchIt的大部分功能（并非所有）。

（2）只能做两组间的匹配，不能有更多组。

（3）需要平衡的因素不能有缺失值（对于缺失值是零容忍）。

（4）除了预测变量外，其他所有变量用英文，不能用汉字，防止出错。

（5）匹配会损失样本量，当样本量不是很大时，即使匹配成功，会由于样本量较小得到不稳定的结果。

（6）匹配只是提供了事后的基线调整方法，匹配后根据研究目的与资料类型选择合适的统计分析方法，本例效应指标为肺呼量，因此采用 $t$ 检验；如果是二分类可以采用卡方检验。

## 24.2 PS 分层

### 24.2.1 简介

上一节讲解的倾向性评分匹配，在应用过程中，没有匹配上的案例做丢弃处理，在本来样本量就不大的情况下，会损失很多信息。倾向性评分分层是根据两组共同的倾向性评分进行分层，一般分 5～10 层，然后对每层数据进行分析，然后再进行合并讨论。

### 24.2.2 案例实战

继续以 data24.1.sav 为例，采用 PS 分层进行分析。

（1）首先按照上述案例分析，计算出倾向性评分（PS）。

（2）选择两组（试验组和对照组）共同的 PS 范围：按照组别 group 进行拆分文件，然后对 PS 进行统计描述，结果如下：发现两组 PS 共同区间为 0.00876～0.97303，因此选择该区间内的案例进行分析。

（3）选择区间案例：设置如图 24-17 所示。为了不影响原始数据，产生一个新的数据集 test.sav。

描述统计

| group | | 个案数 | 最小值 | 最大值 | 平均值 | 标准差 |
|---|---|---|---|---|---|---|
| 对照组 | 预测概率 | 284 | 0.00055 | 0.97303 | 0.2031992 | 0.23422865 |
| | 有效个案数（成列） | 284 | | | | |
| 试验组 | 预测概率 | 301 | 0.00876 | 0.99963 | 0.8082772 | 0.25073021 |
| | 有效个案数（成列） | 301 | | | | |

图 24-16　两组 PS 描述分析结果　　　　图 24-17　选择个案

（4）将 test 数据集按照 PS 得分分成 5 组：菜单转换—可视化分箱，将 PS 放入可视化分箱框，点击"继续"，如图 24-18。点击"生成分割点"按钮，如图 24-19 所示，输入 4 个分割点，即分成 5 个层，点击"继续"、"确定"运行。

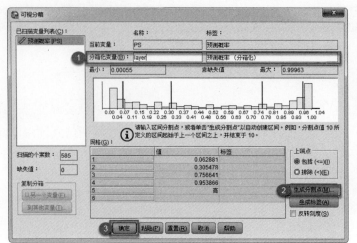

图 24-18　可视化分箱设置　　　　　图 24-19　分组依据

（5）按照分层进行拆分，自行操作，并进行每层的基线比较：采用独立样本 $t$ 检验，结果如图 24-20 所示，发现只有身高在 3、4、5 层没能达到均衡，其他全部可比。分成 5 层之后，很多时候在两端会有极值的存在，比如本例 1 层，试验组 3 人，对照组 80 人；

| 预测概率（分箱化） | 因变量 | 假定 | 莱文方差等同性检验 | | 平均值等同性 $t$ 检验 | | | | | 差值 95% 置信区间 | |
|---|---|---|---|---|---|---|---|---|---|---|---|
| | | | F | 显著性 | t | 自由度 | 显著性（双尾） | 平均值差值 | 标准误差差值 | 下限 | 上限 |
| 1 | 身高 | 假定等方差 | 1.689 | 0.197 | -1.234 | 81 | 0.221 | -1.1938 | 0.9675 | -3.1188 | 0.7313 |
| | | 不假定等方差 | | | -1.969 | 2.433 | 0.165 | -1.1938 | 0.6064 | -3.4046 | 1.0171 |
| | 体重 | 假定等方差 | 0.655 | 0.421 | 0.361 | 81 | 0.719 | 0.8667 | 2.3986 | -3.9057 | 5.6390 |
| | | 不假定等方差 | | | 0.476 | 2.279 | 0.676 | 0.8667 | 1.8225 | -6.1225 | 7.8558 |
| | 胸围 | 假定等方差 | 0.063 | 0.803 | 0.494 | 81 | 0.623 | 3.3813 | 6.8482 | -10.2444 | 17.0069 |
| | | 不假定等方差 | | | 1.272 | 3.501 | 0.281 | 3.3813 | 2.6582 | -4.4327 | 11.1052 |
| 2 | 身高 | 假定等方差 | 3.600 | 0.060 | -0.999 | 115 | 0.320 | -0.3586 | 0.3590 | -1.0696 | 0.3524 |
| | | 不假定等方差 | | | -0.815 | 20.564 | 0.424 | -0.3586 | 0.4398 | -1.2745 | 0.5573 |
| | 体重 | 假定等方差 | 0.723 | 0.397 | -0.054 | 115 | 0.957 | -0.0758 | 1.4015 | -2.8519 | 2.7004 |
| | | 不假定等方差 | | | -0.058 | 25.129 | 0.954 | -0.0758 | 1.3095 | -2.7720 | 2.6205 |
| | 胸围 | 假定等方差 | 0.005 | 0.946 | -0.663 | 115 | 0.509 | -0.7475 | 1.1278 | -2.9811 | 1.4861 |
| | | 不假定等方差 | | | -0.665 | 23.681 | 0.512 | -0.7475 | 1.1237 | -3.0684 | 1.5735 |
| 3 | 身高 | 假定等方差 | 0.047 | 0.828 | -2.708 | 115 | 0.008 | -0.7684 | 0.2838 | -1.3305 | -0.2064 |
| | | 不假定等方差 | | | -2.710 | 114.939 | 0.008 | -0.7684 | 0.2835 | -1.3301 | -0.2068 |
| | 体重 | 假定等方差 | 2.752 | 0.100 | -0.918 | 115 | 0.360 | -0.9807 | 1.0679 | -3.0960 | 1.1346 |
| | | 不假定等方差 | | | -0.910 | 98.990 | 0.365 | -0.9807 | 1.0777 | -3.1191 | 1.1577 |
| | 胸围 | 假定等方差 | 0.763 | 0.384 | -0.499 | 115 | 0.619 | -0.3996 | 0.8010 | -1.9862 | 1.1871 |
| | | 不假定等方差 | | | -0.495 | 104.533 | 0.621 | -0.3996 | 0.8066 | -1.9989 | 1.1998 |
| 4 | 身高 | 假定等方差 | 3.296 | 0.072 | -3.025 | 115 | 0.003 | -1.5413 | 0.5096 | -2.5507 | -0.5319 |
| | | 不假定等方差 | | | -3.840 | 8.891 | 0.004 | -1.5413 | 0.4014 | -2.4509 | -0.6317 |
| | 体重 | 假定等方差 | 0.034 | 0.854 | 0.176 | 115 | 0.861 | 0.4587 | 2.6110 | -4.7123 | 5.6306 |
| | | 不假定等方差 | | | 0.197 | 8.392 | 0.849 | 0.4587 | 2.3317 | -4.8749 | 5.7923 |
| | 胸围 | 假定等方差 | 0.095 | 0.759 | 0.354 | 115 | 0.724 | 0.6376 | 1.8023 | -2.9323 | 4.2075 |
| | | 不假定等方差 | | | 0.340 | 7.970 | 0.742 | 0.6376 | 1.8726 | -3.6834 | 4.9586 |
| 5 | 身高 | 假定等方差 | 13.222 | 0.001 | -1.069 | 115 | 0.295 | -0.2917 | 0.2727 | -0.8533 | 0.2700 |
| | | 不假定等方差 | | | -3.077 | 23.000 | 0.005 | -0.2917 | 0.0948 | -0.4877 | -0.0956 |
| | 体重 | 假定等方差 | 0.435 | 0.515 | 0.658 | 25 | 0.517 | 2.7500 | 4.1794 | -5.8577 | 11.3577 |
| | | 不假定等方差 | | | 0.485 | 2.241 | 0.671 | 2.7500 | 5.6669 | -19.2849 | 24.7849 |
| | 胸围 | 假定等方差 | 1.359 | 0.255 | 0.754 | 25 | 0.458 | 2.3333 | 3.0939 | -4.0388 | 8.7054 |
| | | 不假定等方差 | | | 0.521 | 2.203 | 0.650 | 2.3333 | 4.4788 | -15.3321 | 19.9988 |

图 24-20　各分层 3 个基线指标比较结果

第 5 层试验组 24 人，对照组 3 人，人数相差较大，建议在正式分析之前，进行一次探索性分析，剔除一些可能的异常值，再后续分析结果可能会好点。当然数据分析是不断优化的过程，本例仅作 PS 分层的操作步骤讲解。

本例虽然身高在各层未能全部达到均衡，但已经明显改善了基线不均衡的情况。当分层不均衡后，可以继续尝试多分几层，但本例不再进行尝试，大家自行尝试，理论上分层越多，可比性越强。

（6）各层进行试验效应比较：本例依然采用独立样本 $t$ 检验，如图 24-21 所示，结果可见除了 1 层差异无统计学意义外，其他各层均发现试验组疗效与对照组差异有统计学意义。5 层总的试验效应，可以采用 meta 合并的方法进行合并，SPSS 无法操作，建议大家采用 Stata 软件实现。

独立样本检验

| 预测概率（分箱化） | | 莱文方差等同性检验 | | 平均值等同性 t 检验 | | | | | 差值 95% 置信区间 | |
|---|---|---|---|---|---|---|---|---|---|---|
| | | F | 显著性 | t | 自由度 | 显著性（双尾） | 平均值差值 | 标准误差差值 | 下限 | 上限 |
| 1 | 肺呼量 假定等方差 | 1.490 | 0.226 | -0.845 | 81 | 0.401 | -204.675 | 242.322 | -686.820 | 277.470 |
| | 不假定等方差 | | | -1.904 | 3.025 | 0.152 | -204.675 | 107.525 | -545.263 | 135.913 |
| 2 | 肺呼量 假定等方差 | 0.042 | 0.839 | -6.189 | 115 | 0.000 | -806.157 | 130.261 | -1064.179 | -548.134 |
| | 不假定等方差 | | | -5.862 | 22.609 | 0.000 | -806.157 | 137.521 | -1090.912 | -521.401 |
| 3 | 肺呼量 假定等方差 | 0.222 | 0.639 | -9.749 | 115 | 0.000 | -945.871 | 97.019 | -1138.046 | -753.696 |
| | 不假定等方差 | | | -9.771 | 114.869 | 0.000 | -945.871 | 96.805 | -1137.625 | -754.117 |
| 4 | 肺呼量 假定等方差 | 0.924 | 0.339 | -5.592 | 115 | 0.000 | -1110.179 | 198.534 | -1503.437 | -716.921 |
| | 不假定等方差 | | | -6.143 | 8.329 | 0.000 | -1110.179 | 180.727 | -1524.087 | -696.270 |
| 5 | 肺呼量 假定等方差 | 2.512 | 0.126 | -2.697 | 25 | 0.012 | -970.333 | 359.789 | -1711.333 | -229.334 |
| | 不假定等方差 | | | -5.296 | 6.450 | 0.001 | -970.333 | 183.208 | -1411.160 | -529.507 |

图 24-21　分层试验效应比较

本例的试验效应指标肺呼量为连续性计量资料，采用的是 $t$ 检验或 $F$ 检验；如果为二分类资料，则采用二元 Logistic 回归，生存分析资料，采用 Cox 回归。

## → 24.3　PS 回归

### 24.3.1　简介

PS 回归就是把 PS 评分当作一个协变量，代入模型进行统计分析，常规有两种思路，一种为直接代入 PS 和研究变量，另一种为代入 PS、研究变量和重要的影响变量，如上例中，我们分层都未能消除影响的身高。

### 24.3.2 案例实战

继续以 data24.1 为例,首先参照如上计算出 PS 得分。然后建立回归分析。

(1)分析—回归—线性:如图 24-22 所示,将肺呼量放入"因变量",group 和预测概率(PS)放入"块(B)",点击"确定"运行。

(2)结果解读:由图 24-23 可知,模型可解释 R 方 =0.625,模型检验 $F$=484.684,$P$=0.000<0.05,模型有意义。Group 的系数为 881.188,$t$=12.171,$P$=0.000<0.05,回归系数有意义。试验组平均比对照组的肺呼量高 881.188ml。如果把身高一起放入作为协变量进行控制,得到的结果为 887.037mL,相差不大。

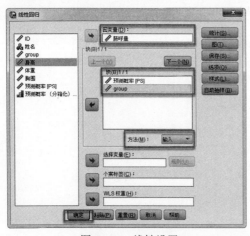

图 24-22　线性设置

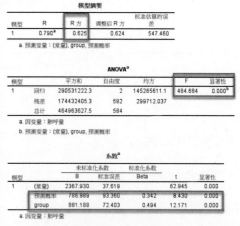

图 24-23　线性结果

## 24.4　PS 加权

### 24.4.1　简介

PS 加权就是根据计算出来的 PS 评分制定权重,然后再进行分析。调整方法因选择的目标人群不同而分为两种加权方法:逆处理概率加权(inverse probability of treatment weighting, IPTW)和标准化死亡比加权(standardized mortality ratio weighting, SMRW)。

IPTW 是以所有观察对象为标准人群进行调整,Robins 给出的加权系数(W)计算方法为:处理组观察单位的权重 $W_t$=1/$PS$,对照组 $W_c$=1/(1-$PS$),此法得到的人群与原人群数量不同,为得到与原来人群样本量相同的标准人群,Hernan 建议 $W_t$=$P_t$/$PS$,对

照组权重 $Wc=(1-Pt)/(1-PS)$，$Pt$ 为整个人群中接受处理因素的比例。

SMRW 是将处理组观察对象作为标准人群进行调整，Sato 给出的权重为 $Wt=1$，对照组 $Wc=PS/(1-PS)$，同样由于对照组得到的人群数与处理组一致，而与原对照组样本量不同，进而调整稳定权重为 $Wt=1$，$Wc=[PS(1-PS)]/[(1-PS)Pt]$，当每一个个案权重计算出来后，就可以对每个个案加权后进行传统的分析。

### 24.4.2 案例实战

继续以 data24.1.sav 为例，演示采用 IPTW 稳定权重系数法。SMRW 类似，自行实践。

（1）自行分析，计算出 PS 评分。

（2）计算 $Pt=301/585=0.515$，其中 301 为试验组例数，对照组为 284，总 585 例。

（3）计算权重（$W$），文件—新建—语法，输入以下语法程序，点击运行全部，即产生各自的权重变量 $W$ 值。

```
DATASET ACTIVATE 数据集1.
IF (group = 1)W=0.515 / PS.
IF (group = 0)W=(1-0.515)/(1-PS).
EXECUTE.
```

（4）统计分析：对个案按照 $W$ 进行加权，然后以 group 为分组，肺呼量为效应指标进行独立样本 $t$ 检验。结果如图 24-24 所示，可见 $t=-18.810$，$P=0.000<0.05$，试验组与对照组肺呼量差异有统计学意义。

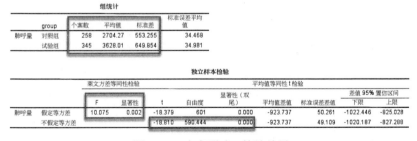

图 24-24 加权独立 $t$ 检验结果

本例，松哥采用了倾向性评分匹配、倾向性评分分层、倾向性评分回归以及倾向性评分加权 4 种方法进行演示，4 种分析结果一致，也相互验证分析的准确可靠性。近年来，国际上越来越多的研究者将倾向性评分应用到流行病学、卫生服务以及经济学、社会科学等领域，希望大家能够掌握。

# 第 25 章  多重响应分析

多重响应（Multiple Response），又称多选题，即针对同一个问题同时可选多个答案。它是市场及社会调研中十分常见的一种获取被调查者某些特征的调查形式。多重应答数据本质上属于分类数据，但由于各选项均是对同一个问题的回答，各选项之间有一定的相关，因此不宜将各选项单独进行分析。对于多重响应数据，除了数据录入不同于单选题数据外，SPSS 还单列了"Multiple Response"模块，在定义多重响应变量集合（Multiple Response Sets）之后，方可对集合内各变量（选项）进行频数表和列联表的描述和分析。

◆ 例 25.1：电信公司为客户提供如下功能服务，你使用过哪些功能服务？
a. 多线路使用　　b. 语音邮箱　　c. 寻呼业务　　d. internet 服务
e. 来电显示　　　f. 呼叫等待　　g. 呼叫转移　　h. 三方通话　　i. 电子账单

## → 25.1  多重响应变量定义与数据录入

数据录入前，先定义变量并编码变量值。通常情况下，单选题变量的定义和编码所遵循的规则是：视题目为变量，选项为变量值。而这一规则不适合多重响应。SPSS 采用两种方法对多重响应变量进行定义和编码：多重二分法（Multiple dichotomy method）和多重分类法（Multiple category method）。

### 25.1.1  多重二分法

所谓多重二分法，就是把多选题的每一个选项当作一个二分类变量来进行数据录入，选择定义为 1，不选择定义为 0，于是一道多选题就变成若干个变量，对于例 25.1 共 9 个选项，于是就产生了 9 个（0，1）变量。

针对上文的例子，首先在 SPSS 变量视窗定义变量，每个选项对应一个变量。上例中选项中有 9 种电信功能服务，于是定义 9 个变量，同时可以根据需要在变量标签列对变量含义进行说明，如图 25-1 所示。图 25-1 中第六列是每个变量取值的编码，如前所述，1 代表选择了该项功能，0 代表未选择该项功能。不过注意的是，多重响应的这 9 个变量的取值编码及其含义要一致。

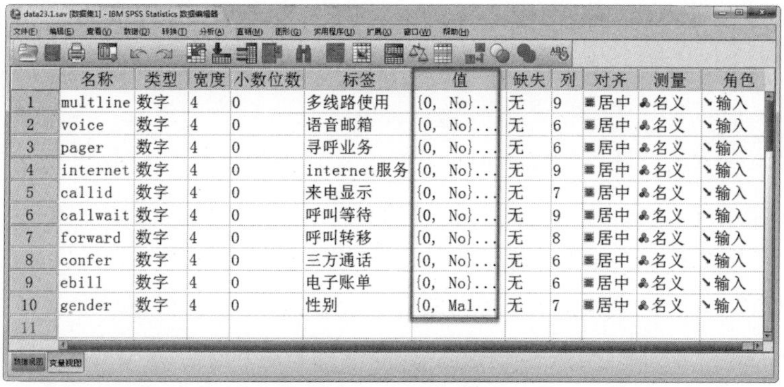

| | 名称 | 类型 | 宽度 | 小数位数 | 标签 | 值 | 缺失 | 列 | 对齐 | 测量 | 角色 |
|---|---|---|---|---|---|---|---|---|---|---|---|
| 1 | multline | 数字 | 4 | 0 | 多线路使用 | {0, No}... | 无 | 9 | 居中 | 名义 | 输入 |
| 2 | voice | 数字 | 4 | 0 | 语音邮箱 | {0, No}... | 无 | 6 | 居中 | 名义 | 输入 |
| 3 | pager | 数字 | 4 | 0 | 寻呼业务 | {0, No}... | 无 | 6 | 居中 | 名义 | 输入 |
| 4 | internet | 数字 | 4 | 0 | internet服务 | {0, No}... | 无 | 9 | 居中 | 名义 | 输入 |
| 5 | callid | 数字 | 4 | 0 | 来电显示 | {0, No}... | 无 | 7 | 居中 | 名义 | 输入 |
| 6 | callwait | 数字 | 4 | 0 | 呼叫等待 | {0, No}... | 无 | 9 | 居中 | 名义 | 输入 |
| 7 | forward | 数字 | 4 | 0 | 呼叫转移 | {0, No}... | 无 | 8 | 居中 | 名义 | 输入 |
| 8 | confer | 数字 | 4 | 0 | 三方通话 | {0, No}... | 无 | 6 | 居中 | 名义 | 输入 |
| 9 | ebill | 数字 | 4 | 0 | 电子账单 | {0, No}... | 无 | 6 | 居中 | 名义 | 输入 |
| 10 | gender | 数字 | 4 | 0 | 性别 | {0, Mal... | 无 | 7 | 居中 | 名义 | 输入 |
| 11 | | | | | | | | | | | |

图 25-1　变量视窗

变量定义结束后，激活数据视窗，可以录入数据。录入程序单选题相同，结果如图 25-2 所示。

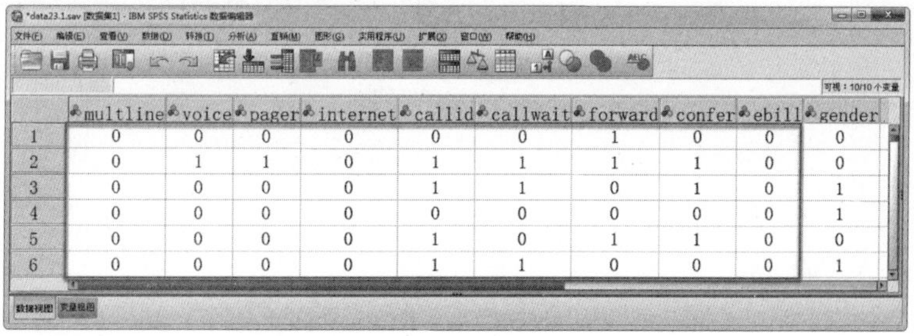

| | multline | voice | pager | internet | callid | callwait | forward | confer | ebill | gender |
|---|---|---|---|---|---|---|---|---|---|---|
| 1 | 0 | 0 | 0 | 0 | 0 | 0 | 1 | 0 | 0 | 0 |
| 2 | 0 | 1 | 1 | 0 | 1 | 1 | 1 | 1 | 0 | 0 |
| 3 | 0 | 0 | 0 | 0 | 1 | 1 | 0 | 1 | 0 | 1 |
| 4 | 0 | 0 | 0 | 0 | 0 | 0 | 0 | 0 | 0 | 1 |
| 5 | 0 | 0 | 0 | 0 | 1 | 0 | 1 | 1 | 0 | 0 |
| 6 | 0 | 0 | 0 | 0 | 1 | 1 | 0 | 0 | 0 | 1 |

图 25-2　多重二分法数据录入形式

从图 25-2 中可以看出，每个变量取值要么是 0，要么是 1。第一位受访者只有 forward（呼叫转移）这项服务的取值为 1，其他服务取值均为 0，表明第一位受访者只选了呼叫转移这项电信服务。第三位受访者则选择了来电显示（calid）、呼叫等待（callwait）和三方通话（confer）共三项服务。

有时候一个调查题目有很多备选答案，而被调查者最多只选择了其中少数几个答案。此时，如果按多重二分法进行变量定义、编码和录入，结果中大部分数据会是 0。由于多重响应最后统计指标是选中的例数和频率，即统计 1 的个数和频率，而 0 不在统计之列，因此过多的 0 除徒增工作量外，别无它用。出现这种情况就不适合用多重二分法进行变量定义和后续的数据录入，合适的方法是多重分类法。

### 25.1.2　多重分类法

多重分类法是把受访者每一次选择作为一个变量。具体实践是：首先统计所有受访最多选择多少个答案，然后根据被选答案数量的上限设置相同数量的变量。如图 23-2 中 6 位受访者（假定所有受访者就是这 6 个人）选择服务的数量依次 1、6、3、0、3 和 2，第二位受访者选择的服务最多，为 6 项服务，也就是所有受访者选择次数的上限是 6 次，此时就可定义 6 个变量。最后剩下的就是变量值的编码了。多重分类法变量值内容就是多选题的所有答案，只要对每个选项赋个值。还是以图 23-2 所示中 6 位受访者为例，变量是 6 个，假设依次定义为 select1，select2……select6，这个题目答案从多线路使用（multline）到电子账单（ebill）共 9 个答案，也就意味着上面 6 个变量的值有 9 个，可依次分别赋值 1，2，…9。至此，变量定义完成。不难看出，从 select1 到 select6 共用的是一套变量值编码。将图 23-2 所示的内容转化为多重分类法，结果如图 23-3 所示。第一位受访者只做了一次选择，即选择了 7，对应的内容是呼叫转移（forward），其他都是缺失。

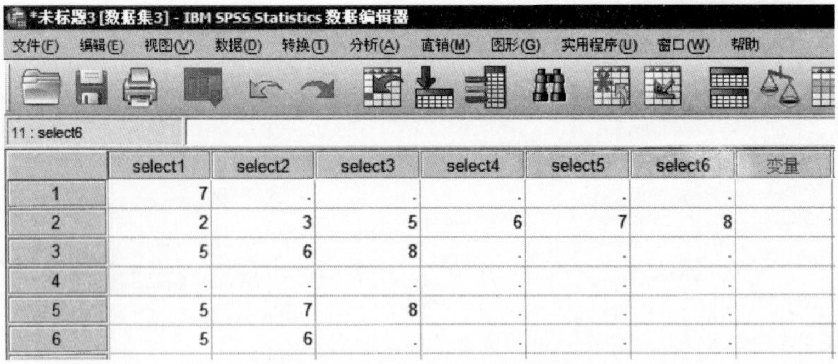


| | select1 | select2 | select3 | select4 | select5 | select6 | 变量 |
|---|---|---|---|---|---|---|---|
| 1 | 7 | . | . | . | . | . | |
| 2 | 2 | 3 | 5 | 6 | 7 | 8 | |
| 3 | 5 | 6 | 8 | . | . | . | |
| 4 | . | . | . | . | . | . | |
| 5 | 5 | 7 | 8 | . | . | . | |
| 6 | 5 | 6 | . | . | . | . | |

图 25-3 多重分类法数据形式

实际操作过程中，多重二分法理解相对简单，对于纸质问卷数据录入与移动网络电子问卷更具可操作性，在实际应用中使用较多。

## ➔ 25.2 定义多重响应变量集

多选题录入数据是把一题拆分成几道题进行录入，数据录入完毕，在正式分析之前，得告诉软件，哪些题是来自同一题，也就是合并的过程，叫作定义多重响应变量集。然后才可把所有变量当作一道题目来分析。SPSS 软件中有三处可以实现多重响应集的定义（图 25-4、图 25-5、图 25-6），图 25-4 和图 25-5 作用一致，在图 25-4 中定义，则在图 25-5 中可以查看以及进行定制表分析；图 25-6 中定义多重响应只能在分析 - 多重响应进行频率和交叉表分析，在图 25-5 中不能识别。图 25-4 和图 25-5 中定义之后，如果你点击保存数据集，那么关闭数据集后，再次打开该多重响应集还会存在，而图 25-6 定义后，只能即时分析，一旦关闭文件，该定义的多重响应自动消失。

统计分析功能上，图 25-5 分析—表—定制表和图 25-6 分析—多重响应—频率/交叉表，均可以实现频率分析、交叉表分析，但图 25-5 还可以实现交叉表的卡方检验以及列的两两比较。因此图 25-5 的功能要更加强大一些。

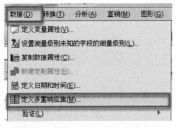

图 25-4　数据—多重响应集（M）

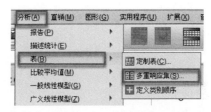

图 25-5　分析—表—多重响应定义集（S）

这里我们先讲解图 25-6 的定义方法，数据集 data25.1.sav。

（1）分析—多重响应（U）—定义变量集（D），如图 25-7 所示，将 9 个选项放入"集合中的变量"框，设置变量的编码方法，本例为二分法，计数值为 1，定义多重响应变量名称为"Telservices"，标签为"电信服务"，点击右侧的"添加"按钮后，关闭对话框，则定义成功。

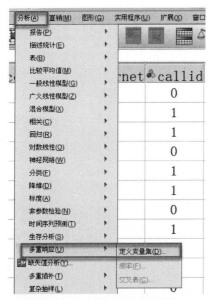

图 25-6　分析—多重响应定义集（D）

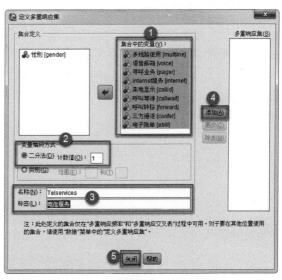

图 25-7　定义多重响应集对话框

（2）如果变量定义采用多重分类法，定义多重响应变量集方法和上面步骤一致，唯一的不同是在"将变量编码为"下面选择"类别（G）"，并"范围"指定变量值起止值，如图25-8所示。

图25-8　多重分类法定义多重响应集参数设置

## → 25.3　不定项多选题频率描述分析

任意多选题是指可以根据被试人的情况任意选择，如上例9个备选答案，被试人可以选择0～9个答案。继续借用data25.1中引例来分析，该数据是SPSS自带文件（SPSS根目录\Samples\English\telco.sav）部分数据，数据格式如图25-1所示。定义完成之后可以直接进行分析。

**实战步骤**

（1）分析—多重响应（U）—频率，如图25-9所示，将多重响应变量集放入"表"中，点击"确定"即可。

（2）结果解读，图25-10（A），个案摘要告诉我们有多少缺失值，发现111个个案缺失，实际有效个案889个；图25-10（B）为电信服务的频率分析，响应个案数为选择该选项的人数，响应百分比为选择个案数除以共计响应个案数3740，个案百分比是响应个案数除以实际有效个案数889。对于响应百分比和个案百分比，个案百分比更具专业的意义。

## 个案摘要

| | 个案 | | | | | |
|---|---|---|---|---|---|---|
| | 有效 | | 缺失 | | 总计 | |
| | 个案数 | 百分比 | 个案数 | 百分比 | 个案数 | 百分比 |
| $Telservices[a] | 889 | 88.9% | 111 | 11.1% | 1000 | 100.0% |

a. 使用了值 1 对二分组进行制表。

## $Telservices 频率

| | | 响应 | | 个案百分比 |
|---|---|---|---|---|
| | | 个案数 | 百分比 | |
| 电信服务[a] | 多线路使用 | 475 | 12.7% | 53.4% |
| | 语音邮箱 | 304 | 8.1% | 34.2% |
| | 寻呼业务 | 261 | 7.0% | 29.4% |
| | internet服务 | 368 | 9.8% | 41.4% |
| | 来电显示 | 481 | 12.9% | 54.1% |
| | 呼叫等待 | 485 | 13.0% | 54.6% |
| | 呼叫转移 | 493 | 13.2% | 55.5% |
| | 三方通话 | 502 | 13.4% | 56.5% |
| | 电子账单 | 371 | 9.9% | 41.7% |
| 总计 | | 3740 | 100.0% | 420.7% |

a. 使用了值 1 对二分组进行制表。

图 25-9　多重响应频率分析　　　　图 25-10　个案摘要与频率

## → 25.4　不定项多选题频率差异卡方检验

不定项多选题频率差异卡方检验又称为题项适合度检验。对于图 25-10 多重响应变量频率表，构建一个新的数据库，data25.2.sav。

（1）打开数据 data25.2，数据—个案加权，对频数进行加权，如图 25-12 所示。

图 25-11　新建数据库　　　　　　图 25-12　个案加权

（2）分析—非参数—旧对话框—卡方，如图 25-13 所示，将考虑因素放入检验变量列表，期望值根据自己检验的目的设置，本例选择"所有类别相等"，点击"确定"运行。

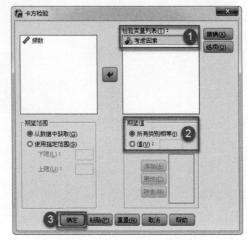

图 25-13　非参数卡方检验

（3）结果解读，如图 25-14 所示，按照所有类别相等，期望个案数为 415.6，计算拟合优度卡方，如图 25-15 所示，卡方值为 160.480，$P$=0.000<0.05，因此 9 项电信服务的被选择的比例之间差别有统计学意义。

考虑因素

| | 实测个案数 | 期望个案数 | 残差 |
|---|---|---|---|
| 多线路使用 | 475 | 415.6 | 59.4 |
| 语音邮箱 | 304 | 415.6 | -111.6 |
| 寻呼业务 | 261 | 415.6 | -154.6 |
| internet服务 | 368 | 415.6 | -47.6 |
| 来电显示 | 481 | 415.6 | 65.4 |
| 呼叫等待 | 485 | 415.6 | 69.4 |
| 呼叫转移 | 493 | 415.6 | 77.4 |
| 三方通话 | 502 | 415.6 | 86.4 |
| 电子账单 | 371 | 415.6 | -44.6 |
| 总计 | 3740 | | |

图 25-14　频率分析

检验统计

| | 考虑因素 |
|---|---|
| 卡方 | 160.480[a] |
| 自由度 | 8 |
| 渐近显著性 | 0.000 |

a. 0 个单元格 (0.0%) 的期望频率低于 5。期望的最低单元格频率为 415.6。

图 25-15　卡方检验

## ➜ 25.5　不定项多选题交叉表分析

如果想了解其他不同变量对该多重响应变量的影响，如不同性别和年龄对电信服务选择种类的影响，可以使用交叉表进行分析。例如，本例希望分性别进行考察，操作如下。

（1）分析—多重响应（U）—交叉表（C），如图 25-16 所示，将性别“gender”放入行，并定义范围（0，1），列放入刚才定义的多重响应集 $Telservices。

（2）选项设置：如图 25-17 所示，根据自己的研究目的，行百分比、列百分比；个案百分比与响应百分比。

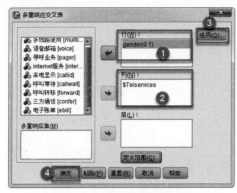

图 25-16　多响应交叉表对话框　　　图 25-17　选项设置

### 主要结果解读

个案摘要的结果同前，所示给出了有效数据和缺失数据的基本信息。本例中 1000 受访者中的 111 人被划为缺失，实际上是 111 人没有选择任何电信服务。图 25-18 为交叉表分析结果。单元格内显示的是使用各种服务的男女人数以及以受访客户数为基数列百分比。多线路使用与男性交叉的单元格内，224 是使用此项服务男性人数，51.7% 为使用此项服务的男性占总个男性人数的百分比。

**个案摘要**

| | 个案 | | | | | |
|---|---|---|---|---|---|---|
| | 有效 | | 缺失 | | 总计 | |
| | 个案数 | 百分比 | 个案数 | 百分比 | 个案数 | 百分比 |
| gender*$Telservices | 889 | 88.9% | 111 | 11.1% | 1000 | 100.0% |

**gender\*$Telservices 交叉表**

| | | | 电信服务[a] | | | | | | | | 总计 |
|---|---|---|---|---|---|---|---|---|---|---|---|
| | | | 多线路使用 | 语音邮箱 | 寻呼业务 | internet服务 | 来电显示 | 呼叫等待 | 呼叫转移 | 三方通话 | 电子账单 | |
| 性别 | Male | 计数 | 224 | 143 | 133 | 173 | 232 | 242 | 247 | 243 | 183 | 433 |
| | | 占 gender 的百分比 | 51.7% | 33.0% | 30.7% | 40.0% | 53.6% | 55.9% | 57.0% | 56.1% | 42.3% | |
| | | 占 $Telservices 的百分比 | 47.2% | 47.0% | 51.0% | 47.0% | 48.2% | 49.9% | 50.1% | 48.4% | 49.3% | |
| | Female | 计数 | 251 | 161 | 128 | 195 | 249 | 243 | 246 | 259 | 188 | 456 |
| | | 占 gender 的百分比 | 55.0% | 35.3% | 28.1% | 42.8% | 54.6% | 53.3% | 53.9% | 56.8% | 41.2% | |
| | | 占 $Telservices 的百分比 | 52.8% | 53.0% | 49.0% | 53.0% | 51.8% | 50.1% | 49.9% | 51.6% | 50.7% | |
| 总计 | | 计数 | 475 | 304 | 261 | 368 | 481 | 485 | 493 | 502 | 371 | 889 |

百分比和总计基于响应者。
a. 使用了值 1 对二分组进行制表。

图 25-18　男女各种电信服务的频率

## 25.6 不定项多选题交叉表卡方检验

上节所述方法只能得到交叉表的描述性分析，如果想知道男女不同性别选择电信服务构成有没有差别，则需要通过如下方式进行分析。

（1）分析—表—多重响应集（S），按图 25-19 所示操作，定义多重响应集；将 9 个电信服务项目放入"集合中的变量"框；编码方法为二分法，计数为 1；定义集合名称后，添加入"多重响应集合（S）"框。

（2）分析—表—定制表，操作如图 25-20 所示。

图 25-19　定义多重响应集

图 25-20　表—定制表

（3）定制表设置：如图 25-21 所示，展示方式包括常规、紧凑和层，个人喜好选择"紧凑型"。将"电信服务"放入列，"性别"放入行。

（4）检验统计设置，如图 25-22 所示，选择独立性检验（卡方）（T），同时为了比较列，即 9 个电信服务之间有无差异，选择"比较列比例"，并选择 Bonferroni 校正。

**主要结果**

图 25-23（A）为性别与电信服务的交叉表；图 25-23（B）为交叉表卡方检验结果，卡方值为 4.666，$P=0.862>0.05$，说明不同性别在电信服务选择上差异无统计学意义。图 25-23（C）为列水平的两两比较，因为本例并未发现差异有统计学意义，因此，列比较也没有发现有差异的项目。为了让大家能够理解，如果有差异，结果将如何展示，松哥用了另外一组数据的分析结果，展示为图 25-24。结果显示题项 A 和 C 差异有统计学意义，

题项 C 和 D 之间差异有统计学意义。

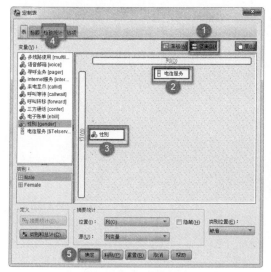

图 25-21　定制表设置　　　　　　图 25-22　检验统计设置

**A**

| | | 电信服务 | | | | | | | | |
|---|---|---|---|---|---|---|---|---|---|---|
| | | 多线路使用 | 语音邮箱 | 寻呼业务 | internet服务 | 来电显示 | 呼叫等待 | 呼叫转移 | 三方通话 | 电子账单 |
| | | 计数 | 计数 | 计数 | 计数 | 计数 | 计数 | 计数 | 计数 | 计数 |
| 性别 | Male | 224 | 143 | 133 | 173 | 232 | 242 | 247 | 243 | 183 |
| | Female | 251 | 161 | 128 | 195 | 249 | 243 | 246 | 259 | 188 |

**B** 皮尔逊卡方检验

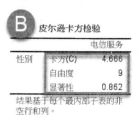

结果基于每个最内部子表的非空行和列。

列比例的比较<sup>a</sup>

**C**

| | | 电信服务 | | | | | | | | |
|---|---|---|---|---|---|---|---|---|---|---|
| | | 多线路使用 | 语音邮箱 | 寻呼业务 | internet服务 | 来电显示 | 呼叫等待 | 呼叫转移 | 三方通话 | 电子账单 |
| | | (A) | (B) | (C) | (D) | (E) | (F) | (G) | (H) | (I) |
| 性别 | Male | | | | | | | | | |
| | Female | | | | | | | | | |

结果基于双侧检验。对于每个显著对，列比例较小的类别的键出现在列比例较大的类别之中。
大写字母（A、B、C）的显著性水平：0.05

a. 通过使用 Bonferroni 校正法，检验将针对每个最内部子表的一行中的所有成对比较进行调整。

图 25-23　定制表 - 卡方检验结果

|  | | 列比例的比较<sup>a</sup> | | | |
|---|---|---|---|---|---|
|  |  | \$考虑因素 | | | |
|  |  | 题1选1 (A) | 题1选2 (B) | 题1选3 (C) | 题1选4 (D) |
| 关系 | 父亲 | C |  |  | C |
|  | 母亲 |  | A D | | |

结果基于双侧检验。对于每个显著对，列比例较小的类别的键出现在列比例较大的类别之中。
大写字母（A、B、C）的显著性水平：0.05

a. 通过使用 Bonferroni 校正法，检验将针对每个最内部子表的一行中的所有成对比较进行调整。

图 25-24 列比例的比较结果

多选题分析中，最常见的就是不定项多选题，还包括定向多选题、排序题和选择排序题，这些更多与问卷统计相关；松哥将在问卷统计专著中详细讨论。

# 第26章 一致性分析

在试验性研究中,很多的时候,我们期待的结果是发现组间差异具有统计学意义,然而在医疗器械以及体外诊断试剂研究中,我们期待的是差异无统计学意义,为什么呢?因为待评价的医疗器械或者诊断试剂是与标准医疗器械或者金标准比较,如果$P>0.05$,就有理由认为待评价器械或者诊断试剂与标准组差异无统计学意义,具有检测结果的一致性,进一步也就说明待评价的器械或诊断试剂就可以替代标准器械或者金标准诊断方法了。犹如统计分析发现你和你们主任看病水平差异无统计学意义,你说你笑不,说明你水平已经达到主任的水平啦。所以,与好的比,要无统计学意义,与差的比,一定要有统计学意义。

其实一致性分析所用到的方法基本都是前面介绍过的方法,只不过围绕一致性这个主题凝聚到一起,方便有这方面需求的人员学习!同时因为一些方法前面已经详细解读,此处则会从略,涉及的新方法会重点实战。

## → 26.1 定性资料一致性评价

### 26.1.1 配对四格表(有金标准)

表26-1为ECG诊断试验结果,其对比检测为心肌梗死是否出现,为金标准。因此是用金标准来检测ECG诊断的效果。因此该例为诊断试验的评价,请大家参见ROC曲线章节。但对于一致性的评价,应该进行Kappa一致性检验,当不符合对称性,还要进行加权Kappa检验。将数据构建到数据库data26.1.sav,分析如下。

表26-1 ECG诊断试验结果

| ECG诊断结果 | 心肌梗死(XG) | | 合计 |
|---|---|---|---|
| | 出现 | 不出现 | |
| 阳性 | 416(TP/a) | 11(FP/b) | 425 |
| 阴性 | 17(FN/c) | 104(TN/d) | 275 |
| 合计 | 520 | 180 | 700(N) |

(1)个案加权:如图26-1所示,数据—个案加权,将频数项freq放入"个案加权系

数"框,点击"确定"。

(2)卡方检验:分析—描述性统计—交叉表,如图26-2所示,将"ECG"放入"行","XG"放入"列",点击"统计",如图26-3所示,勾选"Kappa"和"McNemar"。

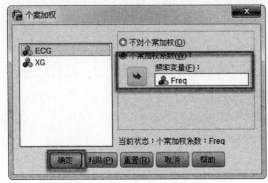

图26-1 加权个案

图26-2 交叉表设置

(3)结果解读:本例McNemar卡方,也就是配对四格表卡方 $P=0.345$,说明两种检测方法间的差异无统计学意义。一致性Kappa检验,$Kappa=0.949$,$P=0.000<0.05$,说明Kappa值与0比较差异有统计学意义,意即Kappa值的一致性是真实存在的,Kappa取值0~1,越接近1越好,一般大于0.8,则认为一致性较好。

图26-3 统计设置

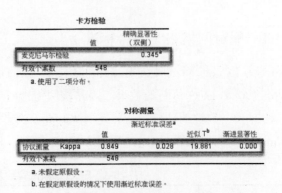

图26-4 统计结果

### 26.1.2 配对四格表(无金标准)

当用两种方法进行检测,但两种方法均不是金标准时,则不能称为诊断试验,诊断试验中的一种方法必须是金标准或者行业认可的方法。那么此时进行评价则只能评价其阳性一致性百分比,阴性一致性百分比,总体一致性百分比及各自可信区间,以及计算

Kappa 值。

表 26-2 考核试剂与参比试剂的检测结果

| 考核试剂 | 参比试剂 | | 总 计 |
|---|---|---|---|
| | 阳 性 | 阴 性 | |
| 阳性 | 323 | 5 | 328 |
| 阴性 | 15 | 667 | 682 |
| 总计 | 338 | 672 | 1010 |

1010 例样本用参比试剂和考核试剂分别检测结果的阳性符合率、阴性符合率和总符合率及其 95% 置信区间，分析结果见表 26-3 所示。

阳性符合率 =323/338=0.9556

阴性符合率 =667/672=0.9926

总符合率 =（323+667）/1010=0.9802

然后按照率的 95% 可信区间方法计算各自的 95% 可信区间。率的 95%CI：$P±1.96sp$，$sp$ 为率的标准误，$sp=\text{sqrt}(p*(1-p)/n)$，结果见表 26-3。

表 26-3 考核试剂与参比试剂的符合率

| 项 目 | 符 合 率 | 95% 置信区间 |
|---|---|---|
| 阳性符合率 | 95.56% | 93.37%～97.76% |
| 阴性符合率 | 99.26% | 98.61%～99.91% |
| 总符合率 | 98.02% | 97.16%～98.88% |

同时参照案例 1 的方法，计算得 $Kappa=0.955>0.8$，$P=0.000<0.05$，95%CI：0.9358～0.9746，表明考核试剂与参比试剂两种检测方法，检测结果有高度的一致性。

### 26.1.3 等级资料 R×C 表一致性评价

两种方法检测某种疾病，结果见表 26-4，结果可见为等级资料，可以采用 Kappa 一致性评价，方法同上此处不赘。

表 26-4 两种方法对疾病检测结果比较

| A 器械 | B 器械 | | |
|---|---|---|---|
| | 严 重 | 中 度 | 无 |
| 严重 | 37 | 29 | 3 |
| 中度 | 21 | 99 | 9 |
| 无 | 2 | 14 | 27 |

## 26.2 计量资料一致性评价

### 26.2.1 配对t检验

配对 $t$ 检验主要检验的是两种方法检测结果的系统误差是否有差别，但不能检验随机测量误差。方法参见前面 $t$ 检验章节，当检验 $P>0.05$ 时，可以认为两种方法检测结果一致。

### 26.2.2 Pearson相关系数

用于检测2组定量检测指标线性相关关系的密切程度，而非一致性。只有当相关系数为1时，2组资料才存在绝对线性关系，注意相关系数检验的 $P$ 值大小与相关性的强弱无关，只反映相关系数是否真实存在。相关系数 $r$ 要大，一般要求 $r>0.975$，并且 $P<0.05$，认为存在高度的相关性，参考相关分析章节，此处不赘。

### 26.2.3 组内相关系数（Intra-class correlation coefficients，ICC）

ICC用于检测不同测量方法间变异占总变异的比例，对系统误差和随机误差均敏感。ICC值越大，表明两种检测方法测量的差别的系统误差与随机误差均较小，数据的一致性较好，判断标准为 $ICC>0.7$，当样本量较少时，ICC会被低估。

**案例实战**

某研究者采用3种仪器对10份样本进行检测，试分析3种仪器检测结果的一致性。将表26-5 数据构建为数据库 data24.2.sav。

表26-5 3种仪器检测结果一致性分析

| Subject | 1 | 2 | 3 | 4 | 5 | 6 | 7 | 8 | 9 | 10 |
|---|---|---|---|---|---|---|---|---|---|---|
| 仪器1 | 10 | 9 | 8 | 7 | 6 | 5 | 4 | 3 | 2 | 1 |
| 仪器2 | 9 | 10 | 8 | 7 | 5 | 6 | 4 | 3 | 1 | 2 |
| 仪器3 | 8 | 7 | 10 | 9 | 6 | 3 | 4 | 5 | 2 | 1 |

**操作步骤**

（1）打开数据 data26.2。分析—标度—可靠性分析，如图26-5 所示，将仪器1～3放入项目框。

（2）统计设置：点击"统计"，如图 26-6 所示，勾选"同类相关系数"，模型选择"双向混合"，类型"选择绝对一致"。

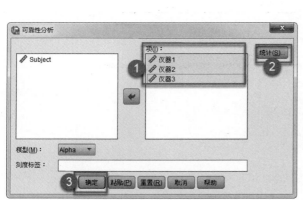

图 26-5　可靠性分析

图 26-6　统计设置

此处模型包括单向随机、双向随机和双向混合。当仅考虑测量对象之间的变异，不考虑测量仪器（或者不同评价者）之间的变异时，选择单向随机；当既考虑测量对象之间的变异，又考虑测量方法之间的变异时，选择双向随机；当考虑测量对象之间的变异，但测量仪器为固定因素时，选择双向混合。本例受试对象 10 人，应该为所有符合受试对象的一个随机样本，故测量对象随机，而检测仪器为 3 种，而且评价结果仅在这三种仪器间比较，因此为固定，故本例选择双向混合。

类型选择包括一致性和绝对一致，一致性仅考虑趋势一致，绝对一致考虑数据的绝对一致，本例选绝对一致。

（3）结果解读：如图 26-7 所示，ICC 结果包括单个测量与平均测量，本例看单个测量，$ICC=0.882$，$P=0.000<0.05$，一致性较好，一般 $ICC>0.7$，即可认为具备较高的一致性。当每个受试对象的检测值由单个仪器（或单个评价者）检测得出，选择单个测量；当受试对象的检测值由多个评价者给出时，选择平均测量，如研究生复试，某个研究生的复试成绩由多个评分者打分的均值构成。结果中的科隆巴赫 α 系数，为信度分析内容，参见相关章节。

## 可靠性统计

| 克隆巴赫 Alpha | 项数 |
|---|---|
| 0.953 | 3 |

## 同类相关系数

| | 同类相关性[b] | 95% 置信区间 | | 使用真值0的F检验 | | | |
|---|---|---|---|---|---|---|---|
| | | 下限 | 上限 | 值 | 自由度1 | 自由度2 | 显著性 |
| 单个测量 | 0.882[a] | 0.698 | 0.966 | 21.203 | 9 | 18 | 0.000 |
| 平均测量 | 0.957[c] | 0.874 | 0.989 | 21.203 | 9 | 18 | 0.000 |

人员效应随机而测量效应固定的双向混合效应模型。

a. 无论是否存在交互效应，估算量均相同。
b. 使用绝对协议定义的A类同类相关系数。
c. 此估算在假定不存在交互效应的情况下进行计算，否则无法估算。

图 26-7　ICC 结果

### 26.2.4　Bland-Altman 法

该法是定性与定量方法的结合，可以较好地评价定量结果之间的一致性，可以同时控制系统误差和随机误差。计算一致性的限度作为评价一致性指标。设 $D=X_M-X_N$（两者均值之差），$A=(X_M+X_N)/2$（两组均数的均数），绘制 $D$ 与 $A$ 散点图，探查 $D$ 与 $A$ 之间的关系。如果 $D$ 与 $A$ 不相关，则做出 Bland-Altman 图，看差值 $D$ 的 95% 范围是否落在 $D±1.96S$ 范围内，同时 $D±1.96S$ 应该在专业容许的范围；但 $D$ 与 $A$ 相关，则需要做 $D=a+\beta B+$ 随机误差，检查 $\alpha$，$\beta$ 是否有统计学意义，当 $\alpha$ 和 $\beta=0$，说明两种检测结果具有一致性。SPSS 也可以通过自己手动编辑的方式实现，但过程复杂，此处用 Medcalc 软件讲解。

**案例实战**

采用多次屏气电影法 MRI（mEDV）和单次屏气电影法（sEDV）检测 16 名心功能指标左心室舒张末期容量（EDV），数据见 data26.3.sav，试进行两种方法的一致性评价。

**实战步骤**

（1）打开 Medcalc 软件，文件—打开，选择数据文件类型 .Sav，找到 data26.3 打开，如图 26-8 所示，选择 ALL-OK。

（2）分析：statistics-Method comparison- Bland & Altman plot。

（3）Bland & Altman plot 设置：如图 26-10 勾选，可以做差值图，差值百分比图和比例图三种，根据自己专业需要选择，本例选择差值图。

（4）结果解读：结果如图 26-11 所示，可见仅 16 个点中，只有 1 个超出 95% 范围，总体一致性较好。

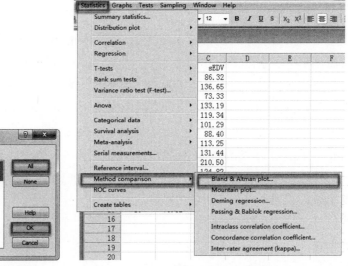

图 26-8　选择变量

图 26-9　B-A 步骤

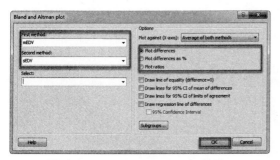

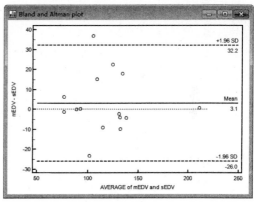

图 26-10　Bland & Altman plot 设置

图 26-11　B-A 图

## 26.2.5　最小二乘回归

如果一种检测结果为金标准的检测结果 $A$，另一种检测结果为待评价方法检测的结果 $B$，此时还可以构建以 $B$ 为 $Y$，以 $A$（金标准结果）为 $X$ 的直线回归方程。当斜率越接近 1，截距 $a$ 越接近 0，说明两种检测方法结果越一致。此部分参照一元线性回归部分内容，此处不赘。

### 26.2.6 Deming 回归

最小二乘回归要求 $X$ 为精确测量的变量，无明显的系统误差与随机误差，$Y$ 为随机变量。然而现实中，往往 $X$ 也非精确测量的变量，也存在系统误差。如某医疗器械公司欲评价待上市的 $A$ 仪器与已经上市的 $B$ 仪器之间的一致性，可是 $B$ 仪器也不是该种检测的金标准，本身也存在着系统误差，因此，这类问题就不合适进行最小二乘回归进行分析，而应该考虑用 Deming 回归。

Deming 回归为了尽量消除两种检测方法的随机误差，需要对每个样本进行两次平行测定。经假设检验，斜率 $\beta$ 接近 1，截距 $\alpha$ 接近 0，说明两种方法检测一致性较好。

**案例实战**

继续以例 data26.3 数据为例。

**实战步骤**

1. 单击 Statistics—Method Comparison—Deming regression 选项，如图 26-12 所示。
2. 设置：将 2 种方法，每次 2 次重复的结果放入对应框中，点击 "OK" 运行即可。

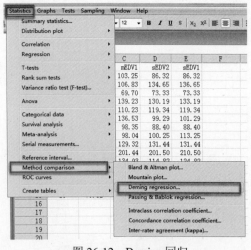

图 26-12 Deming 回归

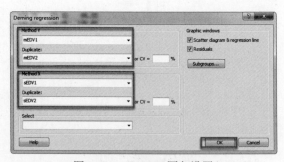

图 26-13 Deming 回归设置

3. 结果解读：图 26-14 为回归的结果，得到方程 $y=6.4648+0.9829X$，斜率越接近 1，结果越一致。图 26-15 为回归图，发现得到的回归线与参考线非常吻合，说明一致性较好。
注：参考线的斜率为 1。图 26-16 为回归残差图，理想残差应该围绕参考线对称分布。

| Method X | sEDV1 |
| --- | --- |
| | sEDV2 |
| Method Y | mEDV1 |
| | mEDV2 |

| Method | Mean | Coefficient of Variation (%) |
| --- | --- | --- |
| X | 113.6293 | 6.17 |
| Y | 118.1527 | 7.29 |

| Sample size | 15 |
| --- | --- |
| Variance ratio | 0.6625 |

**Regression Equation**

y = 6.4648 + 0.9829 x

| Parameter | Coefficient | Std. Error | 95% CI |
| --- | --- | --- | --- |
| Intercept | 6.4648 | 12.2666 | -19.8444 to 32.7740 |
| Slope | 0.9829 | 0.09831 | 0.7721 to 1.1938 |

图 26-14　回归结果

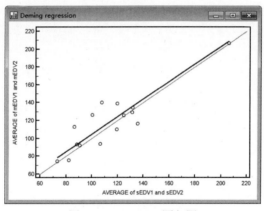

图 26-15　Deming 回归图

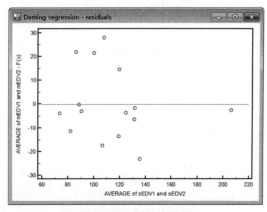

图 26-16　回归线差图

### 26.2.7　Passing-Bablok回归估计

如果异常值较多，可选用 Passing-Bablok 回归，即任取两点确定直线，多次反复，得到多条直线的斜率，然后计算斜率的中位数并进行调整。

**案例实战**

继续以 data26.2 为例，作为演示。

**实战步骤**

1. Statistics—Method Comparison—Passing&Bablok regression，如图 26-17 所示。
2. 结果解读：参照上例即可。

图 26-17　Passing-Bablok 回归菜单

图 26-18　Passing-Bablok 回归检验结果

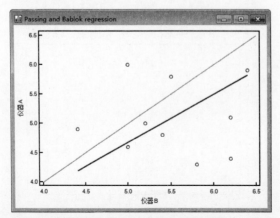

图 26-19　Passing-Bablok 回归图

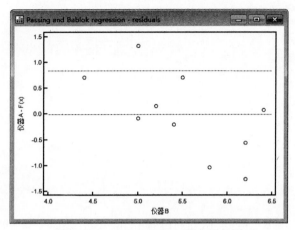

图 26-20　Passing-Bablok 回归残差图

**知识小结**

（1）配对 $t$ 检验、简单相关分析具有明显的片面性。

（2）ICC 同时考虑了随机误差和系统误差，但结果不具有临床实际意义；同时以 ICC>0.7 进行判定也有点武断。

（3）Bland-Altman 方法可作为评价一致性的主要考虑，但是必须结合临床实际意义进行判断。

（4）不能够通过单一方法评价定量指标的一致性，须同时结合多种方法从不同角度联合评价。

# 后记

这是本书的后记,但已经与前言写作时间相隔几近一年,曾经吹过的牛,现在终于可以结束了,松哥终于按照自己的想法,把这本书写完了。在这个不上不下的年龄,也许再过两年根本不敢奢想,这不仅仅是精神上的历练,更是腰椎、颈椎、眼睛的折磨。嗯,终于可以结束了!

长叹一声,如释重负,却没有异常的喜悦。这本书虽有瑕疵,但已经超出松哥当时的预期,很多内容都是国内首次发布,而这点恰恰就是松哥撰写本书的初衷之一,适当改变一下"书到用时翻不到"的现状。松哥也食言了,当初说写一本没有统计公式的统计书,发现那是小概率事件,但松哥可以说,那些公式只是为了让你理解,而无须记忆,呵呵!

统计学习重思想,软件学习重实战,这就是统计的道与术,道术兼修之后,你就已经很厉害了,但松哥还希望你能拥有一颗对数据的敬畏之心,理解它,尊重它、善用它,它才会向你展示数据之美!数据是会说话的。曾经很多次,松哥在翻阅一些文章的时候,里面的数据向松哥哭诉它被践踏的遭遇,说它原本不是这样的,是被屈打成招的!有人说"只要你对数据严刑拷打,它就会招供的",但松哥不希望你是那样的人。

该说感谢了!一年中,经常独自桌前、黑夜孤灯写书,失去了很多陪伴家人的时间。感谢我的父母,他们虽已年迈,仍在帮我照看孩子。感谢我的妻子刘茜一年中对家庭的照顾。感谢我的两个孩子文博和宸宇对我不能陪他们玩儿的理解！也感谢我的肉体对驻扎在他体内灵魂的理解与支持！

　　学习过程中，遇到问题可以扫描下方二维码，进行反馈与交流！

松哥统计

2018 年 4 月 18 日

于安徽合肥

# 参考文献

[1] 孙振球. 医学统计学. 北京：人民卫生出版社，2010.

[2] 舒华. 心理与教育研究中的多因素实验设计. 北京：北京师范大学出版社，1994.

[3] Douglas C. Montgomery 著. 实验设计与分析. 傅珏生译. 北京：人民邮电出版社，2009.

[4] 宇传华. SPSS 与统计分析. 北京：电子工业出版社，2006.

[5] 张文彤. SPSS 统计分析高级教程. 北京：高等教育出版社，2014.

[6] 武松. SPSS 统计分析大全. 北京：清华大学出版社，2014.

[7] 吴明隆. 问卷统计分析实务. 重庆：重庆大学出版社，2015.

[8] 简小珠. SPSS23.0 统计分析在心理学与教育学中的应用. 北京：北京师范大学出版社，2017.

[9] 胡良平. 临床科研设计与统计分析. 北京：中国中医药出版社，2012.

[10] 刘仁权. SPSS 统计分析教程. 北京：中国中医药出版社，2016.